一句話讀懂世界史

HELGE HESSE

黑爾格・赫塞——著

王榮輝——譯

HIER STEHE ICH,
ICH KANN NICHT ANDERS.

In 80 Sätzen durch die
Weltgeschichte

推薦序

珍珠與名言

周樑楷

如果說，一句名言好比一顆珍珠，有些人可能先入為主，將珍珠的圓潤和亮澤拿來象徵名言的智慧和哲理。這種聯想，自有道理。因此，許多人喜歡來自名言的啟示。

不過，名言和珍珠還有一項類似的地方。那就是名言和珍珠的誕生、傳世都有它們各自的生態。每一句名言如同每一顆珍珠都是唯一的、特殊的；它們都有各自所屬的環境和時間。

剛看到這本書的時候，從書名判斷以為它收錄了許多名人的名言，而後再補充一點生平背景和名言的出處，如此既有歷史的故事，又可勵志。然而一經閱讀，立刻發現它並非一本普通的青少年讀物而已，更何況單就篇幅來說，也不可能隨便翻兩下就可以了結。但是，它非常引人入勝，讓人一篇接著一篇，一直想閱讀下去。

總共八十句名言中，有些我們耳熟能詳，有些是完全陌生。作者以敘事的方式表述，讀起來生動，經常浮現歷史的畫面。其實，更精確地說，作者藉著每一句名言為引子，由小見大，夾敘夾論，並帶有分析的思維，讓讀者了解一句名言背後的歷史脈絡。這也就是我所說的名言和珍珠都有各自的生態。這種寫作方式，一方面需要作者個人的學養和見識，但另方面也是傳承自西方古典時代的撰寫風格。例如，被譽為傳記學之父的蒲魯塔克（Plutarch, 46-120A.D.）曾經特別強調：「有時候一件微不足道的瑣事，僅是一種表情或一句笑談，比起最著名的圍攻、最偉大的軍備、最慘烈的戰爭，更能使我們深入了解一個人的風格和習慣。」蒲魯塔克以古代希臘、羅馬人的傳記集結成一本書；兩千年後，有人以八十句名言合成一本史書，明顯其來有自。當今我們研究歷史的學者和從事歷史教學的老師不妨重拾東西方古典世界中的敘事能力，不必一味採取「線性的、時序的、分析的因果關係式的思維」。

每一本史書都是一次選擇的成果，世上應該沒有絕對無所不包、完備無缺的作品。八十句名言當然只是某種選擇而已，讀者不必認真以為這果真是一本世界史。尤其不要急著將「歐洲中心論」之類的大帽子扣在作者的頭頂上。細心地閱讀作者在本書中特別挑選的那些哲學、思想、法律和政治的名言。這些名言有些出自歷來大家公認的正面人物，但也有些負面評價、受人爭議的人物。正反兩面並列，恰恰如同水下的珍珠因為生態百出，才能反映自然界的真相。

這本書最難能可貴之處，在於它說明了每句名言都有各自的歷史。有些名言並非如同一般人的印象出自某人之口，而是轉嫁接枝、以訛轉訛，或斷章取義等等因素造成的。嚴肅地說，這是種學術考證學；輕鬆地說，這好比珍珠的鑑定工夫。閱讀這本書的時候，個人曾經在這方面特別用心，因為每句名言都有各自的身分（identification），它們都活在歷史的脈絡之中。

每一顆圓潤的珍珠都是迷人的；然而，粒粒的珍珠串成項鍊將更華美高貴。本書的作者以他的眼光，挑選了八十句名言，串連成一條歷史的項鍊。在閱讀欣賞之餘，本書的讀者不妨也自己動手，挑選一些喜歡的名言，將它們串連起來。

（本文作者現為東海大學歷史系客座教授、國立臺灣師範大學歷史系兼任教授）

前言

在日常生活中，我們所讀、所聽、所說的許多名言，有些已經存在超過了千年之久。這些名言誕生在世界歷史上的一些關鍵時刻；某些是脫口而出，某些則是被書寫下來。在這當中，有些名言甚至比我們今日所使用的語言還要古老；而這些名言告訴了我們，關於文化與歷史的二、三事。

追尋這些名言的歷史，回顧這些名言的創造者，並且研究它們誕生時所處的背景，在此同時，我們不僅與這些名言一同進行了一場時光之旅，更細數了人類歷史上許多意義重大的里程碑。

本書誠摯地邀請各位讀者，共享一趟特殊的歷史之旅。就像儒勒・凡爾納（Jules Verne）那樣，他讓他書裡的英雄菲利雅斯・福格（Phileas Fogg），在八十天環遊了全世界，我們的旅程也是由八十個句子所組成；從「認識你自己！」，一直到「邪惡軸心」，八十個句子橫跨了兩千六百年的時空，帶您穿越世界的歷史，去拜訪在歷史上的那些關鍵時刻所登場的人物與發生的舞台。

在本書所探尋的每一句名言背後，都隱含著十分有意思的某段歷史時期。當我們透過這些名言敲開每一段不同時空的大門，在這每一段過往的時期裡，當時人們觀看世界的各種獨特眼光，總會讓我們一再地感到驚奇。

就如同每一趟旅行一樣，總是要在途中作出許多決定，像是要在哪裡落腳、要去哪裡參觀、甚至是要在哪裡結束旅程等等。由於本書主要是講述世界史，因此，某些文學性的名言，只有在某段特別的歷史時期或是重大的政治與社會事件中，扮演著重要角色時，才會選入。這趟旅行並不要求平衡或詳盡；所以，有時雖然我們的行程將要繼續前往下一站，可是您或許會寧願在原地多佇足、留連一番；此外，由於並非世界史上所有重要的事件都曾經創造出某句名言，因此這趟旅行也無法將世界史完整地瀏覽一遍。寫作本書的主要目的在於，散播閱讀歷史的樂趣。

最後，容我提示各位讀者：雖然本書是以編年的方式安排，不過每一個章節都是各自獨立，若是您在初步閱讀時，某些名言無法提起您的興趣，您可以就此跳過；或許，日後您在生活中再度遇到了某些名言所描述的類似情況，您可以回過頭，再看看您曾經略過的那些名言。

我由衷地希望，各位讀者能夠滿意我利用這八十個句子為各位所做的世界史「導遊」；我深切地期盼，透過本書可以讓各位讀者感受到歷史是多麼地有趣。祝您閱讀愉快！

黑格爾・赫塞

二〇〇六年六月，於杜塞道夫

目錄

中古時代

現代

當代

上古時代

1 認識你自己！

Know thyself!

泰利斯（Thales of Miletus, ca. 625-547 B.C.）

就連德爾菲神諭（Delphi）也沒預見這次冠蓋雲集的造訪。古希臘七賢為了將其永恆的智慧獻給聖所，不辭千里而來，聚集到神廟前。神廟祭司請他們各自在神廟的石頭上留下一句格言，斯巴達的政治家契倫（Chilon）首先在神廟入口處上方留下一句不朽的名言，他刻上：「認識你自己。」

就這樣，史上最古老的著作權之爭就此展開。「認識你自己」這句箴言真的是契倫的點子嗎？或者只是借用的呢？它或許不是出自契倫，而是七賢當中的泰利斯？其他的史料甚至顯示，這句話是出自當時在場的第三人，也就是雅典的政治家梭倫（Solon）。

這句人類史上最古老的格言究竟是誰說的？這句點燃了西方哲學火苗的名言要歸功於誰？早在上古時期，就有若干希臘思想家為此傷透腦筋。

該事件一百年後，泰利斯的同鄉阿納克西美尼（Anaximenes）認為，契倫只是為了出鋒頭才掠美用了泰利斯的句子。又過了一百年，有個名叫安提西尼（Antisthenes）的哲學家表示，「認識你自己」的創作者應該是德爾菲神廟的首位女祭司，也就是著名的菲夢娜（Phaemonoe）。他認為契倫借用的是她的話。儘管我們無法真正弄清楚整起爭論，但是許多人傾向認為是出自泰利斯。因為「認識你自己」標示了西方哲學的開端，而對許多人而言，泰利斯正是西方哲學的源頭。

為什麼泰利斯會被認為是西方最早的哲學家呢？我們不妨看看歷史文獻。一般文獻都說，哲學始於西元前六五〇年到四五〇年的希臘思想家。由於他們形塑了蘇格拉底（Socrates）以前的思想風格，因此被稱為「先蘇哲學家」，而蘇格拉底則在西元前四百五十年左右開啟了新的思潮。先蘇哲學家經常被人稱為「自然哲學家」，因為他們多半致力於研究自然的種種關係。難怪他們的著作多半以「論自然的……」為題。而泰利斯可以算是先蘇哲學家，即自然哲學家當中的第一人。此外還有：泰利斯的學生阿納克西曼得（Anaximander）、前面提到的阿納克西美尼、畢達哥拉斯學派（Pythagorian）、贊諾芬（Xenophanes）與巴曼尼德斯（Parmenides）所屬的伊利亞學派（The Eleatic School），以及留基伯（Leucippus）與德謨克利特（Democritus）所屬的原子論者（Atomists）。另外，儘管狹義來說，普羅塔哥拉斯（Protagoras）之流的智者學派（Sophists）不算是「先蘇」學派，但人們還是經常將他們列入。

自然哲學家們探索的是作為萬物源始而遍覆世界的根本物質或法則，認識所有事物存在的本質。對於泰利斯而言，水是所有生命的源頭。根據亞里斯多德（Aristotle）的轉述，泰利斯曾經論證：所有植物跟種子都是濕的，相反地，所有的屍體則都脫了水。他甚至推論世界就像一只飄浮在水上的大木筏。泰利斯之所以會聯想到水，其實可想而知。他的知識大多來自埃及與美索不達米亞，也就是尼羅河、幼發拉底河與底格里斯河等流域，理所當然地特別崇拜水。

人們認為「認識你自己」語出泰利斯的另一個理由是，因為他闡釋了認識自我及其優缺點，也助於尋找各種解答。他的一生以及他的個人主義似乎始終遵循著「認識你自己」這句箴言。我們或許可以作如是解：「唯有當你能夠認識你自己，並且決定自己要走的路，那麼你才算存在。」

「認識你自己」一語也意味著不再依賴諸神，開始去思索世界的起源、過程以及各種關係。此外，「認識你自己」要求將「人」擺到知識的核心，這句話因此標示了西方哲學的起源。兩千五百多年來，它一直提醒著每個人，去探究自我以及他者在世界裡的實存，並且找尋自己在生命裡的角色。十九世紀的王爾德（Oscar Wilde）曾經說：「在上古世界的門上曾經寫著：『認識你自己！』；在我們新世界的門上則應該寫上：『做你自己！』」足證這句話如何千古傳唱。

泰利斯也完全做「他自己」。他一生多半待在米利都（Miletus），它是一座富庶的希臘海港城市，位在愛奧尼亞（Ionia）西岸的一座半島上，現今隸屬於土耳其。米利都是「智慧之愛」（愛智）絕佳的誕生地。因為富裕的米利都人不需要為了生活而勞苦奔波，有許多閒暇去思考事物的起源與影響以及世界的種種關係。泰利斯的父母是富有的腓尼基人（Phoenician），因此他比其他人更有閒暇。他學過某種行業，現在我們會說他一半是自然科學家，一半則是技術人員，因為當時科學還沒有區分為各門學科。泰利斯年輕時曾經遊歷埃及與中東等地，還曾到過雅典。尤其是從埃及祭司那裡學到當時關於數學、航海以及天文的學問。回到米利都之後，他先是嘗試從政，但不久後重新醉心於觀察自然。他聞名於整個城邦，當時的人在他背後嘲笑他是個怪胎。有一回，泰利斯走在街上，邊走邊觀察夜空中的星星，沒有注意路上的狀況，不小心跌到了一座池子裡。有個女僕見狀不禁哈哈大笑對他說，他只顧著專心研究天上的東西，卻沒看到那些就在腳底下的東西。

泰利斯的母親或許會對女僕深表贊同，接著感嘆說：「難道他就不能瞧瞧女人一眼嗎！」因為不管她怎麼催他，他就是不肯結婚。雖然有些史料顯示，泰利斯曾經娶妻，甚至育有一子，但我們不妨看看以下對話去檢驗該記載的真實性。母親不停催促他結婚，但是他多年來總是頑固地推託說：「現在時候還未到。」直到他老了才改口說：「現在時機已過了。」

泰利斯根據一些古老記載，以一己之力準確預測安那托利亞（Anatolia）會出現日蝕，因而成了當時科學界的明星。泰利斯並沒有留下任何文字紀錄。只有偉大的古代哲學史學家第歐根尼·拉爾修（Diogenes Laertius）推測說，泰利斯應該寫過兩部天文學著作。他的思想重心無疑是自然科學，尤其是天文學。即使泰利斯認為世界是個圓盤，天空則是罩在圓盤上的半球體，但是他在該領域的研究成果仍然相當可觀。

據推測，泰利斯在七十歲時去世。有些史料甚至顯示他活到九十幾歲。他在死前還去觀賞競技。這位主張水是萬物本源的哲學家，卻因為天氣太熱而死於脫水與器官衰竭。

不過，還有一件事情要說明，契倫讓人在德爾菲神廟的石頭刻上「認識你自己」一語，然而他可能不是第一個講這句話的人，那麼當時泰利斯在做什麼呢？泰利斯在神廟裡留下了什麼句子呢？他留下了一句十分簡潔的話：「憶吾友。」誰曉得當時泰利斯心裡在想念誰——或是不想念誰？

2 萬物流轉

Panta rhei

赫拉克利特（Heraklit, ca. 540-480 B.C.）

萬物流轉？乍看之下，或許會讓人以為，莫非赫拉克利特承襲了泰利斯的衣缽？因為泰利斯曾經說過，水是所有存在事物的根本物質。不過，我們只要細看就不難發現，他只是將水理解為動態的東西。對他而言，萬物都是流動的。萬物都是不斷生成、殞滅和改變，沒有什麼事物會維持原狀。

如果我們說赫拉克利特是主張水為萬物本源的哲學家，肯定會讓他惱火。因為他譴責水是人類的最大禍害，它會將萬物都拉到最卑劣的深淵。對赫拉克利特來說，火才是萬物的本源，一如他留下的片簡所說的，「火化為萬物，萬物化為火」。

與泰利斯一樣，赫拉克利特也出身顯赫。他的祖先是以弗所城（Ephesus）的奠基者，該城位於安那托利亞半島的內陸，現在屬於土耳其。而以弗所城的阿提密斯神廟（Artemis）更是古代世界七大奇蹟之一。城裡民眾曾經希望赫拉克利特繼承王位，但是他婉拒眾人的勸進，將王位讓給他的弟弟。政治與權力於赫拉克利特如浮雲，他甚至根本就不是一個合群的人。他離群索居，也對哲學同儕不假辭色。赫西奧德（Hesiod）、贊諾芬、畢達哥拉斯（Pythagoras），都被他狠狠修理過。

第歐根尼·拉爾修曾說，有一天，赫拉克利特與一群年輕人在阿提密斯神廟裡很起勁地在玩骰子遊戲，一群人走進來見狀，便勸他別淨是做一些沒有用的事，他反唇相譏說，骰子遊戲比和他們一起執政好多了。

第歐根尼·拉爾修又說，赫拉克利特因為赫莫多魯斯（Hermodorus）被放逐的事件，對以弗所城民徹底失望。赫莫多魯斯是以弗所城當時的統治者，也是赫拉克利特一家的好友。以弗所城民卻將赫莫多魯斯放逐，理由是：「在我們當中應該沒有人是最好的，如果有這個人，那麼，他應該待在別的地方，跟別的人在一起。」赫拉克利特一聽之下，憤憤不平地說：「以弗所人應該一個接一個自己上吊才對。」不久以後，他自己也離開城市成為一位隱士。

遺世獨立的赫拉克利特專心寫作，跟大部分自然哲學家的主要著作一樣，他也有一篇名為《論自然》的作品。他將它留在阿提密斯神廟。著作中的句子讀起來像是神諭一樣，加上歧義的意象，幾乎沒有人看得懂，而赫拉克利特也因此獲得了「晦澀哲人」的封號。但是誰曉得呢？說不定他是故意的。無論如何，他晦澀的話語引起眾多詮釋，倘若我們從詮釋的角度來觀察，或許能夠說明這一點。在哲學史上，赫拉克利特的著作曾經有過形形色色的詮釋，使得他成為史上詮釋最多樣的哲學家。說難聽一點，幾乎每個人都可以僅憑己意去解釋它。而這正好呼應了赫拉克利特所說的：「萬物流轉！」

赫拉克利特到底要說什麼呢？他關心的不是萬物的存有，而是萬物的遷流生滅。他認為萬事萬物皆是永恆的變動。對他而言，生命是對立者的永恆鬥爭。我們將「萬物流轉」與他的另一句名言「鬥爭是萬物之父」合觀，便不難看出他思想的核心。對赫拉克利特來說，驅動世界和全體生命的，是諸如贊成與反對、存在與虛無的對立鬥爭。我們可以說，在赫拉克利特的思想裡就已經出現了「正題與反題」的哲學主題，乃至於辯證法（Dialectic）。這種思考方式很快便成為普羅塔哥拉斯所屬的智者學派其哲學重心，而由蘇格拉底發揚光大。

赫拉克利特的「萬物流轉」和當時的巴曼尼德斯立場正好相反。巴曼尼德斯與當時許多思想家都認為，存在的事物當中並沒有什麼是流動的。對巴曼尼德斯而言，所有存有都是不動與不變的。萬物早已存在。人們之所以會感覺到變動，完全是感官的欺騙，若是我們垂詢於理性，必定能夠明瞭，其實萬物只有存在與不存在之別而已。

巴曼尼德斯強調存有與純粹的理性，而赫拉克利特則是堅信感官及其對於變動的知覺。如是，赫拉克利特提出了與當時一般思想相反的主張。

我們其實是從柏拉圖（Plato）那裡得知赫拉克利特的「萬物流轉」（Panta rhei），柏拉圖在其對話錄《克拉梯婁斯篇》（Cratylus）裡，藉蘇格拉底之口提到「萬物流轉」。赫拉克利特本人應該是說過這句話，雖然在其片簡裡沒有看到和「萬物流轉」一模一樣的話，不過我們可以看到他的另外兩句名言，可以解釋為其「加長版」。第一句是：「人不能兩次踏入同一條河流」，意思是說當我們要再次渡過同一條河時，河水早已非其水，而渡河者也有所改變。另一個句子則是該思想的變體：「我們既踏入而又沒有踏入同一條河流；我們既存在而又不存在。」

3

人是萬物的尺度

Man is the measure of all things.

普羅塔哥拉斯（Protagoras, ca. 485-415 B.C.）

在上古時期的雅典，人民的公共活動主要是在衛城（Akropolis）山腳下的市場與集會廣場，又稱阿哥拉（Agora），它是個寬廣的三角區塊，四周零星散佈著神殿以及城邦重要的行政集會建築。沒有日常政務纏身的民眾們可以逛著廣場的攤子，信步來到另一頭的雅典英雄紀念碑前，觀看基座上最新張貼出的各項莎草紙公告。

鞋匠西蒙的房子與廣場毗鄰，那些來修鞋的客人偶爾會遇到哲學家蘇格拉底，因為他和城邦的領袖伯里克利斯（Pericles）一樣，都是鞋匠西蒙的顧客。人們或許會圓柱大廳蔭涼處和蘇格拉底繼續唇槍舌劍。或許也可以遇到普羅塔哥拉斯，趁機向他打探，若想上他的演講術的課，學費是否仍然貴得令人咋舌？

活躍在當時的普羅塔哥拉斯，究竟是什麼人呢？他是著名悲劇作家優里庇德斯（Euripides）的好友，並與雅典當時的統治者伯里克利斯交好。普羅塔哥拉斯出身於阿布迪拉城（Abdera）的貧窮家庭，它在現今希臘與土耳其的邊界，古時候隸屬於色雷斯（Thrace）。傳說阿布迪拉城的居民們行為古怪，因而有德文的「abderitisch」一詞，形容幼稚而愚蠢的行為。儘管如此，阿布迪拉還是出了不少著名的秀子賢孫，像是自然哲學家德謨克利特，以及前述的普羅塔哥拉斯。

德謨克利特比普羅塔哥拉斯年長二十五歲，他就像是「伯樂」，發掘了普羅塔哥拉斯這匹千里馬。原本普羅塔哥拉斯只是商人的搬運工，為家庭生計工作。有一天，德謨克利特親眼見識到，普羅塔哥拉斯如何將一大捆木材裝載在一頭驢子背上。普羅塔哥拉斯的巧思讓德謨克利特相信，這位年輕人在哲學方面應該也天賦異稟，於是決定延攬到門下。普羅塔哥拉斯果然不負提攜者的厚愛，在演說方面一展長才。普羅塔哥拉斯在阿布迪拉擔任公共朗讀者一陣子以後，終於決定到雅典去。當時雅典由伯里克利斯主政，他在雅典衛城上大興土木，建造諸如帕德嫩神廟（Parthenon）等雄偉的新建築。

伯里克利執政期間，不僅在建築、工藝和各種藝術方面成就輝煌，民主制度也第一次到成就鼎盛。伯里克利斯讓財力沒有那麼雄厚的雅典公民也能參政，並且支付薪俸。來自希臘各地的人們，尤其是知識份子，爭相搬到雅典去。

普羅塔哥拉斯在雅典旋即以演說術教師的身分名利雙收。然而，他究竟是怎麼辦到的？答案就在伯里克利斯執政時期徹底實行的民主制度。當時決定重大政治議題的公民大會並非由少數定人把持，而是屬於城邦的所有自由人。由於每個人都具有同樣的權利，因此，便以抽籤的方式從公民大會中聘任公職，諸如五百人議會以及陪審法庭。只有伯里克利斯的統帥以及財務長等職位才是選舉出來的。於是，想要在城邦一展抱負者，再也不能只是靠貴族身分或是財富，而必須能言善辯並且以理服人。公開演說漸漸成了修辭的競賽，正好符合希臘人的本性，於是他們想出了奧林匹亞競技，舉行藝術與戲劇的熱情競賽。那裡成了智者學派的溫床，他們是教授演說術以及辯論攻防技巧的學者。而普羅塔哥拉斯正是該行業的先驅與明星，他甚至還是第一個自稱「智者」（Sophist）的人。

雖然「智者」一詞現在被用來指摘剛愎自用的人，但在普羅塔哥拉斯的時代，這個詞卻有良好的名聲。因為它在希臘字源的意思就是「智慧的導師」。但是由於「智者學派」的批判者，尤其是蘇格拉底和柏拉圖，他們的名氣和影響力遠勝於智者學派，因而歷史也就由這些「贏家」去書寫了。蘇格拉底與柏拉圖將智者們形容只會鑽牛角尖而心裡沒有真理與道德的思考和演說的傭兵。特別是蘇格拉底，儘管他與智者學派有不少的共同點，卻和他們劃清界線。

要還給智者學派與普羅塔哥拉斯一個公道，普羅塔哥拉斯的名言可以派上用場：「人是萬物的尺度」（**Anthropos metron hapanton**）。一般認為是出於普羅塔哥拉斯的佚作《論真理》（*Aletheia*）。這句話後來被稱為「以人為存在尺度的命題」（**Homo-mensura-Satz**），在上古時期經常被引用。亞里斯多德在其《形上學》裡曾經提到，柏拉圖則在他的對話錄《泰阿泰德篇》（*Theaetetus*）裡也討論過。柏拉圖要處理的是知識的問題，他引述普羅塔哥拉斯的思想說：「因為他曾在某處說過：人是萬物的尺度，那些『確實是……』的東西都如其所『是』，而『不是……』的東西則如其所『不是』。」

普羅塔哥拉斯這句話旨在探討人類的知識能力。但是他所謂的「人」是指整個種屬，或是個人，在哲學裡則始終莫衷一是。因為說「人類」或是「個人」才是萬物的尺度，會得出完全不同的結論。如果把整體「人類」當作萬物的尺度，那麼它就是個集體概念。但是如此一來在知識的問題上就捨棄了個體，而看不到差異的部分。然而，若是將普羅塔哥拉斯這句話裡的「人」解釋成「個人才是萬物的尺度」，那麼它要說的就是，每個人的世界觀有多麼不同，而人類的知識有多麼多元豐富。

許多人都贊同普羅塔哥拉斯說的是後者，指的是個人的認識力。因此，「人是萬物的尺度」也可以說：「所有人類事務，對於事物與世界的知識，都是主觀的。」因為只有人才會衡量和評斷世界的現象，基於他有限而主觀的看法去得出結論。故只要有人在的地方，就不會有客觀性。人所認識到的事物，都非絕對的，只是相對的。此外，還有一種常見的解釋，認為普羅塔哥拉斯想將人類的地位提高到自然之上。他應該不是作如是想。

對照普羅塔哥拉斯的另一個句子，也可以看出普羅塔哥拉斯的名言要說的正是「知識相對性」。普羅塔哥拉斯曾說：「對於每件事，總會有兩個對立的說法。」這句話不僅揭示了智者學派的精神，更看到了正題與反題的概念。不過，普羅塔哥拉斯並未像兩千多年後的黑格爾（Georg Wilhelm Friedrich Hegel）發展出「綜合命題」的概念與辯證法，而只是推論說：沒有究竟的真理，我們必須接受每個人各自的觀點。就人類社會而言，這指的是主張維護意見與生活方式的多元性。也因此，普羅塔哥拉斯可以算是一位民主哲學家。而二十世紀偉大的政治哲學家、開放社會的主要捍衛者卡爾·波普（Karl Raimund Popper），把普羅塔哥拉斯當成他的英雄，似乎滿有道理的。

普羅塔哥拉斯年屆七旬時，雅典城中有一些人早就受夠了他。在普羅塔哥拉斯的《論神》裡，他曾經主張：人類無法知道到底有沒有神，因而被控否認神祇的罪名。不同於數年後的蘇格拉底，普羅塔哥拉斯選擇了逃亡。根據不同的記載，普羅塔哥拉斯在西西里島附近因船難喪生，也有一說他在流亡的歲月中安詳地死去。

4

我只知道一件事，就是我一無所知

I know nothing expect the fact of my ignorance.

蘇格拉底

（Socrates, ca. 470-399 B.C.）

西元前四百年的歲末年終，於雅典城裡有位名叫米利托（Meletos）的人遞狀控告，其理由牽強，求刑也相當誇張。他控告的是蘇格拉底，說他不僅不信原來的諸神，更崇拜新的神明；此外，他也指摘蘇格拉底敗壞雅典青年們的思想，因此必須將他處死。

蘇格拉底是當時雅典最知名的哲學家。儘管他名聞遐邇，卻不是當時的理想典型。相反地，對當時許多公民來說，他的舉止、外表以及生活方式，簡直就是雅典的恥辱。他經常會在大街上突然就把一些陌生人給攔下來，跟他們聊起哲學來，而結果總是不怎麼愉快。上午想到雅典的市場去買東西的人，購物行程可能會受阻，因為有個大鼻子、大腦袋瓜、童山濯濯、有些骯髒、穿著邋遢的矮個子男人，可能會跑到跟前，先用他高隆起的額頭下方那對有神的雙眼注視著對方，接著興之所至地問，智慧是什麼？或者什麼叫做「善」，什麼叫做「正義」？一旦對方回答了問題，蘇格拉底馬上又會問下一個問題，質疑對方的答案。或許對方會沉思久一點，然後給一個答案，蘇格拉底則會跟著提出更刁鑽、讓人困惑、針對答案弱點的下一輪問題。反覆幾次問答後，大多數的人都會覺得蘇格拉底是是要讓他們出糗。但是那絕非蘇格拉底的本意。蘇格拉底的詢問方式，其實是為了要獲取知識。他不僅質問別人，也反省自己，不斷質疑自己的想法和推論。這種特殊的對話方式，在哲學裡稱為「蘇格拉底方法」，老師不斷追問，誘導學生反省那些問題，思考他真正要說的是什麼，從而得到真正的知識。那是蘇格拉底探索真知以及基於真知的正確行為所仰賴的最重要工具。

我們無從得知蘇格拉底真正被控告的原因。但是可以確定的是，當時雅典歷經了一場政治風暴而重歸民主。在那之前的幾十年裡（西元前四三一至四〇四年），雅典在慘烈的伯羅奔尼撒戰爭當中敗給斯巴達。斯巴達將軍李桑德爾（Lysander）在雅典扶植了一個由三十人所組成的寡頭政權，他們的殘暴與倒行逆施，是雅典數百年以來的執政者當中極少見，史上稱為「三十人僭主」。蘇格拉底並未與他們的惡行掛鉤，故而當三十人僭主倒台時，他並未被波及。然而，當民主人士驅逐專權者，人們為了建立穩定的新秩序，追求安全與確定的解答時，蘇格拉底他那反對因循守舊、質疑每個正確解答的態度，便成了某些雅典公民們的眼中釘。他們認為蘇格拉底威脅城邦的寧靜與和諧。另一方面，雅典的尚古風氣也是原因之。不同於地中海其他城邦，雅典儘管在詩藝、雕塑與建築方面領先群倫，但是國家對神的崇拜卻從未停止。而當時雖然蘇格拉底聲名大譟，在雅典，哲學的新思維仍未成熟。蘇格拉底越是出名、越受推崇，就越被看成是既有和平的破壞者。

蘇格拉底的審判成了雅典的大事。西元前三九九年年初，依照雅典當時慣例，城邦組成一個五百人的陪審團。蘇格拉底選擇自行辯護。而「我只知道一件事，就是我一無所知」正是蘇格拉底答辯的重點。

在審判過程中，蘇格拉底曾三度發表演說，演說的內容由他的學生柏拉圖收錄在《申辯篇》中。在第一場答辯演說當中，蘇格拉底反駁所有控訴。他首先從控告者的論點開始，他們認為像蘇格拉底如此追根究柢的人，一定否定神的存在。他們說他的智慧正好就是證據。對此，蘇格拉底先從他為何得到智慧談起。有一回，蘇格拉底一位名叫凱勒豐（Chairephon）的朋友到德爾菲神廟朝拜，祈求神明告訴他，誰才是雅典最有智慧的人？根據神諭指示：「索福克勒斯（Sophokles）很有智慧，而優里庇德斯則更有智慧，但蘇格拉底才是最有智慧的人。」

蘇格拉底聞訊，決定要反駁神諭。他問了政治家、詩人以及工匠，發現所有人只因為自己精通某種行業，便高估了自己實際擁有的智慧。由此觀察，蘇格拉底推論說：他的確是眾人當中最有智慧的。因為他並不相信自己是有智慧的。而「我只知道一件事，就是我一無所知」就是他的著名結論。

根據曼弗烈德．弗爾曼（Manfred Fuhrmann）的譯本，柏拉圖將這句話安排在蘇格拉底與某位政治人物的對話情境。蘇格拉底說道：「……他以為他知道，但其實他什麼也不知道；而我什麼也不知道，我也就認為我什麼都不知道。」雖然蘇格拉底很可能從未真的說過「我只知道一件事，就是我一無所知」，但在上述「加長版」的對話裡，我們仍可約略看到蘇格拉底式反諷的影子。當然，蘇格拉底一定意有所指，如果我們抽掉裡頭的反諷意味，或許應該改寫成：「我猜想，我是知道些什麼，但我知道，我知道的並不夠。」

而在審判過程中又發生了什麼事呢？蘇格拉底答辯以後，陪審團得進行表決，判定有罪與否。表決結果，有兩百八十人認為蘇格拉底有罪，而另外的兩百二十人則認為應該無罪開釋。根據當時的訴訟慣例，在表決確定有罪之後，控辯雙方應先各自提出所求處的刑罰，再進行下一輪的表決。這時，控方再次主張求處死刑；然而蘇格拉底提出了什麼樣的要求呢？倘若蘇格拉底曾經有想活命的念頭，那麼他真的犯下了致命的錯誤。根據柏拉圖所述，在第二次的答辯演說中，蘇格拉底竟然提出：雅典應授與他公眾慈善家的頭銜，讓他位列城邦大廳，並且終生免費地供養他。那是什麼刑罰？簡直是在戲弄法庭。接著，蘇格拉底心不甘情不願地重新提出了罰金的求刑，但是先前挑釁的提議已經造成傷害。不是每個人都能體會老哲學家的幽默。根據第歐根尼·拉爾修的記載，最終，在五百名陪審員當中，竟以三百六十對一百四十的懸殊比數同意死刑的要求。與先前有無罪責的表決相比，蘇格拉底明顯失去更多人的支持。

表決過後，蘇格拉底又做了第三次的演說。蘇格拉底首先轉身面向那些判處他有罪的人說，他們對他的判決，一點也無法讓他們閃避這些惱人的問題。雖然至今為止，只有他曾提出這些問題，但在他之後，必定會有更多更棘手的問題層出不窮。此外，他對他的朋友說：他並不怕死。假如死亡是一場無夢的安眠，那麼也是一樁美事；然而，倘若如某些人所言，死亡是要到另一個世界，去見作古的人們，他則非常期待能與荷馬、赫西奧德以及米諾斯（Minos）談天。

一般來說，在死刑判決確定之後，不久便會執行。但蘇格拉底的死刑判決正逢雅典遣使前往提洛島（Delos）朝聖，在船隻返回之前，不得處決任何人。也因此，蘇格拉底的行刑時間便往後推延。在等待行刑期間，蘇格拉底被囚禁在監獄近一個月，他的一些朋友經常到監獄裡探視他。根據柏拉圖的《克利多篇》（*Crito*），當時蘇格拉底曾經有機會逃亡，但他卻拒絕友人為他安排的逃亡計畫。他的理由是：他是一位好公民，因此他不能違反城邦的法律，即便這些法律對他不利，他還是必須遵守。最後，蘇格拉底飲下了毒堇汁而死。如果真的他所願，那麼他現在或許正在另一個世界裡，與米諾斯和荷馬為伴，繼續問他的問題。

蘇格拉底的思考方法，「我只知道一件事，就是我一無所知」，對哲學而言是必要的。因為任何知識的探索都是由承認無知開始。蘇格拉底想要揭露人類的無知與一知半解，並且幫助人們利用理性的判斷（對蘇格拉底而言，那就是德行）做出正確的行為。在日常生活裡，無論我們要提醒別人別急著下結論、要他三思時，或是要諷刺他的無知時，都可以說：「我只知道一件事，就是我一無所知。」這兩種用法蘇格拉底應該都玩得很開心。

5 失敗者眞可悲！
Woe to the defeated!

布倫努斯（Brennus, ca. 400 B.C.）

西元前三八七年七月，三萬名高盧戰士，在台伯河（Tiber）的支流阿里亞河（Allia）附近集結，距離羅馬僅十五公里之遙，羅馬的四萬大軍正嚴陣以待。在羅馬士兵眼中，高盧戰士們身材高大、頭髮既長又亮、身穿獸皮與花布，不僅怪異，更讓他們心生恐懼。

而羅馬人口中的野蠻人，卻在短短數年中經由玻谷（Poebene）推進到義大利。然而，羅馬人的野心也很大。他們也覬覦整個義大利。因此，羅馬人與蠻族遲早要一決雌雄。

就在兩軍正面交鋒之際，羅馬人突然發現少了一位能征慣戰的統軍將領。先前羅馬著名的統帥加密祿士（Camillus）因為試圖要在羅馬建立獨裁統治，早已被羅馬人民放逐。在缺乏良將帶領的情況下，羅馬大軍很快便被高盧人擊潰，將士們四處竄逃。阿里亞河一役成了羅馬史上的一場大災難。很快地，羅馬軍隊一面倒的敗訊傳遍了整個羅馬城，意味著戰勝的高盧人就要長驅直入。聞訊的羅馬人無不驚慌失措地扶老攜幼四處奔逃。

然而，在一片混亂當中，約有上千名羅馬將士在馬爾庫斯・曼里烏斯（Marcus Manlius）的帶領下及時趕回羅馬，他們整編城中的部分百姓，軍民一同鞏固防禦工事，據守有厚實的圍牆環繞的卡比托利歐山（Capitolinus），要塞裡不僅有神廟，更有不少氣派的宅邸以及辦公處所，甚至有羅馬城裡的許多寶藏。

高盧人抵達羅馬時，城門大開，城牆上也無人防守，高盧人害怕誤中羅馬人的埋伏，於是小心翼翼地進到城中，只見空蕩蕩的大街。接著，高盧人緩步行軍至城裡的中央廣場，等在那裡的，卻是令他們驚異的一幅景象。一群身著長袍、年邁的元老，就像一排活的圓柱一樣，靜靜佇立在廣場上，手無寸鐵的他們，正等待敵人與死亡的到來。高盧人將他們一個不留地全數殺害，隨後洗劫羅馬城。然而，三面皆有峭壁的卡比托利歐山易守難攻，羅馬的殘存的守軍拼死抵抗，拒不投降。

高盧人採取圍城。先是維持數日，接著進入數週，再來成了數月。高盧人為摧毀羅馬城付出慘痛的代價。由於得不到糧食補給，雙方陣營開始陸續有人倒下。而進入寒冬，在殘破的羅馬城中，高盧人找不到遮風避雨的地方，各種疾病也開始蔓延開來。

不過，被圍困在卡比托利歐山的羅馬人眼看糧草就要告罄。在危急之中，眾人決議向被放逐的加密祿士求救。若是他能擊退高盧人，便允許他統治羅馬城，先前他被放逐的事則一筆勾銷。

於是，趁著夜色的掩護，羅馬人派出一名信使，經由一條密道，攀爬到山谷底下。

羅馬信使突圍而去。不幸地，高盧人發現了他留下的足跡，並循線找到卡比托利歐山的密道。第二天夜裡，被圍困在卡比托利歐山的羅馬人還在等待著加密祿士的回音，高盧人的將領卻已祕密率軍出發，潛行到圍牆，神不知鬼不覺地到了羅馬信使所走的密道，在未見崗哨的情況下，高盧人很快地便集結到發動攻擊的地點，他們打算偷偷潛入要塞中，趁羅馬人在睡夢當中，殺他個措手不及。然而，就在此時，突如其來的一陣喧鬧劃破了夜晚的寧靜，似乎有一些奇怪的白色物體出現在圍牆附近，大聲吼叫地四處亂跑。在一陣驚慌過後，眾人認出那些白色物體原來是一群鵝。城裡的一位公民將這群鵝進獻給女神朱諾（Juno），牠們似乎嗅到了危險的氣息，所以吵鬧了起來。一陣騷動以後，熟睡的守牆士兵統統驚醒，司令官曼里烏斯也同樣醒了過來。根據傳說，曼里烏斯因此識破了高盧人的攻擊行動，率領羅馬將士擊退高盧人的偷襲。

卡比托利歐山上這群獻祭的鵝暫時拯救了羅馬。然而，羅馬將士們卻還是得繼續等待援軍的來到。被圍困的羅馬軍民遲遲得不到加密祿士的回音，漸漸放棄獲得援助的希望。於是，被圍困的羅馬軍民決定孤注一擲，計謀誘騙高盧人退兵。他們將僅剩的食物拋出牆外。高盧人竟然中計，相信被圍困的羅馬軍民糧草仍然很充足。

羅馬史學家李維（Titus Livius）記載，當時布倫努斯提議雙方談判撤軍。布倫努斯是高盧人的領袖，也是塞農族（Senonen）的族長，不過，歷史上是否真有其人，學者並不是很確定。根據李維所述，雙方歷經多次協商，高盧人終於同意退兵，條件是羅馬人得支付一千磅金子做為贖金。高額的贖金可以說得要傾羅馬全國之力來支付。但再怎麼困難，羅馬軍民也只能勉強同意。不過，布倫努斯卻認為那是個挫敗。假如他一開始大獲全勝，那該有多少寶藏在等待著他？高盧人吃了多少苦頭，又折損了多少將士？

高盧人接著弄來了一些秤以及砝碼，開始稱量羅馬人的金子。然而，就在此時，有位羅馬軍官卻突然跳了出來，指責高盧人在砝碼上動了手腳，布倫努斯聞言大怒，囂張地說道：「失敗者真可悲！」（Vae victis）接著抽出了自己的佩劍，將劍放到擺著高盧砝碼這一邊的秤上。以上都來自李維的記載，然而布倫努斯是否真的會說拉丁語呢？這一點很令人質疑，由於李維是以拉丁文寫作歷史，他很有可能將那句話譯為拉丁文。

另一位羅馬史學家弗洛魯斯（Florus）則認為布倫努斯的這句話其實早在西元前二世紀就是一般的流行語。而德文的慣用語「放到秤上來」（Etwas in die Waagschale werfen）也源自這個事件。若是我們願意相信某些極富戲劇性的歷史記載，那麼在布倫努斯說了那句話之後，故事是這樣的：突然間，羅馬軍民期盼已久的加密祿士及時出現，率領著重新整編的羅馬大軍殺回羅馬城，面對敵人，加密祿士說了一段相當漂亮的話：「我們羅馬人習慣用鐵來付帳，而不是用金子！」

接著，加密祿士便將強弩之末的高盧人趕出羅馬城。儘管高盧人試圖抵抗，終究不是羅馬援軍的對手。此後，人們為了感謝加密祿士拯救羅馬的功績，便稱他為羅馬的第二位奠基者。為了讓故事有個完整的結局，某些史料甚至說，布倫努斯在戰場上被就地正法，勝利者們則用布倫努斯自己說過的話奚落他：「失敗者真可悲！」

這段情節是否真的曾經發生呢？我們無從得知。或許就如其他史料記載，布倫努斯早就帶著財寶離開了。但無論如何，對羅馬人來說，布倫努斯戰敗且遭戮是一個頗具療癒性的結局，至少能讓羅馬人感到些許寬慰。

然而，這個事件畢竟在羅馬人的心中留下了嚴重的創傷。在很長的一段時間裡，七月十八日，也就是阿里亞河之役敗戰的日子，對羅馬人而言，都是一個「黑暗日」（dies ater）。從此以後，羅馬人對高盧一直心存恐懼，後來更被凱撒（Gaius Julius Caesar）利用，以遂行他的政治目的。但在這事件後，羅馬故態復萌，繼續以稱霸世界為目標，再度大舉擴張版圖。大約在西元前二七〇年左右，羅馬的統治範圍已經囊括義大利中部與南部，並且不斷擴大。許多羅馬人都相信，他們終究會實現，羅馬的神明朱庇特（Jupiter）對羅馬的預言：「我並未在空間與時間方面對它設限，無盡的統治地位，才是我賦予它的！」

6

這是跨越點

punctum saliens

亞里斯多德（Aristoteles, ca. 384-322B.C.）

西元前三八七年似乎是人類史上特別引人注目的一年。在義大利，被圍困在卡比托利歐山的羅馬軍民，因為一群突然鼓譟的鵝，幸運地逃過了被滅族的命運。與此同時，在希臘，一個叫柏拉圖的人則在雅典近郊創立了一所學校。它所在的橄欖樹林原本是獻給神話英雄阿卡蒂莫斯（Akademos），因此，柏拉圖的學院（Academy）便以他為名。據說之後九百多年，人們於此講學不輟。到了中古世紀，柏拉圖學院則成了歐洲各地陸續興建的大學的榜樣。

在這個西方最重要的思想搖籃裡，亞里斯多德可說是其中最著名的學生。他在西元前三六七年以十七歲之齡入學。亞里斯多德出生於斯塔基拉（Stageria），一個位在色雷斯的一個偏僻小城。他的父親是馬其頓國王阿敏塔斯二世（Amyntas II.）的御醫。據說，德爾菲神諭曾指示亞里斯多德的父親讓他的天才兒子去學哲學。當時柏拉圖已經在學院教了二十年，據說他後來又教了二十年，直到去世為止。在那期間，亞里斯多德是柏拉圖的得力助手，但是和學院的其他學生沒什麼往來。他很少與人交談，整日埋首書堆，因此，不久之後，柏拉圖便給他一個綽號「閱讀者」。柏拉圖的學生們漸漸轉向禁慾苦行，而亞里斯多德卻很重視生活的舒適。對他而言，除了華服之外，梳理整齊的頭髮，以及手上的指環飾品，都一樣講究。

在亞里斯多德的哲學著作中，他將柏拉圖的思想深化、分類，甚至提出不同的看法。柏拉圖在世時，師生之間就已經有了第一次的哲學衝突。對此，柏拉圖曾感嘆地說道：「亞里斯多德反對我，就像小馬在吸飽了奶之後，會踢牠的母親。」但儘管如此，亞里斯多德對柏拉圖仍是懷有無比的崇敬。不過，亞里斯多德最終還是做了一件大逆不道的事：他徹底顛覆了老師的觀點。柏拉圖認為，世界萬物只不過表現了永恆不變的理型，而亞里斯多德卻想要探究事物自身的本質和理型。

不過，亞里斯多德與柏拉圖學院最終決裂的真正原因，其實是接班人的問題。柏拉圖於西元前三四七年去世，他並未被指定為繼任人，反而是沒沒無聞的斯珀西波斯（Speusippos）。傷心之餘，亞里斯多德離開了雅典，轉往小亞細亞，被阿塔內斯（Atarneus）的統治者赫米亞斯（Hermias）延攬入宮廷。他們倆過從甚密，亞里斯多德更娶了赫米亞斯的姐姐（有一說是姪女）菲緹亞斯（Phytias）。西元前三四二年，亞里斯多德被馬其頓的國王菲力普二世（Philipp II.）召回故鄉，亞里斯多德也因緣際會地成為了世界史上的一個要角。他受命教導當時年僅十三歲的王位繼承人亞歷山大（Alexander），也就是其後名垂青史的世界征服者亞歷山大大帝。

西元前三三四年，亞里斯多德返回雅典，創立了屬於自己的學校，他替它命名為「呂基昂」（Lyceion），後來拉丁文的「演講廳」（lyceum）一詞也是由此而來。由於沒有合宜的講堂，亞里斯多德便與學生們在柱廊與花園中上課，大家散步討論。沒多久，城裡的人都稱他們為「漫步者」，而在哲學史上則稱其為「逍遙學派」（Peripatos）。

就如同漫步在柱廊與花園那樣，亞里斯多德的思想也悠遊在人類所有的主題，因為他的著作幾乎涵蓋所有存有者的問題：哲學、自然科學、倫理學、政治與國家。也因此，在他身後留下的作品，不論是在內容或是在篇幅都相當可觀。如果我們想到他執教了十二年，沒什麼時間著書立說，而只能由他的學生記錄他的思想，他的學術成就更讓人動容了。

亞里斯多德的思想不僅包羅萬象，在著作的內容與形式他更是提出許多創舉。現在看來理所當然的哲學基本概念，都是出自於亞里斯多德。此外，他更創設邏輯學，並且為形上學催生。十四卷的《形上學》（*Metaphysics*）是談論存有及其原因與本質的學科，其書名的由來是因為後人在重新整理其著作時（西元前七〇年），將它編排在物理學（Physics）之後（meta）。事實上，形上學研究的問題，也正好是自然（physis）以外的知識對象。

此外，亞里斯多德也曾致力於詩藝的研究。但可惜只有一卷探討悲劇和史詩的著作傳世。義大利學者安伯托．艾可（Umberto Eco）於一九八二年以亞里斯多德失傳的《論喜劇》為題，寫了一部暢銷小說《玫瑰的名字》（*Il nome della rosa*）。

亞里斯多德也和學生們一起彙集了許多動物界的知識：例如動物的構造、繁殖、疾病。其中難免有一些滑稽怪誕的謬誤。例如：亞里斯多德認為，是人的氣息讓鷓鴣受孕，而老鼠舔了鹽巴也會懷孕。

就連關於「跨越點」的名言，也是其中一個錯誤。亞里斯多德在其十卷《動物志》（*Historia animalium*）裡說，他從蛋白裡的一點「小血跡」辨識出即將成形的小鳥心臟，此即「要跨越成為生命的點」。十五世紀，亞里斯多德主義者提奧多魯斯·加薩（Theodorus Gaza）將第二段話譯為拉丁文：「跨越了這一點，就能轉變成動物。」（**quod punctum salit iam et movetur ut animal**）更由此衍生了「跨越點」（**punctum saliens**）一詞。而從該詞的語源和脈絡，我們也可以了解，為什麼當人們在談到事物的本質或核心時，會用「跨越點」一詞。

亞里斯多德的著作的影響無遠弗屆。他的豐富性和多樣性首先終結了柏拉圖時代的知識一元性。他將理論和實踐知識分門別類，諸如：物理學、政治學、倫理學、邏輯學與動物學。中世紀初期，亞里斯多德的著作又再度為人所熟知，直到十七世紀末，西方世界的核心思想都一直遵循著他所做的分類。雖然亞里斯多德比基督宗教早了三百年，但他對於神的見解，也就是認為神是超越人類理性的精神，就足以讓沒有其他作品可以研究的經院哲學家們（中世紀基督教哲學家）埋首於他的作品的知識寶藏，尤其是自然科學的著作。因此，亞里斯多德自己就成了西方基督宗教思想的一個「跨越點」。

7 別遮住我的陽光
Stand a little less between me and the sun.

錫諾普的第歐根尼
（Diogenes of Sinope, ca. 404-323 B.C.）

這兩位的其中一位會惹惱所有的鄰居，另一位則是會惹惱所有的民族；這句話講的是錫諾普的哲學家第歐根尼以及世界的征服者亞歷山大大帝。傳說中這兩人曾於西元前三三六年在科林斯（Corinth）不期而遇；當時，亞歷山大剛成為科林斯同盟的統帥，他依照慣例前往科林斯，接受盟友們的歡呼。亞歷山大的父親馬其頓國王菲力普二世，不久前才遇刺身亡，當時年僅二十歲的亞歷山大排除所有反對勢力而成為國王。而今他不僅是馬其頓國王，更克紹箕裘，成為希臘聯盟的領袖。他對於第歐根尼景仰已久卻緣慳一面，但等了一整天，卻看不到他出現。於是他決定帶著幾名貼身衛士，親身去拜訪第歐根尼。

他們看到第歐根尼躺在溫暖的中午豔陽下。他可能就在一只大木桶前面打瞌睡；據說那就是他的家，他所需要與想要的，也就這麼多而已。當時第歐根尼已是年近七旬的老骨頭了，他老邁的身軀僅僅裹著一條粗布，長年的苦行生活使他瘦骨嶙峋，而飽受風吹日曬的皮膚猶如硝製一般。至於他的木桶裡是否鋪有麥稈當作床鋪，我們不得而知；但是他或許會嫌太過奢華，而寧願直接睡在粗糙的木板上。第歐根尼身旁有一根棍子，他會拄著它到城裡去；除此之外，他就只有一只小袋子，裝有別人給他的一些食物；而這就是第歐根尼的全部家當。

在亞歷山大看到老思想家以前，一直受他的老師亞里斯多德影響很深，直到他登基前不久，亞里斯多德都替他上課。滿懷雄心壯志而又聰明過人的年輕國王早就聽過第歐根尼，他們兩人的生活和思想可以說是天差地別，但是亞歷山大對第歐根尼卻相當著迷。只要環境許可，權勢者總喜歡附庸風雅。

他對老者說：「我是亞歷山大，馬其頓的國王。」接著走到老者跟前，影子落在老者身上。

這位乞丐哲學家抬頭瞧了一眼。

「我是第歐根尼，是犬儒學派的。」老頭回答說。

不可一世的亞歷山大君王看到第歐根尼那樣瞧著他，心裡會怎麼想呢？他或許會思忖著，他們的世界天差地別，哪裡會有什麼交集？他曾經聽說眼前的老者的思想超超玄箸，如今又看到老者在物質上的清心寡欲；基於對那老頭的印象，亞歷山大擺出了作為國王和世界主宰的姿態。

於是他開口說道：「喔，第歐根尼，向我許一個願望吧，無論要付出多大代價，我都會幫你實現它。」

國王提議了以後，四周突然沉寂了一會兒。或許是因為老智者的眼光，或許是因為國王的優越感，亞歷山大此時覺得志得意滿。然而，第歐根尼卻未起身，甚至沒有改變亞歷山大見到他時的睡姿。因此，亞歷山大的影子依舊落在第歐根尼身上。

「那麼，請別遮住我的陽光。」他回答說。

亞歷山大雖然對這個答案感到有些錯愕，但還是實現了他的願望；第歐根尼或許稍微點頭致意了一下，便不再理會他們。亞歷山大的衛士們見狀大為光火，群起對這位粗鄙的老思想家咒罵嘲弄。但是亞歷山大要他們安靜下來，並且說：「若我不是亞歷山大，我願是第歐根尼。」

數百年後，西塞羅（Marcus Tullius Cicero）曾在其《圖斯庫倫論辯》（*Tusculanae disputationes*，西元前一世紀）裡記述其會面經過，而第歐根尼．拉爾修的《哲人言行錄》（西元二世紀）也曾經提及。不過，他們可能並未實際會面，第歐根尼也可能從未住在木桶裡。這個故事很可能是根據西尼加（Lucius Annaeus Seneca）的一段話穿鑿附會出來的，他曾說，如果一個人的物質需求這麼低的話，那麼他也可以住在木桶裡了。

然而，第歐根尼的言行一致，那倒是可以確定。對第歐根尼而言，一個人要得到幸福，唯有放棄所有的物欲，並且配合自然適性地生活。當時的人稱他為「狗」（kyon），對他們而言，這個怪人真是驚世駭俗，因為他的思想不僅放蕩不羈，甚至肆無忌憚地踰越羞恥的界限，比方說，他會在眾目睽睽之下公然自慰，人們見狀，他就會大聲說：「磨擦下腹就可以止餓！」

第歐根尼經常在大白天裡提著一盞燈籠逛市集，照著路人們的臉，一路搖著頭往前走；有些人看到，不禁好奇地問他究竟在做什麼呢？他回答說：「我正在找一個人。」

第歐根尼是否只是哲學界的一個頑童呢？無疑地，他的趣聞軼事確實比其哲學成就更加著名。第歐根尼生於錫諾普，那是臨近黑海的城市，他的父親是財政官員，但因為鑄幣舞弊而被逐出錫諾普。第歐根尼曾是安提西尼的學生，而安提西尼的老師則是蘇格拉底。一般咸認安提西尼是犬儒學派的奠基者；這個學派主張個體的獨立性，甚至否定所有社會價值，無論是政治、藝術、宗教、道德或禮俗。他們斷然拒絕普遍接受的價值。因而才有「犬儒」（cynical）一詞，現在是惡意諷嘲的意思。我們幾乎可以說，對於犬儒學者而言，只有「個人」才是重要的。第歐根尼拳拳服膺該原則。他清心寡欲，自給自足，並且在其中努力做到極致；有一回，他見到一位小男孩用雙手接水喝，便立刻丟掉他的杯子。

直到今日，一無所求的第歐根尼和富有且企圖征服世界的亞歷山大相會的軼事，仍為人津津樂道。第歐根尼無政府主義式的機智回應，徹底否定了亞歷山大的野心和權力欲。「別遮住我的陽光」就跟這段趣聞一樣，都是人類生存方式的一個極端；那也是普羅塔哥拉學派致力奉行的。

此後十三年裡，亞歷山大陸續征服了當時已知的世界大部分地區。西元前三三三年，亞歷山大首先攻克小亞細亞，接著擊敗波斯國王大流士三世（Darius III.），粉碎了他的龐大帝國，並且一路征服敘利亞、巴勒斯坦與埃及。他佔領巴比倫與波斯，最後更於西元前三二七年揮師印度。直到他的士兵叛變，他班師回朝。西元前三二三年，亞歷山大猝死於巴比倫，當時他才三十三歲；據推測，亞歷山大與第歐根尼很可能死於同一年。

由於亞歷山大英年早逝，使得「別遮住我的陽光」此後成了古代哲學家的警語：認清生命當中什麼才是最重要的；眼裡不要只有可測度的、物質的東西，也要多注意內在、心靈、精神。

不過今日人們在引用「別遮住我的陽光」一語時，經常會忘了它的典故；因為在日常生活裡，這句話已經與知足寡欲的哲學無關，反而是在被打擾或是真的被擋到光線時，才會開玩笑地講這句話。

幾年以後，宛如命運要給亞歷山大再一次的提示，他在遠征印度時見到婆羅門丹達米斯（Dandamis）。普魯塔克（Plutarchus）說，這位智者只問了亞歷山大一個問題：「亞歷山大究竟為什麼要長途跋涉來到這裡呢？」

那似乎是第歐根尼自遠方捎來這個問題。

8 證明終了
quod erat demonstrandum

歐基里德（Euklid, ca. 320-275 B.C.）

就在歐基里德於埃及亞歷山卓城（Alexandria）瞥見世界之光的同時，當地人民卻正在為建城者亞歷山大大帝的英年早逝致哀。亞歷山卓城是亞歷山大建立的十七座城市之一，也是最重要且最著名的。

歐基里德在亞歷山卓城的幾十年當中，見證了城外法羅斯島（Pharos）上亞歷山大燈塔的興建，塔高一百多公尺，名列世界七大奇蹟。此外，歐基里德更見證了他的故鄉成為希臘化文明的中心。「希臘化時代」（Hellenistic period）即源自統統一的希臘文化，儘管亞歷山大英年早逝，該文化卻傳遍他未竟的世界帝國，東至印度。希臘文成為世界語言，藝術、文化與科學都攀上極致巔峰。直到西元前二七年奧古斯都（Gaius Julius Caesar Augustus）建立羅馬帝國以前，希臘化文化始終是主流，但此後便漸漸被羅馬文化取代，但是並未完全消失。大約西元四世紀左右，羅馬帝國衰亡，希臘化文化重新被重視。它也成了反對新興基督教者的依歸和另一種選擇。值得注意的是，亞歷山卓城也被認為是早期基督教的中心。

在埃及，希臘化與托勒密王朝有著十分緊密的關係。「拯救者」托勒密一世（Ptolemaios I.）是亞歷山大大帝的童年好友、侍衛與部將，亞歷山大曾經任命他為亞歷山卓城的總督。在亞歷山大死後，亞歷山大其他部將們爭奪亞歷山大的龐大帝國，托勒密在繼業者之戰（Diadochen）當中漁翁得利，自立為王，開啟了托勒密王朝，直到西元前三〇年才滅亡。王朝的最後一任女王，便是世界著名的「埃及豔后」克麗奧佩脫拉七世（Kleopatra VII.）。托勒密一世曾經在亞歷山卓設立一所「博物館」（Museion），一所科學與文學的學院。後來在博物館的附近，他的兒子托勒密二世（Ptolemaios II.）又興建了一座著名的圖書館，開放給大眾使用，藏書在鼎盛時期曾經高達七十多萬卷。

可以想見，當時許多大學者絡繹不絕於亞歷山卓城，其中一位便是歐基里德。歐基里德主要研究的是幾何學，自古即相當受重視。在日常生活中處處可見，諸如建築、造船與城市規畫。舉例來說，歐基里德在亞歷山卓城所行走的道路，統統都是以直角的方式相交，因此這座位於尼羅河支流入海口的城市，它的住宅區如棋盤狀分佈。那裡住著埃及人、猶太人以及希臘人，大城人口將近一百萬。在城裡，歐基里德完成了人類思想史上非常重要的《幾何原本》（*Stoicheia*）。兩千多年以來，歐基里德的《幾何原本》一直是幾何學的基本教材，有些人甚至認為，除了《聖經》以外，《幾何原本》是西方思想最有影響力的著作。

為什麼歐基里德能夠將當時所有的數學知識統一在他的《幾何原本》呢？答案只有一個。因為那幾乎是他的使命，他也戰戰兢兢地去做。然而，他的成就不僅於此，他將彙整的知識納入一個系統，為其相互關係設定一個特定的秩序。歐基里德的想法來自亞歷山卓城都市規畫的啟發。他以三度空間（前後、左右、上下）的假設發展出他的體系。

歐基里德的系統是由一些簡單的概念開始，他首先闡述點或直線，接著再探討整個數論，基於前一個定義建構下一個定義。歐氏幾何的整個體系都奠基在五個基本假設，又稱為公理（axiom）。在歐基里德的每段證明當中，都會用「證明終了」作為結語。數世紀以後（希臘化時代早已結束），這句話譯為拉丁文「quod erat demonstrandum」流傳，一般會縮寫為

「q.e.d.」。

然而，為了「證明終了」，歐基里德後世的數學同僚們卻傷透了腦筋，因為要將歐基里德的第五項公理演繹到「證明終了」，可以說是數學史上的一大難題。

歐基里德的前四條公理易於理解，也未埋有地雷：

一、任意兩點可以通過一條直線連接。

二、任意線段能無限延伸。

三、給定任意線段，可以其中一個端點作為圓心，該線段作為半徑，作一個圓。

四、所有直角都全等。

至此都沒有問題，但是接下來的第五條公理，則在證明時引起討論：

五、若兩條直線都與第三條直線相交，並且在同一邊的內角之和小於兩個直角，則這兩條直線在這一邊必定相交。

簡單來說，當一條直線旁邊有一個點，且僅有一條直線，能夠通過這個點而不與該直線相交。歐基里德的這第五條公理又稱為平行公理（parallel axiom），主要是描述平行線的特性。倘若我們以觀察棋盤為例，似乎相當合邏輯。然而，第五條公理並不像其他四條那麼明白且無瑕疵。兩千年來，一大堆聰明過人的數學家，都只能對著這第五條定理咬牙切齒，因為數學家們都對平行公理束手無策，或許歐基里德拒絕證明它，其實有他的道理。

許多數學家嘗試從歐基里德的其他定理去推論出平行定理，卻始終無法成功。直到西元世紀中葉，數學界才終於有了「哥白尼轉向」。諸如德國的高斯（Johann Carl Friedrich Gauß）、匈牙利的波耶（Bolyai János）以及俄國的伊凡諾維奇（Nikolai Iwanowitsch）等人，分別斧底抽薪地發展出非歐氏幾何的理論。而德國數學家希伯特（David Hilbert）更於一八九九年填補先前理論的漏洞。非歐氏幾何的概念捨棄平行定理，並且以「彎曲」的空間觀取代「平直」的空間觀念。日後，愛因斯坦（Albert Einstein）更以此基礎提出了相對論。不過，儘管有了非歐氏幾何，但在二十世紀的數學界，歐基里德的《幾何原本》仍然是舉足輕重。

9
欲先人，必以身後之

老子（ca.300-400 B.C.）

有一天，智慧而年邁的老子，再也無法忍受故鄉與日俱增的混亂，儘管當時他的年事已高，依然決定遠離這塊土地。當老子正要出函關時，關令尹喜認出了他。關令尹喜擔心老子一走，他的所有智慧可能也跟著一起消失，於是勸說老子留下一些文字。老子原本並不想留下任何文字，但禁不住尹喜再三勸說，終於同意將他的思想整理寫下，完成後便倒騎青牛而去，不知所終。這是《道德經》成書的傳奇故事，出自於約西元前一百年左右的司馬遷《史記》，而《道德經》可說是遠東哲學中最重要的著作之一。

《道德經》全書八十一章五千言，囊括了這位中國哲學大師的思想精髓。

老子與《道德經》的時代是中國的周朝末年。西元前一一二二年，姬氏攻佔殷，建立周朝，之後的數個世紀，周朝演變成劇烈分化的封建國家。約從西元前八世紀起，各地的封建諸侯開始相互惡鬥，周朝也隨之瓦解。在周朝漸趨式微期間，也就是所謂的「戰國時代」（西元前四七五至二二一年），中國思想百家爭鳴，如此花開燦爛的盛況至今不復見。在這時代中，最早為歐洲文化所熟知的中國思想家，當推孔子與老子。

關於老子的生平，我們所知甚少，唯一與此相關的史料，就是前已提及的司馬遷《史記》。其中關於老子生平的傳說，甚至連司馬遷本人都覺得不盡可靠。一般認為，老子曾是周朝的守藏吏，在周朝首都洛陽管理國家藏書及檔案。據推測，他可能生於西元前四到三世紀，此外，也有記載認為他生於更早的西元前七或六世紀。甚至還有人認為，老子的存在根本無法確定，或許，老子的故事只是一個傳說罷了。倘若果真如此，那麼《道德經》的作者或許另有其人，而事實上，新的研究認為該著作可能出於多人之手。

另一方面，許多神仙傳說也與老子有關。曾經有傳說提到，老子活到一百六十幾歲。中國道教信奉老子學說，他們相信，老子的長壽是因為他所奉行的生活準則。老子的真實姓名為李耳，老子有「老者」、「老的兒子」或是「老師父」等意思。然而，「老」或許只是思想的擬人化。又或者，單就字義來說，老子完全是因為他的「長壽」而得名。老子的一切談論都採取一種謙虛、保留的態度，並且完全按照他學說的精神，不留下任何姓名。

老子是道家的始祖，若是想了解道家的思想，則必須先讀《道德經》。不過，由於它的語義抽象，初讀者可能會感到困擾。從《道德經》的第一句「道可道，非常道。名可名，非常名」開始，就十分曖昧難明。

「道」是什麼呢?這裡所謂的「道」,其實與神明無關。此處的「道」是指路徑、意義、起源以及事物的本質。「道」是自然界中萬事萬物的永恆法則。「道」同時是存在,也是虛無。由於文字只會對「道」造成限制,因此,「道」無法以文字描述。那麼人又應該怎麼做呢?人不應該去干擾自然,而應該順從「道」。

儘管現在文化如此多元,在德國一般生活中流傳的格言,卻只有極少數非發源於歐洲。在這些格言當中,除了老子與孔子的格言以外,尚有一些是出自於印度詩人暨哲學家泰戈爾(Rabindranath Tagore)以及甘地(Mahatma Gandhi),此外,還有仍然在世的達賴喇嘛(Dalai Lama)。

「欲先人,必以身後之」是老子最著名的格言之一,語出《道德經》第六十六章。在德文翻譯的許多版本當中,這段話頗富爭議,不過卻體現出老子的思想風格。在《道德經》中,老子一再將事物的對立面並列,同時提出命題與反命題,例如「先人」與「身後之」。在這段話的前面老子則提到:「是以聖人欲上人,必以言下之。」

這句話也表現了老子「無用之用」的哲學,老子認為人應該盡量不去干擾事物本質與其運行,試著向「道」趨近。「欲先人,必以身後之」,這句話不應解讀成早期的民主思想,因為這句話並未涉及到平衡利益、爭辯或是調整等問題。老子的話不應解讀為施政的指示,而應當理解成人行為態度的取捨。

道家學說崇尚自然,正與儒家相反。儒家所體現的是一種政治哲學,他們把重心放在實際的日常生活當中,追求個人、社會、政治權力以及國家之間的和諧。道家則是力圖遠離權力、進步與文化,他們關心個人與自然的和諧。道家崇尚自然、遠離社會的特質,或許可以拿來與第歐根尼以及犬儒學派做個對照。道家與犬儒學派都是「回歸自然」的哲學代表，雖然他們皆曾在歷史上發生過一些影響，但終究未成為社會的長期精神指標。相反地，孔子與儒家學說則深植東亞，特別是中國。儘管如此，道家思想的魅力即使到了今日仍是歷久不衰。

10

你懂得勝利，卻不懂得善用勝利

You know how to win, Hannibal, but you do not know how to use the victory.

馬哈巴爾（Marhabal, ca. 300 B.C.）

歷史上的許多關鍵時刻，常會令人陷入長考；如果當時做了別的決定，歷史是否會因此而改寫呢？

我們來看看一個腦力激盪的故事。西元前二一六年的一場戰役，戰勝的統帥竟然放棄乘勝追擊，反而讓將士們休息，錯失一舉殲滅敵人的良機。這位統帥便是漢尼拔（Hannibal Barca），他是北非迦太基的著名軍事家，曾經在阿普利亞（Apulia）平原的坎尼（Cannae）近郊以寡擊眾，大敗人數佔絕對優勢的羅馬軍團。而坎尼戰役也被公認是史上最偉大的戰術傑作之一。即使在二十一世紀初的今天，許多軍事學校，仍將此役列為包圍戰術的典範。漢尼拔利用迦太基的騎兵箝制羅馬大軍並擊潰它。羅馬不僅喪失了四個軍團，連通往城裡的道路也失守。

迦太基騎兵的指揮官馬哈巴爾，主動向全軍統帥漢尼拔請纓，企圖一舉拿下羅馬城。馬哈巴爾向漢尼拔說道：「五天之內，你定可於卡比托利歐山享用勝利的晚宴！」然而，漢尼拔卻別有盤算。戰爭已經讓他的將士們兵困馬疲。而漢尼拔也預料到殘存的羅馬軍民會負隅頑抗，而他的軍隊缺乏裝備與補給，可能無法輕易得手。於是他拒絕了馬哈巴爾的乘勝出擊。馬哈巴爾失望地對漢尼拔說道：「漢尼拔，你懂得勝利，卻不懂得善用勝利！」（Vincere scis, Hannibal, victoria uti nescis.）羅馬史家李維將這句話記載在他的《羅馬史》（*Ab urbe condita*）。

在坎尼之役後，漢尼拔是否真的葬送了一次攻陷羅馬的良機呢？部分史家認為，漢尼拔的確是可以一鼓作氣將羅馬拿下；不過也有一些史家認為，漢尼拔不得不做出這樣的決定，因為羅馬雖然失去四個軍團，但實力尚存，可以在短時間內重新組織軍力。此外，漢尼拔也必須擔心，全軍進攻羅馬時會有後防空虛的危險。

既然決定暫不進攻羅馬城，漢尼拔提議媾和。雖然羅馬處於劣勢，可是元老院不但拒絕議和，更積極重新整軍備戰。就這樣，雙方的戰爭持續下去。在坎尼之役後，漢尼拔的軍隊繼續十五年征戰，在義大利戰陣殺伐，卻徒勞無功。

第二次的布匿戰爭（西元前二一八至二〇一年）與第一次布匿戰爭（西元前二六四至二四一年）一樣，皆起因於羅馬與迦太基爭奪地中海地區的主權。

在坎尼戰役的兩年多前，漢尼拔一直在西班牙秣馬厲兵，當時的西班牙是迦太基的屬地，漢尼拔在此集結了六萬名將士與三十七頭戰象，準備開拔前往羅馬。然而，在他的大軍辛苦地翻越過阿爾卑斯山抵達義大利時，全軍卻只剩下兩萬兵力。在羅馬與迦太基雙方激戰的數年當中，漢尼拔始終無法在關鍵時刻獲得兵源補充。除了他鮮少獲得來自迦太基的奧援，另一方面則是因為有部分羅馬的盟邦轉而支持迦太基，例如卡普阿（Capua）、塔蘭托（Tarent）與敘拉古（Syracuse）等，但羅馬的聯盟體系卻依然牢不可破。也因此，儘管漢尼拔在坎尼戰役贏得首勝，卻無法取得絕對優勢，而在其後的長征裡也只能持續一些小規模的戰役。

西元前二一一年，漢尼拔再度進兵攻取羅馬。當時羅馬居民見漢尼拔逼近羅馬城，驚慌失措地大喊：「漢尼拔進逼到門口了！」（Hannibal ad portas!）有趣的是，這句話後來卻傳成了一句文法錯誤的名言：「漢尼拔就在門口了！」（Hannibal ante portas!）不過，這些吶喊終歸是有驚無險，漢尼拔這次的行動仍舊無法成功攻下羅馬，最終只好退兵。

西元前二〇一年，第二次布匿戰爭終於在迦太基戰敗的結局下告終。這一回，輪到羅馬人仿效他們的敵人，將戰事搬到迦太基的家門口。羅馬的統帥大西庇阿（Publius Cornelius Scipio Africanus）首先切斷了漢尼拔在西班牙的補給線，接著率軍渡海至北非。西元前二〇二年，大西庇阿借用漢尼拔在坎尼戰役的戰術，於札馬（Zama）徹底擊敗了漢尼拔。札馬戰役獲勝後，羅馬要求迦太基給付數額龐大的戰爭賠款，而落敗的漢尼拔則在羅馬的逼迫下，流亡東方。西元前一八九年，漢尼拔逃到小亞細亞，但羅馬人仍將他押回羅馬受審，並於西元前一八三年強迫他服毒自盡。根據西塞羅所述，就在第三次布匿戰爭展開前，羅馬元老加圖（Marcus Porcius Cato）便曾經高呼：「在我看來，必須消滅迦太基。」而羅馬人對於加圖的建言心有戚戚焉。西元前一四六年，在第三次布匿戰爭當中，羅馬人攻佔迦太基，徹底消滅他們，並將原本迦太基地區納為羅馬北非行省。

坎尼戰役獲勝後，馬哈巴爾想要乘勝追擊，於是請纓出擊，但漢尼拔基於實力考量而徐圖進取。這兩種決定孰是孰非，或許永遠也無定論。事實上，歷史上經常出現如此的關鍵時刻：某個強大的對手，只在某些特定的時刻，被較弱的對手給打敗，但這樣的失敗卻只是暫時的。或許，馬哈巴爾可以就他們的現實，中肯地向漢尼拔說：「漢尼拔，我們或許可以偶爾取勝，但卻無法將其徹底消滅。」不過如此一來，漢尼拔的決定或許就是唯一的選擇。

漢尼拔與馬哈巴爾的故鄉迦太基也曾有高度的文明。然而時至今日，迦太基的歷史卻鮮為人知，因為歷史多半是由勝利者書寫的。羅馬史家將羅馬的戰爭說成正義之戰，並將他們的對手統統說成野蠻人。羅馬史家盡可能抹黑迦太基，另一方面，與迦太基有關的記載，羅馬人也統統刪除。因此，就連漢尼拔的性格我們也所知不多，而馬哈巴爾更鮮有人知了。然而，羅馬有一段傳說記載：有一回，馬哈巴爾詐敗，在棄守的軍營中故意留下許多摻有曼德拉草的毒酒。敵軍進駐廢棄的軍營，不加思索地開懷暢飲，就在酒酣耳熱之際，馬哈巴爾突然率軍殺回營寨，悉數殲滅敵軍。而像這樣的故事顯然也是羅馬人故意編來誣蔑他們的敵人，藉此塑造敵人們的卑鄙形象。

11

別踩壞我的圓！

Do not disturb my circles!

阿基米德（Archimedes, 287-212 B.C.）

西元前二一二年，當阿基米德的故鄉敘拉古被攻陷時，他躲在家裡。由於他的天才，該城市才得以長期抵抗侵略。敘拉古位在西西里島東南方的一座城市，當時北邊有羅馬人在擴張版圖，而南邊則有迦太基人在北非興起。羅馬與迦太基為了地中海的主權而爆發第二次布匿戰爭（西元前二一八至二〇一年），敘拉古支持漢尼拔所率領的迦太基。

阿基米德曾經發明許多了不起的武器讓敘拉古自衛。他曾用巨型的凹面鏡聚集陽光，在距離很遠的地方放火。而羅馬指揮官馬切盧斯（Marcus Claudius Marcellus）率兵包圍敘拉古時，阿基米德更利用槓桿原理發明了巨型機弦，讓羅馬軍隊吃了不少苦頭。此外，他還發明了一種巨型起重機，將羅馬軍艦從海上吊起，再將它們砸到水面上摔個粉碎。

阿基米德這位人類史上最偉大的數學家與發明家，年輕時就發明一種抽水裝置，利用螺旋作用，藉由旋轉在水管中的螺旋葉片將水給吸上來，後人稱為「阿基米德式螺旋提水器」。直到現今，埃及與某些地區仍然利用它來灌溉。另外，阿基米德也詳細研究過圓周率，弄清圓的面積與直徑的關係。

阿基米德認為抽象思考最重要的就是要能將知識應用到日常生活。阿基米德曾經花許多時間研究槓桿原理，他說：「給我一個支點，我便可以舉起整個地球。」當他發現槓桿原理時，很快就意識到它能帶給人類許多好處，日後也因此發明了滑輪。

在阿基米德的眾多故事中，最有名的應該就是他發現浮力的軼事了。有一回，敘拉古的君主西羅二世（Hieron II.）命人為他打造一頂純金皇冠，他給了工匠得以打造皇冠的足兩黃金，但是在皇冠製作完成後，西羅二世卻懷疑工匠不老實，可能私吞部分的黃金材料，並且改用其他劣質金屬瓜代。西羅二世想要釐清真相，於是便傳喚了阿基米德來協助。阿基米德很快就想到，皇冠的體積必須與等重的黃金一樣。由於劣質金屬的質量必定比黃金的質量來得輕，在重量相等的情況下，劣質金屬的體積必然會比黃金的體積大，倘若皇冠的體積較大，那麼西羅二世的懷疑便是真的。然而，究竟要如何測量皇冠的體積？這個問題讓阿基米德傷透腦筋，他左思右想，終於，有一天他要坐進浴缸洗澡的時候，浴缸中滿溢出的水突然激發了他的靈感。根據普魯塔克與維特魯威（Marcus Vitruvius Pollio）的記載，當時阿基米德興奮地跳出浴缸，光著身子地跑過了敘拉古的大街，一路大喊著：「我發現了！」（Heureka!）

阿基米德的解答很簡單，只需要將皇冠放進一個滿水位的容器中，然後去測量從容器中溢出來的水即可。從容器中溢出來的水之體積就等於皇冠的體積，所以只要將與皇冠等重的黃金投入水中測量，然後比較一下皇冠與黃金兩者的體積是否相同，則可證明皇冠有否含有其他的材質。根據歷史記載，皇冠確實被工匠動了手腳。

敘拉古淪陷時，羅馬士兵闖入大街與民宅，摧毀了阿基米德的生活世界，阿基米德卻不為所動。他完全沉浸在自己的思考裡，將他的想法和計算寫在牆上或灰燼上。

羅馬士兵闖進阿基米德的宅邸，但是他只是坐在地上望著自己在沙上畫的線條。一名羅馬士兵走到他面前，問他叫什麼名字，可是這位心無旁騖的老者卻對士兵視若無睹。羅馬士兵有些光火，於是湊上前去，踩到阿基米德在沙上畫的圓。阿基米德見狀，終於對羅馬士兵大喊：「別弄壞我的圓！」（Noli turbare circulos meos!）

聽到了回答，羅馬士兵應該會給予阿基米德一個簡短而又殘酷的回應。的確，這位羅馬士兵聞言後，毫不猶豫地立刻抽出了刀，一刀刺進了阿基米德的身體裡。

不過根據普魯塔克的記述，阿基米德之死有另外兩種版本，十分耐人尋味。其中一種版本說：阿基米德請求拔劍的羅馬士兵將他殺死，但在殺死他以前，請讓他先完成正在進行的工作，然而羅馬士兵並不理會他的要求，直接就將他刺死。而另一種版本的說法則是：阿基米德本來打算要將一些數學工具獻給羅馬的指揮官馬切盧斯，因此他攜帶著諸如圓規、圓球與輪軸等物品，走過四處都在燒殺擄掠的大街，一些士兵見狀，誤以為他在趁火打劫，於是將阿基米德給殺了。

12 骰子已擲下

The die has been cast.

凱撒（Gaius Julius Caesar, 100-44 B.C.）

盧比孔河（Rubicon）的河水安靜地流淌，它是羅馬行省山內高盧（Gallia Cisalpina，義大利北部）與羅馬京畿的分界。任何羅馬的將領都不得隨意帶兵越過界線，否則就會被視為叛變。凱撒乘車一路行軍至盧比孔河畔，下令全軍停駐，讓拉車的馬匹到河邊去飲水休息。在冬日冷冽的空氣裡隱約可以嗅到凱撒士兵跋山涉水的汗臭水味。凱撒很明白讓軍隊渡河的後果會有多嚴重。

然而，就在西元前四十九年一月的某一天，凱撒終究要面對抉擇：一旦他率軍隊渡河，踏上了羅馬的京畿，一場羅馬的內戰便在所難免。但為了目的，凱撒果決地展開計畫。凱撒的軍隊已經陸續地渡河，現在就等他下達最終進軍命令。

根據普魯塔克的記載，就在這個關鍵時刻，凱撒以希臘文引用了劇作家米南德（Menander）的話：「骰子已從高處擲下。」（Anerriphtho kybos.）普魯塔克則將譯為拉丁文：「骰子已擲下。」（Iacta alea est.）然而真有其事嗎？凱撒總是喜歡譁眾取寵，但是在他的《內戰記》（*De bello civili*）裡對此卻隻字未提。

羅馬作家蘇埃托尼烏斯（Gaius Suetonius Tranquillus）的版本「骰子已擲下。」（Alea iacta est.）流傳最廣，不過這個拉丁文版本其實不盡符合原意。無論如何，後來的人們每當要做重大決定時，或是某件懸而未決的事總算有了結果時，便會引用這句話。也有人在面對不確定的冒險時會引用這句話，他們的心態與凱撒當時渡河的決定相似。此外還有一句話叫做「渡過盧比孔河」，描述再也無法回頭的決定，在決定當下，事情最終的結果仍難以預料。

對於凱撒與他的敵人而言，「渡過盧比孔河」這場豪賭的骰子已經擲下；一直要到等三年之後，羅馬的局勢才又重新回歸平靜。究竟是什麼事讓凱撒要進行這場豪賭呢？這整件事又牽涉到什麼呢？

西元前一百年，凱撒誕生於羅馬，當時還看不出來後世的「皇帝」（Kaiser）或「沙皇」（Tsar）都將以他為名。不過，傳說凱撒是剖腹生產，故而日後「剖腹生產」（Sectio caesarea）一詞也是以凱撒命名。雖然凱撒出身於尊貴的儒略家族（Julius），但是當時他的家族在羅馬卻算不上很有影響力。凱撒的外形一點也不像個英雄，個子不高，聲音倒是很宏亮，年輕時的他髮量有點稀少，這一點也讓愛美的他十分苦惱。此外，凱撒還患有病情日益嚴重的癲癇症，而症狀甚至嚴重到曾在臨陣作戰時突然發作。儘管如此，凱撒的長相倒是給人不錯的印象，他的嘴型優美，顴骨高聳，在年輕時便頗有苦行僧的架式。凱撒於年少時就散發出迷人的魅力，對於演說極為在行的他，經常在演講時善用休息與停頓吸引眾人的目光。可是隨著年歲增長，他的臉上慢慢出現了兩道較深的法令紋，而且眼角與嘴角也在歷經了人世間的種種變化後，令人感到冷酷與嚴苛。

在完成學業與兵役之後，凱撒開始了他的政治生涯，他曾經先後擔任過許多羅馬的重要公職。西元前六八年，凱撒先前往西班牙出任高級財政官員，三年後卸職返回羅馬，並且以金錢疏通取得了市政官一職，負責神殿與節慶等文化事務，而凱撒正好利用他的職權攏絡人心，贏得群眾的支持。西元前六三年，凱撒出任大祭司長（Pontifex Maximus），成為羅馬大祭司團的領袖。從政期間，凱撒能夠步步高陞，得歸功於他的金主克拉蘇斯（Marcus Licinius Crassus），克拉蘇斯極為富有而且頗具野心，在當時可以說是羅馬的洛克斐勒（John Davison Rockefeller）。不過凱撒卻負債累累，對他而言，這時重回西班牙出任總督反而較為有利，於是凱撒重作馮婦。短短數年後，當凱撒於西元前六十年年中重返羅馬時，已無債一身輕。於是他便趁機邀集了克拉蘇斯以及當時最受歡迎的羅馬統帥龐培（Gnaeus Pompeius），三個人秘密結成了前三頭同盟（Triumvirat），以實現三人的政治利益。因此，龐培與凱撒聯姻，龐培娶了凱撒的女兒尤莉婭（Julia）。西元前五九年，凱撒順利當上執政官，這是羅馬共和時期最高的官職。然而，慣例上執政官並不只一位，而是同時有兩位出任，且任期也僅有一年。

當時羅馬的議會，也就是所謂的元老院，對於執政官凱撒其實並不友善，屢屢封殺凱撒的議案。為了維護自身的權力，凱撒偶爾會做出一些公然違法的事，然而只要他還是執政官，任何人都無法對他提起訴訟，即使是元老院也莫可奈何。一般說來，在執政官任期屆滿後，卸任的執政官通常都會轉赴羅馬的其他省區，繼續擔任資深執政官。凱撒也一樣，只不過他因為得到許多有力人士的幫助，不僅出任一個省區、而是同時出任三個省區的資深執政官。這三個省區分別是：伊利里亞（Illyria），也就是今日的達爾馬提亞（Dalmatia）；還有山內高盧；第三個省區則是納爾榜南西斯高盧（Gallia Narbonensis），現在的法國南部。納爾榜南西斯高盧是凱撒開疆拓土的出發點，日後他以此為根據地，佔領了整個高盧。只不過他的侵略戰爭並非受命於任何人而發動，更遑論元老院。

凱撒的擅自行動，在羅馬引起一場訴訟，然而諷刺的是，控告凱撒所根據的法律卻是經他之手唯一生效過的法律。這部「關於斂財的儒略法」（Lex Iulia de Repetundarum），禁止各省區的總督擅自率兵越出其轄區，並且不得在無元老院的指示下發動戰爭。起初，凱撒因為他的總督任期延長了五年，還能逃避審判，但他繼續在高盧爭戰，率領軍隊兩度越過萊茵河，為了保持戰果，他更橫渡大海，陳兵不列顛尼亞。隨著凱撒為羅馬開闢的疆土越來越大，將他解職的呼聲也越來越急。西元前五十六年，凱撒與前三頭同盟的盟友們重新換約，根據新的盟約，盟友克拉蘇斯與龐培將爭取執政官的職位，而他們三人便可藉此瓜分軍權。這三人依計而行，但也因此在羅馬爆發了對於選舉結果的反抗，最後不得已只好進行強力鎮壓，卻也因而造成許多人傷亡。

西元前五三年，在對安息帝國（Parther）的戰爭中，克拉蘇斯不幸兵敗被殺，羅馬也因此陷入一團混亂，羅馬的大街頓時成為各派政客們旗下武裝團體的戰場，甚至連元老院的議事大廳都慘遭祝融。最後龐培出面收拾混亂的殘局，他與元老院言歸於好，並藉此暫時成為單獨執政的執政官，總攬大權。很快地，龐培便將所有暴亂弭平，並且進行第二位執政官的補選。西元前五二年，高盧以領袖維欽托利（Vercingetorix）為首的最後一波大規模反抗運動，就在阿萊西亞（Alesia）要塞失守後被蕩平。多年來羅馬在高盧的戰爭，總算在西元前五一年告終。先前自由地生活在萊茵河與庇里牛斯山之間的高盧人，此時也臣服於羅馬人，而地中海西邊最富庶的區域就這樣落入凱撒手中。

將時間拉回到西元前四九年，凱撒在渡過盧比孔河的前一刻。凱撒原本打算要爭取下一年的執政官，只要他坐上執政官之位，原本要控告他的訴訟便無法進行。不過，他提議缺席競選卻遭到否決，而且元老院與龐培更聯手除掉他。但凱撒早已算到了這一節，於是他便提議，若是龐培也同時交出他在西班牙的兵權，那麼他就願意讓步，而這項提議遭到龐培的拒絕。到了西元前四九年一月，元老院再度認可龐培的單獨執政，將所有大權託付於他，並向凱撒發出最後通牒，要求他交出所轄各省區的兵權。

此時的凱撒已有九年未踏進羅馬半步，期間他四處征戰。當凱撒渡河發動內戰時，守衛羅馬城的軍團毫無招架之力。龐培率領羅馬艦隊棄城遁逃，而元老院也跟著轉移到義大利南部，輾轉到希臘去。不到三個月，整個義大利盡入凱撒之手。凱撒慣用懷柔的方式去瓦解敵人的士氣，人稱「凱撒的悲憫」（clementia caesaris）。他讓戰敗者明白，其實他還有更嚴厲的手段，並兼以懷柔的手段讓敵人難以反抗。

凱撒步步進逼，先攻佔龐培轄下的西班牙，接著拿下馬西利亞（Massilia），也就是今日法國馬賽，隨後出兵到位於現在希臘北部的帖撒里亞（Thessalia），最後，就在西元前四八年八月九日，凱撒與龐培兩軍在帖撒里亞的法薩盧斯（Pharsalos）附近正面決戰。凱撒在此役大獲全勝，龐培一方幾乎全軍覆沒，而龐培本人也僅以身免，狼狽地逃往埃及。當時埃及的國王托勒密十四世（Ptolemaios XIV.）正與和他共治的姐姐克麗奧佩脫拉在爭權，心裡正想求助於凱撒，於是將前來投靠的龐培逮捕並殺害，更將龐培的頭顱獻給凱撒。然而，當凱撒見到龐培的頭顱時卻大驚失色，但隨即轉念一想，埃及人謀害了龐培，倒也給了他一個出兵埃及的藉口。不論凱撒原先計畫了什麼，當他到了埃及認識了克麗奧佩脫拉之後，這位女法老顯然打亂了凱撒原有的規畫。凱撒將克麗奧佩脫拉扶上王位，讓她單獨統治埃及，而托勒密十四世則在戰敗後溺死於尼羅河。在接下來的幾個月裡，凱撒與克麗奧佩脫拉一起在埃及渡過甜蜜的時光，不久後，克麗奧佩脫拉更產下一名男嬰，取名為凱撒里昂（Caesarion）。只是，這名男嬰究竟是不是凱撒的親生兒子呢？這個問題始終爭議不斷，不過凱撒本人並不相信他是這名男嬰的親生父親。

西元前四六年的年初，凱撒先在北非的塔普蘇斯（Thapsus）擊潰了龐培的殘部，隔年又在西班牙剿滅龐培的幾個兒子。至此，這整場政治豪賭算是完全落幕，當初所擲下的骰子也重歸靜止。這場內戰的結果，讓凱撒獲得了無可限量的勝利。

當凱撒正打算在羅馬一逞其無人可擋的權力欲，並趁勢將自己推上專制統治者的寶座時，凱撒的擴權舉動卻引起了眾人的疑慮。在他有生之年便有人用「獨裁者」來稱呼他，隨著凱撒越來越恣意專擅並且大肆提拔自己的人馬，他的種種作為也被視為是麻煩，於是反對凱撒的新一批政敵又逐漸成形。

西元前四四年二月十五日，在一場為牧神獻祭的慶典上，前執政官安東尼（Marcus Antonius）在眾目睽睽之下竟公然稱呼凱撒為王。凱撒當場嚴詞回絕。當日，他整個人顯得神情沮喪且興味索然，彷彿他的重大成功給了他沉重的打擊。然而，此舉卻讓反對凱撒的人恐慌至極，促使他們密謀刺殺凱撒。

以布魯圖斯（Marcus Iunius Brutus）與隆吉努斯（Gaius Cassius Longinus）為首的六十位元老共同計畫刺殺暴君，他們認為此舉無可避免且符合正義公理。就在西元前四四年三月十五日，反凱撒的元老們決定採取行動，當時凱撒正在準備出兵討伐安息帝國，雖然事發當天已有人警告凱撒要小心，但他還是按照既定行程前往元老院議事，甚至在前往元老院的途中，仍有人再度對他提出警告，但凱撒依然置之不理。由於元老院在動亂中被焚毀，議事改在由龐培興建的劇院舉行。凱撒到劇院後，參與密謀的元老們將他引到劇院的東門廊，接著一群身著白袍的元老們將身著紫袍的凱撒團團圍住，眾人開始用匕首輪流刺殺凱撒。凱撒身中二十三刀最終不支倒地。他在臨死時是否曾對著布魯圖斯問：「我的孩子，也有你嗎？」雖然蘇埃托尼烏斯與卡西烏斯・狄奧（Lucius Cassius Dio Cocceianus）兩位史家都如此記載，但是可信度不高。凱撒當時應該是被矇住了頭，由眾位元老輪流刺死他。

13

犯錯是人的天性

Any man can make mistakes.

馬爾庫斯．圖利烏斯．西塞羅
（Marcus Tullius Cicero, 106-43 B.C.）

「犯錯是人的天性」，但對西塞羅以及其他少數人而言，這句話的落差卻非常大。他不僅是拉丁文文學最重要的作家，更是羅馬最出色的政治家，當時最能言善道的演說家。

與羅馬的許多政治人物一樣，西塞羅不僅在元老院裡發表演說，更經常在市民面前演講。他的舞台在古羅馬廣場（**Forum Romanum**），是市中心最重要的廣場，它在丘陵間的山谷裡，數個世紀以來都是政治輿論的中心，只要有人在此演說，對演說感興趣的人不管是正在市場裡購物，還是在柱廊下跟朋友聊天，都會聚過來聆聽。陽光灑在耀眼的大理石建築上。四周沒有綠地、樹木或灌木叢。廣場是羅馬帝國用石頭砌成的幾何中心。

西塞羅出身一個騎士階級的家族，雖然生活優渥，但是家族在政治上沒有什麼影響力。年輕的西塞羅才華橫溢，曾經學過法律、修辭學、哲學以及文學。西塞羅先當了律師，沒多久就以其演說技巧聲名大噪，因而從政。西塞羅首先出任羅馬派駐在西西里島的行政官員，長袖善舞而處世圓融。他先是入選元老院，其後又被推舉為執政官。西元前六三年，在西塞羅擔任執政官期間，揭發並粉碎了盧修斯．瑟吉烏斯．喀提林（Lucius Sergius Catilina）的謀反。為了究責陰謀首腦，西塞羅陸續發表了四篇著名的〈反喀提林演說〉（Orationes In Catilinam），今日這些演說的內容則成了拉丁文課程的教材。

即使羅馬的共和似乎得救，不過凱撒、龐培以及克拉蘇斯組成的三頭同盟卻形成新的災難。他們認為羅馬的世界帝國必須以新的獨裁形式統治；而西塞羅卻堅決捍衛現有的體制。於是，三頭同盟便開始挑撥民眾反對這位能言善道的對手。另一方面，西塞羅執行喀提林案的處決，也被三頭同盟指為違法。西元前五八年，三頭同盟終於放逐西塞羅。西塞羅被外放到奇里基亞省（Cilicia，現在土耳其境內）擔任行政官員，而遠離羅馬政治核心。西塞羅在政壇失勢，不得志的他只好專心寫作。西元前四九年，凱撒為了奪權而發動內戰，西塞羅重返羅馬，並在政治上與凱撒周旋。然而，最終還是凱撒獲勝，雖然凱撒後來赦免了西塞羅，不過卻再次將他趕出羅馬政壇。

西塞羅再度專心寫作，許多作品流傳至今。當年的許多著作都曾對他有所描繪，不過由於西塞羅本身著作十分豐富，題材也包羅萬象，人們可以直接閱讀他的作品去了解他，關於西塞羅的歷史記載反而沒辦法給我們一個明確的印象。有人說他善變，也有人認為西塞羅其實沒有什麼新的政治思想。然而，相較於西塞羅那些沒有政治理想的對手們，我們應該給予西塞羅高度肯定。諸如凱撒、龐培、安東尼以及屋大維等人，他們只追求自己的權力。但西塞羅卻始終堅信「共和」，意指所有自由公民共同的事務。

身為共和的擁護者，西塞羅樂見凱撒之死，不過他本人並未參與刺殺行動。獨裁者凱撒遇刺身亡後，羅馬的政局再次風雨飄搖，西塞羅重新領導元老院，他當時走了頗具政治智慧的一著棋，繼續執行凱撒生前推動的法規與政務，避免國家的發展停擺。另一方面，他更赦免刺殺凱撒的人，但是他們必須被放逐。因為刺殺的行為是非法的，犯罪的人不能擺出殉道者的樣子。

但是究竟誰是凱撒的繼任者呢？西塞羅也是人選之一。雖然他已經六十二歲，但顯然並不排斥謀取大位。可惜，西塞羅似乎欠缺賭徒的性格。他沒有征服者的雄心壯志，而且身為一個知識份子，他總是謹小慎微，凡事按部就班。最後，西塞羅又得像內戰時一樣，必須在已就戰鬥位置的兩人間作決定。安東尼是現任的執政官之一，而當時才十八歲的屋大維則是凱撒的養子，有一小撮人擁護他，而他也決心不僅要捍衛凱撒留下的財產，更要爭奪政治權力，因此就在安東尼率軍征討謀害凱撒的凶手時，屋大維開始在羅馬煽動群眾，點燃羅馬民眾反對安東尼的怒火。

期間西塞羅也同樣鼓動群眾反對安東尼，他著名的〈反腓力演說〉（Orationes Philippicae）就是最好的證據；古希臘演說家狄摩西尼（Demosthenes）曾發表多次演說，譴責馬其頓國王腓力二世的擴張野心，而西塞羅則模仿狄摩西尼去譴責安東尼，於是演說便以此命名。他在〈反腓力演說〉中曾說：「每個人都可能犯錯。」（Cuiusvis hominis est errae.）「死不認錯是不智的。」（Nisi insipientis in errore perseverare.）

雖然西塞羅在政治生涯當中犯過不少錯，然而動亂年代裡的人們犯錯機率顯然要比太平盛世的人高得多。古希臘哲學早已討論過類似問題，認為犯錯是人的天性。蘇格拉底區分「知識」與「意見」，巴門尼德說明人類的感官總是受到欺騙與蒙蔽，他們都討論過人類犯錯的問題。不過，最早提到上述兩句話的是西塞羅，其後演變成「犯錯是人的天性」。在西塞羅死後的四百多年，一位名為希羅尼慕斯（Hieronymus）的基督教神學家曾在一封信裡寫道：「因為犯錯是人的天性，承認錯誤才是明智的。」然而，「犯錯是人的天性」究竟是源於西塞羅還是希羅尼慕斯呢？為西塞羅說話的人認為：早期基督教的著名學者希羅尼慕斯的想法顯然是來自西塞羅。他不僅博極群書，還很崇拜西塞羅，甚至可能自詡為西塞羅的門徒，而不是基督的門徒。撇開出處的爭議，「犯錯是人的天性」也指出西塞羅在西方文化史裡的重要角色，他保存了希臘的哲學，將其引進到拉丁文的世界，更在日後替中世紀與近現代之間構築溝通的橋樑。

當時安東尼與屋大維兩雄相爭，西塞羅選擇支持屋大維，但他是否又在估算兩方勢力時犯了錯呢？一開始，屋大維在戰場上居於上風，並且擊退他的敵人安東尼，但是不久之後雙方又言歸於好。西元前四三年，兩人甚至還找來雷必達（Marcus Amaelius Lepidus）組成「後三頭同盟」。此時羅馬落在他們手裡，安東尼趁機展開恐怖的報復行動，而屋大維並未袖手旁觀，反而在安東尼的報復名單上加油添醋。在接下來的幾週，三百多名元老加上兩千多名騎士統統都被處死。由於害怕遭到波及，成千的羅馬居民相繼逃出城外，這當中也包括了西塞羅，因為他的〈反腓力演說〉一直讓安東尼耿耿於懷。然而，屋大維卻在此時對支持他的西塞羅見死不救。西元前四三年十二月七日，在一條鄉間的公路上，官兵搜捕西塞羅的轎子，當西塞羅從轎子探出頭時馬上被認了出來，官兵隨即將他當場殺死。

14 把握今天！

Carpe diem

賀拉斯（Horace, 65-8 B.C.）

漫長又殘酷的羅馬內戰終於到了盡頭，賀拉斯在他的《頌歌》（*Oden*）第一卷裡寫說：「把握今天。」（Carpe diem）屋大維終於勝出。在他的對手安東尼去世之後，屋大維接受「奧古斯都」（Augustus）的封號，成為羅馬第一位皇帝。羅馬共和已是昨日黃花，而獨裁的統治才正要開始。在這段紛紛擾擾的日子當中，羅馬人最期盼的就是，和平能早日再度降臨，讓他們有個喘息的機會。而詩人賀拉斯寫下的忠告「把握今天」，正透露出所有羅馬人的心聲。

賀拉斯的本名是昆圖斯．賀拉斯．弗拉庫斯（Quintus Horatius Flaccus）。他的姓的意思是「下垂的耳朵」。他不僅見證歷史事件，更參與其中。賀拉斯的父親是一位獲得自由的奴隸，帶著年幼的賀拉斯來到羅馬，他也因此得以在羅馬接受良好的教育。年少的賀拉斯還到雅典，學會希臘文。二十一歲時，賀拉斯加入布魯圖斯的軍隊，準備一展長才。可惜的是，西元前四二年，布魯圖斯在腓力比（Philippi）戰役當中敗給了屋大維，布魯圖斯本人則自殺身亡，賀拉斯因此亡命天涯。一段時間後，賀拉斯獲赦重回羅馬，財產則被沒收。所幸他找到相當於國庫與國家檔案館秘書的工作勉強糊口。後來他曾說：貧窮驅使他寫詩。不過，寫詩未嘗不是一個對的決定，羅馬最著名的詩人維吉爾（Vergil）在見過賀拉斯的作品後，對賀拉斯讚譽有加，將他介紹給有錢的梅塞納斯（Gaius Cilnius Maecenas）。他對賀拉斯寄予厚望。不久後，賀拉斯發表了《漫談》（*Sermones*），開啟文學界諷刺文學的先鋒。西元前三三年，賀拉斯的贊助者贈與他一處位在薩賓山（Monti Sabini）的房產，此後再也不必為金錢而煩惱。兩年後，賀拉斯著手寫作《頌歌》，正值屋大維登基，不過直到完稿的七年後，《頌歌》才正式發表。

「把握今天，盡量別相信還有明天。」（Carpe diem quam minimum credula postero.）這是賀拉斯的《頌歌》裡的名言。當時文學習慣以詩句影射某個虛構或真實的對象，《頌歌》也不例外。「把握今天」暗指一位名為羅康娜（Leuconoe）的女士，她名字的意思差不多是「善解人意的女子」。拉丁文的「Carpe」有要人「採擷」或是「抓住」的意思，賀拉斯的詩句，正是要人們好好把握今天，及時行樂。

事實上，當時已有百年歷史的伊比鳩魯學派（Epicurian）就有此主張。伊比鳩魯學派以其創始者伊比鳩魯（Epicurus of Samos, 341-270 B.C.）為名。他們認為，追求幸福快樂是人類唯一的目標。除了伊比鳩魯學派之外，賀拉斯的格言也可以解釋成另一個思想，就是斯多噶學派（Stoic）。他們主張人們要重視心靈的寧靜，放棄享樂，並且履行責任。對他們而言，履行責任就是一種享樂。

伊比鳩魯學派與斯多噶學派的思想，正符合當時羅馬的風氣。他們並未忘掉剛剛結束的恐怖內戰，但新的生活又得重新展開，倖存的羅馬人比以前更懂得享受時光。

維吉爾死後，羅馬皇帝奧古斯都任命賀拉斯繼任為「桂冠詩人」（Poeta laureatus），因此躍居羅馬第一詩人。而他拒絕當奧古斯的御用祕書，或許是想好好把握自己的時光吧！

15 我以洗手表明無辜
I will wash my hands in innocence.

本丟・彼拉多（Pontius Pilatus）

若是要列出著名的西洋格言，那麼總不少了《聖經》的句子，諸如：「以眼還眼，以牙還牙」、「你們要生養眾多，在地上昌盛繁茂」、「你們要治理大地」、「我的國不屬這世界」。而我們甚至還沒有提到十誡呢。聖經的格言一直伴隨著基督教及其歷史發展，除了《古蘭經》以外，沒有任何書對歷史的影響及得上《聖經》，也沒有任何書會讓學者們為其事實或信仰、歷史或傳說的問題如此爭執不下。

約在西元三〇年左右，就在逾越節前幾天，成千上萬的猶太人正趕往耶路撒冷朝聖，逾越節是紀念猶太人脫離埃及統治。耶穌也在朝聖的人群中。他來自加利利的小村莊拿撒勒，若干年來以傳道者和行神蹟醫療者身分走遍各地方。耶穌的追隨者與日俱增，他們在耶穌身旁亦步亦趨。《聖經》說，當時耶穌騎著一頭驢子進入耶路撒冷。撒迦利亞曾預言說，彌賽亞會騎著驢子來到耶路撒冷。那麼，耶穌究竟是否就是彌賽亞呢？根據使徒馬太的記載，當時的城裡人山人海，夾道歡迎耶穌。許多人認為，耶穌的門徒們故意把場面弄得很熱鬧，好讓眾人都知道他們要進城，如此，猶太人的祭司便會注意到耶穌，他們早就聽說過他的事蹟。

大祭司是猶太人對領袖的稱呼，不過在羅馬統治期間，大祭司只是弱勢族群的弱勢領導者。猶太人和羅馬人每天都將他們的軟弱看在眼裡。當然大祭司裡也有的知道要攀權附貴，最後卻連自己的神職地位都岌岌可危，也因此在猶太民族裡，巡迴傳道者便乘勢崛起。巡迴傳道者四處宣揚救世的道理，其中也包括拿撒勒的耶穌。由於逾越節總是一再地被猶太人用來對抗羅馬的統治，因此每當逾越節時，耶路撒冷的局勢總是很緊張。《聖經》說，耶穌在逾越節時前往神殿前大肆喧鬧，抨擊猶太大祭司的世俗化，並在他們的傷口上撒鹽。此舉引起了不小的騷動。猶太人會有什麼反應呢？如果事態嚴重，羅馬人會如何處置呢？

猶太大祭司們是否與同僚該亞法（Caiaphas）緊急開會決議處死耶穌，就此而言，正如猶大是否真的出賣了耶穌，我們沒有什麼歷史證據。不過可以確定的是，耶穌就在逾越節前被羅馬行政官逮捕。

於是彼拉多登場了。從西元二六年起，彼拉多便開始擔任羅馬帝國的行政官員，他曾是猶太與撒馬利亞省區的總督。彼拉多捍衛羅馬的利益時毫不妥協，統治手段十分殘酷。起初，彼拉多打著羅馬皇帝的旗號去挑撥猶太人，更從猶太人的神殿裡搜括了許多財寶，用來興建許多高架渠。羅馬人認為彼拉多的政績不算差，他一待就是十年，在羅馬帝國裡他的任期算是非常久了。直到西元三六年，由於彼拉多血腥鎮壓撒馬利亞人的聚會才被革職。除此以外，歷史上關於彼拉多的記載並不多。

德文有句諺語叫做「從本丟到彼拉多」，用來諷刺程序冗長往返。典故出自耶穌受審時人人互踢皮球的故事，但是歷史難以考證。可以確定的是，耶穌的行為涉及叛亂、煽惑群眾暴動，彼拉多依據職責，判處耶穌十字架苦刑。

那麼，當時的情況又是如何呢？福音書作者說，彼拉多在宣判的時候十分躊躇，甚至還詢問現場的民眾，他們要求彼拉多將耶穌釘死在十字架上。彼拉多猶豫不決。一千多年來，基督教多半如此詮釋：為了息事寧人，彼拉多終於決定讓步，宣布將耶穌釘死在十字架上。

彼拉多在做此決定時有多困難呢？《馬太福音》說：「彼拉多見說也無濟於事，反要生亂，就拿水在眾人面前洗手說：『流這義人的血，罪不在我，你們承當吧。』」《詩篇》也說過：「耶和華啊，我要洗手表明無辜，才環繞你的祭壇。」

「我以洗手表明無辜」一語烙印在集體記憶當中。彼拉多是否真的那麼說，是否曾說過在場的群眾，恐怕已無從考證。現在當人們要強調自己並未參與某件事，也不必負責，便會說「我以洗手表明無辜」。然而最終該為耶穌之死負責的人，事實上並不是別人，正是彼拉多。是他判耶穌死刑的。彼拉多在宣判後的動作，只能說是一種犬儒，甚至純粹是對受難者的嘲弄。彼拉多是一種人的典型，他在某個情況中是唯一能決定他人生死的人，彼拉多也的確實判了死刑，卻不僅不想為這個決定負責，更將責任推給其他人。

彼拉多為什麼要這麼做呢？或許是出於算計吧。彼拉多在羅馬原本有羅馬禁衛軍的領袖謝努斯（Lucius Aelius Seianus）支持，當時謝努斯在羅馬位高權重，就連當時的羅馬皇帝提庇留（Tiberius）都對他敬畏三分，而彼拉多可能是由謝努斯舉薦的。可惜好景不常，謝努斯後來遭控謀反，很快就被處決。耶穌的事是彼拉多的燙手山芋。因為若是有人用謝努斯和彼拉多的關係大做文章京城或許會注意到該地有叛亂。若是彼拉多能盡快地讓騷動平和落幕，那麼應該就能解除眼前的危機。而此時正好有人將耶穌帶到他的面前，耶穌自稱是猶太人的王，給了彼拉多一個解除危機的大好良機。他可藉此將耶穌烙上政治叛亂者的印記，為自己開脫。在不得已的情況下，彼拉多也只好判耶穌死刑。如此他就解套了。除掉了耶穌，也安撫了猶太大祭司們，更把責任推到猶太群眾身上，耶穌的門徒也無法怪罪他。

《福音書》作者將猶太大祭司與群聚的猶太人形容得惡行惡狀，或許是故意的。也因此，基督徒與猶太教徒漸行漸遠，雖然基督教原本是從猶太教的一個改革教派，但現在卻成為競爭對手。不過，還是得提醒一下，耶穌是猶太人，而且他可能也只想當一個猶太人。

耶穌可以算是一場司法醜聞的無辜受害者。雖然彼拉多認為他是無辜的，最終還是將他處死。不過耐人尋味的是，彼拉多（越來越好）和猶太人（越來越差）的形象在歷史裡的轉變。甚至有偽經《彼拉多行傳》的出現，將他的事蹟大肆渲染。偽經（希臘文原指「歪曲的書」）成書時間約在五世紀左右，收錄《聖經》未記載的基督宗教品。而在《彼拉多行傳》裡，彼拉多竟被描寫成虔誠的基督徒與殉道者。

若從日後一千多年的歷史發展看來，耶穌的受難是歷史上重要的一頁。拿撒勒的耶穌之死成了一個偉大的世界宗教其重要元素，關係著他們如何自我定位。在往後的兩千年裡，這個宗教對於人類的發展更有著關鍵性的影響。

令人感到驚訝的是，真正該為耶穌之死負責的人卻隨著歷史的發展躲到了幕後。相反地，新興的基督教教會卻將矛頭指向猶太人。他們指稱猶太人要為耶穌之死承擔罪責。而基督教教會日益將罪責轉移到猶太祭司與猶太民族身上，也逐漸助長了歷史上的反閃族主義。

重新回顧這個事件，雖然彼拉多或許因為自己的算計而沾沾自喜，不過作為真凶的他所說的「我以洗手表明無辜」總是一再地告誡我們：每個人都應該自己為自己所做的決定負責，而不是別人。

16

像我這樣一個偉大的藝術家，就要死去了！

What an artist dies in me!

尼祿（Nero, 37-68）

曾經看過電影《暴君焚城錄》（*Quo vadis*）的人，應該都會對彼德．烏斯蒂諾夫（**Peter Ustinov**）所扮演的尼祿留下深刻的印象，劇中的尼祿柔弱、危險、暴虐、自戀而且狡猾。彼德．烏斯蒂諾夫這位偉大的演員，完美體現了尼祿的瘋狂與荒謬。尼祿出身於由奧古斯都所建立的尤利烏斯．克勞狄烏斯皇朝世家，在他之前，他的叔父羅馬皇帝卡利古拉（Caligula, 12-41）則是家族當中的另一頭怪獸。

十六歲便登基的尼祿，在開始執政的頭五年，羅馬欣欣向榮，這得歸功於他的母親小阿格里皮娜（**Julia Vipsania Agrippina**）、尼祿的老師哲學家西尼加（**Lucius Aeneus Seneca**）和禁衛軍長官布魯斯（**Sextus Afranius Burrus**）。起初，羅馬政局幾乎由西尼加與布魯斯這兩個人所左右。但不久之後，尼祿開始露出他危險的本性。西元五五年，年僅十七歲的皇帝下手毒死了他可能的競爭者不列塔尼庫斯（**Britannicus**）。尼祿掌握實權後，與母親之間的衝突也越演越烈。剛開始，尼祿只是將他的母親驅逐，但最後卻想一勞永逸地解決掉她。為此，尼祿在他母親乘坐的船動了手腳，船行至半途突然解體，幸好他的母親善於游泳，落水後游上了岸。不過狠毒的尼祿為以防萬一，在岸邊安排了殺手，當場便將好不容易游上岸的母親給擊斃。就連尼祿的妻子也難逃被誅殺的命運，尼祿命令他第一任妻子屋大維婭（**Octavia**）自盡。

接著，尼祿認為留西尼加與布魯斯在身邊已經沒有什麼用處了。不過，這一回尼祿卻只是讓他們引退，暫且饒了他們的性命。尼祿在少年時醉心各種藝術，而掌權後完全沉迷於其中。在眾多藝術當中，尼祿特別偏好音樂。起初尼祿只是偶爾會在皇宮或花園裡做些表演，不過，這位有著雙下巴以及一頭茂盛紅髮的皇帝，表演欲似乎越來越大，他開始到那不勒斯客串演出，接著又在羅馬公開表演。他贊助舉辦競技，然後自己在競技比賽的龐培劇場裡彈奏古琴獻唱。他的演出確實讓他嘗到成功的滋味，然而，這一切卻並非由於他的精湛技藝，民眾只是因為金錢利誘或出於恐懼才歡呼。在《羅馬十二帝王傳》（*De Vita Caesarum*）當中的〈尼祿傳〉（**Svetoni Tranqvilii Vita Neronis**），羅馬作家蘇埃托尼烏斯曾經寫道：尼祿演出時，不論任何人、也不管任何理由，誰都不准離開。因此臨盆的婦女得在劇場的樓座上將小孩生下來，一些體力不支的觀眾可能會死於當場。冗長的表演結束後，其他人才將他們的屍體抬出去。現場的觀眾完全不敢打瞌睡，因為四周盡是尼祿的耳目。當尼祿的表演一結束，高價僱來的鼓掌部隊，便會馬上報以熱鬧的喝采。

「閒暇」的時候，尼祿跟他殘暴的叔父卡利古拉一樣，都愛縱情酒色。在西尼加與布魯斯引退之後，新任的禁衛軍長官提格利努斯（**Tigellinus**）接手政務。提格利努斯重啟叛國審判，讓人怨聲載道。最後一次的叛國審判，還是在卡利古拉在位的時期，審判默許各式的誣告構陷，法庭並且判決直接沒收被訴者的財產。而提格利努斯就以這樣的方式彌補日漸空虛的國庫。西元六四年七月十九日的夜晚，羅馬城裡發生了一場大火，這場大火連續肆虐了六天才告平息。不久之後，到處都盛傳是皇帝尼祿放的火，他為了吟誦一首特洛伊大火的詩歌，故意放了這麼一把火來助興。放火就只是為了助興嗎？長久以來，人們就是相信尼祿會這麼做。雖然羅馬人早已習慣逮捕、恐怖與謀殺，但是面對這麼一個會吟詩作賦的皇帝，還是讓他們毛骨悚然。一段時間之後，人們對尼祿又有了新的懷疑，只是這回的理由不一樣了，人們認為尼祿之所以會縱火，是因為他要除掉羅馬市區的老舊房舍與狹窄巷弄，在大火燒過的廢墟上，重新打造一座以他的名字命名的「尼祿城」。當尼祿真的廢墟上興建新皇宮時，群眾立刻應證了對他的懷疑，因而鼓譟了起來。尼祿知道眾怒難犯，非得找一隻替罪羊不可，他的名單上列了不少替死鬼，其中包括一群生活在狹小昏暗的猶太區的基督徒。尼祿認為，這群人是幫他背黑鍋的不二人選，他下令將他們在大眾面前燒死，另一些人則被他丟進了馬克西穆斯競技場（Circus Maximus）去餵猛獸。這其中也包括了使徒保羅與彼德。

尼祿的倒行逆施讓羅馬的公民們漸漸受不了。西元六五年，在批索（Gaius Calpurnius Piso）的帶領下，一群共和派人士打算推翻尼祿的統治，可惜事跡敗露，最後失敗，而這次的流產政變則被稱為「批索的陰謀」。尼祿的老師西尼加也被牽連在這次的陰謀裡，不過尼祿在事後並未處決他，而是「恩賜」他自我了斷。

西元六六年，尼祿巡幸希臘，表現得像一個進行巡迴公演的藝術家一樣；在許多節慶的競賽當中，尼祿時而駕馭戰車，時而表演音樂，一路下來，他滿載而歸地囊括了一千八百零八頂桂冠。這些收買來的豐碩成果促使尼祿龍心大悅，一樂之下，他竟免除了希臘省區的稅賦，並且允許該省區完全自治；然而此舉卻決定了他日後被趕下台的命運。由於其他省區的總督擔心，在希臘獲得免稅後，為了讓吃緊的國家財政取得平衡，將會有更多沉重的稅賦負擔落在他們的身上；正因如此，四處開始響起了反叛之聲。在高盧，溫代克斯（Gaius Julius Vindex）率先發難，而在西班牙，當地的總督也就是高齡的將軍加爾巴（Servius Sulpicius Galba），隨即出兵響應；雖然不久之後溫代克斯便被從日耳曼調來的部隊擊敗，而溫代克斯本人也被迫自殺，但是這時起義之勢卻已經如野火燎原。到了後來，甚至就連皇帝的禁衛軍也拋棄了尼祿；在眾叛親離的氛圍下，元老院終於鼓起勇氣將尼祿的帝位給廢除，並剝奪他的公民權。在推舉新皇帝的過程中，禁衛軍總是扮演相當重要的角色，之前三位皇帝的登基，便是得力於禁衛軍的幫助。這一回，他們則選擇擁立加爾巴。另一方面，尼祿在逃出了羅馬城之後，躲藏在一個獲釋奴隸的別莊裡。當尼祿意識到，他已經逃不掉了，他便命令他的僕人，將匕首插進他的咽喉裡。根據蘇埃托尼烏斯的記載，尼祿在臨死之前最後說了這樣一句話：「像我這樣一個偉大的藝術家，就要死去了！」（Qualis artifex pereo!）

在一項「誰是最殘酷且最腐敗的羅馬皇帝」的問卷調查裡，結果由尼祿與他的叔父卡利古拉拔得頭籌。平心而論，雖然卡利古拉嗜殺，但尼祿的殘酷形象在歷史上卻是穩居王座。或許這是因為基督教的歷史書寫，尼祿曾下令屠殺基督徒，而這些事情一直深刻地烙印在西方的集體記憶裡，甚至連馬丁·路德也都認為尼祿是「敵基督者」。

新的歷史著作不掩飾尼祿的倒行逆施，卻得出一個完全不一樣的尼祿形象。人們看到一個充滿藝術才華而軟弱的人物。可惜的是，尼祿逐漸獲得權力，而他自幼即自以為是神的想法漸漸啃蝕了他的心靈。倘若尼祿只致力於藝術，專注在他公開表明為職志的活動上，那麼或許有成千上萬的人能夠倖免於難。

17 錢一點也不臭

Money has no smell.

韋斯巴薌（Vespasian, 9-79 B.C.）

「從歌星到理財高手」可以說是從尼祿的殞落到韋斯巴薌成為羅馬皇帝的寫照。韋斯巴薌當然不是緊接在尼祿之後的皇帝。在他以前有三個在位時間極短的皇帝。西元六八年年中到西元六九年年中，從尼祿到韋斯巴薌的這段時間，史稱「四帝之年」。首先，加爾巴繼尼祿之後稱帝，即位不久便被殺害。謀殺加爾巴的奧托（Otho）自立為帝，沒多久又被他的對手維特里烏斯（Vitellius）打敗而被迫自殺。維特里烏斯稱帝的時間一樣極為短暫。西元六九年七月，韋斯巴薌在東方軍團的擁戴下稱帝，隨即兵發羅馬，東方軍團所向披靡，最終維特里烏斯死於羅馬亂民之手，至此，韋斯巴薌成為羅馬唯一的皇帝。

韋斯巴薌的全名叫作提圖斯．弗拉維烏斯．韋斯巴薌（Titus Flavius Vespasianus），他的父親曾是稅吏與放高利貸的，出身階級並不算高，因此在眾多的羅馬皇帝當中，韋斯巴薌是第一位家世不甚顯赫的皇帝。然而韋斯巴薌的父親理財有方，讓他接受良好的薰陶，有助於他日後在軍事與政治上一帆風順。羅馬皇帝克勞第烏斯（Claudius）執政期間，韋斯巴薌曾經先後擔任許多文、武官職，甚至遠赴不列顛尼亞領兵作戰。尼祿繼位以後，韋斯巴薌出任執政官。可是接下來，韋斯巴薌卻退隱到偏僻的小鎮，後來才再度回到尼祿的宮廷任職。復職後的韋斯巴薌被尼祿任命為阿非利加行省（Africa Proconsularis）的總督。不過，韋斯巴薌在總督任期過後卻仍然是兩袖清風，此事蹟受到傳唱。尼祿也因而「恩准」韋斯巴薌，在尼祿巡幸希臘時隨行。雖然尼祿明白，韋斯巴薌能力很強且十分清廉，但是韋斯巴薌似乎還是在劫難逃。有一次韋斯巴薌在尼祿獻唱時打盹，甚至因為鼾聲過大而打斷了皇帝的演出，致使他一直未受重用。

身為皇帝的韋斯巴薌自始即知國家百廢待舉，而他也致力於興革。內戰的創傷需要療癒，空虛的國庫需要充實。雖然韋斯巴薌此時已年屆六旬，不再是個年輕人，不過由於他是商賈之子，有著堅實的財經背景，再加上他久經政壇與沙場的歷練，這一切都帶給他相當大的幫助。

韋斯巴薌勤政愛民的形象也表現在其塑像上。相較於朱利亞·克勞狄王朝那些美化過的皇帝塑像，韋斯巴薌的塑像的寫實風格正好反映出兩個時代的區別。韋斯巴薌塑像的頭顱顯得強有力，而這顆巨大頭顱或許會造成脖子的嚴重負擔。韋斯巴薌的額頭寬闊，上額幾乎光禿，十分引人注意。相隔甚近的雙眼狡黠地注視著這個世界。在韋斯巴薌布滿了皺紋的臉上，有一個偌大的鷹勾鼻，幾乎掩蓋住他細薄的嘴，卻益顯其堅毅的精神。

處世謙和又具有幽默感的韋斯巴薌，整頓了原已崩壞的國家財政。在國家需要開闢新財源時，韋斯巴薌總是能夠展現出過人的能力。例如，有一回他下令要對在公共廁所的製革用尿液徵稅，韋斯巴薌的兒子提圖斯相當不悅，埋怨父親竟然把腦筋動到了尿液上頭，可是韋斯巴薌卻從剛徵收的稅款當中拿出一枚錢幣，放在他兒子的鼻子下說：「這並不臭。」（Non olet.）蘇埃托尼烏斯與卡西烏斯·狄奧兩人都記載了這個故事。現在人們在談論工作倫理時，有時會引用這個典故。而「錢一點也不臭」的意思也延伸為：只要誠實，就算是卑下的工作，也就無可指謫。然而犬儒的人卻解釋成見錢眼開，有錢就好，管它是從哪裡來的。

當國庫再度充實後，韋斯巴薌開始致力建設，他一方面整修與改建羅馬城。另一方面，為了讓羅馬城免於台伯河水患，也整治台伯河。除此之外，在尼祿原本打算興建新皇宮的舊址，韋斯巴薌命人興建了一座弗拉維圓形劇場（Anfiteatro Flavio）。劇場旁原本樹立了一座巨大的尼祿塑像，因此，這座劇場後來又改名成了今日世界聞名的羅馬競技場（Colosseum，拉丁文「塑像」之意）。

韋斯巴薌的對外政策，也替羅馬建樹不少。韋斯巴薌穩定並延伸了帝國的疆界。他旗下的統帥阿格里柯拉（Agricola）將羅馬在不列顛尼亞的統治範圍延伸至北方，而韋斯巴薌的兒子提圖斯，則在西元七〇年攻陷耶路撒冷。在韋斯巴薌統治期間，羅馬城一片昇平。西元七九年六月二十四日，年屆七旬的韋斯巴薌在他的故鄉與世長辭，而羅馬人痛失了一位曾經帶給他們美好年代的好皇帝。

18 你必以此預兆獲勝

In this sign you will conquer.

君士坦丁大帝（Constantinus I. Magnus, 288-337）

預兆來得正是時候。這預兆不但幫助了基督教，也幫助見到這個預兆的男人。

二九三年，羅馬皇帝戴克里先（Gaius Aurelius Valerius Diocletianus）催生了羅馬歷史上的「四帝共治」（Tetrarchie）。顧名思義，是由四位皇帝共同治理羅馬帝國。戴克里先為了避免龐大帝國漸漸崩解，便改行四帝共治。無論如何，在這個體制下所推動的經濟與行政改革，的確重新整頓了國家，不過分權之舉卻埋下了新衝突的未爆彈，而情況的急轉直下也讓人始料未及。

戴克里先駕崩一年後，帝國西區陷入嚴重的權力鬥爭，其中兩個共治者的兒子繼任，君士坦丁一世（亦即後來的君士坦丁大帝）與馬克森提（Maxentius），為了稱霸而勢成水火。儘管他們是姻親——君士坦丁一世離棄妻子，娶了馬克森提的姐妹法烏斯塔（Fausta）——似乎也起不了什麼作用。

三一二年十月二十八日，兩軍在羅馬城門外一座橫跨台伯河的石橋附近對峙，史稱米爾維爾思橋（Ponte Milvio）之戰，充滿傳奇色彩。雙方交手前，馬克森提請示神諭，預言他會殲滅君士坦丁的四萬大軍。神諭是否也傳遍了君士坦丁的陣營中呢？君士坦丁知道眼前敵人的兵力遠勝自己，因此必須要找個方法鼓舞全軍的士氣。

就在此時，臨陣前的君士坦丁見到了異象，一如他以前多次看到的。於是君士坦丁便在全軍將士面前說，在日正當中的天空中，他看到基督的預兆，接著便高喊：「你必以此預兆獲勝。」（Hoc signo vinces.）傳說君士坦丁讓他的士兵們在盾牌上畫上了交叉重疊的希臘字母「X」與「P」。在上古時代晚期，「XP」經常用來代表耶穌基督。當時有些錢幣上甚至鑄有「你必以此預兆獲勝」。現在當人們在面臨重大挑戰時，不管是尋求十字架的保護，亦或是用其他的標記或符號，也偶爾會引用這句話。

君士坦丁是否真的見到異象？或者只是為了自救而撒謊呢？真相如何，我們不得而知。無論如何，君士坦丁確實鼓舞全軍的士氣，並且以此標記去對抗馬克森提。馬克森提在羅馬登基以後，便極力恢復羅馬的舊傳統，包括古羅馬的宗教信仰。兩軍正式交鋒，幸運似乎站在君士坦丁這一方，他在該役獲勝，而馬克森提最終溺斃於台伯河。至此，君士坦丁終於獨霸羅馬帝國西區。

此役十二年之後，君士坦丁接著擊敗羅馬帝國東區的皇帝李錫尼（Gaius Valerius Licinianus Licinius）。而在此之前，李錫尼則先擊敗了馬克西米努斯（Gaius Valerius Galerius Maximinus），統一了羅馬帝國東區。「四帝共治」的其他三位皇帝都被除去，羅馬帝國東、西區完全都成為君士坦丁的天下。三三〇年，在包括對外政策的諸多考量下，君士坦丁遷都到東方的希臘古城拜占庭（Byzantium），也就是現在的伊斯坦堡，以其抵抗西方和北方的威脅。此外，比起羅馬難以駕馭的元老院以及諱莫如深的權力結構的處處掣肘，君士坦丁在此可以集大權於一身。君士坦丁先以新羅馬為此城命名，後來更名為君士坦丁堡。而羅馬帝國新首都的標誌則是一隻雙頭鷹，同時顧盼著東方與西方。

從君士坦丁命人製作的肖像上看得出他追求霸權和統一。君士坦丁的肖像表現一種人類的新形象。肖像的臉不太像真實人物，一雙大眼睛、鷹勾鼻以及精神飽滿的下巴，似乎在睥睨著整個世界。而他的臉上很乾淨，不留一點鬍子，而這很類似基督給人的意象，當時人們認為耶穌基督是沒有鬍子的。君士坦丁營造出的形象脫離了上古時期的個人主義，散發出一種難以親近的威權，是一種美化與理想化的造神運動。在數百年之前，埃及的法老們便以此來為自己塑像。

在君士坦丁的統治下，基督信仰漸漸變成國教。君士坦丁命人興建教堂，甚至將部分的司法權授予主教們，並且還奉行星期天為安息日。另一方面，基督徒組織起來致力於宣信，而這個逐漸壯大的宗教則成了君士坦丁穩固政權的工具。但是他要讓基督教為他所用，就必須控制教會的利益，因此他十分關注早期基督教的動向。基督教的發展過程中，也發生了不少背叛他意旨的事，但是君士坦丁卻會設法因勢利導。三二五年，君士坦丁在尼西亞（Nicaea）召開了大公會議（Konzil），在會議當中，「三位一體」（聖父、耶穌、聖靈三者同一）的說法列入教會信理。

君士坦丁的統治是否終結了西洋的上古時代呢？答案見仁見智。不過君士坦丁做的許多躍進，的確加速上古時代的落幕。雖然舊的羅馬文化已經式微，可是在日常生活當中，舊的羅馬文化依然居於主導的地位，只不過新崛起的基督教文化正慢慢威脅羅馬文化。而君士坦丁本人是否是基督徒呢？君士坦丁為了紀念米爾維爾思橋之役所建的凱旋門，找不到一點與基督有關的印記，然而上頭卻有羅馬的勝利女神以及太陽神。在羅馬帝國西區，羅馬的傳統信仰較為興盛，因此君士坦丁很少在此處坦承自己跟基督信仰的關係。相反地，在基督徒為數眾多的羅馬帝國東區，君士坦丁卻會以基督徒自居。這是不是就是所謂的國家利益呢？關於這個問題就留給世人去評說吧。

三三七年，君士坦丁在臨終前召來了尼哥美地的優西比烏（Eusebius von Nikomedia），優西比烏是君士坦丁堡的主教，深具影響力，君士坦丁請優西比烏在臨終前為他施洗。君士坦丁希望能夠藉此償還殺害妻子與兒子的罪過，然而此後羅馬教會方面卻開始傳出「君士坦丁贈與」的傳說。傳言君士坦丁臨終前，幫君士坦丁施洗的並非尼哥美地的優西比烏，而是教宗聖思維一世（Silvester I.）。君士坦丁為了對聖思維一世表示謝忱與恩慈，特地將羅馬城與羅馬帝國西區的統治權贈與聖思維一世以及繼任的羅馬主教。大約在八、九世紀左右，世上突然出現了一份贈與的證明文件，雖然到了十五世紀左右，庫薩努斯（Nikolaus von Kues）證明了該文件是偽造的，但是為時已晚。憑著教宗的身分，再加上「君士坦丁贈與」，羅馬的主教早已建立起世俗的權威。在君士坦丁的時代，羅馬帝國西區的基督徒，雖然還遠遠不及他們在羅馬帝國東區的兄弟、姐妹們具有影響力；但是在幾個世紀之後，在幾位致力於振興教會的教宗帶領之下，羅馬帝國西區的基督徒也在羅馬打造起教會的國度。

從君士坦丁開始，羅馬帝國便在宗教與文化上埋下了分裂的根源，羅馬的天主教和君士坦丁堡的東正教漸行漸遠，到了一〇五四年時，發生了「東西教會大分裂」。

在東正教教會，君士坦丁被封為聖徒。但是在天主教，君士坦丁則並未受此榮寵，只得到聖名紀念日。對君士坦丁而言，日後的榮耀或許一點也不重要，最重要的是，那個預兆幫助他擊敗了對手。

中古時代

19 遇有疑義應有利於被告

When in doubt, in favour of the accused.

《民法大全》（*Corpus iuris civilis*, 528-534）

三二四年，君士坦丁大帝統一了羅馬帝國，他是羅馬帝國的最後一個皇帝。他死後不到六十年，羅馬帝國正式分裂成東、西兩個帝國，東羅馬帝國以拜占庭為名，基督教文化在此地持續流行。而永恆之城羅馬只能控制西羅馬帝國，試圖保存式微已久的羅馬文化。西羅馬帝國維持了八十年，四七六年，西羅馬帝國最後一位皇帝羅慕路斯．奧古斯圖盧斯（**Romulus Augustulus**）退位，才正式宣告滅亡。

不知是歷史的偶然或命定，他以羅馬建城者羅慕路斯（**Romulus**）以及羅馬帝國奠基者奧古斯都為名，竟然成為西羅馬帝國的末代皇帝。當時的羅慕路斯是一位年僅十六歲的少年，根據羅馬帝國的傳統，應該是稱呼皇帝為「奧古斯都」，但是由於皇帝年少，加上大權旁落，因此人們便稱他為「小皇帝」（**Augustulus**）。羅慕路斯生不逢時且遭此屈辱，他被日耳曼的軍事將領奧多亞克（**Odoaker**）趕下台，也就是羅馬人口中的野蠻人。

歐洲主流的羅馬文化現在剩下什麼呢？其中最重要的，莫過於羅馬的法學知識。羅馬帝國覆滅後，羅馬法學的影響力依然存續，在往後的數個世紀當中，羅馬法學更影響了歐洲的社會與政治發展。而許多羅馬法裡的概念，諸如：「誠信原則」、「互惠原則」以及「遇有疑義應有利於被告原則」等，都存續到二十一世紀。

「遇有疑義應有利於被告」是其中影響格外深遠的句子。這句話究竟起源於何時，現已不可考，不過羅馬法的法律觀點成了現代法治國家最根本的元素。「遇有疑義應有利於被告」意味著，在檢驗所有相關的跡證與證據之後，仍然對於被指控的罪責存疑，那麼就應判被告無罪。而羅馬法的基本原則之一「無罪推定」，也在「遇有疑義應有利於被告」看見：被告不必去證明自己無罪，而應該由原告去證明被告有罪。數世紀之後，這樣的想法再度反映在啟蒙時代的一句名言裡，伏爾泰（**Voltaire**）在的小說《薩迪格》寫著，「寧可冒險錯放罪犯，也好過枉殺無辜。」

「遇有疑義應有利於被告」的精神也同樣貫穿了《民法大全》，它成書於五二八年，由東羅馬帝國皇帝查士丁尼一世（**Justinian I.**）敕令編纂，有系統地蒐集與整理羅馬的司法判決。

編纂者必須穿越千年時光，窮究古老的法制史。因為早在西元前四五〇年時，古老的羅馬便已經有了所謂的「十二表法」，記載著古時候流傳下來的法律原則，當時那些法律原則還深受希臘影響。而羅馬的法律最早出現在裁判官的判決裡。裁判官是羅馬的司法官員，負責撰寫司法判決書，人們藉此在遇到相同或是類似的情況時，可以援引判決的見解。繼任的裁判官則持續對這些法律見解進行擴充，而其他的法律學者們則輔以註解與研究。羅馬法學在羅馬帝國時期發展到了頂峰，可是從二三五年起，在歷經多位軍人皇帝的統治之後，羅馬法學開始逐漸式微。

受查士丁尼之命，負責編纂《民法大全》的是當時的司法大臣特里伯尼安努斯（**Tribonianus**）。他率領學者與法界人士組成編纂小組，他們有幸掌握各種私人與公家的文獻資料，內容豐富完整，提供了他們在編纂時所需要的各種素材。這部偉大的作品一直到西元五三四年才竣工，前後歷時五載。全書共分為三大部：第一個部分是《法學總論》，共四卷，這是官方的法學教科書，以羅馬著名的法學家蓋烏斯（**Gaius**）的同名著作《法學總論》為藍本。第二個部分是《學說彙纂》，蒐集一到三世紀的羅馬法學家的著作合集。最後是《法典》（*Codex Justinianus*），共十二卷，收錄了從羅馬皇帝哈德良（Publius Aelius Traianus Hadrianus）到查士丁尼的各種法典。在五三三年之後，《民法大全》又添加了《新律》（*Novellae*），收錄以希臘文書寫的一百六十八種法律。

查士丁尼在統治期間致力在地中海重建往日的羅馬世界帝國，而查士丁尼的妻子狄奥多拉（Theodora）在政治上的影響力或許比他更大。狄奥多拉美麗、聰明，有高度的智慧，是一位廣受歡迎的舞孃兼演員。不顧眾人的反對，查士丁尼迎娶了狄奥多拉，並且讓她參政。此舉顯然是相當明智的決定，因為狄奥多拉確實在日後展現出過人的政治才能。五三二年，正當法學家努力編纂《民法大全》時，東羅馬帝國首都拜占庭發生一場反對查士丁尼的暴動，史稱「尼卡暴動」。危急之中，冷靜的狄奥多拉救了他的丈夫與其帝國。當時亂軍正步步進逼，查士丁尼已經做好棄城逃亡的準備，此時狄奥多拉卻力勸他的丈夫留在城中，在太監總管納爾西斯（Narses）以及名將貝利薩留（Belisarius）的幫助下平定暴亂。此後，查士丁尼派貝利薩留等將領四處出征，其帝國版圖擴張到接近羅馬世界帝國時期的規模。雖然查士丁尼的繼任者查士丁諾斯（Justinos）再度丟失了大部分的領地，但是東羅馬帝國依然存續了數個世紀。一直到一四五三年五月二十九日，鄂圖曼帝國攻陷君士坦丁堡，東羅馬帝國才滅亡。

特里伯尼安紐斯與他的學者共同編纂的巨著，在成書之後很快就被人遺忘。《民法大全》內容只會偶爾出現在拜占庭的一些尋常的判決裡。然而西方中古世紀的君主們卻高度推崇羅馬法，借助羅馬法學知識，在老羅馬帝國的廢墟中建立新形態的國家。接著，於十二世紀初，波隆那大學的學者們意外發現了查士丁尼敕令編纂的《民法大全》，隨即展開了研究的工作。在那個經濟繁榮的年代，廣泛且統一的法律規範是必需的，對於傳承羅馬傳統的中古世紀皇帝而言，這樣的發現可以說來得甚為及時。當時的人們將重新發現的法律內容，轉變為實際生效的法律，並將彙編的法律稱為《民法大全》。至此羅馬法逐漸流入了許多歐洲的法制系統當中，包含法國。雖然英國有自成一格的法制傳統，但是也受到《民法大全》不少的影響，而《民法大全》也深深影響了德國的法制，於一九〇〇年一月一日生效的《德國民法典》（*Bürgerliches Gesetzbuch*），便保留了許多《民法大全》的精神。

20 祈禱並工作

Pray and work.

努西亞的聖本篤（Benedikt von Nursia, 480-547）

因為不滿努西亞的聖本篤過度嚴厲，他帶領的第一批修士試圖下毒謀害他。幸好他們未能得手，否則由聖本篤一手創立並且以他命名的本篤會險些就不存在了。

聖本篤出生在一個巨變的年代，當時各個民族不是離開原居地就是被放逐。這段「民族大遷徙」的時代持續了數個世紀，徹底顛覆歐洲的舊秩序。以羅馬文化為主流的上古時代結束，取而代之的是剛崛起的新文化勢力。流離失所的人們從羽翼未豐的基督教汲取了信仰的力量。在生死交關下，基督教以最真摯的言語鼓舞其信眾，勉勵他們從生命去細心體察上帝的旨意。在極度動蕩不安的年代，基督教給了人們希望，讓他們能找到安身立命之所。

某些基督徒會選擇苦行。特別是在地中海東部，出現了一群早期基督教苦行僧侶的先驅。他們的苦行方式相當不尋常，有些修士會在身上掛鍊條，有些則僅只攝取足以維生的食物與水，還有的視洗澡是有罪的。五世紀，在敘利亞的阿勒頗（Aleppo）有一位名叫西面・斯提里特（Simeon Stylites）的隱士，人稱老西面。他曾經連續三十六年生活在一根圓柱之上，並且在圓柱上向民眾們佈道。由於他的生活方式，他的身體應該不會有什麼好味道，若是有人拿樓梯為他送食物，或許還得準備一條手帕掩鼻才行。老西面後來成了柱頭修士的鼻祖，不過後來的人卻是一個比一個在圓柱上待得更久。另一位名叫西面的修行者，人稱小西面，在圓柱待了四十五年。七世紀，一位名為阿利皮歐斯（Alypios）的苦行者甚至在圓柱上待了六十七年。更有另一種名叫「坐樹修行」的方式，修行者一直待在樹上，只以樹上的果實與樹葉裹腹。此外還有人將自己密封在牆裡，只留下一個小洞傳遞食物。

基督教的修院制度源自於苦行精神，修行者遠離俗世，孤獨地與上帝對話。他們的鼻祖當推聖安東尼（Antonius）。在三世紀中葉，聖安東尼遁入埃及的沙漠裡修行，他每晚都在那裡與惡魔的試煉纏鬥不休，魔王經常以裸女幻象來糾纏他，但是聖安東尼最終都克服了試煉。聖安東尼在很老的時候才離開他隱居的地方，因為朋友阿塔納昔歐斯（Athanasios）請他講道，希望能夠借重聖安東尼的威望，去對抗「偏差」的阿利烏教派（Arius）。阿利烏教派宣稱，聖父、聖子、聖靈雖然相似，但是本質是不同的。「三位一體」的爭議在基督教中引起了不小的騷動。西元三二五年，君士坦丁大帝在尼西亞召開了大公會議，重新定義「三位一體」學說，而會議的決議偏向阿塔納昔歐斯的主張，阿利烏的看法因此成為異端。

雖然聖安東尼在沙漠裡，但是他的苦行還是掀起了風潮。受到他的激勵，許多景仰他的人紛紛遠離塵世，遷往荒野中修行。漸漸地，修行者結合成共修團體，而基督教的修院制度也隨之誕生。

在創立本篤會之前，聖本篤也曾經苦行多年。聖本篤出生義大利翁布里亞（Umbria）的貴族世家。少年時，聖本篤曾經前往羅馬接受教育，不過教會的一些習慣以及教會中許多人的不良舉止讓他感到大失所望，於是離開羅馬，到一個山洞裡渡過了三個年頭。期間有個修士每天用繩索為他送食物。不久之後，聖本篤的苦行事跡便傳開。當時人們盛傳牧羊人出現了，而聖本篤便是這位聖徒。在聖本篤的山洞附近有一所修道院，裡面的修士便邀請聖本篤擔任院長。聖本篤接受了，離開了苦行的山洞。不過聖本篤的態度十分嚴厲，甚至因而引發了密謀將他毒死的事件，所幸最終聖本篤大難不死。雖然聖本篤十分嚴厲，但想要追隨他的人卻越來越多。不久聖本篤便自己創立了一所修院，座落於羅馬與那不勒斯之間的卡西諾山（Monte Cassino）。此外，聖本篤的雙胞胎妹妹聖思嘉（Scholastica）也在附近創立了一所女子修道院。

卡西諾山修道院不僅是本篤會的第一所修院，更是西方修院制度下的第一所修院。修院創立於西元五二九年，代表一個時代的轉折點。當時信仰基督教的東羅馬帝國皇帝查士丁尼一世下令關閉了在雅典已有九百年歷史的柏拉圖學院。就在希臘哲學的庇護所廢除以後，卡西諾山修道院卻開啟了另一個屬於修院與修會的時代。修道院制度不僅一路伴隨歐洲的教會化，更促使人類開發歐洲的大片蠻荒之地。此外，修道院在中古世紀更是教育、科學以及思想的家園，只不過這些知識打的卻是宗教的旗號。

聖本篤為他的修會立下了十分嚴格的規矩，不過也由於《本篤規程》（*Regula Benedicti*），使得修會的弟兄顯得格外突出，也讓他們的修會相當成功。這部《本篤規程》體現了一種新的生活態度，以明確的任務去規範修士的生活，並且督促他們善用光陰。聖本篤創造了一句格言：「祈禱並工作！」（Ora et labora！）偶爾也會延伸為：「祈禱、工作並閱讀。」（Ora et labora et lege.）《本篤規程》並沒有一字不差地留下這一句格言，它卻成了精神象徵，使得修會與聖本篤能夠永遠緊密相連。

《本篤規程》究竟要求修士做些什麼呢？修士必須在修道院裡定居，拋棄塵俗的事物以及個人的財產，並且要守貞、服從。修士們相互之間要親如手足，對於他們所選出的修道院院長，則要像對待父親那般地恭順。每日作息則以禱告時間加以嚴格地畫分。修士在凌晨三點便須起床，在一天當中他們要禱告、彌撒以及靈修。他們還必須趁著這些活動的空檔工作。而所有的修士都得一起進餐，除非必要，不得交談。

《本篤規程》的第四十八章規定了有關「工作」的事宜。聖本篤曾經指示，遊手好閒是「心靈的敵人」。雖然聖本篤的各種指示都和禱告與閱讀《聖經》有關，但是他也曾經對修士們說：「若你們因為地方的情勢或是貧窮的緣故，而需要自己動手收成，那麼你們也不必難過。」

《本篤規程》使得聖本篤一手創建的修會成為各修道院的楷模。在上古時期，一般人禁止從事身體勞動的工作，這些工作應該盡可能地給奴隸代勞，然而在聖本篤的主張下，身體勞動逐漸取得了虔誠的名聲。而修士們嚴格分配一天的作息時間，也讓時間成為日常生活當中十分重要的規範。當時在歐洲，皈依基督教的人與日俱增。對一般人來說，「祈禱並工作」是十分簡單明瞭的要求，人們可以依此有計畫地分配一日的作息，侍奉上帝並且工作，保持虔誠並且完成義務。聖本篤的門徒樹立了一種新的工作倫理，數個世紀之後，這樣的工作倫理則促成了工業革命。

五四七年復活節前的星期四，聖本篤與世長辭。臨死前，他正在卡西諾山教堂裡的祭壇旁禱告。根據傳說，在場的弟兄們見到一束光芒，天使降臨將聖本篤接到了天堂。

21

時代在變，而我們也跟著時代在變

The times are changing, and so are we.

洛泰爾一世（Lothair I, 795-855）

八五五年秋天，一位年屆六旬的老翁來到艾弗爾山（Eifel）的普朗修道院（Kloster Prüm）。這位老翁就是皇帝洛泰爾一世，但他早已讓教宗為他的兒子路易二世（Ludwig II.）加冕，並將帝國平分給幾個兒子。這時他一心只想當個修士，他曾說：「時代在變，而我們也跟著時代在變。」當時洛爾泰一世的身體已經十分虛弱，他也隱約感覺到自己行將就木，就在他抵達修院的六天後，便與世長辭了。

在洛泰爾一世的執政期間，法蘭克王國政局一直動蕩不安。雖然洛泰爾一世的祖父查理曼大帝（Charlemagne, 742-814）創建了法蘭克王國與加洛林王朝，並大舉擴張版圖，但是洛泰爾一世的統治卻意味王朝的沒落，原來查理曼大帝早已替帝國埋下禍根。查理曼大帝擴張的領土範圍實在太過龐大，再加上查理曼大帝加冕為皇帝之後，國家的權力結構發生劇烈變化，使得政局不穩。最後，查理曼大帝的繼承人欠缺能力，無法在維持帝國統一的前提妥善處理繼承權的問題，最終法蘭克王國走向分裂。

八〇〇年，查理曼大帝在羅馬接受了教宗利奧三世（Leo III.）的加冕。當時教皇國在羅馬立足未穩，教宗利奧三世利用查理曼大帝對抗羅馬貴族的反對勢力，因而替他加冕以答謝。查理曼大帝既是法蘭克王國與倫巴底王國國王，現在又成為皇帝兼羅馬的保護人。查理曼大帝統轄的帝國極為廣闊，臨死前他所統轄的領土包含今日的法國、德國、瑞士、奧地利以及義大利北部。可是查理曼大帝卻不設首都，而是巡迴各處行宮以統治他廣闊的領土。

查理曼大帝在世時就預見他的帝國無法長存。神聖羅馬帝國裡的各種民族，文化差異非常大。查理曼大帝認識到這點，設法促使各民族和諧相處。查理曼大帝為此將拜占庭的文化元素灌注到法蘭克人的文化當中，促成了加洛林藝術的興起。西方的基督教文明有許多重要部分都是以此為基礎。儘管如此，查理曼大帝終究無法統一帝國境內無數種族的日常生活和文化。

八一四年，查理曼大帝駕崩之後，由他的兒子路易一世（Louis I.）繼位。路易一世魁梧的身材與他的父親沒有太大的不同，但是性格卻是南轅北轍。查理曼大帝是個文盲，相反地，路易一世接受相當良好的教育，此外他也對基督教有著濃厚的興趣，他熱衷祈禱更勝過處理繁雜的政務。不久之後，路易一世便被人們稱為修士路易，在他死後人們更稱他為「虔信者路易」。

路易一世在位時，繼承權的爭奪提前引爆，再加上路易一世能力不足、墨守成規，使得法蘭克王國開始分崩離析。法蘭克王國的國王擁有皇帝的帝位，使得情況變得複雜。到了路易一世的兒子洛泰爾一世統治時，再度上演了繼承權問題。如同過去法蘭克人的部族領袖，虔信者路易想將他的王國平分給幾個兒子。路易一世任命他的長子洛泰爾一世為副皇帝暨皇儲，另外將較小的王國分給他兩個兒子，丕平（Pipin）與「日耳曼人路易」（Louis）。然而，虔信者路易的第二任妻子友第德（Judith）又為他生下了另一個兒子，名叫查理。基本上查理也能主張繼承的權利，不過起初他卻未能獲得任何權利，因此人們便稱他做「禿子查理」（Charles the Bald）。儘管如此，友第德野心勃勃，開始替自己的兒子爭取領地，極力慫恿虔信者路易。拗不過妻子不斷請求，虔信者路易便從他的長子暨皇位繼承人洛泰爾一世那裡瓜分了阿勒曼尼亞（Alemannia）給了查理。此舉引發另外三個兒子強烈不滿，甚至爆發了武裝衝突。起先的衝突只是父子相殘，到最後，竟然又演變成兄弟鬩牆。

衝突持續一段時間，虔信者路易辭世後，洛泰爾一世無心戀戰。最終，參戰諸方於八四三年簽定了凡爾登條約（Treaty of Verdun），決定帝國的分配。條約將帝國一分為三：禿子查理領取西邊；日耳曼人路易獲得了東邊；丕平什麼都沒分到，後來死於獄中。至於洛泰爾一世，則保留了中間的領土，統轄的區域從義大利的北部一直延伸到荷蘭的海岸邊。

禿子查理與日耳曼人路易所擁有的王國，日後演變成西法蘭克王國與東法蘭克王國，雙方更各自發展出不同的語言與文化。不過，洛泰爾一世的王國卻又再一次經歷了分裂。如同他的父親，洛泰爾一世試圖將他的領土分配給幾個兒子，而此舉的後果頗富戲劇性，且一如既往地顯示出洛泰爾一世所做的決定有多麼不合時宜。

八五五年，在「普朗（Prüm）分國」的決議中，洛泰爾一世將他的王國瓜分給他的兒子們。洛泰爾一世將洛泰爾王國在義大利北部的領土以及國王頭銜，交給他的兒子路易二世。洛泰爾一世的幼子查理則分到了勃艮第（Burgund），並且在普羅旺斯（Provence）享有國王的地位。洛泰爾一世的次子洛泰爾二世（Lothair II.），則獲得國王的頭銜，擁有位在王國北邊、與東西法蘭克王國相接壤的領土。洛泰爾二世的領地稱為洛林（Lotharingia）。西元八六九年洛泰爾二世去世後，他的兩位叔父，禿子查理與日耳曼人路易，在八七〇年簽訂墨爾森條約（Treaty of Meerssen），肆無忌憚地瓜分了洛林王國。日後東、西法蘭克王國發展成如今的德國與法國。一直到二十世紀，雙方對於洛林這塊領地依然爭奪不休。

「時代在變，而我們也跟著時代在變。」洛泰爾一世說的應該不是他的錯誤。當時的洛泰爾一世已經老邁到無力面對當時的局勢，一心只想擺脫國王的名位之累，去當個修士。

楊．格魯特（Jan Gruter, 1560-1627）於一六一二年出版的《日耳曼詩趣》（*Delitiae poetarum Germanorum*）詩集，收錄布拉格的醫生馬蒂亞斯．波爾波尼烏斯（Mathias Borbonius, 1566-1629）的一段話：「所有的事物都在變，而我們也跟著在變。」而早在一五七五年時，在安德烈亞斯．嘉爾特納（Andreas Gartner）的《諺語笑話》（*Proverbialia dicteria*）中也出現同樣的話。由於這句話描寫面對變動的心境，故而深植人心，因此經常被用來抒發個人的感想，表達生命歷經滄海桑田的感慨，有時也會用來描繪個人在政治與社會的巨變時身不由己的無奈。

22 我欲明，故我信

I believe so that I may understand.

坎特伯雷的安瑟倫（Anselm von Canterbury, 1033-1109）

許多人都認為，歷史上坎特伯雷的安瑟倫是道道地地的英國人，但這顯然是天大的誤會。安瑟倫出生於義大利北部的皮埃蒙特（Piemont），他的父親是岡多菲伯爵（Graf Gandolfo），不僅有錢有勢，也是奧斯塔城（Aosta）的總督。由於安瑟倫在此出生，因此直到今日，義大利人都還稱他為奧斯塔城的安瑟倫（Anselmo d'Aosta）。

安瑟倫年幼時母親就去世。他十五歲便立志要進到修院修行，可是他的父親希望他從政，因此極力反對他出家修行。安瑟倫在失望之餘，只好求助於上帝，希望上帝為他降下一場大病。說也奇怪，安瑟倫真的就如願大病一場，而且嚴重到幾乎要了他的命。然而他的父親仍然不為所動，更向當地修院院長施壓，絕對不許他的兒子遂其所願。無奈之餘，安瑟倫的身體逐健康復，現在他唯一能做的就是等待成年。一番漫長的等待之後，父子之間發生了一場激烈爭吵，安瑟倫終於破門離家，告別了他的家園與故鄉。這時安瑟倫已經二十六歲了，若以當時的眼光看來，他甚至可以進入年長者之列。離家之後，安瑟倫前往諾曼第（Normandy），到貝克（Bec）的本篤修道院當見習生，安瑟倫在此習得大量的學識，變成一位深諳拉丁文的作家。

安瑟倫認為只有信仰是不夠的，所有思想都應該充滿著上帝，而安瑟倫想要憑藉著理性做到這一點。在安瑟倫擔任貝克修道院院長的時期完成了《論證》（*Proslogion*）。書名的原意為「對話」，顯然他要用他的書向上帝禱告。安瑟倫曾說：「然而，我希望能多理解一點，我心中所相信與敬愛的祢。我並不想為了相信而了解，而是想為了認識而相信。而我也相信：當我不相信時，我什麼都無法認識。」

安瑟倫用拉丁文寫下「我欲明，故我信」（Credo, et intelligam.）。他的信仰並不像《聖經》那樣嚴格。在《聖經》〈以賽亞書〉第七章第九節裡曾經提到：「你們若是不相信，則你們無法認識。」認為自己的意見是對的基督徒，將這句話改寫成：「若是你不贊同我的話，那麼你所相信的便不是正確的。」如此一來，信仰變成沒有任何討論的餘地。

安瑟倫是不是也已經有了結論，才開始進行討論呢？他說，他是為了認識而相信，顯然他已經把相信放到了認識之前。是否有上帝？這完全不是安瑟倫所要提的問題，他十分確定上帝是存在。因此當安瑟倫說，他是為了認識而相信，只說明他是要用理解的方式去證明上帝存在。為此，安瑟倫提出一個錯綜複雜的推論，他在《論證》當中說：「無法想像誰能比祂更強大。」因此他認為上帝是最理想、最完美的。他接著說：倘若某個事物是完美的，那麼它的存在當然也屬於它完美的本質，否則它便不是完美的了。由於我們先前提到上帝是最完美的，因此祂必定存在，因此安瑟倫便完成證明。

安瑟倫的論證在哲學史上稱為「上帝存在的存有學證明」。不過，直到十八世紀時，才由康德（Immanuel Kant）以及窩爾夫（Christian Wolff）等人闡揚其概念。康德曾經以一百個塔勒銀幣（Taler）為例，替安瑟倫的推論做註解。康德說：設想一百個塔勒銀幣，不多不少就是一百個實際存在的塔勒銀幣，但是後者多了「存在」。然而康德卻帶點嘲諷的味道認為，僅憑證明存在也無法使它們變得完美。因此康德得出了結論，他認為安瑟倫的思路是循環論證，在當然邏輯上有瑕疵。在安瑟倫有生之年時，本篤會裡有一位修士叫高尼羅（Gaunilo von Marmoutier），他也有同樣的看法。高尼羅在其《致愚者書》（*Liber pro insipiente*）提出對安瑟倫的質疑，他用和康德同樣的方式論證道：他可以想像一座完美的島嶼，可是只憑空想，島嶼依然還是不存在。高尼羅的看法被視為「自大狂妄」，而他公然與安瑟倫唱反調，被教會判處了監禁。

十九世紀，黑格爾嘗試去調解那些對安瑟倫的批評。黑格爾認為，人們不應該只用邏輯的觀點去看安瑟倫的「證明」，因為安瑟倫的「上帝存在證明」其實並非一般的「證明」，他只是想要透過思想去接近上帝。即使安瑟倫善於思考，他還是清楚知道自己的信仰。在黑格爾之後，有一些人也探討這個問題，他們認為應該考慮安瑟倫的時代背景，他的說法應該是以默觀的角度出發。事實上，安瑟倫也確實是一位神祕主義者。

然而，安瑟倫的確也涉及邏輯的領域。因此免不了要用邏輯規則來評價他。此外，對羅馬教廷而言，安瑟倫的「證明」真是恰到好處，他以學術和邏輯的方式，將知識、理性、信仰三者統一，與教會的學說巧妙結合。安瑟倫為方興未艾的「經院哲學」奠定發展的基礎，而經院哲學發展出一種特別的方法，藉以調和知識與信仰的關係。他們在講課中處理一些文本，不論內容是贊成或反對，最終總是運用這些文本去「證明」教會的學說。他們的態度正如安瑟倫所說：「我欲明，故我信。」在數個世紀後的啟蒙運動，經院哲學的看法完全被顛覆。經院哲學只是想利用理性去認識他們的信仰，但是就啟蒙運動的觀點看來，「認識」本身才是運用理性的目的，它的出發點是開放的。也因此不同於經院哲學，啟蒙運動將認識看得比信仰更高。

在安瑟倫有生之年，他一直忠心且恭順地為教會服務，卻因此捲入政治風暴。不過倒也遂了他父親多年來的心願。一〇六六年，在黑斯廷斯戰役（Hastings）中，征服者威廉（William the Conqueror）迫使英格蘭落入諾曼人的統治。安瑟倫在貝克修道院的老師蘭法蘭克（Lanfranc）與英格蘭的新統治者友好。一〇七〇年，蘭法蘭克成了坎特伯雷的大主教。即使違背自己本意，安瑟倫依然接下蘭法蘭克的職位，成為英格蘭教會的龍頭。據說，當時人們是硬將主教的權杖塞到安瑟倫的手中，並且把他拖進教堂裡，立刻就任。

安瑟倫擔任坎特伯雷大主教的期間，歐洲政局動盪。德國的國王亨利四世（Heinrich IV.）與教宗額我略七世（Gregor VII.）為了主教與修道院院長的任命權問題鬧得勢同水火。在此之前，帝國的教會與修道院院長都是由領主來任命，而並非教會。表面上，在這場「聖職敘任權之爭」似乎是教宗與國王的權力之爭。實際上，衝突真正攸關的是世俗與宗教的權力關係。為此，於一〇七六年時，教宗額我略七世透過書信宣告罷黜亨利四世，而亨利四世也不甘示弱，反過來直指對手的教宗職位為非法。後來亨利四世逐漸居於下風，一〇七七年，只好前往卡諾莎（Canossa），懇求教宗額我略七世饒恕他。可是這場「卡諾莎的懺悔之旅」並不意味衝突落幕。一〇九五年，英格蘭征服者威廉的兒子威廉二世（William II.）同樣與安瑟倫陷入衝突。安瑟倫一直忠於教宗，因此威廉二世便將他放逐，安瑟倫流亡了六年。直到一一〇七年，國王與教宗雙方對「聖職敘任權之爭」達成和解。而威廉二世也接受安瑟倫，他才得以重返英格蘭。一一〇九年四月二十一日，安瑟倫死於英格蘭，遺體被安葬在坎特伯雷大教堂。

23 先到先磨

First come, first served.

艾克・馮・萊普哥夫（Eike von Repgow, 1180-1233）

萊普哥夫是德國第一位記錄法律的人，可惜我們對他的生平所知不多。萊普哥夫出生於德紹（Dessau）附近的小地方雷比喬（Reppichau）。他究竟是侍臣、是自由人、還是騎士？歷史記載不是很清楚，不過他可能在家鄉附近長年擔任陪審員或是書記官的工作。一二〇九年，萊普哥夫首次在歷史文獻裡被提到，也證明確有其人。

我們可以推測，萊普哥夫對於司法判決不陌生。一二二〇年，他開始著手收集哈茨山（Harz）東部一帶口傳的習慣法，並且用文字記錄下來。我們不知道是不是他本人寫下的。或許是由艾克口述給別人抄寫，因為在那個時候一個人能夠又讀又寫的情況實屬例外。

萊普哥夫會蒐集和整理法律，與他家鄉的環境有著密切的關係。在哈茨山東部，易北河（Elbe）與薩勒河（Saale）幾個世紀以來一直存在著許多種族，包括法蘭克人（Franken）、圖林根人（Thüringer）、薩克森人（Sachsen）、弗里西人（Friesen）以及斯拉夫人（Slawen）。他們各自有不相同的法律，可是一旦不同族群的人發生糾紛，問題就很難處理。到底應該以誰的法律為準呢？這時就必須有個統一的裁判標準。

起初，萊普哥夫以當時通用的拉丁文將他蒐集的法律整理寫下。一位名叫法爾肯斯坦（Hoyer von Falkenstein）的伯爵在奎德林堡（Quedlinburg）擔任法官的工作。據推測，他很可能是萊普哥夫的領主。法爾肯斯坦偶然得知艾克正在彙編法律，於是請萊普哥夫翻譯成德文。萊普哥夫欣然接受他的建議，然而這並不是一件簡單的工作，因為在萊普哥夫的年代，德國各地都有著自己的方言，統一的德文雛型才剛開始成形。

在德語的發展背景下，難怪艾克躋身第一代偉大的德文詩人，正如艾興巴哈（Wolfram von Eschenbach）、哈特曼・馮・奧厄（Hartmann von Aue）以及福格威德（Walther von der Vogelweide）。尤其是最後兩位，他們擅長的宮廷抒情詩（Minnelyrik），是一種特殊的詩歌形式，源自騎士對城堡女主人的宣誓。

在萊普哥夫的德文翻譯當中，包含了許多高地德語（Hochdeutsch）、中德語（Mitteldeutsch）以及低地德語（Niederdeutsch）的語言元素。他使用當時一般德國人都能了解的語言，因此萊普哥夫的法律彙編聞名各地，並且大量傳播。萊普哥夫為這部法律彙編取名叫《薩克森明鏡》（*Sachsenspiegel*），正如他在前言提到，「薩克森」指的是薩克森的法律，而

「明鏡」意指本書忠實呈現薩克森的法律，如明鏡映照出婦女的容貌那樣。

當時流行兩種重要的法律，《薩克森明鏡》依此將內容分成兩個部分，一部分是封建法（Lehnrecht），另一部分則是普通法（Landrecht）。封建法規定貴族、教士與農民等各個階級的關係，諸如皇帝與國王的選舉方式，或是各種封建義務等事項，類似今日的憲法。普通法則是規範所有自由人的法律，其中也包含了農民。普通法主要處理諸如土地與財產的案件、婚姻狀況、繼承問題等各種爭執，類似今日的民法。

《薩克森明鏡》促成各地對於普通法的推行。《薩克森明鏡》是那個時代社會史與禮俗史的縮影。當啤酒花越過柵欄長到鄰居家裡，這些植物該算是誰的呢？在狹窄的道路上，哪些車輛允許優先通過呢？當某人因為過失而對他人造成損害，又該如何劃分賠償責任？

《薩克森明鏡》的內容涉及許多解決衝突的方式，而這些衝突可能發生在市場、村莊以及農家。《薩克森明鏡》的規範提到如何解決農地或磨坊所發生的爭執，在許多車輛都來到同一個磨坊的情況下，該由誰取得磨坊的優先使用權呢？《薩克森明鏡》普通法第二章第五十九條裡寫道：「誰最先抵達磨坊，誰便最先碾磨。」這個句子又衍生出德文常用的一句諺語「先到先得」。此外，在今日德國的司法判決中，類似這句話的「優先原則」（Prioritätsgrundsatz）概念持續地發生影響力。

一些源自《薩克森明鏡》的用語漸漸融入德語，至今仍廣泛使用，例如「腳後跟錢」（Fersengeld）。結束一段婚姻時，男方或女方付給另一方的錢，就稱之為「腳後跟錢」。不過這用法的演變來自以訛傳訛，原文此處的「Ferse」其實跟腳後跟無關，它原本應該是源自於「小牛」（Färse）。在德文裡，人們常用「年與日」（Jahr und Tag）形容很長的一段時間，而這個慣用語的典故也與《薩克森明鏡》有關。在案件發生一年六個星期又三天後，人們便再也不能向法庭提起訴訟。同樣地，一名奴隸只要能逃到城市，在那裡待超過一年六個星期又三天，那麼這奴隸便能獲得自由。流傳甚廣的這句「城市的空氣使人自由」，其實就是從這項古老的規定來的。《薩克森明鏡》不僅是德國法律的根本，更對德文有著很深的影響。

《薩克森明鏡》的原稿現在已經下落不明，然而內容卻保存在流傳至今的四百多個手抄本裡，不過在這些手抄本當中，有許多是更改過的版本。其中最受歡迎的，應該算是附有插圖的加長版，類似的「手繪本」製作是出於美學的理由，但更重要的是基於實用的需求。當時教育不普及、遍地都是文盲，一本附有插圖的司法說明書，相對十分方便、實用。

《薩克森明鏡》是中古世紀最知名、也最具影響力的德文法律彙編，也成為其他許多德文法律彙編的典範，諸如《奧古斯堡薩克森明鏡》（*Augsburger Sachsenspiegel*）、《德意志明鏡》（*Deutschenspiegel*）、《施瓦本明鏡》（*Schwabenspiegel*）。然而《薩克森明鏡》只是一部法律彙編，並不是法典，也不具有法律效力。儘管如此，在德國中部、東部以及北部等地的法制發展過程，《薩克森明鏡》依然扮演重要的角色。而《薩克森明鏡》影響所及，更遠至尼德蘭及東歐。一直到十四世紀，《薩克森明鏡》才在德國北部成為有效的法律。在普魯士，效力更持續到一七九四年。而在安哈特（Anhalt）與圖林根（Thüringen），則是在一九〇〇年《德國民法典》施行之後才廢除《薩克森明鏡》。一九三二年，德國的帝國法院最後一次引用《薩克森明鏡》。緊接著納粹黨執政，以《薩克森明鏡》操作意識型態，而戰後的東德也如法炮製。直到二十世紀末，《薩克森明鏡》才終於擺脫了意識型態的包袱，而萊普哥夫也被定位為德國法律與德文的重要先驅。

24 白板 tabula rasa

大阿爾伯特（Albertus Magnus, 1193-1280）

倘若想要解釋拉丁文中「白板」（tabula rasa）的典故，就免不了要提到思想史的一則小故事。

「白板」的字義指「刮平的板子」，是古希臘用以書寫的一種小蠟板，大部分是用木片拼成，在板子內面鋪上一層蠟，用木頭筆桿在上面書寫一些註記。人們可將蠟加熱融化，使板面恢復平整，也可以利用刮刀直接將蠟面刮平。

在哲學的爭論中，「未使用過的蠟面」成了相當流行的比喻：人類在出生的時候，究竟是「一片空白」呢？或者是帶著某些刻畫好的印記呢？西元前四世紀，柏拉圖在其《泰阿泰德篇》讓蘇格拉底用蠟團來比喻人的記憶。柏拉圖認為，人類將覺察到的事物刻在蠟團上，柏拉圖的弟子亞里斯多德拾其牙慧，在《論靈魂》（*De Anima*）中描述人類未出生時的狀態：「人們必須把它想像成一塊板子，在上頭什麼都未曾書寫。」而斯多噶學派也用了該比喻。在一世紀，普魯塔克從光滑的蠟板發展出諺語「尚未書寫的一頁」。

「白板」概念探討的是人類靈魂的哲學問題：靈魂在生命之初是空白的嗎？到底什麼是靈魂？不過，一般不了解背景的人在提到「白板」一語時，卻是指另一種意思。當人們要求「將白板刮平」時，其實是要對有爭議的問題正本清源，設法得到明確的結論，和原本充滿詩意的「沒有寫上任何東西的人類靈魂」無關。

「白板」的概念究竟怎麼來的呢？讓我們用踢足球的比喻來說明：希臘人將人類的心靈形容成「未經書寫過的白板」，而將這比喻如同足球一般拋進了哲學的球場。普魯塔克接下了拋進來的球，他用「尚未書寫的一頁」將球帶往正確的方向，然而他的帶球技巧只有看台上的少數觀眾懂得欣賞。接下來，球賽突然中斷了很久，而此時正值西洋上古時期的終結。一群按捺不住的球員接著上場踢球，其中包括了奧古斯丁（Augustinus）與波修武（Boethius），他們的球技也獲得喝彩。緊接著，安瑟倫將球運往球場的某個角落，稱為經院哲學，「我欲明，故我信！」安瑟倫高聲吶喊著，請隊友注意球就要傳過去了。安瑟倫將球傳給了波爾斯塔德的阿爾伯特（Albert von Bollstädt），他的球迷則稱他為大阿爾伯特。大阿爾伯特雖然聽到了安瑟倫的呼喚，卻決定要以自己的方式來表演些花招。突然間大阿爾伯特把球停在額頭上，吸引了所有人的目光，眾人都看到了他的「白板」，就像是大阿爾伯特剛寫上去的一樣。事實上「白板」的概念歷經了數個世紀之久，但是「白板」卻是在大阿爾伯特所著的《論靈魂》中首度問世。

從柏拉圖到亞里斯多德與奧古斯丁，最後是大阿爾伯特，「白板」的概念是如何演變而來？在西洋的上古時期終結之後，希臘的哲學思想也慢慢被世人遺忘。不過，幸好阿拉伯世界的學者們將希臘文化保存下來，希臘哲學不致因而消失。阿拉伯學者將希臘哲學翻譯成他們的語言，亞里斯多德的作品重新推出，而哲學的中心舞台反而讓給了阿拉伯與猶太學者們，其中最著名的莫過阿拉伯學者阿爾法拉比（Alfarabi）、阿維森納（Avicenna）、亞味羅（Averroes）以及猶太哲學家邁蒙尼德（Maimonides）等。歐洲進入中古世紀，一些求知若渴的修士再度想起希臘的哲學家，尤其是亞里斯多德。於是阿拉伯文版的希臘哲學傳入歐洲修院，歐洲的修士們再將那些作品翻譯成拉丁文，並且大量傳抄，散佈到各地的教會學校以及新成立的一些大學。在這樣的背景下所發展出來的經院哲學，便以亞里斯多德為思想核心。

大阿爾伯特是經院哲學的代表人物之一。他出生於施瓦本地區的勞英根（Lauingen），在尚未出家之前，他原本是爾斯塔德的阿爾伯特伯爵，後來加入了當時才剛起步的道明會（Dominican）。道明會由西班牙人道明（Domingo de Guzman）創立，繼方濟會之後成為羅馬教會的第二個托缽修會。但是不久之後，道明會便聲名狼藉，起因於一二三二年，由教會的宗教裁判所發動的一連串迫害、刑求與謀殺，道明會助紂為虐，而人們則以他們的會名來諷刺他們是「主人的狗」（Domini canes）。

不過，大阿爾伯特後來卻被巴黎的主教佟皮耶（Stéphane Tempier）宣判為異端，可見大阿爾伯特的立場和道明會有所不同。一二四四年，大阿爾伯特開始在極具影響力的巴黎大學執教，他的外型纖細、瘦弱，因此顯得十分優雅，他待人謙和，極有人緣。在演說時總能吸引眾人的目光，作為大學教授，他散發出無比的魅力，也因此他在巴黎開設的課程經常人數爆滿，常常得露天上課。

大阿爾伯特的思想創造經院哲學的巔峰。十二到十三世紀期間的西洋哲學史，正是以經院哲學為代表，當時信仰與知識再度漸行漸遠，正是拜亞里斯多德學說盛行所賜。在不明究理的情況下，經院哲學家們收下了亞里斯多德這份來歷不明的禮物，研究一段時間之後，學者們漸漸發現：要想達到理解，不能夠透過相信，而是要透過經驗，然而它和經院哲學之父安瑟倫所主張的「我欲明，故我信！」正好背道而馳。這個革命性的認知影響十分深遠。透過經驗、觀察以及研究去學會理解，這意味著人們不應侷限於對神聖世界的祈求，相反地，也應該致力世俗世界的研究。

大阿爾伯特同樣得出這種結論。他的成就不僅在於完整闡釋了亞里斯多德的著作，更替他的學生聖多瑪斯．阿奎納（Thomas Aquina）奠下基礎。日後，借助大阿爾伯特的研究，聖多瑪斯終於建立起經院哲學重要的思想體系。從亞里斯多德的學說，大阿爾伯特獲得豐富的知識，在研究中推論出：每件事都可以從兩個不同的角度去觀察，可以從信仰的角度，也可以從事物本身的角度。當時沒有任何學者像他如此廣泛地研究自然。他的所有旅行都嚴守修會的規定，以徒步完成。旅途中，大阿爾伯特會採集植物，觀察動物，足跡遍及各處，知識也與日俱增。因此除了神學與哲學著作以外，大阿爾伯特更留下為數眾多的自然科學著作，諸如《論植物》、《論動物》、《論石頭與礦物》。這些研究成果是大阿爾伯特以實驗得到的，大阿爾伯特也可說是自然科學的始祖之一。

回頭檢視「白板」的意義，大阿爾伯特同樣認為人類生命之初是一片空白的心靈狀態。其後數個世紀的哲學討論當中，不管是所謂「白板」或是「尚未書寫的一頁」，空白心靈的意象一直持續流傳。霍布斯（Thomas Hobbes）曾經重申該主張。到了十七世紀，約翰．洛克（John Locke）也再次以此概念作為其理論的出發點。洛克認為，一直要到出生之後，透過各種感官印象，人類才開始在心靈「書寫」。洛克同樣用了「白紙」（white paper）的意象比喻，只不過他是以啟蒙的觀點出發。在十九世紀達爾文（Charles Darwin）的演化論，以及二十世紀的大腦與基因研究之後，我們才重新質疑人類生命之初「未曾書寫」的心靈的理論。

25

分而治之
Divide and rule.

路易十一世（Louis XI., 1423-1483）

自從人類開始懂得運用權力，「分而治之」一直是人類無法抗拒的手段。因此，法國國王路易十一世，壓根兒就不可能是這句格言的創作者，不過將這榮銜頒贈給他，倒還算是實至名歸。早在上古時代，「分而治之」就是人類在權力政治中樂於採用的原則。西元前四世紀，亞歷山大大帝的父親，馬其頓國王腓力二世，便以「分而治之」當成他的座右銘。兩百年後，人們又在希臘史學家波利比奧斯（Polybios）那裡發現了這樣的想法。同樣地，羅馬人也在許多戰爭當中使用「分而治之」的策略，他們挑撥敵人，使其自亂陣腳，只要敵人不歸降羅馬，就將他們個個擊破。儘管有許多歷史先例，然而，人們還是習慣將「分而治之」創作者的榮銜歸給十五世紀法國國王路易十一世，人稱「殘暴者」。他其貌不揚，脖子粗短，大鼻子，下巴向內縮，而眼神總是流露出悶悶不樂的樣子。然而，就是這樣的一位國王，用拉丁語說出了：「分而治之」（Divide et impera）。

在路易十一世呱呱墜地的時候，英法早已斷斷續續地持續了數十年的戰爭，史稱「百年戰爭」（Hundred Years' War）。當時，英國人已攻下一大片的法國領土。而法國的查理七世（Charles VII.）正在密謀一項計畫。一四二〇年，英、法雙方簽訂特魯瓦條約（Traité de Troyes），查理六世（Charles VI.）被迫承認英格蘭國王亨利五世（Henry V.）為其繼承人，查理六世也因而退位，由亨利五世代為攝政。不過在一四二二年查理七世的父親查理六世去世時，查理七世卻主張自己有權繼承法國王位。然而，勢力強大的勃艮第以及巴黎議會都拒絕附和查理七世，因此查理七世便退居到羅亞爾河（Loire）以南的地區。由於他實際統轄的範圍很小，一些喜愛嘲諷的人便戲稱他為「布爾日的國王」（king of Bourges）。後來查理七世又到希農（Chinon），暫時放下爭奪王位與王國這件事，專心地享受生活。

考量兒子暨王位繼承人的安全問題，查理七世將他的兒子路易十一世送到了圖爾（Tours）東南的洛什堡（Château de Loches）。此時路易十一世僅兩歲大，遠離父母與宮廷的路易十一世，在鄉間渡過了幼年的時光。這位有點內向的少年，對鄉間遺世獨立的自然環境留下深刻的印象。而農民的虔誠信仰，也為他帶來不小的影響。從十歲起，路易十一世便與他的母親和姐妹移居到座落在羅亞爾河旁的昂布瓦斯堡（Château d'Amboise），路易十一世在此接受政治與軍事教育，開始扮演起王太子（Dauphin）的角色。

原本查理七世所放下的王位之爭，這時又重新展開。這樣的轉折全是因為一位平凡的農家女。一四二九年，一位名為貞德（Jeanne d'Arc）的農家少女來到了希農，並進入查理七世的宮廷。貞德讓查理七世相信上帝託付她解救法國的使命，她更向查理七世預言，他將會在漢斯（Reims）受加冕而成為國王。貞德也的確做到了，她不僅帶領軍隊解了奧爾良（Orléans）之圍，更順利打通前往漢斯的道路。一直以來加冕儀式都是在漢斯這座城市舉行，而一四二九年七月十七日，在眾人的歡呼聲中，查理七世終於如願在此接受加冕成為國王。受到加冕的鼓舞，查理七世繼續對抗英國人。接下來的幾年當中，查理七世陸續收復了廣大的法國領地，最後在一四五三年，這場百年戰爭總算落幕。

路易十一世於十六歲時，被他的父親任命為朗格多克（Languedoc）的總督。這位正值青春期的小伙子儘管缺兵缺錢，還是照樣以他過人的應變能力，將省區治理得服服貼貼。路易十一世的父親聽聞此事，便將他召回，然而年輕的路易十一世卻發現自己的才能與權力欲。查理七世的性情暴躁反覆，他的兒子路易十一世雖然沉默，但卻精力充沛。漸漸地，早熟又有野心的路易十一世，開始不滿他父親消極的生活態度，也讓父子關係變得越來越緊張。終於，在一四四〇年，路易十一世加入諸侯發動的一場反叛行動，史稱「布拉格里叛亂」（Praguerie），最後以失敗收場，但查理七世宥恕了他的兒子，而路易十一世也重向他的父親輸誠。

三年之後，路易十一世受父親之命，親自率領大軍奔往迪耶普（Dieppe）馳援。年僅二十歲的路易十一世擊退圍城的英國人。在此役中，路易十一世學會如何將有才能的人收為己用。在迪耶普之役後，路易十一世又受命擊退來犯的瑞士軍隊，同樣英勇地完成了這次的任務。他的父親查理七世總算決定遠離政務，命令路易十一世以諸侯的身分領王太子之位。而日後路易十一統御法國的治國之術，此時已經可以看出端倪。路易十一世善於利用他的敵人，讓敵人們自相殘殺。此外，他也毫不留情地鎮壓貴族與教會的反抗。另一方面，他也成功地改善行政體系，並且致力促進經濟發展。一四五一年，路易十一違逆父親的意思，迎娶薩伏依（Savoie）公爵的女兒，此舉惹來查理七世對他兵戎相向。路易十一世為了躲避災禍，逃亡到菲力普三世（Philippe III., le Bon）的宮廷。菲力普三世是勃艮第公爵，同時也是查理七世的競爭對手。在菲力普三世的宮廷中，路易十一世接觸到義大利文藝復興的思潮。他很快就體會到，經濟繁榮多麼倚賴科學、人文與文化的發展，繁榮有助國家安定。國家當以「經世致用」去領導，這想法似乎源自義大利的城市國家，他們較少探討道德。這時的路易十一世，已經在腦海構想他未來的統治藍圖。在菲力普三世的保護下，路易十一世重回布拉班特（Brabant）的吉納普堡（Château Genappe），等待他的父親死去。

路易十一世安插不少耳目在他父親身邊，隨時注意行將就木的查理七世。一四六一年，查理七世終於駕崩，當消息傳到路易十一世的宮廷裡，他嚴命眾人不准舉喪，隨即出城狩獵去。不久之後，路易十一世同樣前往漢斯，在那裡由勃艮第公爵菲力普三世為他加冕，路易十一世終於登基為王。

路易十一世執政初期，法國享受一段經濟繁榮的太平盛世，一方面也是因為百年戰爭的落幕。然而，此時卻有一波新衝突正在醞釀。先前對抗查理七世時，路易十一世結交了不少戰友，但在查理七世死後，這些戰友卻紛紛倒戈相向。當時法國距離統一還有漫漫長路要走。勢力龐大的各路諸侯，例如勃艮第以及布列塔尼（Bretagne）都對路易十一世的權位虎視眈眈。路易十一世雖然不得人緣，卻懂得如何保住王位。他的外表完全不討喜，身材消瘦，雙肩高聳，兩隻腳細而彎曲。他專注又嚴厲的眼神，讓周遭的人感覺他城府極深，看來不具同情心，也很難親近。儘管如此，路易十一世卻機敏過人，凡事充滿高度的興趣，他遍佈各地的系統情報更是他的利器。

在執政的二十多年裡，路易十一世對於如何分裂對手陣營，早已是爐火純青。他不僅精於利用對手，讓他們自相殘殺，更懂得拉攏敵人收為己用。儘管路易十一世孤僻又無耐心，但他偶而還是會擺出一副溫和的姿態。然而，這不過只是偽善罷了，他深知「不懂得偽善，便無法統治」的道理。

殘暴與恐怖是路易十一世重要的政治工具，他讓對手永遠謹記，他有能力做出令人不寒而慄的事。例如，路易十一世曾把一位樞機主教關在一個鐵籠子，一關就是十一年。這位樞機主教是他一手提拔的親信。

路易十一世強化行政系統，他晉用官員不看出身背景，只論才能。同時，他也大舉削弱高階貴族長期以來收入多、事情少的職位。另一方面，路易十一世又將新興起的城市勢力、低階貴族以及新崛起的市民階級統統拉攏到自己的陣營，攏絡他們有利國家的統一。「分而治之」在此同樣收效，國王的權力也日益強大。

不過，路易十一世的敵人們卻再也受不了了。一四六五年，許多有份量的諸侯組成了「公益聯盟」（Ligue du Bien public），群起反抗路易十一世。聯盟的帶頭者包括，路易十一世的弟弟貝里公爵查理（Charles de Valois, Duc de Berry）以及勃艮第公爵勇者查理（Charles le Téméraire）。剛開始，雙方發生多次武裝衝突，路易十一世起初還曾獲得幾次勝利，但接著兵敗連連，然而這時他又故計重施，運用騙局與賄賂，迅速瓦解對手的聯盟。

路易十一世不僅在內政上如此解決敵人，在外交方面，每當他嘗到嚴重挫敗，總能夠挽回頹勢。他的毅力以及擊破對手詭計的能力，讓他在與敵人周旋時佔盡上風。一直以來，路易十一世總避免陷入大規模的戰事，堅持採用祕密外交或巧施詭計，瓦解對手的團結。在菲力普三世死後，他的兒子勇者查理繼承勃艮第公爵的爵位，這時勇者查理成為路易十一世的大敵。雙方數次交手後，勇者查理逐漸摸熟路易十一世的路數。有一回，勇者查理請求神聖羅馬帝國的皇帝腓特烈三世（Friedrich III.）支持他取得法國的王位。路易十一世得知消息後，警告腓特烈三世說，勇者查理取得法國王位後，就要謀奪腓特烈三世的帝位，因而阻止了查理的野心。

一四七七年，勇者查理兵敗於南錫（Nancy），路易十一世見機即主張他對勃艮第領地的主權，宣稱勃艮第是法國的采邑（fief），因此要將采邑收回。接著染指普羅旺斯、安茹（Anjou）、緬因（Maine）等地。期間最奸詐的一著棋，當屬收回奧爾良公爵的領地。路易十一世強迫年輕的奧爾良公爵迎娶他殘廢的女兒珍（Jeanne de Valois）。路易十一世知道，這樁婚事將使得奧爾良公爵斷嗣，到時候奧爾良公爵的領地就順理成章地落入王室。諷刺的是，路易十一世縱使機關算盡，到頭來卻是賠了夫人又折兵。領地不但沒有因此落入王室之手，反倒後來奧爾良公爵繼承了法國國王的王位。一四九八年，繼路易十一世的兒子查理八世（Charles VIII.）之後，路易十一世的女婿也登上了法國的王位，成為路易十二世（Louis XII., le Père du Peuple）。稱王的路易十二世需要王位的繼承人，因此不久之後，便休掉原本的妻子珍。

到了晚年，路易十一世避居到荒涼的普萊西雷圖爾堡（Château de Plessis-les-Tours），而行為也變得越來越古怪。為了延長壽命，路易十一世的身邊總是圍繞著一堆聖骨，他的御醫也因此發了財。一直以來，路易十一世花了大筆金錢去收集奇珍異獸，到了此時，他又突然喜歡大舉添購華服，無心政務。不過，他對謀反的恐懼，則是到了無以復加的地步。嚴重的中風襲擊，他不得已將大權交給兒子查理八世。當時交在他兒子手中的法國，統一且幅員遼闊，國王大權在握。因此，路易十一世可說是民族國家、甚至是專制主義的開路先鋒。不僅僅是貴族，就連教會的勢力，也都被他馴服，貴族和教會只剩下國王恩賜給他們的采邑。

一五二四年，柯米尼（Philippe de Commynes）的回憶錄問世，全書在他過世的十三年之後獲得出版。他的回憶錄算是法國文學史上的第一本自傳。科米尼在書中寫到，他原本是勇者查理的顧問，後來轉而投靠勇者查理的大敵路易十一世，接著又在其子查理八世手下任職，鉅細靡遺地描述三人政治攻防與秘密外交的軼事，為後世的政治人物提供了一本寶貴的指導手冊。幾年之後，科米尼的義大利同僚也出了一本書，同樣是在作者死後才獲得出版。不過這兩本書的知名程度卻是天差地別，這本書的便是尼可洛·馬基維利（Niccolò Machiavelli）的《君主論》（*Il*

Principe）。

26

目的可以合理化手段

The ends justify the means.

尼可洛・馬基維利（Niccolò Machiavelli, 1469-1527）

「每個人都看得到你的外表，但只有少數人能夠感覺到你的真實內在。」什麼樣的人能寫下這段話？他知道人類有多容易被迷惑嗎？他知道如何創造表面有幾分真實的假象嗎？或許馬基維利知道。我們經常認為信使就應該和他所傳遞訊息一樣，所以我們總將馬基維利與他語不驚人死不休的作品平行看待。因此世人對馬基維利的刻板印象，總認為他是一個玩世不恭、肆無忌憚且權力欲望很強的人。

在一幅馬基維利有生之年完成的肖像畫中，馬基維利的臉色蒼白，身著貴重衣物，但由於他的身體瘦弱，這些厚實的布料感覺就像是他身體的重負。肖像畫中的人物年紀尚輕，深色有神的雙眼給人好奇與機敏的感覺。瘦削的臉龐上，薄而緊閉的雙唇泛著一抹淡淡的微笑，那是一個詭計多端的政治人物發出的奸笑嗎？或者只是因為他看透人性墮落而苦笑？他的頭向前微傾，頭髮烏黑、削短到脖子左右。他的腦海裡是否正盤算著什麼狡猾的詭計呢？或者，馬基維利的姿態只是幻想破滅之後的獨自嘆息？

熟悉馬基維利《君主論》的人，在看到這幅肖像畫時應該會覺得：馬基維利就是玩世不恭、不把任何道德放在眼裡的政治人物吧！馬基維利的名著就像是一本政治指南，書中闡述一位君主該怎麼樣取得權位，接著如何穩固權位。馬基維利以冷靜、清晰和善於分析的文字，描述許多統治的方法，其中不乏駭人聽聞的傳聞。令人驚訝的是，許多成功的統治都是憑藉著這些恐怖卻必要的方法。馬基維利認為，想在政治上取得成功，就不能羞於撒謊、背叛以及耍些小手段，甚至必要時，謀殺也是無可避免的。最重要是要達成政治目的。「目的可以合理化手段」雖然沒有逐字逐句出現在馬基維利的作品裡，卻貫穿《君主論》的意旨。《君主論》曾在歷史上引起熱烈討論，這句話很自然地與馬基維利和他的其他作品綁在一起。

馬基維利真是一個冷血無情的人嗎？一四六九年，馬基維利誕生在義大利的佛羅倫斯（**Firenze**），他出身於低階的貴族，父親是一位法學家。馬基維利的出生似乎已經預示他未來要走的路。如同家族裡的其他男性，馬基維利於一四九八年開始在佛羅倫斯擔任公職。在馬基維利二十五歲生日的時候，原本統治佛羅倫斯的梅迪奇家族（Casa de' Medici）被法國國王查理八世的軍隊放逐。在佛羅倫斯的共和期間，馬基維利憑藉自己的能力出任重要的公職。他的演說才華與分析能力十分受到矚目。此外，他更推動軍隊的改革，並且經常出使外交任務。

當時義大利的政治情勢，可用花花綠綠的彩色拼圖來比喻，無數的城市國家你爭我奪地相互競爭。此外，法國、哈布斯堡王朝（**Habsburger**）以及教宗等勢力，也都以義大利為舞台爭權奪利，因此義大利各地兵連禍結，燒殺劫掠時有所聞。

這樣的亂世孕育出一種出乎尋常的思想氛圍。中世紀只追求死後得救的思想，如今已煙消雲散，人們開始尋找生命當下的目的與意義。西洋上古時期終結了許久之後，人們又再次關注個人，重視每個特別且獨一無二的個體。這樣好奇生命且活潑的觀點，觸動了繪畫、詩歌以及建築等種種藝術活動。米開朗基羅（Michelangelo di Lodovico Buonarroti Simoni）以他對身體的崇拜雕刻出大衛像；提香（Tiziano Vecellio）、喬爾喬內（Giorgio Barbarelli da Castelfranco）以及安德烈亞・曼坦納（Andrea Mantegna）等人，畫出傳世不朽的名畫；天才李奧納多・達文西（Leonardo da Vinci）不僅專精繪畫，甚至是解剖學與科技領域的先驅。不久之後，喬爾喬・瓦薩里（Giorgio Vasari）撰寫了一本著作，描述了這些藝術家們的生平，在這本書中出現文藝復興一詞的說法，後來那個時代便以這個名稱而聞名。

在文藝復興的氛圍下，也產生一些新的社會問題。他們關注個人，也關注群體認同以及民族的文化遺產等問題。而國家的想法也在此時誕生。對義大利民族來說，什麼是最好的呢？人們又該如何打造一個好的國家呢？在義大利，許多共和組成的城市國家其實都掌握在一些暴君或是望族手裡。而法國正從式微的封建體制當中脫胎換骨，顯露出以專制主義為主的新統治型態，並一步步向義大利逼進。

一五一二年，馬基維利的政治事業突然中斷。在普拉托（Prato）之役失敗後，佛羅倫斯的共和瓦解，馬基維利推動的軍隊改革也因此落空，他原本要以徵兵制取代當時流行的傭兵制。在共和終結之後，梅迪奇家族又重返佛羅倫斯掌權。不久之後，馬基維利被懷疑參與推翻新主的謀反陰謀而被捕入獄，並且遭受刑求，最終雖然馬基維利幸運獲釋，卻被放逐。於是馬基維利退居到城門外家族所屬的一個小農莊，投入了農村生活，不過他還是與友人保持著固定的書信往來，並開始著手寫作。除了歷史與國家哲學的文章以外，馬基維利偶爾還會寫詩，甚至創作了一些戲劇作品，其中當屬他的喜劇《曼陀羅》（*La Mandragola*）最為知名。

從馬基維利寫給他朋友的一封信中，我們可以了解馬基維利的流放歲月。四十四歲提前退休的馬基維利黎明即起，步行到附近的一個小森林裡去伐木。接下來，馬基維利會專心閱讀但丁（Dante Alighieri）與佩脫拉克（Francesco Petrarca），享受他「喜歡做的事」。馬基維利會前往附近的旅店，向過往的旅客打探最新的消息。接著，他便回家吃午餐，然後回到旅店。這時馬基維利會與旅店老闆、屠夫或磨坊工人等，玩起十五子遊戲（Tric Trac）。遊戲中，大家經常發生激烈的爭吵，馬基維利對此說道：「我需要這樣的墮落，如此才不會讓我變得完全呆滯。」到了傍晚，馬基維利會脫去簡陋且骯髒的工作服，換上華麗的宮廷服裝，他認為這樣才能「配得上」他的書房，接著開始寫作。在同一封信裡，馬基維利還提到他的「拙作」《君主論》，他說道：「若是您曾喜歡我的任何一個古怪想法，那麼您便不應不喜歡它們。」

馬基維利希望他四分五裂的祖國能夠早日完成統一，他一直思考如何在穩固的國家體制裡達成統一。《君主論》正是他統一祖國的藍圖。要完成偉業就必須要有個強人，而《君主論》則將指導那樣的人一步一步完成使命。幾次的旅行當中，馬基維利結識了渴望追求權力的凱撒．博吉亞（Cesare Borgia, 1457-1507）。他對博吉亞留下了深刻的印象。博吉亞有個代表性的名言：「除了凱撒，其餘免談。」（Aut Caesar aut nihil.）《君主論》是不是就是以博吉亞為楷模所寫的呢？人們總是將馬基維利描述的爭奪與鞏固權力與博吉亞的所做所為相比。靠著僱傭軍隊，博吉亞暫時控制義大利的廣大領土，他戰勝並逼退教會勢力以及無數的各路諸侯，幾乎整個義大利都成了他的囊中物。博吉亞不避諱自己的殘酷與暴力，他不僅是暴君，更殺害無數的敵人，不論是親手或是藉由他人的手。而《君主論》也正如此闡述，君主應當溫和，可若遇到疑慮，殘酷與暴力皆不容迴避。

馬基維利始終渴望重返佛羅倫斯擔任公職，因此《君主論》也可看做是馬基維利的自薦函。

當時馬基維利將希望寄託在羅倫佐（Lorenzo de' Medici）身上，就是他放逐馬基維利，而馬基維利能否重返佛羅倫斯，也全繫於羅倫佐的決定。然而，馬基維利的仕途並不順利，一直到他去世為止，他仍被拒於政治舞台之外。馬基維利只獲得一個工作，撰寫佛羅倫斯城市的歷史。

一五三二年，在馬基維利去世五年之後，《君主論》終於出版。「目的可以合理化手段」是《君主論》一書總結出的精髓，讓《君主論》與馬基維利一夕成名。只要為了國家好，君主就算是犯罪也在所不惜，因為貫徹宗教信仰並不是目的，井然有序的國家才是真正的目的。對馬基維利來說，政治行為的基礎不應該奠基在宗教倫理，而應該奠基在現實狀態。馬基維利建議，用暴力當做達成目標的工具，在動蕩不安的年代建立起安全而穩固的國家。而最重要的，他心目中的君主應該要尊重臣子的財產。

因此當大家開始追求強大而穩固的國家時，馬基維利總是馬上變得炙手可熱。然而，若是目的證明手段是正當的，接下來該如何證明目的是正當的？如果人們以惡制惡，又該如何重回道德？如同馬基維利曾經夢想幻滅那樣，他認為，在行為上應該繞過道德，藉此讓目的高於手段。

如果沒有道德可資憑藉，人們會多麼絕望呢？若是馬基維利在旅店玩十五子遊戲時，他的玩伴們問他：「嘿，尼可洛，你以惡制惡，但要是可行的話，我們難道不該以善制惡嗎？」馬基維利或許會看著桌上的遊戲，然後出神地望出窗外。

「儘管試試吧。可是我認為，你們很快就會發現這樣並不可行。」過了一會兒，他可能會補上一句：「很遺憾！但是情況就是這樣。」

27 我別無選擇，唯有挺身而出

Here I stand; I can do none other.

馬丁・路德（Martin Luther, 1483-1546）

要他撤回，那是不可能的事。在沃爾姆斯（Worms）的帝國會議上，馬丁・路德完全不肯妥協。一五二一年四月十八日的傍晚，教會代表與年輕的皇帝查理五世（Karl V.）從叛教的馬丁・路德那裡得不到第二個答案。聽證會在下午四點舉行，而路德要在會議當中說明。在聽證會的前不久，路德大病初癒，連續兩個星期的舟車勞頓加重了他身體的負擔，到達沃爾姆斯後，連續兩個晚上沒有睡好，這時的路德看起來臉色十分蒼白，元氣大傷。一路上，路德不免有些害怕即將到來的帝國會議，因為接下來他要發表的演說是如此重要。儘管如此，路德還是帶著篤定的眼神，踏著堅定的步伐穿過重重圍觀的貴族，站到議事廳的中央。這些貴族當中，還有些人一大早就來到會場佔位子。

這些出席的人不是來看熱鬧的，各路諸侯對聽證的結果格外關注。有些人甚至認為，無論結果如何，光是傳召馬丁・路德來帝國會議聽證就足以撼動教會與皇帝的絕對權力。

在一陣嘩然當中，路德站到諸侯的中間。相較於在場的貴族、教會高層以及帝國騎士們的華麗服飾，路德身上灰暗樸素的僧袍顯得格外突出。為了營造謙虛虔誠的形象，路德在兩天前剪掉烏黑且茂密的捲髮，將頭髮修成了禿頂，頭上只剩下一圈稀疏的頭髮。路德藉由新形象表達他絕非教會口中的異端。路德不顧四周議論紛紛，態度堅定地站在會場當中，在炎熱與通風不良的會場裡耐心等待皇帝的到來。延誤了兩個多小時後，年輕的皇帝查理五世終於姍姍來遲地穿過眾人，坐上王座。一場持續數年的爭執，今天似乎就要有個了斷。

路德、教會以及皇帝之間的爭執要追溯到一五一七年十月三十一日，就在那一天，馬丁．路德發表了〈九十五條論綱〉（95 Thesen），反對教會實施的懺悔方式，尤其反對贖罪交易。

在馬丁．路德的時代，德國有許多受命羅馬教廷的修士四處販賣贖罪券（Ablasszettel），承諾信徒可以免去應受的懲罰。所有販賣贖罪券的收入都集中到教宗利奧十世（Leo X.）的手上，教宗則將這筆錢拿去興建聖德得大教堂（Basilica Sancti Petri）。在薩克森與圖林根的交界處，有一位修士格外賣力地販賣贖罪券，他的名字叫做特策爾（Johann Tetzel），隸屬於道明會。他的招牌廣告詞十分有名：「只要錢箱響一響，靈魂登時上天堂！」在圖林根的維滕貝格（Wittenberg）有間小修道院，修道院裡有個提供心靈服務的修士叫馬丁．路德，他對於贖罪交易相當不以為然。馬丁．路德確信，絕不可能用買賣完成靈魂的救贖，不可能像特策爾宣稱的那樣。真正的靈魂救贖絕對少不了懺悔與悔過。拜當時新的印術技術所賜，路德反對贖罪交易的〈論綱〉如野火燎原一般傳遍整個德國。數十年來，民眾與部分貴族早就對教會的世俗化心生不滿，路德登高一呼，更挑起了他們的情緒。在很短的時間裡，路德便獲得了廣大的支持。此外，諸侯也樂見路德批評教會。一方面，諸侯並不希望手下那些附傭的錢，大量流到教宗的錢箱。另一方面，他們甚至想趁機擺脫皇帝與教會的掣肘。路德的言論似乎是諸侯們一件不可多得的好工具。

相反地，對權力的既有者而言，路德是一種威脅。因此，在一五一八年時，教宗利奧十世便傳召路德前去羅馬，幸好當時路德受到他領主的保護。在薩克森的選帝侯（Kurfürst）英明的腓特烈（Friedrich der Weise）巧妙的策略之下，路德不必前往羅馬，而改赴在奧古斯堡所召開的帝國會議。在奧古斯堡，路德與教宗的使者迦耶坦（Thomas Cajetan）發生了激烈的爭論，路德拒絕撤回他的〈論綱〉，因此被迫逃亡。隔年於萊比錫（Leipzig），路德又再次與教宗的另一位使者約翰尼斯·艾克（Johannes Eck）交手，雙方展開了一場相當著名的爭辯。這次路德公然質疑教宗與教會的權威，引起各界關注，而路德也終於走出了羅馬公教的教條。教宗利奧十世以絕罰來威脅路德，可是路德不為所動，他枉顧撤回〈論綱〉的最後期限，到了一五二〇年十二月十日，甚至在維滕貝格焚燒教宗的各種著作，最後就連教宗所發出的絕罰令（Bannandrohungsbulle）也一併焚毀。

此時，哈布斯堡王朝的查理五世被選為德國皇帝，他自詡為信仰與教會統一的捍衛者，然而當時的查理五世只有二十一歲，他並未具有前任皇帝那樣的實力。為了選皇帝，查理五世在不得已只好簽下選帝約（Wahlkapitulation），與教會和諸侯達成協議。其中一項內容包含，帝國成員在被放逐之前，應該先聽取他們的辯解。倘若年輕的皇帝枉顧協議，在未經聽證的情況下，對被絕罰的路德發出褫奪公權令（Reichsacht），宣告路德再也不受法律保護，那麼此舉將在政壇引發軒然大波。路德的支持者早已預見這點，英明的腓特烈斷然為路德主張聽證的權力，而許多樂見皇帝與教會的失勢的諸侯也紛紛群起響應。相反地，教廷卻不斷逼迫查理五世，要求他應該盡快解決路德的案子，為了避免節外生枝，不應該再進行任何的聽證；不過查理五世的顧問則建議他，可以趁機在路德與教會之間扮演仲裁者的角色，藉此展示自己相對於教宗所擁有的權力。最終查理五世決定，保證路德的人身安全，將這位叛教的修士接到沃爾姆斯，參加帝國會議。

路德的朋友們對此表示懷疑。在一個世紀之前，德國國王西吉斯蒙德（Sigismund）同樣承諾當時批評教會的楊·胡斯（Jan Hus）。西吉斯蒙德派人護送胡斯前往在康斯坦茨（Konstanz）

舉行的公會議，儘管如此，當胡斯拒絕撤回自己的學說時，最終竟落得被燒死的下場。雖然有此前車之鑑，但是路德仍然決定要前往帝國會議，他要站到皇帝、諸侯以及那些教會人士的面前。就這樣，在四月二日時，路德在兩名護衛的陪伴下，踏上一路從維滕貝格到沃爾姆斯的艱辛旅程。這一路也可說是路德的凱旋之旅。在艾爾福特（Erfurt），路德受到群眾們的熱烈歡迎，他們敦請路德為他們佈道，雖然路德被指為是異端，已經不能講道，但是由皇帝所指派的兩名護衛竟然同意路德講道。同樣的情況，又陸續發生在哥達（Gotha）與艾森納赫（Eisenach）。四月十六日的下午，路德終於抵達沃爾姆斯，軍號迎接他的到來，大批群眾湧向他，並且熱情地向他問候。到了晚上，不斷地有市民、教士、騎士與貴族等到路德下榻的地方去拜訪他，這使得他在經過長途跋涉後，仍然無法擁有足夠的休息時間。

四月十七日下午，路德被帶到主教的院落，先等了兩個小時，接著被領往一個較低的房間，帝國會議便在此集會。一張桌子上擺滿路德的各種作品。他被詢問道，這些作品是不是出自他之手？他是否願意撤回這些作品的論述？發問者大聲朗讀作品的清單，路德聽完後隨即承認是出自他的手。不過，路得希望能給他點時間考慮，是否要撤回這些作品的內容，因為他希望他的決定能夠合乎《聖經》以及他自己的良心。他的請求最後獲得了允許。

路德的請求讓人感到訝異，有些人甚至因而感到悵然若失。然而，路德的舉動似乎只是為了故意製造戲劇效果。當天晚上，他還在整理他的辯護演說，檢查一些《聖經》的段落以及自己的文章，完全不考慮輸誠的效忠信。

要他撤回他的言論，那是不可能的事。路德首先感恩大家願意耐心聽他演說，並且表示稍後他若未能對在場人士的頭銜做出適當而準確的稱呼，請大家能夠原諒，接著他便開始演講。路德先是以德語進行辯護，而應在場人士的要求，之後又以拉丁語重覆。完成演說之後，會議主持人提醒他並未講到重點，應該清楚且直接了當地表達是否撤回。路德以拉丁語回答道：「尊貴的陛下，若是您想要一個簡單的答案，那麼，我可以給您一個毫不拖泥帶水的答案。若是沒有透過《聖經》的明證以及清晰的理性，是無法讓我信服的。因為光憑教宗或大公會議，都無法取信於我，我非常確定，他們經常出錯，而且有時還會自相矛盾；因此，我順從於我所引證的《聖經》段落，而我的良心則為《聖經》所左右。是以，我既不能也不願撤回，因為做違背良心的事，惱人、不安且不誠實。」接著，路德又以德語補充道：「上帝助我，阿門！」

事實上，路德並未在當場說出「我別無選擇，唯有挺身而出」。在路德過世十年之後，人們在描寫沃爾姆斯帝國會議時，才將「我別無選擇，唯有挺身而出」加到了「上帝助我，阿門！」前面。這段加油添醋的台詞，只是眾多穿鑿附會之一。歷史上，路德的故事與傳奇都是以訛傳訛，也因此路德的生平往往會發生爭議。我們並無法確定，在維滕貝格所發表的〈九十五條論綱〉是否真是貼到了教堂門口？路德有可能只是將他的〈論綱〉寄出。還有傳言，路德用墨水瓶丟惡魔。無論如何，「我別無選擇，唯有挺身而出」表達路德替自己言論辯護的核心，就像是廣告商為路德量身訂作的宣傳口號，總結路德的立場與他所要說的。路德本身喜歡圖解與言簡意賅的陳述，因此或許他並不反對人們借由他的嘴巴說出這樣一句話。

「我別無選擇，唯有挺身而出」為何持續產生強烈的影響呢？為何經常被引用呢？路德對於自己的認知，毫不妥協。「我別無選擇，唯有挺身而出」所要表達的正是這種立場。路德將個人對於上帝的信仰看得比所有教條和世俗權威還要來得高，因此他也標誌了將理性從信仰中解放出來的起點。

路德演講完後，又發生了什麼事？當路德離開會場返回下榻之處時，他如釋重負地喊道：「我通過了！我通過了！」然而整件事卻尚未落幕。到了第二天，皇帝召來帝國裡最重要的幾位諸侯，他對諸侯們公布了他的〈沃爾姆斯信條〉（Wormser Credo），文件以法文寫成。這份文件中，查理五世表明了他的立場：正信應予保護，像路德這類異端決不能容忍。對此，教會代表感到相當滿意。但是擁護路德的呼聲也同樣四起，以英明的腓特烈為首，諸侯們態度謹慎地反對查理五世的決定。隨後教會代表與諸侯組成的委員會，負責提出路德所要求的證據。到了四月二十四日，他們再度請來路德，但還是沒有提出先前路德所要求的證據，而路德則依然不肯撤回他的言論。雖然會中又提出了另一個建議，希望路德日後保持沉默來換取無罪，但是路德拒絕了。程序進行至此，查理五世最終宣布，保護路德的日子只剩下最後的二十一天。第二天，路德便再度踏上了漫長的歸途。但是在路德出發之前，英明的腓特烈已經事先通知了路德，為了保護他免於皇帝與教會方面的追捕，將在旅途當中假裝是綁架把他救走，並且會將他帶往一個安全的地方。

到了五月八日，前來沃爾姆斯開會的帝國諸侯們都已經啟程返鄉。但是皇帝查理五世卻還滯留在城中。不久之後，查理五世便對路德發出褫奪公權令，從此時起路德再也不受法律的保護了，凡是遇到路德的人，皆可以而且應該將他殺死。當查理五世離開沃爾姆斯的時候，他相信路德的案件，應該很快便會落幕。然而正如英明的腓特烈事前對路德所預告的，五月四日，在阿爾登史坦堡（Burg Altenstein）附近，路德被人給「劫走」。到了當天晚上，路德一行人抵達了瓦爾特堡（Wartburg）。在接下來的幾年裡，路德化名為容克·約格（Junker Jörg），在瓦爾特堡將《聖經》翻譯成德文，而此舉也對日後德文的發展做出重大的貢獻。

路德的挺身而出，替往後數十年歐洲宗教所產生的變化拉開序幕。路德雖然並非有意，但是他堅決的立場最終點燃了宗教改革之火。路德的言論絕對是人類歷史上最具有革命性的重大事件之一。

近世

28 在我的帝國日不落
In my realm the sun never sets.

查理五世（Karl V., 1500-1558）

沒有一個人像查理五世掌握如此多的領土與權力，終其一生都揹負著這些使命。

查理五世能掌握如此龐大的帝國，全該感謝家族祖先苦心經營的政治婚姻。他系出哈布斯堡王朝，他們特別喜歡以聯姻擴張勢力，獲得新的領地與頭銜。查理五世的父親是菲力普一世（Felipe I., el Hermoso），菲力普一世與查理五世的母親兩人是卡斯提爾王國（Castilla）的共同統治者。查理五世從許多親戚繼承了不少王位，因此他成了西班牙、尼德蘭、弗蘭德（Vlaanderen）、奧地利、波希米亞以及義大利大部分地區的統治者。哥倫布（Cristoforo Colombo）於一四九二年發現的新大陸，也在查理五世的版圖清單中。

據說，查理五世曾說：「在我的帝國日不落。」他是否真的說過，歷史已不可考。但除此之外，幾乎再也沒有別的話能夠更貼切描述查理五世一生的幸與不幸。雖然表面上查理五世是當時最有權勢的君王，不過實際卻完全不是那樣。另一方面，統治日不落帝國也意味統治者沒空睡覺，因為龐大帝國會一直保持清醒，各地可能狀況頻仍。查理五世有著雄心壯志，他的招牌名言是：「不斷超越。」（Plus ultra）他曾經被教導如何成為一位君主，可是我們並不清楚查理五世少年時究竟被灌輸了什麼？他是否認為上帝揀選他，並賦予他以基督教統一全人類的任務呢？查理五世有位顧問叫馬可利諾．加提納拉（Mercurino Gattinara），他曾經歸納查理五世的統治觀：「陛下，由於上帝賜予您無比的恩寵，將您高舉於所有基督教王侯之上，賦予您至今為止唯有查理大帝可資匹敵的無上權力，因此您應當踏上開創世界皇朝之路，讓世界上所有的基督徒盡皆臣服於您這位牧羊人底下。」如此的雄心壯志型塑了查理五世的政治路線與人生使命。

一五一九年，查理五世的祖父皇帝馬克西米利安一世（Maximilian I.）駕崩，神聖羅馬帝國必須重新選出一位國王與皇帝。在此的一百五十年前，《黃金詔書》（*Goldene Bulle*）確認德國諸侯有國王與皇帝的選舉權。想要取得皇位的查理五世並非毫無競爭對手，因為當時的法國國王法蘭索瓦一世（François I.）也跳出來參與角逐。法蘭索瓦一世信心滿滿，甚至還寄了一封信給這位當時年僅十九歲的對手調侃說：「先生，我們在追求同一位女士呢！」

不過最終卻是由這位政治菜鳥勝出。查理五世會獲勝，一方面因為這結果符合諸侯們的利益，如果這年輕的小伙子統轄一個世界性的大帝國，他光是忙著照顧廣大領土，根本無暇管德國的事務。另一方面，奧古斯堡有位名為雅各布．福格（Jacob Fugger）的富商替查理五世賄賂諸侯。最後，查理五世與諸侯們簽下「選帝約」，約定內容對諸侯們極為有利，卻限制查理五世在德國的權力，查理五世藉此換得選舉勝利。然而查理五世在勝出後卻和教會越走越近，引發盟友們強烈怒火。終於，教會陷入了一個大麻煩，儘管在當時尚無法一窺問題的全貌。一位名叫馬丁．路德的修士站出來大聲疾呼，要求教會改正他們的思想，而此舉立刻得到支持。一五二一年，在沃爾姆斯舉行的帝國會議上，路德與查理五世兩人針鋒相對，無法取得共識，最終查理五世褫奪路德的法律保護；然而此舉並無法避免後來的宗教改革以及羅馬公教教會分裂。在沃爾姆斯時，路德是怎麼看待查理五世的呢？歷史學家亞歷山大．德曼特（Alexander Demandt）曾經引述路德的看法：「他坐在那裡，就像一隻無辜的羔羊待在一群豬與狗當中。」

人們通常將查理五世形容成自信、嚴厲、易怒且頑固。從他的肖像畫看來，查理五世很苗條，他的目光堅毅，透露長年的重負帶來的些許疲憊。他一臉的落腮鬍，包覆十分戽斗的下巴，那是哈布斯堡家族的特色。查理五世並非美男子，就算宮廷畫師提香技藝超群，他在畫中看起來也只是還勉強可以。查理五世深以他明顯下垂的下顎為苦，使得他的下嘴唇往下拉，也因此得費力才能將嘴緊閉。

剛登基的查理五世並不十分在意路德的潛在危機，當時還有更讓他掛心的事，路德事件完全不在他替將來所寫的劇本中。四場王朝間的戰爭，讓查理五世必須專心對付他的大敵法蘭索瓦一世。除此以外，一五二九年時，查理五世被迫抵擋進犯維也納（Wien）的土耳其人，雖然查理五世可以止住土耳其人的攻勢，卻無法徹底擊敗他們。接下來，另外有一把火朝他燒過來，當時他還不以為意，而當查理五世終於正視教會在德國面臨分裂的問題時，原本異端的微風已經發展成強烈的風暴。

一五二一年，在查理五世選上皇帝後不久，他將世襲國（Erblande）奧地利交給弟弟斐迪南一世（Ferdinand I.）。一五二六年，斐迪南一世透過聯姻取得繼承權，獲取匈牙利的王位。斐迪南一世與他的兄長都支持羅馬教廷。路德曾經說：「你會溺死在洗禮裡。」然而土耳其人步步進逼，使得查理五世與斐迪南一世兄弟無法大規模清算宗教問題。一五二六年，在於史派爾（Speyer）召開的帝國會議當中，查理五世決議，將繼續寬容路德的追隨者，並且讓各路諸侯自行決定其附庸該信仰什麼宗教。有些地方的領主趁機改信新宗派，並且查抄教會的財產，例如黑森（Hessen）與普魯士兩地的領主。不過三年之後，第二次史派爾帝國會議裡，查理五世卻開起了倒車，他要再度馴服支持路德思想的勢力，因而惹怒了改宗路德信仰的諸侯們，他們共同提出〈異議書〉（Protestationsschrift）。從這份文件衍生出「新教徒」（Protestanten，原意為「抗議者」）一詞。此後，在羅馬公教教會的檔案中便以此稱呼叛教的基督徒。

帝國的法制面臨嚴重威脅，一直實行的「少數服從多數」原則遭到破壞。在此期間，教宗在義大利的波隆那，為查理五世完成皇帝的加冕儀式。一五三〇年，缺席會議十年之久後，查理五世終於重返德國，並在奧古斯堡召開了一場帝國會議，準備解決宗教爭議的問題。來犯維也納的土耳其人已被擊退，邊境的情勢重歸平靜，查理五世以勝利者之姿來到奧古斯堡。一如往常，一旦他佔上風時，他的傲慢便表露無遺。

在會議當中，信奉新教的諸侯提出〈奧古斯堡信條〉（Confessio Augustana）對抗查理五世，他們的立場絲毫未曾動搖。〈奧古斯堡信條〉的作者是菲力普．梅蘭希通（Philipp Melanchthon），他是位人文主義學者，同時也是位神學家，是新教陣營所倚重的調停人，而且還是路德的至交。梅蘭希通寫作〈奧古斯堡信條〉時，便是以路德的想法為基調。雙方仍舊無法達成共識，虔信的查理五世對會議結果感到十分惱怒，於是再次採取強硬路線，如同他在一五二一年的沃爾姆斯帝國會議中的決定一樣。第二年，信奉新教的諸侯們相互串聯，共組「施馬爾卡爾登聯盟」（Schmalkaldischer Bund），聯盟為了維護自己的信仰，在必要的情況下將不惜一戰。不過當時並未點燃戰火，因為查理五世與他的敵人們都知道帝國邊境正面臨新一波的威脅。一五三二年，鄂圖曼帝國的蘇丹蘇萊曼二世（Suleiman II.）再度引兵西進，率領二十五萬的土耳其大軍兵臨維也納城下。歐洲的基督徒們無不聞訊色變。對此，路德曾經寫下了一段詩句：「上帝是我們的堅實堡壘。」生死交關之際，查理五世需要各方支持，其中當然包括新教的勢力。因此一五三二年七月二十三日，在「紐倫堡宗教和約」（Nürnberger Religionsfrieden）當中，查理五世允許新教徒們自由選擇宗教信仰，條件是他們必須與羅馬公教陣營聯手對抗來犯的蘇萊曼二世，這位蘇丹絲毫不畏懼發動戰爭，也決不手軟。

查理五世這時可以稍微鬆口氣了嗎?不，他先前往地中海消滅海盜，接著再度與法國國王法蘭索瓦一世交手，直到一五四四年，雙方簽訂「克雷皮和約」（Frieden von Crépy），查理五世才總算無後顧之憂。兩年之後，一五四四年的二月，路德與世長辭，新教陣營痛失強而有力並能凝聚人心的聲音。這似乎給了查理五世一個大好良機，他可以趁機徹底解決德國內部的所有問題。查理五世決定動武，與施馬爾卡爾登聯盟的諸侯們正面交鋒，一五四七年四月二十四日，雙方在薩克森的穆爾貝格（Mühlberg）發生激戰，最終查理五世在這場施馬爾卡爾登戰爭（Schmalkaldischer Krieg）中取得勝利。一五四八年，在奧古斯堡舉行「披甲」帝國會議，由於查理五世的軍隊已經準備好要開赴下一個戰場，所以將會議名為披甲。在會議中，查理五世試圖貫徹他的意志，將整個帝國統一在一統的羅馬公教。查理五世頒布「奧古斯堡臨時宗教和平宣言」（Augsburger Interim），在他的軍隊勢力鎮攝的地方，人們只能咬牙苦吞，在他不能掌控的地方，人們對宣言則置若罔聞。此外就連信奉羅馬公教的諸侯們，也開始醞釀反對查理五世。而就在查理五世自以為得勝時，他卻犯下了一個致命的政治失誤。他不僅要貫徹絕對權力，還要往後的帝位繼承按照他的意思，帝位原本已經指定由他的弟弟斐迪南一世繼任，可是查理五世卻反悔，想將他的兒子菲力普二世（Felipe II.）安插到斐迪南一世之前。此舉讓斐迪南一世心生不滿，不但新教與羅馬公教的諸侯眾叛，甚至連自己的弟弟也親離。

一五五二年，諸侯組成的聯盟突襲毫無警覺的查理五世，率領聯盟的是薩克森公爵莫里茨（Moritz von Sachsen），雖然他信奉新教，但在先前的施馬爾卡爾登戰爭中，他卻因為權力欲，投效查理五世的陣營。這時，打著捍衛「德意志民族自由」的旗號，莫里茨率領著起義者，浩浩蕩蕩起兵前往提洛（Tirol）。當時查理五世在提洛落腳，正為痛風發作所苦，身邊也沒有軍隊護衛。敵人突襲，查理五世只能倉皇逃竄。一五五五年，又一次在奧古斯堡舉行帝國會議，眾人達成共識，並簽訂「奧古斯堡帝國及宗教和約」（Augsburger Reichs- und Religionsfrieden）。至此，正式終結帝國一統宗教的局勢，新教徒們的信仰總算得以伸張。查理五世也只好聽天由命，他逐漸變得鬱鬱寡歡。一年後，查理五世摘下了皇冠，將皇位交給他的弟弟斐迪南一世，在西班牙的語斯特修道院（Monasterio de Yuste）旁命人蓋了一間鄉村別墅，接著退居於此。兩年之後，查理五世在此與世長辭。

查理五世死後，他的兒子菲力普二世與他的弟弟斐迪南一世，兩人瓜分了他的龐大帝國，菲力普二世分得西班牙，而斐迪南一世則得到奧地利與匈牙利。從此以後，哈布斯堡家族便分成了德國與西班牙兩支。

查理五世想打造一個羅馬公教大帝國，幻想最終破滅。查理五世無力維護基督教的統一，也同樣無法以一統的基督教去驅逐那些「非信徒」。他的日不落帝國開始崩潰。一心只想著絕對權力的查理五世，他的帝國實在太大也太複雜，他不得不感嘆道：「我總是曉得我的無能，但今日我卻感到一無是處，上帝為我的一生填滿了悲傷，我該以此殘生來懺悔我的罪過，而不是白白地過活。」

在查理五世的日不落帝國裡，陽光似乎很少灑在他的身上。

29 知識就是力量

Knowledge is power.

法蘭西斯・培根（Francis Bacon, 1561-1626）

法蘭西斯・培根是誰？他真的是英國女王的私生子嗎？一直以來，總是有人強烈懷疑培根是英國女王伊麗莎白一世（Elizabeth I, 1533-1603）與萊斯特伯爵（Earl of Leicester）的愛情結晶，孩子出生之後交給培根家族代為扶養。幼兒時期的培根就已經有管道與女王見面，在同時期一些肖像畫上的文字，或多或少提供了一些間接證據。

培根是科學家？野心勃勃且貪污的政客？還是英國有史以來最偉大的詩人呢？事實上，從十九世紀中葉起，便有人懷疑，威廉・莎士比亞（William Shakespeare）就是培根的化名，那是出自培根一個後裔的傳言，包括俾斯麥（Otto von Bismarck）都附和該說法。培根是世所公認出眾的修辭家，對宮廷圈的習慣及禮儀十分熟稔，而且學識淵博，這使得該揣測煞有介事。莎士比亞真是一個鄉下來的演員嗎？對於他的身世我們所知甚少，但是一個出身不高的男人怎麼會有寫作所需的各種知識呢？

其實，培根既非女王伊麗莎白一世的私生子，也非莎士比亞作品的真正作者。種種的揣測，除了人們喜好八卦之外，也是因為當時經常繪聲繪影地流傳許多祕密與虛構的故事。不過，培根的確說過這句「知識就是力量」。年少的培根早已在知識與科學方面鑽研頗深，然而命運卻別有安排。

這位英國的天才在三歲時便曾被年輕的伊麗莎白女王抱在手裡。培根的父親是尼古拉・培根爵士（Sir Nicholas Bacon），是伊麗莎白女王的掌璽大臣，法蘭西斯是父親與第二任妻子安（Lady Ann）所生的么兒，從父親那繼承了政治熱情，從母親那裡獲得了虔誠的新教信仰。培根在幼年時便經常出入宮廷，伊麗莎白女王稱他是「我的小掌璽大臣」。培根的父母確實也十分希望他日後能成為法學家或是政治人物。年僅十二歲的培根進入劍橋的三一學院（Trinity College），學習經院哲學的「七藝」（septem artes liberals），包括文法學、修辭學、辯證法、算術、幾何、天文以及音樂。很快地，培根發現了他對科學的興趣，也漸漸厭惡經院哲學的研究方法與思考方式。對此他曾經在《新工具》（*Novum Organum*）中批評說：經院哲學「背離一般認知太遠，根本無法植入人心」。但若是有人膽敢這麼想的話，那麼他確信：「此人定會被懷疑是叛亂份子或是標新立異者。」

培根十八歲時，父親便撒手人寰。無法完全經濟獨立的他，必須馬上取得官職與頭銜。當時培根在倫敦攻讀法律，他的叔叔是財政大臣伯利勳爵（Lord Burghley），透過叔叔的關係，一五八四年（某些史料則說是一五八一年），培根在議會中取得席位。然而伯利勳爵並沒有實際替他關說。一五五八年，伊麗莎白一世登上英國王位，確立新教在英國的地位，為此培根寫了一篇相關的宗教問題意見書。伊麗莎白一世不僅得要擔心蘇格蘭女王瑪麗一世（Maria Stuart）威脅她的王位；另一方面，國內剛崛起的清教徒（Puritan）拒絕英國國教，他們的新教立場所也比伊麗莎白一世更激進。

培根後來結識了年輕的艾賽克斯伯爵（Earl of Essex）。當時培根已經三十一歲，而艾賽克斯伯爵則小他六歲。艾賽克斯伯爵受過相當良好的教育，並且遊歷過世界各地，儘管年紀尚輕，但在宮廷中已經有不容小覷的影響力。培根不斷想藉由文章與劇作去吸引宮廷的關注，卻屢屢失敗，然而女王最終還是向培根投以關懷的眼神，只不過這與他原先所想的完全不一樣。一五九三年，伊麗莎白一世打算再次大舉提高稅賦，她需要大量的金錢擴充軍需。五年之前，伊麗莎白一世帶領英國在王國的海岸附近擊敗了來犯的西班牙無敵艦隊，經此一役，英國成了海上霸權，經濟發展快速。接下來，英國更扮演起法國與荷蘭等地新教勢力的保護者。在如此情勢下，英國隨時都有可能開啟新的戰端，因此亟需整備軍力。然而，培根卻在議會當中反對伊麗莎白一世的計畫，也因此惹來嫌隙。這時在宮廷裡，只剩下艾賽克斯伯爵還跟他保持往來。這段期間，培根又為他多彩多姿的人生履歷添上幾筆。他開始擔任類似情報人員的工作，他與他的哥哥安東尼（Anthony Bacon）一起組織一個情報網，負責解破祕密情報，並且監視羅馬公教信徒的一舉一動。此時培根的筆耕墨耘也逐漸有所成就，他撰寫一些宗教文章與散文，獲得了廣大的好評。一六〇一年，培根的好友艾賽克斯伯爵密謀造反，他試圖率領數百名士兵攻入伊麗莎白一世的王宮，而負責調查此案的人剛好就是培根。艾賽克斯伯爵被控叛國，可是他竟然把培根給拖下水，培根極力撇清，並且反過來指控他。這場令人霧裡看花的鬧劇，一直到艾賽克斯伯爵遭到處決之後才落幕。培根在這場審判中究竟扮演著何種角色？培根是否是個投機份子？是個叛徒？又或者他只是在捍衛自己的清白呢？

一六〇三年，伊麗莎白一世駕崩，瑪麗一世的兒子詹姆士繼任王位，成為英國國王詹姆士一世（James I.）。起初培根並沒有對這位新君抱很大的期待，但不久之後，他卻因為這位新君而開啟了閃亮的政治生涯。一六〇七年，培根晉升為最高御用大律師（King's Counsel），其後更出任掌璽大臣，在這段期間，國王也晉升培根的爵位。一六一八年，詹姆士一世任命他為大法官（Lord Chancellor），至此他榮升從政以來最高的官職。不過，一六二一年，培根突然遭到貪污受賄的指控，政治生命驟然中斷，甚至被短暫收押到監獄，失去了所有的官職與頭銜。

培根真的有貪污受賄嗎？以今日標準來看，的確有。然而在那個時代裡，接受捐獻十分稀鬆平常，甚至是官員們重要的收入來源。無奈的是，那時國王與議會權力鬥爭不斷，培根不過是這場權力遊戲下的犧牲品。

雖然詹姆士一世很快就將他的前大法官給釋放，培根的政治生涯卻就此結束。失意之餘，他退居農莊，專心寫作。除了散文之外，這時他更重拾過往的科學之夢。「知識就是力量」概括了培根的觀點，知識或科學應該要幫助人類獲得力量，不過這句話卻如同培根的人格特質一樣，語義不清而且模稜兩可。培根的著作當中，並無完整出現這句話。一五九七年，他撰寫《宗教沉思錄》（*Meditationes Sacrae*），人們可從中讀到以拉丁文所寫成的話：「因為科學本身就是力量。」（**Nam et ipsa scientia potestas est.**）培根用的是「科學」而非「知識」。後來該書以英文本問世，則寫成了：「知識本身就是力量。」（**For knowledge itself is power.**）一六二〇年，培根在《新工具》裡提到：「人類的知識與人類的權力，串聯在一起同時發生。」

「知識就是力量」準確描繪培根對於新科學的想法。不過，我們於日常生活所說的「知識就是力量」卻是指別的意思。我們經常將知識詮釋成一種工具，借助知識工具便可以在競爭中取勝、打敗敵人。可是培根的「知識就是力量」指的卻是另一回事。培根認為，研究科學始終只是為了知識本身，而上古時代的自然哲學家及後繼的經院哲學家，似乎都迷失在知識的細節中，並且致力於被動的觀察，完全忽略主動進行實驗，甚至應該進一步干預自然運行。因此培根主張，進行科學研究當中，應該著重於從實驗中獲取知識。此外，科學的目的也不應該單純只是為了知識，應該要應用科學知識去造福人群。培根的立場讓人想起兩千多年前的阿基米德，他們都著手將科學應用在日常生活中，讓科學和生活產生正面的交互作用。培根曾經舉例說明，重要的發明如何從理解自然法則開始。印刷術、火藥以及指南針的發明決定歷史與人類社會的發展走向，借助於印刷術，人類的知識與意見得快速交流傳播；火藥改變了戰爭的型態，終結騎兵的時代，瓦解封建社會；指南針的出現使遠洋航海變得可能，因此造成地理大發現，並徹底地改變了歐洲。

培根認為，發展新科學必須擺脫一些成見，對此他指出了阻礙知識發展的四種偶像（Idol）。他更認為，唯有捐棄成見才能獲取知識，只有經驗才是知識的來源。因此有些人認為培根是啟蒙運動的先驅，百科全書編撰者達朗貝（Jean le Rond d'Alembert）甚至將培根譽為啟蒙運動的第一位哲學家。

科學的目的是支配自然以造福人群。而培根的想法使他成為現代科學的首位代表人物，他同時也是實驗自然科學之父。

30 地球還是在動啊！
But it does move.

伽利略（Galileo Galilei, 1564-1642）

地球到底是平面還是球體呢？地球是宇宙的中心嗎？或者，地球是否繞著太陽運行呢？在十六、十七世紀時，這些問題竟然會造成許多恐怖的流血事件，乍聽之下或許會讓人覺得不可思議，然而這些問題的確觸及到了世界觀、宗教以及科學的基礎。現在的我們也確實察覺到這些問題的重要。

一百三十年左右，天文學家兼地理學家托勒密（Claudius Ptolemaeus）在埃及的亞歷山卓城完成一部十三卷本的科學巨著《天文學大成》（*Almagest*），後來傳入歐洲。托勒密在著作當中描述他如何理解地球以及地球在宇宙中的地位。托勒密的世界觀在他辭世數個世紀之後，引發強烈的爭議。

托勒密認為地球是宇宙的中心，所有的星球，包括太陽，都圍繞地球而旋轉。修院的經院、主教區學校、甚至中世紀興起的大學，和羅馬教廷一樣，都採取該主張。由於教會與經院哲學喜歡將任何決議都視為無謬的，因此托勒密的世界圖像被普遍視為「真理」。

不過，當人們證實地球是球體而非平面時，問題便接踵而至。一開始，教會與經院哲學還能接受地球是球體的說法。在古希臘就有人如此推測，況且上有天堂、下有地獄的世界圖像，並未因為地球是球體而有什麼嚴重的衝突。不過認知自己生活在一個球體，還是改變了人們看事情的角度。值得安慰的是，人們還是可以繼續將地球置於宇宙的中心。直到哥白尼（Nicolaus Copernicus）於一五四三年出版了《天體運行論》（*De Revolutionibus Orbium Coelestium*）。哥白尼是德國波蘭裔的天文學家，成書十年都不敢將研究成果公諸於世。為什麼呢？有些人認為哥白尼害怕教會的迫害，另一些人則認為他擔心會引起學術上的爭議。或許哥白尼猶豫不決，是害怕被教會斥為異端。雖然在哥白尼的時代以太陽為宇宙中心的日心說，不太可能被斥為異端，只會被譏笑為無稽之談。無論如何，當時沒有人能提出任何科學的證據反駁或證實哥白尼的理論。

就在哥白尼臨終前，他終於決定發表他的研究成果。一五四三年，在臨終的臥榻上，哥白尼總算親手拿到這本剛出爐的書。透過對天體的觀察，哥白尼得出：地球絕不可能是宇宙的中心，它與太陽系的其他的行星一樣，全都繞著太陽運行。接下來的數十年，哥白尼的日心說漸漸傳開，一開始只是在學術圈流傳，並沒有浮上檯面。直到一六一六年，伽利略與教會發生了爭執後，哥白尼的著作才名列教宗的禁書清單。

早在哥白尼在世時，便已經埋下了伽利略與教會衝突的導火線。一五六四年，伽利略出生在義大利的比薩（Pisa），他的家族後來遷往佛羅倫斯，成了當地的城市新貴。伽利略的父親是位商人，足跡遍布各地，他更在音樂理論佔有一席之地。伽利略從他父親那裡遺傳了好辯的性格，按照父親的意思在比薩習醫，求學中，他的同學給他取了「好辯者」的外號。伽利略當時的教育仍以主流的經院哲學為框架，他的老師只講授托勒密的學說，至於哥白尼的觀點則避而不談。伽利略有位數學老師在托斯卡納（Toscana）公爵身邊當差，他的老師在大學以外的地方授課，其中伽利略對歐基里德的研究格外地感興趣。伽利略沒有讀完醫學，開始改念數學與哲學，並且最終取得畢業證書。完成學業之後，伽利略擔任過家教，期間曾根據阿基米德的定理發明一種比重秤，以測量合金的比重。此外，伽利略也寫了一篇與固體的重心有關的論文。伽利略才能洋溢的傳聞不脛而走，他也因此成了比薩大學的數學教授。不過，他後來寫了一篇論文反對亞里斯多德的學說，因此未獲續聘。

在這段期間，伽利略的父親不幸去世，家中重擔落到他身上。幸運的是，就在此時，帕多瓦（Padua）大學邀請他過去擔任教授。這個教職來得相當及時，伽利略在帕多瓦待了十八年。當時，帕多瓦隸屬威尼斯共和國，開放、寬容，人民享有學術自由，不必擔心羅馬宗教裁判所的迫害。伽利略在威尼斯初次見到荷蘭人發明的望遠鏡，往後數年當中，伽利略改良望遠鏡，並且以此促成許多天文的驚人發現。他觀察到月球表面的火山口、山脈以及熔岩。伽利略也確定，金星和月球一樣具有相位的變化；土星有一個環圍繞，而木星則有四顆衛星，今日我們稱此四顆衛星為「伽利略衛星」。除此之外，伽利略更發現銀河是由成千上萬的星體所組成，而太陽表面有許多斑點。這些太陽斑點的移動使他發現太陽的自轉。

十六世紀，丹麥天文學家第谷・布拉赫（Tycho Brahe）駁斥哥白尼的日心說。他認為，即便所有行星都繞著太陽轉，但是地球仍居於宇宙的中心。不久之後，德國人克卜勒（Johannes Kepler）證實了哥白尼的日心說。克卜勒曾短暫擔任過布拉赫的助手，他提出橢圓定律，使哥白尼的日心說變得完善。克卜勒認為，每一個行星都沿著各自的橢圓軌道環繞著太陽，而太陽則處在橢圓的焦點中（哥白尼的學說則是以圓形軌道為模型）。除此之外，克卜勒又提出了第二條定律，在相等時間內，太陽和運動中的行星連線所掃過的面積都是相等的。一六〇九年，克卜勒發表《新天文學》（*Astronomia Nova*），收錄上述兩項定律。

一六一〇年，伽利略出版了《星際信使》（*Sidereus nuncius*），它不是以當時流行的拉丁文書寫，而是以義大利文完成。伽利略的理論使他在歐洲名聞遐邇，卻也引發強烈的異議。伽利略將他的心得分享給克卜勒，他對克卜勒寫道：「大部分的人都認為，若想見到真理，不應該在自然中求取，而應該去翻閱古籍。這樣的想法最讓人可恨的，莫過於在無知中反對知識！」

在如此不尋常的年代，儘管哥白尼的觀點不見容於教會，許多教會的學者卻依然對哥白尼的學說有著濃厚的興趣，甚至還採取歡迎的態度。一六一一年，法國拉弗萊什（La Flèche）的耶穌會神學院，便曾慶祝伽利略發現木星的衛星（這個發現有助證明克卜勒學說的正確性）。神學院的學生包括了年輕時的笛卡兒（René Descartes）。日後，笛卡兒將用他自己的方式為科學的革命做出貢獻。

從往來信件中可見伽利略仍主張日心說，不過教會以教宗的通諭頑固地駁斥了日心說的觀點。一六一六年，伽利略被羅馬宗教法庭傳召，和樞機主教羅貝托・貝拉明（Roberto Bellarmino）對質。教會如何對付伽利略呢？十六年前，自然哲學家布魯諾（Giordano Bruno）因為反對亞里斯多德的自然學說以及基督教的教條，被教會斥為異端，慘遭火刑。傳召伽利略來羅馬的樞機主教貝拉明是耶穌會的成員，並無與伽利略為敵的意思。不過前提是，伽利略不得以任何方式傳授哥白尼的學說，更不能為此學說辯護。這記錄寫在一個備忘錄，而伽利略收到了副本，完整的對話記錄則被保存在羅馬。雖然這份對話紀錄為伽利略帶來大麻煩，但後來幸好有這份備忘錄救了他。

一六三二年，伽利略發表了著名的《關於托勒密和哥白尼兩大世界體系的對話》（*Dialogo sopra i due massimi sistemi del mondo tolemaico e copernicano*），因而聲名大噪。伽利略討論三位科學家對地心說與日心說的爭論，儘管在對話當中，伽利略忽略克卜勒新提出的橢圓軌道學說，只是輕描淡寫地解說哥白尼體系，還是在教會與學術圈引起騷動。究竟地球是靜止在宇宙中心，還是繞著太陽旋轉呢？伽利略選擇對話的文體寫作確實十分取巧，他可以將想說的話讓別人講出來，而掩飾自己的想法。然而他終究打錯了如意算盤。

倘若伽利略能事先預料到即將掀起的軒然大波，或許會改寫書中的某些內容。但在此書出版前，他完全不是教會的敵人，相反地，他在教會中聲望很高，並且與耶穌會成員也有學術交流。就連教宗烏爾班八世（Urban VIII.）也對伽利略十分友善，以前教宗甚至曾經讚美他。

此時，伽利略已經遷往佛羅倫斯。一六三二年三月，《關於托勒密和哥白尼兩大世界體系的對話》在佛羅倫斯通過了出版審查。同年八月，羅馬的宗教裁判所突然禁止販售這本書，更命令伽利略立即到羅馬受審。當時這位年屆七旬的老翁正臥病在床，為此佛羅倫斯的宗教裁判所派遣醫生到伽利略家中一探虛實，前來查探的醫生確認伽利略的確病情嚴重，不宜遠行，否則恐有生命之虞。然而教宗烏爾班八世的態度卻未曾軟化，甚至還威脅說，若是伽利略不自己前來，那就用枷鎖把他綁來。

教宗烏爾班八世大怒的原因在於前次樞機主教貝拉明與伽利略的對話記錄。伽利略的書出版後，對話紀錄的內容又被拿出來做文章。根據推測，可能是伽利略的敵人故意在教宗面前擺伽利略一道。教宗烏爾班八世認為伽利略藐視教宗權威，高傲自我中心的教宗決定處置伽利略，他更說了一句名言：他（教宗烏爾班八世）「比所有的樞機主教加起來更博學。」除此之外還有個理由：在伽利略的書中，代表托勒密學說的學者化名為「辛普利丘斯」（Simplicius，諷刺該人物頭腦簡單），在對話中，他頭腦簡單的論調引人發噱。在其他人的挑撥下，烏爾班八世認為伽利略的那個角色是在影射他。

壓力排山倒海而來，伽利略不得不啟程前往羅馬。一六三三年二月，他抵達羅馬。對伽利略友好的新任托斯卡納大使為伽利略提供下榻的地方。伽利略並未如謠傳被監禁或刑求，只不過為了迫使他就範，教廷還是在伽利略面前把刑具給亮出來。

四月十二日，審判程序正式展開，地點正是宣判布魯諾處以火刑的房間。出席的伽利略身著白色的懺悔者服裝。教會開始對他的書提出問題，其中涉及了出版許可與印刷的問題。最後，伽利略又被問到一六一六年時與樞機主教貝拉明的對話。伽利略解釋，當時樞機主教貝拉明確實禁止他公然主張哥白尼的學說，然而他卻允許伽利略以此作為學術假設，而他在《關於托勒密和哥白尼兩大世界體系的對話》只是按照貝拉明的指示去做。裁判官反駁說，當時樞機主教貝拉明曾經對伽利略明確指示，不准用任何方式主張哥白尼的學說。伽利略表示，他與樞機主教貝拉明是否有此共識，他已不復記憶，但是他手中有當時的備忘錄，上頭清楚記載對話內容並沒有承審法官所提的這一項。伽利略當庭提示了備忘錄，顯然與宗教材判所掌握的對話紀錄有所出入。更重要的是，在伽利略的備忘錄上頭，的確還有樞機主教貝拉明親筆簽名。該證據有利伽利略減免刑責，卻讓宗教裁判所裡指控伽利略的人顏面盡失。惱羞成怒之下，眾人豈肯讓他就這麼全身而退。雙方你來我往、僵持不下，最終伽利略同意讓步，願意供認書中的確有些地方太超過。他強調希望以認罪換得減刑。事與願違，後來伽利略還是被處重刑，裁判官判他終身監禁。

關於審判的傳說提到，伽利略在在裁判的壓力下，勉強批判哥白尼的學說，但是心有不甘，喃喃自語地說：「地球還是在動啊！」（Eppur si muove!）真有此事嗎？風燭殘年而充滿恐懼的他，雖然忠於他的認知，但仍為了生命的威脅而態度軟化了嗎？一九八一年，梵蒂岡祕密檔案室的一份泛黃的文件顯示，伽利略以顫抖的文字寫道：「我就在你們手裡，要殺要剮，悉聽尊便。」而和歷史記載相去甚遠。「地球還是在動啊！」一語最早溯自十八世紀。根據推測，可能是位法國修院院長奧古斯丁．西蒙．特雷（Augustin Simon Trailh）記錄該軼事的。

宣判後，多虧托斯卡納大使的奔走，使得伽利略的終身監禁最後改成軟禁。錫耶納（Siena）是伽利略軟禁的第一站，他被交付當地的大主教看管。錫耶納的大主教非常善待伽利略，他不僅允許、更明白鼓勵伽利略重拾科學研究的工作。五年之後，一六三八年，伽利略返回佛羅倫斯的阿爾切特里（Arcetri），繼續在自宅中執行軟禁。伽利略繼續以對話的方式完成了另一本著作，書中伽利略討論力學與落體定律，為日後的物理發展開啟了新的一頁。透過他荷蘭的學生萊頓（Leiden）幫忙，最後這本書完成付梓。

一六四二年，雙眼失明的伽利略，在阿爾切特里的自宅與世長辭。直到他死為止，都被宗教裁判所軟禁。

直到一八三五年，伽利略的《關於托勒密和哥白尼兩大世界體系的對話》都被列為教宗的禁書清單。將近六十年之後，一八九三年，教宗利奧十三世（Leo XIII.）才接受了伽利略的主張，認為他的陳述是知識與信仰的事實。一九七九年，教宗若望．保祿二世（Ioannes Paulus II.）發表談話，其中有關科學家伽利略因為教會而蒙受痛苦的段落，特別受人矚目。一九九二年，在伽利略逝世三百五十年之後，教宗若望．保祿二世終於正式為伽利略平反，表明宗教裁判所控告伽利略的審判並無理由。

31 我思故我在 I think, therefore I am.

笛卡兒（René Descartes, 1596-1650）

笛卡兒出生時，幾乎沒有人相信這個孩子能夠活下來，連醫生也放棄了他。但是在固執的保母細心照顧下，笛卡兒竟然奇蹟似地活下來，只不過他一輩子身體都很虛弱。由於身體狀況特殊，笛卡兒年少求學時，特別被允許可以睡到中午才起床，而這也讓他養成了習慣。長大之後，當他被迫改掉這個習慣時，他總是抗拒地表示那會要了他的命。

笛卡兒出生於法國北部的杜漢（Touraine），他的家族是富裕的低階貴族。他一生不愁吃穿，可以專心從事學術研究。在笛卡兒差不多十歲大時，被送往安茹的拉弗萊什一所耶穌會的神學院就讀。笛卡兒在學校裡接觸到數學與物理，就跟大他三十五歲的伽利略一樣，立即放棄了經院哲學。此後，笛卡兒移居到巴黎，嘗試參與貴族圈的社交生活，不過他不久便感到厭煩，於是笛卡兒在一處只有好友知道的宅院裡深居簡出。往後的兩年中，除了與幾位至交來往，其餘時間笛卡兒便沉潛學術，專心在數學與法學的研究。

一六一八年，笛卡兒加入了荷蘭軍隊。第二年，爆發三十年戰爭（一六一八至一六四八年），笛卡兒便隨軍遠征波希米亞與德國。信奉羅馬公教的笛卡兒，不僅受雇於羅馬公教的軍隊，有時也為新教軍隊賣命。笛卡兒逐漸了解，戰爭並非為了正確的信仰，霸權的爭奪才是爭戰的重點。列強最終的目的是要稱霸歐洲。笛卡兒本人沒有實際參加戰鬥，他應該是位軍官，待在「後方」擔任其他工作。他從軍的目的是想藉此遊歷各地，增廣見聞。一六一九年，笛卡兒隨軍駐紮在烏爾姆（Ulm）附近的冬季營地，在一間煙燻難聞的房間裡，笛卡兒心中浮現了一個願望，後來成了他一生的目標：他要將科學統一在一個全新的前提之下，而經院哲學的基督教學說框架則完全不在這個前提裡。

往後的數年裡，笛卡兒四處旅行，期間總會在巴黎待一陣子。笛卡兒在巴黎結識米尼派（Minimes）教士兼哲學家馬韓・梅森（Marin Mersenne），兩人成了至交。從一六二八年起，人們若要找笛卡兒，得透過梅森才行。其後，笛卡兒在荷蘭深居簡出，專心他的學術研究。到了一六三三年，笛卡兒終於完成他第一部作品，可是也聽說伽利略被羅馬宗教裁判所定罪的事，讓笛卡兒有點震驚，因為在他即將付梓的新書承繼了伽利略的理論。為此笛卡兒不敢將想法公諸於世，甚至還毀掉書中大部分的內容。過了四年以後，為了安全起見，笛卡兒以匿名的方式出版

《方法導論》（*Discours de la méthode*），其中包含當年未出版的內容。如今這本薄薄的小書，已是西洋哲學文獻中最著名的作品。書中的「我思故我在」（Je pense, donc je soi.）更撼動了全世界。

這句話到底有什麼特別之處呢？對現代人來說，這句話似乎是老生長談。然而，它卻徹底改變了人類的生命與世界。「我思故我在」蘊含的「懷疑」態度是所有知識的前提，也是笛卡兒科學方法的重心。笛卡兒的「懷疑」，並不是突然冒出懷疑的念頭、然後查一下《聖經》或是亞里斯多德的作品就能完全釋疑的。一直以來，經院哲學卻是如此地教導學生。到了哥白尼與伽利略的時代，經由他們的觀察與認知，才對過去無法撼動的某些觀點興起了「懷疑」。如此一來，《聖經》的記載、甚至亞里斯多德犯的錯誤，才漸漸可以開放討論。

笛卡兒想要找出所有知識的法則，他得出結論：首先必須懷疑一切。然而光憑「懷疑」並無法將他帶往新的境界。十六世紀晚期，已經有一些懷疑論者指出，感官知覺無法清楚定義。某個人將海的顏色看成是藍的，另一個人可能會覺得海是綠的，第三個人或許認為海是青綠色的。懷疑論者認為不存在精確的知識，並重投亞里斯多德思想的懷抱，因為亞里斯多德也認為人類的感官不可靠。然而笛卡兒對此也有所認知，他明白所有他看的、想的，都是不確定、也都有可能是錯的。笛卡兒達成了一個勇敢並且具有革命性的轉變，他認為倘若感知到的事物沒有一樣是確定的，都只是我們自己的想像，那麼整個世界、圍繞在我們身旁的事物，也沒有一樣是確定的。如此看來，笛卡兒的懷疑是不是代表沒有任何事物能夠經受懷疑而安然存在？不。笛卡兒不但找到了立足點，更安全著陸。在所有的不確定當中，有一點是確定的，那就是：他正在懷疑，他正在思考。而由於他正在思考，因此他確定，至少他自己一定存在。於是，笛卡兒便以「我思故我在」作為所有哲學的基礎與出發點。

當笛卡兒重新站在個人意識的基礎上，環顧四周，世界似乎變得不一樣。而笛卡兒也確認，所有的事物，唯有與「正在思考的我」一樣確定時，這些事物才是真實的。因此笛卡兒推論出，唯有能被明確測度的物體與感官知覺，才能信賴。由於顏色、味道、氣味都無法測度，應該將它們拋諸腦後。相反地，實體的大小與運動狀態可以測量，因此可以信賴。

這時笛卡兒似乎實現了在烏爾姆許下的願望，他要找出知識的法則。笛卡兒確信，一切事物都能用數學與物理來解釋。不過這時卻出現了另一個難題：知識似乎是統一了，但心靈與物質卻相互分離。亞里斯多德的世界以精神與物質的統一為出發點；然而在笛卡兒的推論下，這樣的世界崩壞了。笛卡兒以後，心靈的歸心靈，物質的歸物質，兩者分屬於不同的世界。對笛卡兒來說，心靈的世界純粹就是思想。相反地，實體的世界完全與心靈無關，實體的世界只遵循自然的法則，根據純機械式的流程來運作。

心靈世界與實體世界形成雙軌的世界觀，稱為二元論（Dualism）。此外，笛卡兒認為心靈世界涉及的是「理性」（ratio），因此人們稱他為理性主義者（Rationalist）。

笛卡兒的二元論發展到後來，提出人類是唯一結合心靈與實體的存在。基本上，人擁有精神思想的實體機械。相反地，笛卡兒認為，動物純粹就像機械那樣運作，只屬於物質世界。

笛卡兒的思路對後世造成了極大的影響，他是現代哲學一位關鍵性的開路先鋒。兩個世紀後，黑格爾將笛卡兒定位為近代思想的開端。尼采（Friedrich Wilhelm Nietzsche）、海德格（Martin Heidegger）、羅素（Bertrand Arthur William Russell）也都對笛卡兒做了類似的評價。笛卡兒的主張，從可確定的一小點，逐步推演出最複雜的知識，並以此方法找到了科學的入口。

如今這樣的思考，被認為是理所當然的事。

不過當時的教會可不這麼想，他們認為笛卡兒是異端，褻瀆神明。如果心靈世界與物質世界相分離，那麼信仰又該如何存在？或許，笛卡兒本人也很害怕這個問題。他是羅馬公教的信徒，為人十分小心謹慎。在這之前，布魯諾與伽利略被教會迫害的事殷鑑不遠。因此在《方法導論》中，笛卡兒也嘗試根據「我思故我在」的思想基礎去證明上帝的存在。不過，與「我思故我在」的光輝相比，證明上帝存在證明的章節，顯然暗淡許多。笛卡兒如此推論：他毫不懷疑地確知，我思，故我在。他也同時確定，在他的思想中包含著一個完美存在的概念，然而這完美的概念卻不是來自他本人，必須要由這個完美存在賦予他。笛卡兒的論點，讓我們想起了安瑟倫。安瑟倫認為，「因為我能夠去思想這個完美的存在，所以這個完美的存在也的確存在。」這個說法究竟是理性主義或只是一派胡言，就留給每位讀者以及笛卡兒本人去判斷。

然而，笛卡兒的上帝證明卻不管用。在他過世十三年後，由於耶穌會教士們的大力施壓，他的書也同樣登上羅馬教廷的禁書清單。直到十八世紀，在法國提起笛卡兒的名字，始終是件危險的事。

一六四九年，在法國渡過了二十年平安的隱居生活後，笛卡兒遷往斯德哥爾摩。笛卡兒有一位好友名叫皮耶．夏努（Pierre Chanut），他於一六四五年成為法國駐斯德哥爾摩的大使。在夏努任職瑞典的期間，他為瑞典女王克里斯蒂娜（Kristina Augusta）介紹笛卡兒的學說，並且對笛卡兒推崇備至。因緣際會，克里斯蒂娜女王與笛卡兒展開書信往來。後來，克里斯蒂娜女王更力邀笛卡兒前往她的宮廷。起初笛卡兒有點遲疑，因為他是虔誠的羅馬公教信徒，而瑞典則改宗新教，雙方宗教信仰大有不同。然而拗不過克里斯蒂娜女王一再熱情邀請，笛卡兒只好動身前往。

笛卡兒很快便取得克里斯蒂娜女王的信賴，不過女王卻希望每天一大早五點多左右就開始上哲學課。而身體虛弱的笛卡兒究竟是不是因為在寒冷的冬天早起，所以不慎感染肺炎致死呢？或者是宮中有人妒嫉他，在他的食物裡下了砒霜毒死他呢？我們直到現在都不得其解。

32 每個人對於其他人而言都是狼

Man is a wolf to man.

霍布斯（Thomas Hobbes, 1588-1679）

霍布斯的思想讓不少人稱他為「馬姆斯伯里的怪獸」（Monster of Malmesbury），他儘管怪異，倒是相當和藹可親。當時世界動盪不安，他的思想、個人特質以及人生經歷都反映了他的時代。霍布斯出生前不久，西班牙無敵艦隊大軍壓境的消息傳遍英國。霍布斯的母親正要臨盆，幾乎在驚恐中產下霍布斯。霍布斯曾經說，他與恐懼就像雙胞胎一樣一起出生。

那個年代的思想充滿冒險、混亂且危險的特質。人們努力維護思想與信仰的統一，卻在十七世紀上半葉被打破。各地的修道院與大學裡，經院哲學的門徒不斷嘗試將脫離宗教指導的科學約束在基督教的框架裡。而羅馬教廷更加倚重宗教裁判所的各種工具：監禁、拷打、火刑，來維持思想和信仰的統一。

思想與信仰的分裂，培根、伽利略、笛卡兒以及霍布斯功不可沒。培根首先讓科學擺脫教會與經院哲學。伽利略強調對自然的觀察。長期以來，經院哲學總是引用亞里斯多德的經典去解決問題，顯然已經無法因應現實的情況。笛卡兒正式將理性從信仰當中抽離。那麼霍布斯呢？霍布斯的貢獻在於，將國家從君權神授的理論中解放，將國家奠基在契約論上，人類與他們的統治者以契約的方式產生國家。

霍布斯的童年十分艱苦。他的父親是貧窮的地區牧師，嚴重酗酒。他在鄰近的教區任職，故而離家。在霍布斯十六歲大時，他的父親便在倫敦近郊過世。霍布斯一位富裕的伯父收留了他，並且將這位天分很高的少年送往牛津就學。霍布斯在那裡學習語言、邏輯與哲學。完成學業之後，霍布斯開始為威廉・卡文迪許男爵（William I. Lord Cavendish）服務，成為男爵之子的家庭教師。終其一生，霍布斯一直與卡文迪許家族關係密切，他甚至替他們四代家族工作。當時英國的年輕貴族流行一種叫「壯遊」（Grand Tour）的學習之旅，類似成年禮。他們會到歐洲各地遊歷，增廣見聞。卡文迪許男爵的兒子不免俗地也去「壯遊」，霍布斯則在旅程中隨侍在側。日後，霍布斯又陸續參與了兩次「壯遊」。旅行中霍布斯趁機拜訪一些重要的學者，甚至見到了隱居的笛卡兒，並與笛卡兒保持固定的書信往返。此外，霍布斯還見到了伽利略，這位勇敢的學者，因為談論地球與太陽在宇宙中心的位置，竟然不幸被教會終身軟禁。

那個時代的歐洲是一個大型的戰場。一六一八年，三十年戰爭在德國喧鬧登場，雖然表面上的導火線是羅馬公教與新教的齟齬。但其實是波希米亞、丹麥、瑞典、法國與西班牙列強在中歐的霸權地位問題。在戰爭當中德國被傭兵軍隊徹底蹂躪。他們四處燒殺擄掠，德國人口銳減，土地荒蕪。而荷蘭，自從十六世紀末開始，偶爾獲得英國的軍事援助，並持續反抗哈布斯堡王朝的統治，試圖爭取獨立。至於英國，一六四〇年，英國國王與其反對者長期的衝突到了頂點。自從一六二九年之後，英國的議會就沒再召開過。然而，由於蘇格蘭爆發反叛戰事，英國國王查理一世（Charles I.）為了解決軍費問題，在萬不得已的情況下，只好重新召開議會。

政局動盪下，霍布斯匆地完成了他第一部談論國家哲學的作品：《自然法與政治的基本要素》（*The Elements of Law, Natural and Politic*）。由於霍布斯的老闆卡文迪許男爵是國王查理一世的人馬，因此該著作主要是作為政治角力的理論依據。當時查理一世被迫做出許多讓步（例如，稅賦的立法權限以及廢除特別法庭等），其後國王的處境每況愈下，就在雙方衝突進入白熱化階段時，霍布斯為躲避國王的敵人，倉皇地潛逃到法國。一六四二年，英國終於引爆內戰。其中一方是英國國教的信徒，成員多半是追隨國王的高階貴族，而信奉羅馬公教的群眾們，也多半站在王室這一邊。另一方的主要成員，則是社會中層的清教徒們，在議會中有很大的影響力。他們是新教中的基本教義派，為了捍衛議會不惜一戰。帶領議會軍隊的則是克倫威爾（Oliver Cromwell）。克倫威爾帶領議會的軍隊擊敗國王，一六四九年，更將國王查理一世處死。至此，英國進入共和，克倫威爾自稱護國公（Lord Protector），他的對手則稱他為獨裁者。

霍布斯與其他國王的追隨者都流亡法國，在當地窘迫地苦撐著。一六四六年，在貧困的壓力下，霍布斯重執教鞭。機緣巧合下他成了威爾斯親王（Prince of Wales）的數學教師，而威爾斯親王在日後則成了英國國王查理二世（Charles II.）。查理二世曾說，霍布斯是他所見過最特殊的人。此時，霍布斯的《論公民》（*De cive*, 1642）讓他在英國與法國兩地成為知名人物。

然而，霍布斯卻突然大病一場，病重到危及性命。可是在他連續臥病在床六個多月之後，身體逐漸好轉，接下來活了三十多年。只是這場病終究讓他元氣大傷，此後變得十分體弱多病。接下來的歲月裡，霍布斯也曾經出現過一些病症，根據推測，他或許患有帕金森氏症。由於身體虛弱，霍布斯越來越得依靠助理，使得他放棄原先目標，無法完成一個完整的哲學體系。儘管如此，他決定將計畫稍做更動，體力不繼的霍布斯咬牙硬撐，完成他的另一部作品《利維坦》（*Leviathan*），一六五一年在倫敦出版，成為霍布斯最廣為人知的名著。然而這本書的出版立刻就引起了軒然大波，書很快便遭查禁。到底霍布斯寫了什麼讓人震驚的內容呢？

霍布斯有句名言至今仍持續造成回響，也總結了《利維坦》的思想：「每個人對於其他人而言都是狼。」（**Homo homini lupus.**）世人總是以訛傳訛地說此話出自《利維坦》，其實早在《論公民》就已經出現。

在《論公民》的題詞中，霍布斯對他的良師益友卡文迪許男爵說道：「現在，這兩個句子都對：每個人對於其他人而言都是神，每個人對於其他人而言也都是狼；第一句所指的是，市民之間的相互比較，而第二句所指的是，國家之間的相互比較。因此，當市民之間互相比較時，每個人對於其他人而言都是神。」

事實上，霍布斯的「每個人對於其他人而言都是狼」引用於羅馬詩人普勞圖斯（**Plautus, c.a. 250-184 B.C.**），出自普勞圖斯的喜劇作品《驢的喜劇》（*Asinaria*）。在《利維坦》中，霍布斯提到，雖然人類有別於其他的生物擁有行為的決定權，但每個人卻都只是自己求生意志的奴隸。人們總是想要比他的同類更好、更成功，使得人類就像那些猛獸一樣。因此，最終引導人類的，並非信仰或是教會，而是自私、貪婪。在霍布斯的年代，以貪婪做為人類進步的動力，是十分駭人聽聞的想法。

霍布斯自問，要如何才能從這惡性循環當中解脫？他的答案是，建立一個強大的國家。上帝不過是人類之外的存在，唯有人類才能驅使人類。因此在霍布斯的思想裡，上帝並不扮演什麼重要的角色，唯有人類才是建立國家的要角。而人類相互訂定社會契約，完成國家的建立。根據契約，人類有義務將他們在自然狀態中享有的所有權利，無條件地讓渡給統治者，並且不能違抗統治者的意旨。從霍布斯《利維坦》的書名，便可想像霍布斯所設想的國家。

「利維坦」是《舊約聖經．約伯記》裡的一頭怪獸。諷刺的是，只有上帝才能親手收拾牠。那麼，建立一個強大而讓人望而生畏的利維坦國家，究竟有什麼好處呢？霍布斯確信，唯有這樣的一個國家才有能力帶來人類渴望的和平，並且確保個人與群體的幸福。霍布斯的和平指的是沒有戰爭。在經歷過三十年戰爭、荷蘭的獨立戰爭以及英國內戰洗禮之後，霍布斯對沒有戰爭的和平，自然又是另一番感受。

不過可想而知，霍布斯的想法處處碰壁。致力追求美德的清教徒批評霍布斯的論點危險。霍布斯則認為，在致力普遍和平與安全的國家中，道德與信仰只是個人的私事，與公共事務無關。英國國教會也駁斥霍布斯的建議，認為他的理論將使英國國教會被擠壓到政治舞台的邊緣。此外，霍布斯描述那些人與人的關係，以及人與上帝的關係，則完全背離了英國國教會的基本思想。就連國王的追隨者也藐視霍布斯的國家學說。因為霍布斯不再承認數世紀以來被視為理所當然的君權神授。最後議會也對霍布斯的說法感到憤怒，因為霍布斯將國家置於議會之上，根本就是要提倡專制。

霍布斯的國家模型所引來最關鍵的批評，應該是他主張的社會契約。國家的義務究竟在哪裡呢？國家能為這樣的契約帶來什麼好處嗎？因為根據霍布斯的說法，在這個契約中，國家或統治者根本就是單純的受益者，即便他們忽略了義務，也不會因此喪失權利。相反地，公民們將他們的權利不可逆地讓渡出去，倘若他們想要逃避義務，國家隨時都能透過制裁的方式迫使他們就範。雖然看起來並不合理，然而，那正是霍布斯所要的，只要別讓戰爭再回來！

論者常批評霍布斯說他的思想為專制主義完成了理論證明。在專制主義的統治下，國王握有所有的權力，既不受制於議會，也不受制於貴族與教士等階級。在霍布斯的時代，專制主義由來已久。例如，十五世紀法國的路易十一世。

不過世人實在不該高估霍布斯對專制主義的重要性，因為除了霍布斯以外，還有另一位法國人讓・博丹（Jean Bodin, 1529-1596）激化了專制主義的發展。博丹曾經先於霍布斯嘗試證明：歐洲在專制主義統治下，實現了最好的國家形態。

然而專制主義的信徒其實還是相信君權神授的那一套，與霍布斯的主張相去甚遠。霍布斯的觀點與荷蘭人格老秀斯（Hugo Grotius, 1583-1645）的觀點較為接近。格老秀斯認為，共同生活與法制的基礎在於，承認人類與國家的生存權利。霍布斯對此的片面同意，為日後的革命者與極權主義（Totalitarism）政府提供了哲學的理論證明。革命者與極權主義政府皆託辭是為了國家多數利益，而呼籲建立一個強大的國家。

歸根究柢，我們不能忽略霍布斯思想中的多層性、革命性以及歧義性。霍布斯是最早將人類認知為個人的中歐哲學家。另外，霍布斯將和平的特權放在國王的特權之前，為國家存在的合理性賦予了新的意義。此外霍布斯認為驅策世界前進的動力是人類求生的欲望而非上帝，霍布斯也促使了國家與教會分離。

高齡九十一歲的霍布斯，在卡文迪許男爵的一處宅第裡過世。據說臨終時他並未召喚神職人員前來。霍布斯的墓碑素淨，不帶任何基督教的符號。不過他應該曾短暫考慮過，這句墓誌銘：「這是一塊真正的智慧之石。」但是最後正如他所說的，他只是很高興「找到一個洞，爬出這個世界」。

33 朕即國家

I am the state.

路易十四世（Louis XIV., 1638-1715）

每當法國國王路易十四世在晨曦中醒來，國王的寢室裡早已聚集一群寵幸者，出席國王的更衣儀式。

這位太陽王的「起床」是一場國家級的活動。受路易十四世恩寵的人，不僅可以目睹國王起床，更可以觀賞國王每天例行的活動。能夠參與國王起床活動，讓所有在寢室的人與有榮焉。宮廷的侍臣們總是彼此妒嫉、算計、爭寵。誰能獲准參與「起床」儀式呢？誰有榮幸為國王照鏡子呢？誰能幸運地被國王賞賜一條他用過的手帕呢？總而言之，誰站在什麼地方、看到了什麼，而誰又被賞賜了些什麼，都是爭寵的重點。因為從這些地方就能看出，什麼人在凡爾賽宮這個小宇宙裡有什麼份量，而眾人又各以多近的距離在環繞著國王這顆太陽。

路易十四世並非以才華出眾或慈善著稱。若是將路易十四的各種風評和其他君主相比，他們只足以在史書上留下一點眉批而已。路易十四世個性好出風頭、以自我為中心，堅信自己是上帝所揀選的人。路易十四世非常自我膨脹，而世人記錄了他的種種負面形象。

路易十四世是位耐人尋味的人物。在他出生與死亡的時候，人們都同樣嘆息道：「終於！」路易十四世出生時，他的父親路易十三世（Louis XIII.）如釋重負地嘆一口氣說：「終於！」在與奧地利的安妮（Anne d'Autriche）結褵了二十二年後，他的妻子總算為他產下王位繼承人。未來將成為第十四位以路易為名的法國國王，在他幼年時，人們便說他是「上天的恩賜」（Le

Dieudonné）。路易十四世不滿五歲時，他的父親便駕崩了，由母親攝政。實際的政務則交給他母親的情人樞機主教馬扎然（Jules Mazarin），而他從未經過祝聖儀式。在馬扎然的帶領下，法國一躍成為歐洲的軍事強權。然而法國內部卻開始發生動亂，部分貴族群起反叛，史稱「投石黨運動」（Fronde）。年少的路易十四世在叛亂中形同被囚禁在巴黎的皇宮，在羅浮宮裡擔心自己的生命安危。歷經了叛亂風暴之後，路易十四世恨透了巴黎，並且從暴亂中學到了教訓。而日後凡爾賽宮的興建，應該與這次的事件有著密切的關係。

路易十四世是否確實說過「朕即國家」（L’état c’est moi）呢?據說，一六五五年四月十三日，在巴黎議會前流傳著「朕即國家」一語。當時投石黨運動已經銷聲匿跡了兩年多，而十七歲的路易十四世，也在一年前加冕為法國國王。只不過距離路易十四世親政還有一段時日。在這段期間，路易十四世對西班牙的戰爭發出許多詔書。西班牙的戰事已經延續二十幾年，近來情勢又再度緊張，因此國庫必須提撥大筆經費，以支應軍事開銷。然而部分議員卻要求要審查。開會當天，路易十四世進入會場時，刻意捉弄了一下議會，他所穿的並不是符合禮儀的正式服裝，而是隨便的一套狩獵服。當議會主席論及戰爭開銷與國家利益兩者之間的關係時，路易十四世隨即高喊出：「朕即國家！」現在則被用來諷刺專制獨裁，或是暗指無限擴權。

凡爾賽宮可說是路易十四世自我定位的明證。這座皇宮不僅滿足路易十四世的虛榮心，更徹底貫徹他的權力。一六六三年，馬扎然逝世兩年之後，路易十四世開始興建凡爾賽宮。皇宮的原址，本來有座小的狩獵行宮，可是路易十四世打算在此興建一座龐大的宮殿。接下來，路易十四世耗了近二十年的光陰，才將他的宮廷搬進凡爾賽宮，在此建立一個國中之國，超過四千位的侍臣與路易十四世同居於此，超過一萬五千名的僕役照顧他每日的生活所需。

雖然凡爾賽宮離首都巴黎不遠，可是這裡卻可以遠離首都政治圈的那些陰謀詭計。路易十四世在凡爾賽宮打造起自己的統治圈，並時時留心如何控制這個統治圈。任何人想要出人頭地，都得先到這個宮廷來，想辦法在宮廷中任職，爭取國王的寵信。全國各地難以羈束的貴族們一個一個都被腐化成宮廷的貴族。借助宮廷的禮儀，路易十四世終於讓這些貴族們全都趨附於他。宮廷裡的貴族們被迫身著華服，光是貴重衣物的支出，就耗掉許多可觀的銀兩。為了支應宮廷生活的開銷，貴族們無不趨之若鶩於有利可圖的職務，還有國王恩賜擔保的食宿。路易十四世老練地駕馭他一手打造的宮廷。法國上下有才之士，無不依附於太陽王的權勢。

「起床」儀式只是路易十四世每日行程的開始，而這些行程則經過嚴格地規定。起床之後，要進行早課，只有路易十四世一人在祭壇前祈禱，眾人只能在一旁觀看。祈禱結束後，路易十四世便率領一眾人馬穿過鏡廳（Galerie des Glaces）。當時就連男子也習慣穿高跟的鞋子，看起來更挺拔，走起路來也更氣派、尊貴。鏡廳裡早就有一群請願者與侍臣正恭敬等候，路易十四則會和藹地在四處巡走站定，此時國家政務正呼喚他。雖然路易十四世天生極無耐性，但仍有辦法讓有能力的大臣們簇擁著他。有一回馬車剛好及時趕到，他竟咬牙切齒地大罵：「差點就要讓我等了！」眾位大臣之中，柯爾貝（Jean-Baptiste Colbert）是一位聰明機智的財政大臣，他總能一再地充實國庫。此外，米歇·特里耶（Michel Le Tellier）及其子法蘭索瓦（François Michel Le Tellier，為盧瓦侯爵〔Marquis de Louvois〕）則善於組織與操作戰爭。在大臣的幫助下，路易十四世盡情追逐他擴張版圖的夢想。路易十四世在位期間，法國幾乎每天都在打仗。一六六七年，路易十四的軍隊入侵西班牙所屬的尼德蘭，也就是今日的比利時，後世稱為「權力移轉戰爭」（Guerre de Dévolution）。一六七二年，路易十四世又試圖征服荷蘭，荷蘭人以決堤的手段阻止了法軍的侵略。一六八一年，路易十四的軍隊則在德國邊境爭奪史特拉斯堡。一六八八年到一六九七年，路易十四舉兵進攻庫法爾茲選侯國（Kurpfalz）。一七〇二年到一七一四年，路易十四世投入了曠日持久的「西班牙王位繼承戰爭」（Guerre de Succession d'Espagne）。儘管路易十四積極擴張版圖，最後都徒勞無功。更糟的是，即便身邊有像柯爾貝這樣能幹的財政大臣，但路易十四世如此好大喜功、揮霍無度，國庫最終只能告罄。

路易十四世與大臣們通常從上午九點開會到中午十二點。會議結束後，路易十四世會先做一次禱告，接著再享用午餐。試食官會注意餐點是否合國王的口味。在用餐過程中，掌酒官與掌禮官會以陶醉的語調大聲宣告國王的一舉一動，例如：「國王進食了！」或是「國王飲酒了！」到了下午，路易十四世便會展開一連串的娛樂活動，有時狩獵，有時出遊，有時則是去找他的情婦蒙特斯龐夫人（Madame de Montespan）。傍晚時分，宮裡經常施放煙火，偶爾也會舉行舞會或芭蕾舞表演，路易十四世有時甚至會親自上台表演芭蕾舞，客串演出太陽神阿波羅。正如晨間的「起床」儀式，國王的「就寢」儀式也要很莊重進行。而在「就寢」儀式完成後，侍臣們才總算可以各自退下休息，結束疲憊的一天。

凡爾賽宮不僅是全歐洲宮廷生活的典範，更是上流文化的寶庫。歐洲上流社會都爭相複製凡爾賽宮，諸如：建築、花園的幾何設計、經過馴服與控制的自然環境、華麗的服飾以及夜夜笙歌的生活等。舉凡接觸過凡爾賽宮的歐洲王侯，皆會自慚形穢。然而，災難卻在不知不覺中降臨。不斷追求奢華，專注個人享樂，使得貴族們對外頭的世界漠不關心。在法國鄉間有成千上萬的人饑寒交迫，宮廷裡的人卻渾然不覺。一七一五年，路易十四世駕崩，當時法國財政敗壞至極，而柯爾貝早已作古多年。據說柯爾貝是在哀傷中過世，他感嘆自己的影響力日益式微，無力勸阻這位越來越好戰與揮霍無度的國王。就在這時，出現了一批機靈的財政魔術師，如蘇格蘭人約翰．羅（John Law）等人，他們提出新的點子，設法讓窘困的國家財政得以翻新，包括發行紙幣與舉債。儘管約翰．羅等人最終還是搞垮了法國的財政，但路易十四世辛苦建立的專制主義卻依然屹立不搖。法國宮廷在夢幻的世界中，繼續安穩地渡過了數十年。一直要到十八世紀末，法國各地的人民才以革命回應了路易十四世的「朕即國家！」這場革命大聲地道出了人民的心聲：「人民才是國家！」

34 自由放任！

Laissez-nous faire!

皮耶．德．布阿吉爾貝爾（Pierre de Boisguilbert, 1646-1714）

法國國王路易十四世在位期間，柯爾貝是法國行政最高官員。他十分能幹，總能設法讓國庫充實。而柯爾貝的工具並非一般常見的提高稅率或是開徵新稅，而是另一個成功的祕密武器，那就是「重商主義」（mercantilisme）。「重商主義」源自法文「商人的」（mercantile），意指純粹以商人的眼光去治理國家。對柯爾貝而言，法國就像一間不斷生財的工廠。

重商主義者的目標是貿易順差，減少進口，擴張出口，以貿易順差充實國庫。因此，外銷貨物應該盡量提高價格，並且盡可能進口少量而便宜的貨物。國家可以獲得龐大的利益，可是並非為了人民，而是為了國家本身、為了戰爭、甚至是為了宮廷或國王個人。難怪重商主義會是專制主義時代的產物。在那種時代裡，國王的統治完全不受限。

從一六六一年到一六八三年，柯爾貝在法國呼風喚雨，對國家經濟財政有很大的影響力。他採取的重商主義被稱為柯爾貝主義（colbertisme）。為了降低國內運輸成本，柯爾貝取消道路以及橋樑的關稅，並且廣修運河，例如米迪運河（Canal du Midi，又稱南運河），使貨物能夠順利從地中海運往大西洋。另一方面，柯爾貝鼓勵法國商人生產高價商品，藉以在國外賺取高額利潤。上等的材料、貴重的家具、酒、乳酪以及金屬工具，都是符合要求的熱門外銷商品。此外，柯爾貝更大舉吸引海外專業人才來法國，而他派駐在歐洲各國的法國間諜，也隨時回報其他國家的動態。柯爾貝不僅大力支持法國的外銷手工廠，甚至只要有人願意開設工廠，不論商品是內銷還是外銷，都能得到大筆財務援助。與此同時，柯爾貝則以高額的進口關稅抑制外國商品進口。

以國家的力量控管的經濟，儘管讓國王的財富增加，讓更多的手工廠興起，但是也很快地曝露出問題的陰暗面。高額的關稅阻礙了法國與其他國家的貿易往來。此外，商人也常受到國家的掣肘，哪些貨物有利國家發展之類的問題，常困擾著商人。另一方面，柯爾貝明顯不關心國內經濟，嚴苛的稅制未見改善，使得人民背負沉重的賦稅壓力，可是貴族與教會卻享有許多賦稅優惠。此外，農民始終只能依附地主，而手工業者與商人也受限於行會與公會。

傳說在一六八〇年的某一天，柯爾貝找來許多商人，並詢問他們，有什麼是他能為商人做的，好讓他們的生意能夠更好呢？商人當中有一位名叫勒讓德（Legendre）的人鼓起勇氣回答說：「請您放手，讓我們自己做就好！」（Laissez nous faire!）

我們無法證實這個故事的真實性。倘若屬實，那麼那一刻可說是「自由放任」（laissez-faire）主義的誕生時刻。此後，「自由放任」的概念在每個經濟問題的討論中都不曾缺席。直到今日，這句話還是以法文的形式流傳，指稱國家的經濟態度，放手讓配經濟的力量自由發揮。

當時出色的經濟思想家並非全都是重商主義的信徒，即使是在法國也一樣。非重商主義的信徒當中，有一位名叫布阿吉爾貝爾的人。布阿吉爾貝爾受過很好的教育，自一六八九年起，曾陸續在他的家鄉魯昂（Rouen）出任過法官、警務人員與市長等職務。直到去世為止，他一直擔任公職，而這也讓他變得富裕。

不知從何時起，布阿吉爾貝爾開始研究經濟問題。一六九五年，他匿名出版了《細看法國》（*Le détail de la France*），在書中討論法國艱難的經濟處境：雖然國王的宮廷擁有足夠的金錢，外銷經濟也持續發展，可是國內的鄉村地區處境依然艱苦。農業依然是法國經濟的核心，卻日益沒落。布阿吉爾貝爾認為，最主要的原因是穀物禁止出口，因此布阿吉爾貝爾呼籲調降關稅，此外更應該終結國家的重商主義對經濟活動的干預。一七〇七年，布阿吉爾貝爾再出版《法國記實》（*Factum de la France*），書中的一段話：「除了順其自然、放任自由，沒有別的事了。」（**Il n'y avait qu'à laisser faire la nature et la liberté.**）在經濟理論的文獻中，布阿吉爾貝爾的一席話是自由放任主義思想的濫觴。

後來有一群學者發展出與重商主義相對的另一種思想，他們以「自由放任」為口號，他們的思想稱為「重農主義」（physiocratie，源於希臘文，意即自然的統治）。重農主義最重要的代表人物，當推法蘭索瓦．魁奈（François Quesnay），他是龐巴度夫人（Madame de Pompadour）以及法國國王路易十五世（Louis XV.）的御醫。魁奈認為，經濟問題不能夠單獨來看，它就像身體的血液循環，必須就整個循環過程去觀察。當人們讓貿易、貨幣以及商品自由運作時，就會像自然界自行調節系統依樣。因此，重農主義者順理成章地以「放任它們，順著它們！」（Laissez faire, laissez passer!）作為其座右銘。這段用來宣傳自由放任主義的名言是由古內侯爵（Marquis Vincent de Gournay）改寫而成。當初布阿吉爾貝爾在寫下他的那段話時，古內尚未出世，而一七一四年，布阿吉爾貝爾去世時，古內也才只有兩歲大。

重農主義者相信，讓經濟憑著自己的力量運作，才能獲得最好的發展。相反地，就算有一個最棒、最聰明的人在為經濟掌舵，最終的結果還是會令人失望。重農主義的立場使他們成為古典自由經濟學說的先驅。一七七六年，蘇格蘭的亞當．斯密（Adam Smith）出版《國富論》（*An Inquiry into the Nature and Causes of the Wealth of Nations*），為古典自由經濟學說奠定基礎。亞當．斯密創造了一個類似的概念，稱為「看不見的手」（invisible hand）。若是人們能讓這隻「看不見的手」自由運作，它就能保持平衡。亞當．斯密發表《國富論》，可說是歐洲思想史上影響最深遠的事件。同年，法國財政大臣杜爾哥（Anne-Robert-Jacques Turgot）因為誤陷宮廷陰謀而被免職。他是重農主義的重要人物，也是「放任它們，順著它們」的信徒。在柯爾貝逝世一百多年後，杜爾哥以最高財政監察官的身分，試圖改革柯爾貝留下的系統。然而，杜爾哥的改革不僅來得太晚，也不夠徹底，因此到了一七八九年時，法國在柯爾貝根深柢固的重商主義系統下，政經局勢已經緊繃到了臨界點。最後，這樣的緊張關係終於轉化成一個劃時代的大事件，這個大事件正是法國大革命。

35 大洪水就在我們身後！

After us, the deluge.

龐巴度侯爵（Marquise de Pompadour, 1721-1764）

雖然冷靜而優雅的舉止早已是她的第二天性，可是聽聞這個令人震驚的消息，龐巴度夫人還是不免驚慌失措。從眼眶泛出的淚水，將她所費不貲的白色濃妝給弄花了，但即使如此，仍然無法掩蓋她的美麗。她有著吹彈可破的柔滑肌膚，高挺的鼻子，施以深紅胭脂的可愛雙唇，以及深邃迷人的大眼睛。過去不知道有多少包括國王在內的男子，拜倒在她的石榴裙下。此外，龐巴度夫人還受過良好教育，天資聰慧，憑藉著自己的智慧與膽識操控著法國國王路易十五世的宮廷。她手底下無數寵臣鞏固了她的影響力。然而災難卻降臨了，就在一七五七年十一月五日，在距離法國十分遙遠的圖林根、羅斯巴赫（Roßbach）附近，法國的軍隊及其盟軍慘遭敵人殲滅，對手是普魯士的國王腓特烈二世（Friedrich II.）。法軍的兵力雖然比普魯士多出了一倍，可是法軍裝備簡陋，而且完全沒有組織，腓特烈二世的騎兵只花了兩個小時便將對手打得潰不成軍。普魯士國王說：「簡直就像在散步一樣！」

沉重的打擊使得龐巴度夫人數夜未能成眠，當她漸漸回神時，害怕地說：「大洪水就在我們身後！」（**Après nous le déluge!**）此語便烙印在歷史的記憶。當時的龐巴度夫人究竟在想些什麼呢？她是否知道她的挫敗在國際政治的意義嗎？英法為了角逐世界霸權，不僅僅在歐洲，更在世界各地開闢了許多戰場，而德國也是諸多角力舞台中的一個，英國拉攏普魯士，法國則與奧地利結盟，「七年戰爭」已來到第二個年頭。

著，龐巴度夫人有計畫地進入巴黎上流社會，更在一次狩獵當中邂逅了法國國王路易十五世，因此成了國王的情婦。於是龐巴度夫人與她原先的丈夫結束了婚姻關係，被冊封為龐巴度侯爵。龐巴度夫人能在宮廷中崛起，不僅僅是憑藉她的美貌，她的能力以及對權力的直覺，更是成功的關鍵。龐巴度夫人可以替國王跟宮裡的侍臣來往，減輕他的社交負擔，國王本人也樂得輕鬆。很快地，龐巴度夫人便藉機操控國王對臣子的寵信，建立屬於自己的人脈，許多重大的決定，她也都能參與其中。有時候大臣們在向國王報告之前，甚至還會先去請示她，而國王也經常言聽計從。

羅斯巴赫一役法軍慘敗的消息傳來時，龐巴度夫人已經年近三十六歲，而且在六年之前，她便已經不再是國王的情人。她心裡有數，她的權力不可能一直建立在美貌上。不過，至少此時在法國宮廷的藝術、服飾、戲劇以及政治圈，她依然獨領風騷。她資助啟蒙思想家，如伏爾泰與愛爾維修（Claude-Adrien Helvétius）。此外，她也熱情支持狄德羅（Denis Diderot）與達朗貝的百科全書編纂工作。在法軍慘敗的前一年，龐巴度夫人被任命為王后瑪麗．萊辛斯卡（Marie Leszczy ska, 1703-1768）的宮廷貴婦，瑪麗是波蘭國王斯坦尼斯瓦夫．萊辛斯基（Stanis aw Leszczy ski）的女兒。一七二五年，瑪麗與當時年僅十五歲的路易十五結婚，生下了十個小孩。不過，她與國王並無愛情可言，而多年來，瑪麗一直退居宮廷的社交圈。相反地，龐巴度夫人卻攀上人生的高峰，她的身份雖是平民與情婦，卻榮任宮廷貴婦的要職。有鑒於國王信仰虔誠，龐巴度夫人特地找了一位告解神父。她接見客人的場景，也不再是在梳妝台邊濃妝艷抹，而是在專心莊重地刺繡。龐巴度夫人深知，在宮廷裡得要準確地察言觀色，這有時甚至攸關性命。然而，羅斯巴赫一役之後，一切可能毀於一旦。她還能在她的位子上待多久呢？她寵信的蘇比斯親王（Charles de Rohan, prince de Soubise），竟然吃了敗仗。況且法國與奧地利兩國的結盟還是她一手促成。如今法軍慘敗，宮廷裡反對結盟的人恐怕不會善罷干休。接下來會如何呢？是否還會有更糟的事情在等著她呢？

的確，更糟的事發生了。一七六三年，七年戰爭總算落幕，法國失去大部分版圖，其中重要的原因便是在於與奧地利結盟，使得法國的許多兵力牽制在歐洲，無法抽身前赴海外馳援，致使加拿大與印度等屬地最終盡皆落入英國之手。一七五八年，龐巴度夫人寵信的舒瓦瑟爾公爵（Étienne-François de Choiseul d'Amboise）成為法國最有權勢的大臣，竟與英國簽下了災難性的和約，合約中只為法國爭取到安地列斯（Antillen）與加拿大附近的幾個小島，舒瓦瑟爾公爵厚顏無恥地宣告英國的勝利。

戰爭結束一年之後，龐巴度夫人因為肺結核病逝，享年四十二歲。在她缺席的凡爾賽宮，勾心鬥角的宮廷生活一如往常。龐巴度夫人脫口而出的那句名言表達了她當時的憂心。社會漸漸敗壞，儘管有許多人都覺察到法國經濟與社會的嚴重問題，可是宮廷卻依然視若無睹，特別是上層的統治階級仍然事不關己。

歷史告訴我們，沒有能力改革的社會總是會比其他的社會更快被淘汰，當時的法國正是如此。在睡眼惺忪當中，專制主義的法國錯過了轉變的機會，還一直天真地以為，法國能繼續這樣下去。然而，距離法國大革命終結專制的日子，只剩下短短不到三十年的時間了。

36

每個人都應該依照自己的方式上天堂

Let every man seek heaven in his own fashion.

腓特烈大帝（Friedrich II., der Große, 1712-1786）

普魯士國王腓特烈．威廉一世（Friedrich Wilhelm I.），這位強勢的父親，這位被稱為「軍人國王」（Soldatenkönig）的君主終於駕崩了。一直以來，他的兒子就不斷渴望著，如今他總算能夠登上王位。一七四〇年，腓特烈．威廉一世的兒子腓特烈二世繼位為普魯士國王。依照經驗，每回有新君登基，就會有人想試試運氣，看看能不能讓胎死腹中的案子起死回生。這一回也不例外，一七四〇年六月二十二日，新上任的普魯士國王腓特烈二世同樣也收到了一大堆陳請書與申請書，當中包括他的國務部長以及教會監理會主席的上書。兩人欲請示與天主教相關的問題：信奉新教的普魯士該不該將天主教的學校關閉呢？年輕的國王以他慣用的眉批裁示說：「所有人都應該對各種宗教保持寬容，檢察官也應該對此特別注意，不允許有任何人以此傷害別人。因為從今以後，每個人都將依照自己的方式上天堂。」

仔細推敲腓特烈二世的裁示，不難發現其中令人玩味的真意。不僅僅國家要對所有宗教採取寬容的態度，就連各種教派本身也不允許去欺壓與妨礙其他宗教的發展。直到今日，腓特烈二世裁示的「每個人都應該依照自己的方式上天堂」，依然存在我們的日常用語，也透露了新君當時的態度與心境，而當時的整個歐洲也都寄希望於腓特烈二世的登基。法國啟蒙運動的代表人物伏爾泰曾經在腓特烈二世登基的四年之前寫信給他。伏爾泰在信中對腓特烈二世說：「在這個世界，我終於見到一位把自己當成是普通人的貴族，他是一位貴族哲學家，將為人類帶來福祉。」

腓特烈二世天生瘦弱，與他的父親正好相反。他的父親窮兵黷武，對兒子腓特烈二世在哲學、音樂與時尚的愛好，完全嗤之以鼻。對腓特烈．威廉一世來說，他所能接受的「藝術」僅止於將禁衛軍裡的一些高大士兵，也就是所謂的「長人」（langer Kerl），繪製成油畫來欣賞。腓特烈．威廉一世一心要將他的兒子訓練成軍人兼行政專家。有時腓特烈．威廉一世逮到他兒子在偷讀一些詩作，他甚至會用拉窗簾的繩子去勒住他兒子的脖子，氣急敗壞地教訓他一頓。儘管如此，腓特烈二世深受洛可可（Rococo）優雅的生活態度吸引，還會私底下偷偷練習吹奏長笛，甚至閱讀一些與啟蒙運動有關的作品。不過這樣的生活方式很快就讓腓特烈二世債台高築，他的父親聞訊，氣得在官員面前用棍棒痛毆他一頓。

腓特烈二世決定要離家出走。他與他的朋友漢斯（Hans Hermann von Katte）密謀偷渡英國。不久後，腓特烈．威廉一世將這兩人給逮住，盛怒之餘，腓特烈．威廉一世甚至要以通敵叛國的罪名將他的兒子正法。幸好軍事法庭拒絕處死王儲，可是腓特烈二世的朋友漢斯就沒那麼幸運了，為了平息腓特烈．威廉一世的怒氣，他終究難逃一死。漢斯被斬首，而腓特烈二世則被迫觀看行刑過程。此後腓特烈二世被囚禁在居斯特林（Küstrin）要塞，生活條件十分惡劣，他也在此受盡了屈辱。最終父子兩人言歸於好，腓特烈二世也公開向他的父親輸誠。此後他開始接受父親的指導，一步一步熟悉國家政務，並且某種程度地承認了他父親的統治方式。而腓特烈．威廉一世也釋出善意，將萊茵斯貝格宮（Schloss Rheinsberg）送給他的兒子。一七三六年到一七四〇年間，腓特烈二世在這裡度過了幾年的幸福時光。腓特烈二世邀集了許多好友前往萊茵斯貝格宮，包括了伏爾泰。他們齊聚討論哲學、吟詩作賦、彈奏音樂、研究科學，沉浸在無憂無慮的知性社交裡。腓特烈二世滿懷著對啟蒙運動的憧憬，並且反對馬基維利的思想。馬基維利認為，執政者為了保持與擴張權力，可以並且甚至應該做些違法的事。對此腓特烈二世特地寫了一本名為《反馬基維利》（*Anti-Machiavell*）的書，來反駁馬基維利的論調。

腓特烈二世執政初期，自由的希望似乎露出一點曙光。雖然腓特烈二世並不懷疑君權神授，也並不質疑專制主義的正確性，可是他對於國王的職位賦予了嶄新的意義，認為自己是「國家的第一公僕」（erster Diener des Staates）。在登基後，腓特烈二世廢除了刑求，甚至某種程度上保障了新聞自由，並且將原本嚴刑峻罰予以放寬。湯瑪斯．霍布斯在《利維坦》中描繪的理想國家，似乎就體現在腓特烈二世身上：權力的擁有者盡全力照顧所有公民的安全與幸福，而所有公民也心悅誠服地臣服於他們的君主。

一時之間，「軍人國王」似乎被「哲學家國王」取代。可是腓特烈二世開始耗費鉅資擴張軍備，從原本的八萬人擴充到九萬七千六百人的規模（當時普魯士軍隊的規模是全歐排名第四大，但是當時普魯士的人口總數在全歐僅居第十二位），幾乎沒有人不為他的舉動感到不安。腓特烈二世解散了由「長人」組成的部隊，一些人開始以腓特烈．威廉一世的例子來自我安慰。他們認為，腓特烈二世的舉動，只是在打造供他把玩的木馬，而不是為了角逐權力的真槍實彈。對腓特烈．威廉一世來說，校閱整齊行進的部隊比什麼都來得重要。若非盟軍要求、萬不得以的情況下，腓特烈．威廉一世絕對不會輕易出兵。窮兵黷武的腓特烈．威廉一世認為，和平是至為神聖的，他甚至還曾經書面訓示他的兒子、他「親愛的繼承人」，為了對上帝負責，絕對禁止發動不義的戰爭。然而諷刺的是，讓普魯士落入了長年無情且殘酷的戰爭漩渦裡的不是「軍人國王」，而是「哲學家國王」。就在腓特烈二世登基幾個月後，戰爭開始來敲普魯士的門。一七四〇年十月二十一日，日耳曼民族的羅馬皇帝查理六世（Karl VI.）於維也納駕崩，在腓特烈二世眼中，正是從奧地利手中奪取西里西亞（Schlesien）的天賜良機，於是腓特烈二世便將旌旗指向西里西亞。這位《反馬基維利》的作者、這位曾經對「目的可以合理化手段」嗤之以鼻的君主，早就將前事忘得一乾二淨。

腓特烈二世初戰告捷，但那只是一連串的西里西亞爭奪戰的序幕。第二場戰爭接踵而至。直到一七四五年年底，腓特烈二世連戰皆捷。在這榮耀時刻，人們開始稱呼腓特烈二世為「大帝」（der Große），而他也再度回歸啟蒙運動的陣營。他對仍然依附於國王的司法制度進行改革，給予司法更多獨立自主的空間。此外他以宗教寬容為手段，藉此徹底完成普魯士的建國大業。毫不費力的情況下，腓特烈二世成功統一信奉天主教的西里西亞。腓特烈二世更准許境內土耳其移民興建屬於他們自己的清真寺。此外腓特烈二世高喊的宗教寬容也落實在他的軍隊裡，他的波士尼亞（Bosna）長槍騎兵隊同樣受到伊斯蘭信仰的庇佑。而在一七七三年被教宗所解散的耶穌會，則在腓特烈二世所統治的王國裡持續地活躍，而普魯士也因耶穌會開設的許多學校而獲益良多。不過在一片宗教寬容的氛圍中，猶太人的處境卻始終十分艱困。雖然他們未曾遭到驅逐，但在西元一七五〇年所制定的《猶太人基礎條例》（*Generaljudenreglement*），卻將他們列為整個社會的最底層。

一七五六年，爆發了後來所謂的「七年戰爭」。嚴格算起來，這場戰爭只是英、法兩國在全世界巡迴爭奪戰當中的歐洲賽。不過，在德國這場戰爭牽涉到奧地利與普魯士的龍頭地位之爭。

腓特烈二世欲主動出擊，將重新改寫這問題的答案。然而他很快就面臨到歐陸列強的挑戰。奧地利、法國以及俄國等強敵環伺，腓特烈二世領導的普魯士幾乎是孤軍奮戰，從英國來的短暫奧援只不過是杯水車薪。歷經初期的光榮勝利後，慘敗隨之而來。面對戰事的煩惱，腓特烈二世唯一所能做的就是祈禱奇蹟出現，拯救他的王國於傾覆之間。十分耐人尋味的是，後來被稱做是「布蘭登堡王室的奇蹟」（Wunder des Hauses Brandenburg）真的發生了。就在一七六二年年初敗戰之後不久，腓特烈二世的大敵俄國女皇伊麗莎白一世（Elizabeth I.），突然在一月五日駕崩。她的繼位者沙皇彼德三世（Peter III.）對於腓特烈二世極為推崇，在他掌政後不久，便下令俄國停止一切對普魯士的戰事。與此同時，英軍也在海外各地大敗法軍，迫使法國提出和議。在這些及時雨的滋潤下，一七六三年二月十五日，在胡伯圖斯堡和約（Frieden von Hubertusburg）中，腓特烈二世總算確保了先前所佔領的西里西亞。

經年累月的大戰讓腓特烈二世提早老化，剛年屆五旬的他深受痛風所苦。然而，腓特烈二世卻未因此對普魯士的建設有所懈怠。腓特烈二世深入各省區進行考察之旅，令各地官員膽戰心驚。這位長年穿著一襲磨損嚴重的藍色制服、人民口中暱稱為「老弗里茨」（Alter Fritz）的君主，卻是越發地受到人民的愛戴。民間流傳著許多關於腓特烈二世的軼事，人們談論他的寬容、他的能力、甚至他在公開場合中所表現出的親和力。事實上，腓特烈二世卻幻想自己無所不知，他只相信自己，不相信別人，並且容不得一點反駁，他甚至塑造出社會某種盲從的氛圍。有一回，腓特烈二世不曉得自己下一步該如何繼續，於是便在對內閣下達的指令中，對自己的施政缺失抱怨道：「統治一堆奴隸，真的是讓我感到好累！」

腓特烈二世於高齡七十四歲時與世長辭，他去世於波茨坦（Potsdam）的無憂宮（Schloss

Sanssouci）。內政方面，他以長期的宗教寬容，獲得了開明專制的美譽。然而外交方面，腓特烈二世可說是個徹徹底底的「軍人國王」。

37 人生而自由，卻處處縛於枷鎖
Man is born free, but he is everywhere in chains.

盧梭（Jean-Jacques Rousseau, 1712-1788）

法國的啟蒙運動除了伏爾泰之外，盧梭應該是最重要且影響最大的哲學家。因此，人們或許會直覺地想到，盧梭應該是位理性的鼓吹者。然而盧梭卻是一位理性的征服者，對他而言，純粹的理性一點也不重要。盧梭極為感性，沒有任何一位哲學家像他那樣在作品裡感情充沛，反映出不安定的生活背景，他或許是所有偉大的思想家當中最感性的。

盧梭在三十七歲一舉成名以前，飽嘗顛沛流離的歲月。盧梭出生於瑞士的日內瓦，母親早逝，由父親一手帶大。盧梭的父親是個鐘錶匠，在盧梭幼年時，他的父親便引領他領略文學之美。待盧梭年齡稍長之後，他的父親便將他託付給一位喀爾文教派的牧師。此後盧梭又被送去當銅版雕刻的學徒，然而當時年僅十六歲的盧梭卻選擇了逃跑，被一位好心的女士收留，她家境富裕，比盧梭年長了幾歲，因此成了盧梭的替身母親兼情人。在她的影響下，盧梭從原本的喀爾文教派改信了天主教。然而兩人共同度過了十三個年頭之後，盧梭還是離開了她。一七四一年，盧梭隻身來到巴黎，很快打入當地的知識圈。起初盧梭撰寫了一些音樂理論作品，並且擔任法國駐威尼斯大使的祕書。重返巴黎之後，盧梭邂逅了一位洗衣女工，兩人同居二十年之後才結婚，期間盧梭和她生了五個孩子，可是盧梭卻將他們統統送進孤兒院。我們很難相信，盧梭竟然在他日後的著作裡細說他不幸的童年往事，而他的《愛彌兒》（*Émile ou de l'éducation*）甚至成為最有影響力的教育文學。

盧梭可以算是一夕成名，而他的成名作品則是回應第戎科學院（Académie de Dijon）有獎徵答活動的一篇論文，這篇作品於一七五〇年付梓。當時第戎科學院出了一道題目，請有興趣的人針對「藝術與科學是否能夠敦風化俗呢？」一題發表文章。盧梭的答案出乎意料，就他看來，藝術與科學根本談不上能夠改善道德或社會，相反地，它們其實是社會衰敗的象徵。盧梭認為，藝術與科學只是用來遮掩社會的不正義，若是所有的人都處於他們與生俱來的自由狀態，那麼人人都是平等，根本不需要藝術與科學。因此盧梭總結道：「素樸、天真與貧乏」才是唯一能「促進幸福生活」的事物。盧梭的論文為他贏得了首獎。

早在這篇論文當中，盧梭就已經喊出了這句名言：「回到自然！」勸告大家返回人類原始狀態，自由地生活。這句話總結了盧梭得獎的作品和哲學。

盧梭的論文在全國造成轟動。不久之後，第戎科學院又提出了另一個有獎徵答的題目：「人類的不平等是如何造成的呢？這些不平等是否早已存在於自然狀態中呢？」對此，盧梭又再度撰寫了另一篇文章回應。盧梭將不平等的情況分成兩種，一種是生理、自然方面的不平等，另一種則是政治、道德方面的不平等。前者是與生俱來的，例如健康狀況、體力、生理條件以及年齡等。但是後者則是人為的產物。盧梭認為，人類曾經與大自然和諧共存，而人類跳脫這種自然狀態很久了。根據盧梭的看法，在自然狀態下沒有任何的語言、沒有任何的壓迫，有的只是（動物性的）愛。然而，這樣的狀態為何後來會消失呢？對於這個問題，盧梭的答案在日後經常為人所引用，他是這麼說的：「第一位想到要用籬笆把一塊土地圈起來、並且宣稱他擁有這塊土地的人，在找到了一個頭腦簡單的人，並且說服他以後，這個人就成了市民社會真正的奠基者。」因此，對盧梭而言，土地的所有權正是所有壓迫的開始，此後社會漸漸發展出造成貧富差距的各種法律與政權。然而，究竟應該怎樣才能消除這些社會的痛苦與不幸呢？

一七六二年，盧梭發表了《社會契約論》（*Du contract social*），嘗試對上述問題提出解答。該書以一段極為發人深省的話做為開場：「人生而自由，卻處處縛於枷鎖。」（**L'homme est né libre, et partout il est dans les fers.**）這是盧梭替不平等問題的診斷書，去除人類的不自由更是他的使命。盧梭承認，對現代人來說，國家暴力的存在確實不可或缺，然而它應當與人類在自然狀態中的自由和諧一致。因此盧梭得出結論，唯有在所有成員合意的基礎上，方能建立起一個國家。此即所謂的「社會契約」，透過表決得到共同意志。人民必需屈從由全民多數決所得出的共同意志（**volonté générale**），最終形成「社會契約」，藉此建立起國家。公民同意社會契約，也就意味著贊同國家的各種決定，即使它們與公民自身的利益相衝突。最後的這個論點成了世人對盧梭國家理論的主要批評。就盧梭的理論看來，若是在多數統治濫用權力時，人民根本毫無保障。此外，當有人意欲獨裁或是進行極權統治，更可以拿共同意志做為藉口而鎮壓反對者。以法國大革命為例，後期革命造成十分嚴重的恐怖統治，完全暴露了盧梭理論的缺點。然而無論如何，盧梭提出了全新的觀察角度，每個人不再將他的權利讓渡給某位統治者，而是讓渡給共同的法規。盧梭藉此把專斷、獨裁的思想從對國家的理解當中驅逐出去。

出版《社會契約論》的同一年，盧梭又出版了另一本著作《愛彌兒》，揉合了小說與教育教科書兩種性質。《愛彌兒》同樣造成轟動，書中盧梭鼓吹的教育依然根據他的思想脈絡。盧梭認為，應當盡可能讓正在成長的孩童，免受成人造就的畸形世界污染。由於盧梭的思想過於聳動，巴黎議會甚至請了一位劊子手，將他的著作公然焚燬，後來盧梭也因此被迫逃亡。幸好，他的朋友大衛．休謨（David Hume）將他接到英國暫避風頭。從此時起，盧梭開始成了一位悲劇人物，他原本的好友們一個接一個與他反目成仇。盧梭與伏爾泰交惡已久，他甚至還惡言相向地說：「我恨他！」就連脾氣甚好的休謨都與盧梭翻臉。顛沛流離中，盧梭一直隱約覺得別人要背叛他，這使得他原本就十分怪異的行徑變得越發古怪。他經常穿著亞美尼亞（Armenien）式的短上衣，頭戴一頂毛皮帽，在他的許多畫像當中，都可以見到這頂帽子。盧梭最後在貧病交迫中痛苦地死去。他去世之後，生前所著的《懺悔錄》（*Confessiones*）才出版。在書中，盧梭細說一生中經歷過的種種，包括生活、愛情、爭吵、竊盜、撒謊、追逐名利，是他最後的辱罵，也是最後的懺悔。

崇尚純粹理性的思想家康德，在他家中只掛了一幅畫，那就是盧梭的肖像。為什麼呢？或許康德深知，不僅僅是頭腦，心靈也是同樣重要。康德說：「我是一位喜歡做研究的人，對於知識的追求感到無比地渴望。有一段時間，我曾經認為單單求知便足以榮耀人類。然而，盧梭改變了我的想法，我所幻想的優越消失了，我開始學著去關注人類。」

今日，盧梭被視為浪漫主義（romantisme）的先驅。有別於啟蒙運動，浪漫主義不僅看重理智，更看重感覺與個人。

38 啓蒙就是人類走出自己所造成的蒙昧狀態

Enlightenment is man's emergence from his self-incurred immaturity.

康德（Immanuel Kant, 1724-1804）

居住東普魯士柯尼斯堡（Königsberg）的民眾，若是想要知道現在幾點幾分，那麼不妨找一找康德這位哲學家的身影。他的身形瘦削而且略微駝背，每天都會在同一時間準時外出散步。

康德的生活不僅可說是規律，甚至準時到單調呆板。當人們提到康德，十有八九都會談到他分秒不差的生活作息。關於這一點，有個著名的小故事：有一天，住在柯尼斯堡的居民，不約而同地在各種約會中遲到，原來是因為康德在那一天看書看到忘了時間。當時康德正在看盧梭的《愛彌兒》，而盧梭是一位深受不安定的熱情驅使的哲學家，與康德正好相反。

康德擔任教職，許多歷史上重要的思想家都曾經擔任家庭教師或是貴族的機要祕書，諸如霍布斯、洛克以及亞當．斯密。不過他們或多或少都曾經見過外面的世界，在歐洲各地旅遊，感受如野火燎原一般的啟蒙精神。相反地，康德幾乎終身未曾離開家鄉柯尼斯堡，更不用說離開東普魯士。康德自幼身體虛弱，因而對旅行完全沒有興趣。康德的身型瘦小，甚至有點畸形，多虧平日十分規律的生活作息，才讓他活到了八十歲。康德雖然不方便旅行，卻熱愛思想的旅行。他經常在思想上探索物理世界，此外，他也喜歡閱讀遊記，從書本上獲取知識。對於從未去過的國家，康德甚至能夠如數家珍地描繪它們。不知情的人還以為康德真的去過。然而康德一生當中最重要也最成功的旅行，當屬他的精神世界之旅。

康德的教名是 Emanuel Kandt。他一共有十個兄弟姐妹，排行第四。康德的父親是一位工匠，可是她的母親很早就發現康德天資過人，從小便全力栽培他。康德在一所敬虔派的學校裡完成基礎教育，接著到柯尼斯堡大學就讀。康德二十二歲時，發表了第一本學術著作，是關於物理學研究的書。從此以後，康德改稱自己為 Immanuel。康德對未來有所期許，他曾經寫道：「我將開展我自己的道路，沒有什麼事能夠阻止我向前。」然而世事難料，就在同一年，康德的父親突然身故，他因此頓失經濟來源。不得已之下，康德只好去擔任鄉間教師，兼些家教以換得溫飽。儘管如此，康德還是繼續致力學術研究。一七五五年時，康德又出版了《自然通史與天體理論》（*Allgemeine Naturgeschichte und Theorie des Himmels*）。與一百五十年後的愛因斯坦一樣，康德憑藉著思想發現，高掛天際裡的螺旋星雲就是遙遠的銀河星系。儘管對於自然科學來說，康德的著作具有劃時代的重要性，然而康德一直渴望的大學教授一職卻始終與他無緣，他只好從講師做起。在康德的時代，一般講師幾乎各種專業都會教，康德不僅教授數學、倫理學、邏輯學，連教育學的課都開設。當時講師們的薪水是由學生們給付，因此老師收入的多寡全取決於學生。所幸康德的教學頗受學生好評，雖然他身形瘦小而且總是輕聲細語，看起來就像個小男孩，可是他學識淵博，經常妙語如珠，深受學生們的喜愛。在康德四十六歲時，他終於如願當上教授。從此以後，他便有固定的收入，能夠無後顧之憂地專心寫作。

康德在課堂上總是一再強調，哲學主要涉及以下這三個問題：我們能知道些什麼呢？我們該怎麼做呢？我們能期盼些什麼呢？而對康德來說，這三個問題又總結成第四個問題：什麼是人？

康德認為，解答第一個問題是形上學的任務；第二個問題該由道德來解答；第三個問題只有宗教與信仰才能給出答案；至於第四個問題，則交由哲學人類學來回答。

我們能知道什麼呢？為了回答這個問題，康德耗費了十多年的功夫。期間除了家鄉以外，康德幾乎是沒沒無聞。康德堅信，這個問題的答案必須要在形上學裡才能找到，因此全心探討形上學，誠如他所說的：「與形上學墜入情網是我的宿命。」形上學與啟蒙是分不開的。什麼是形上學呢？形上學研究的對象，存在於可見與可度量的事物以外，而形上學所涉及的是人類的精神、靈魂與心靈，以及超出純粹實體物理以外的存在。「形上學」（Metaphysik）的原意為「物理之後」，源於亞里斯多德的作品編纂，是一門關於存有、存有的原因及其本質的學問。

一七八一年，康德發表了形上學研究的重要成果：大部頭的《純粹理性批判》（*Kritik der reinen Vernunft*）。一七八七年，康德做了一次修改與增訂，至今被認為是西方思想史上最重要的作品，經常被描繪成是哲學界「哥白尼式的轉向」。在該著作當中，康德將人類知識的框架與規則性重新加以定義。

談到知識研究，康德先是質疑以下命題：所有的確定性都可以在人類的理性中找到，這是笛卡兒的論調。根據牛頓（Isaac Newton）主張的歸納法，從個別的觀察出發，最後可以歸納出普遍有效的自然法則，這樣的想法啟發了康德，他由此得出結論認為：笛卡兒的演繹法是從普遍的分析中得出知識，可是光是這樣是不夠的，這種方法無法陳述人類的經驗世界。而康德之所以關注人類的經驗世界，其實受了盧梭作品的影響。康德認為，盧梭證明人類的經驗內容並非僅由理性所構成，實際上包含更多。不過真正喚醒康德的人，應該是蘇格蘭的休謨。對休謨而言，沒有任何知識能夠脫離經驗而存在，知識必須經由經驗去證明。笛卡兒與休謨兩人的立場究竟有何不同？主張理性主義的笛卡兒認為，感官與知覺在獲取知識方面，並未扮演什麼重要的角色。知識來自知性。相反地，休謨抱持懷疑論的經驗主義，他認為就知識而言，感官與知覺的重要性其實高於知性。

在《純粹理性批判》當中，康德將人類的認識過程結構化，將牛頓、盧梭與休謨的思想共冶一爐。另一方面，他更藉此解消了笛卡兒的二元論（精神與物質相分離）。康德區分出三種影響人類知識的參數：感性、知性、理性。康德認為，這三種條件在人類認知過程中會交互作用。感性與知性彼此對話、交流，並製造出知識。而理性則是嘗試擴展經由感性與知性的交流產生出來的知識。因此，理性總是不斷驅使人類去跨越感性與知性的知識界限。康德認為，理性不斷地帶給我們對新事物的期望，理性會去追問：原因與結果的關係為何？原因與結果是否有共通之處呢？它們的共通點是上帝嗎？是否有原因與結果這兩者以外的存在呢？倘若有的話，那究竟是什麼呢？是不是自由呢？如果是自由的話，那麼人們又該如何面對它呢？

為了賦予他的知識理論一個正確的方向，康德區分「超越的」（transzendent）以及「先驗的」（transzendental）。「超越」是指人類無法確切認識的事物。相反地，「先驗的」則是指人類為了獲取知識而必須掌握的必要條件，例如時間與空間。因此康德將他在《純粹理性批判》中闡述的知識理論稱為「先驗哲學」，而先驗哲學的內容分別是：感性論、分析論、辯證論。

人類的感性是「先驗感性論」研究的對象。對於康德而言，人類的感性受時間與空間觀念的影響，這些觀念是我們在認識與解釋世界時不可或缺的。我們所感知到的一切事物，都既存於時間與空間當中，因此在我們開始認識時，這些觀念必然已經存在於我們身上。借助於時間與空間的觀念，我們可以進行幾何學與數學的演算，由此得出的成果並非基於經驗的後天（a posteriori）成果，而是純粹在思想上經由邏輯推演的先天（a priori）成果。

在「先驗分析論」中，康德處理知性的問題。人類要創造知識必須掌握的一些基本概念，康德稱它們為「範疇」。「範疇」是人類整理知性必備的工具，人類可以藉此對知性進行分析，並且得出結論。諸如「原因」與「結果」、「實體」與「偶性」，都被康德列入所謂的「範疇」。「實體」用在描繪事物的核心，而「偶性」則描繪事物會變易的性質。

最後，理性提出的各種問題則是「先驗辯證論」要研究的對象。首先，康德處理上帝、自由、無限性是否存在的問題。康德確信，理性提出問題無法由人類的知識回答，因為人類所能認識的一切，全都存在於由感性與知性所構築的經驗世界框架。然而，理性的問題卻超出這個框架，使得問題的答案呈現開放的狀態；例如：當人們主張人是自由的，或是主張人不是自由的，兩種主張都可以提出很好的論證。同樣的道理，究竟空間是有限的還是無限的呢？究竟上帝是否存在呢？這些問題都難以獲得確定的解答。康德認為上帝是一種理想，上帝的存在不能用理性加以證明，正如安瑟倫與笛卡兒也不能用理性去加以否定。

與以前的哲學家相比，康德大幅限縮了人類認識的範圍。我們能知道什麼呢？對此，康德的答案便是前已提及哲學界的「哥白尼式的轉向」。在認識的過程中，人類不斷受到理性的驅使，將現實給結構化，他所認識的世界其實是受他自己的影響。簡單說：我們無法認識物自身，事物是經由我的知識形成的，也就是以知性去整理我們的印象。正如康德所說的，我們認識的只是「現象世界」，至於世界實際是如何，我們永遠無從得知。因此，康德不認為有什麼絕對確定性。相反地，康德將那些過於頌揚啟蒙運動、相信理性能闡明所有難題的人拉回到現實。康德對理性做一次批判性的檢驗，可惜理性未能過關。因此康德提示讓知性作為我們的慰藉，讓知性幫助我們去承受那剩餘的不確定性。

雖然康德宣告了上帝、自由以及無限性等問題是永遠無解的。可是他卻表示，對倫理學與道德來說，這些問題是不可放棄的出發點。以自由為例，自由是道德行為的前提，表現在康德著名的「定言命令」概念中。康德在一七八八年時發表了《實踐理性批判》（*Kritik der praktischen Vernunft*），闡述實踐哲學的基本元素。「定言命令」是說「只根據那些我們能期待它們成為普遍法則的格準來行為！」一般人會把它理解為「己所不欲，勿施於人」。但康德或許會覺得這曲解了他的本意。因為「己所不欲，勿施於人」其實是基於不希望自己受到傷害，因此才不去做傷害別人的事；而康德的「定言命令」卻沒有任何利害關係的算計，只是單純認為自己若不這樣子行為就是不對的。

在《純粹理性批判》出版三年之後，康德在《柏林月刊》（*Berlinische Monatsschrift*）發表了一篇論文，取名為〈答何謂啟蒙之問題〉（**Beantwortung der Frage: Was ist Aufklärung?**），是為了回應《柏林月刊》一篇匿名投稿的文章，作者提出：宗教的婚禮儀式是否合乎啟蒙的精神呢？這個問題引發另一位教士提出另一個問題：何謂啟蒙呢？而康德以一段話作為開場：「啟蒙就是人類走出自己所造成的蒙昧狀態；而蒙昧狀態是指，在沒有他人引導的情況下，無法自行使用知性。」該論文可以濃縮成以下口號：「大膽求知，勇敢地運用你自己的理智！」

為何康德的思想在數個世紀之後仍然歷久不衰呢？那是因為在康德踏上了啟蒙的顛簸道路之後，他將「人類走出自己所造成的蒙昧狀態」與道德合為一體。康德的思想，例如以感性與知性去檢驗理性，以及人類自己建構他們的世界，直到今日仍然深深滲透在科學理論與哲學等領域。此外，他的倫理學也一直是社會科學的基礎。

39 時間就是金錢

Time is money.

富蘭克林（Benjamin Franklin, 1706-1790）

就算不熟悉富蘭克林，一定也曾聽他的兩件事：第一件事，他是美國的開國元勳。第二件事，他是避雷針的發明人。提到富蘭克林，總會讓人想起一個場景：一個頭戴三角帽的男人，為了證明自己想法正確，在暴風雨中將風箏施放到黑暗的天際。這就是富蘭克林最常給人的印象。

從這兩件事看來，富蘭克林的確是多才多藝。然而，光是這兩件事還遠遠無法道盡他的成就有多麼多采多姿。富蘭克林剛開始的工作根本與政治或發明無關。富蘭克林生於波士頓，在十七個兄弟姐妹當中排行第十，父親是位製造肥皂與蠟燭的工匠。在富蘭克林十二歲的時候，便開始跟在哥哥身邊當起印刷廠的學徒。之後富蘭克林遷往費城，並於二十二歲時開設了一家印刷廠。不久之後，富蘭克林開始參與地方性的政治活動，並且與英屬北美殖民地的一些科學同好保持固定的書信往來。就在他的印刷廠開設滿一年之後，富蘭克林又接管一份報紙。在報業工作的歷練當中逐漸成為成功的出版商，富蘭克林所出版較為知名的刊物有《賓夕法尼亞報》（*The Pennsylvania Gazette*）以及相當流行的《窮查理年鑑》（*Poor Richard's Almanack*）。透過報刊的發行，富蘭克林也成了家喻戶曉的作家。

成功經商致富後，富蘭克林開始有餘裕從事早年一直想推動的北美獨立運動。他曾經代表殖民地人民前往倫敦向英國陳情。富蘭克林也曾經參與《美國獨立宣言》的修改以及補充的工作，並於《美國獨立宣言》完稿後聯合署名。一七七六年年底，富蘭克林奉命前往巴黎，促成美法結盟，藉此共同對抗英國。在富蘭克林的努力下，美、法兩國於一七七八年組成軍事同盟，一直在獨立戰爭中艱苦奮鬥的美國，也獲得急需的經濟與軍事奧援。一七八三年，富蘭克林參與英、美之間巴黎條約（Treaty of Paris）的談判與簽署。條約簽訂之後，正式終結持續多年的美國獨立戰爭。美國的主權受到承認、順利完成獨立之後，富蘭克林於一七八五年榮任他的家鄉賓夕法尼亞州州長。

富蘭克林對於經濟問題的看法較不為人所熟悉。他是一位虔誠的清教徒，就他看來，人們在經濟的成功完全取決於努力工作。他也是標準的美國人，將個人的能力與對上帝的信仰融合成一條最佳的公式：「天助自助者！」

富蘭克林認為，在物品當中投注的心血，便確定這項物品的價值。因此他確信可以發行品質同樣好的紙幣來代替硬幣，因為紙幣同樣表現出了投注於其中的心血之價值。早在一七二九年，富蘭克林便曾經針對這個問題發表過一篇論文。

一七四八年，富蘭克林發表了另一篇短文〈給一位年輕商人的忠告〉（Advice to a Young Tradesman）。在前言的第二句話，富蘭克林便提出了他的第一個忠告：「記住，時間就是金錢！」（Remember, that Time is Money!）富蘭克林解釋，若不善加利用可以用來賺錢的每分每秒，無異於金錢的流失。若是一個人工作一整天可以賺到十元，可是他卻只工作了半天，那麼基本上他就等於浪費了五元。

此時的富蘭克林雖年僅四十二歲，但在當時他的年紀已經算是年長的了，也因此就算這篇文章的副標題是〈一位老者所書〉（Written by an Old One），其實也不矯情。

認為時間是充滿價值，應該要好好規畫利用，這樣的思想並不算新穎。早在上古時期，賀拉斯就說過：「把握今天！」然而，若論以英語來表達、並且以經濟為取向，那麼富蘭克林的這句話的確是首創。

富蘭克林的〈給一位年輕商人的忠告〉適逢一個啟航的年代，當時社會上充滿許多對經濟問題的強烈省思。在法國，以法蘭索瓦・魁奈為首的思想家，開始質疑重商主義的經濟體系。在重商主義的體系中，國家不僅將貿易與手工廠列為發展重點，更運用關稅與出口獎勵等手段，一手主導外貿走向。他們提出：「放任它們，順著它們！」要求去除外力的干涉，讓經濟循環自行運作。而這也預告了工業革命的來臨。

大約在一七一〇年左右，有一位名叫湯瑪斯・紐科門（Thomas Newcomen）的英國人發明了蒸汽機，他的發明很快便被廣泛運用。然而，真正要邁入突飛猛進的年代，還得等到詹姆士・瓦特（James Watt）推出改良版的蒸汽機。一七六九年，瓦特為他的發明申請了專利。從此時起，原本等量的工作，現在可以在更快、成本更低的情況下完成。借助於改良式蒸汽機，英國的紡織業掀起了一場大規模的變革。無數的紡織機藉由蒸汽機的推動同時運轉，第一家工廠也因此誕生。工廠的工作必須配合機器的運轉，於是人們便開始分配固定的作息。在過去，農業工人與季節工人是主要的勞工，如今則出現了工廠工人這個新的階級。許多人開始依存工廠，他們的生活也因此徹底改變。他們固定在一個受僱的地方工作，而他們的家庭就住在工廠的隔壁。在這樣的背景下，時間成了工作計畫與日常生活的指標，同時也是一種生產的要素。

在目前通行的一百美元紙鈔上，我們可以見到富蘭克林的肖像。他能獲得這項殊榮，不僅因為他擁有不勝枚舉的傲人成就，他曾經大力鼓吹發行紙幣做為通貨，並且巧妙詮釋時間與金錢的關係。這份殊榮除了頒給富蘭克林以外，實在不做第二人想。

40

我們擁有力量可以讓這個世界重新開始

We have it in our power to begin the world over again.

湯瑪斯・潘恩（Thomas Paine, 1737-1809）

三十七歲的潘恩面對無成的自己和一團糟的生活。他在祖國英國淪落到一文不名。多年來，潘恩總是一再重新開始，卻沒有一次能夠好好堅持下去。未能完成學業的他，乾脆就跟著父親學做女性緊身內衣，好不容易將這門手藝學上手了，偏偏他又跑去當船員，跟著海盜船四處飄泊。過了一段時間，他又覺得混得不如意，回頭重作馮婦，再度以製作女性緊身內衣維生。後來，他請人幫忙關說，謀得了一個海關緝私官員的職位，不久之後，他就因為工作態度懶散而遭到了辭退。失業之餘，他索性發展起對自然科學的興趣。他暫時去充當代課老師，藉以賺取一些生活費。幾年之後，他又重新在海關獲得一個職位，可是這回他卻又搞砸了，並且再次讓海關給辭退。此後，潘恩好高鶩遠地追求更高的酬勞與更優渥的工作條件，但是這卻反而徹徹底底地把他給毀了。

一七七四年，正當潘恩在人生道路上失意徬徨之際，他很幸運地遇見了生命中的一位貴人。這位貴人便是著名的富蘭克林。富蘭克林在聽聞了潘恩奇特的人生際遇之後，感到相當地有趣，他為潘恩寫了一封推薦函，勸他不妨前往美洲去試試運氣。潘恩聽從了富蘭克林建議，隨即動身前往美洲。而這趟飄洋過海的長途旅程，簡直就如同惡夢一場。歷經嚴重的暈船之後，潘恩接著開始發高燒，而船上的衛生條件十分惡劣，不久他又染上了傳染病。在他終於抵達費城時，他是讓人用擔架給抬下船的。耐人尋味的是，就在潘恩大病痊癒之後，他的人生似乎也跟著出運了。富蘭克林的推薦函為他開啟了幸運的大門，潘恩很快地便得到了一份報紙編輯的工作。

當時英屬北美殖民地的發展已經初具規模，與此同時，大英帝國似乎正處在它的權力巔峰。就在十一年前，與英國爭奪全球霸主的宿敵法國已經在七年戰爭中落敗，被英國徹底地甩開。先前英、法雙雄曾經在北美地區發生過激烈的爭奪戰，如今法國戰敗，英屬北美殖民地的威脅也跟著解除。然而，殖民地對於母國的疏離感卻也日益嚴重。英國為了填補連年戰事而逐漸空虛的國庫，將腦筋動到了殖民地的人民身上，為此苛捐重賦、實施各種管控措施，讓雙方的關係逐漸地惡化。在潘恩抵達美洲的前一年，波士頓港甚至發生了茶葉貨物被投入海裡的抗議事件。一七七五年的四月，在萊辛頓（Lexington）與康科特（Concord）等地，雙方爆發了武裝衝突，為美國獨立戰爭拉開序幕。

對政治越來越有興趣的潘恩，十分熱情地投入這些事件。他初試啼聲撰寫了一篇反對奴隸制的文章，之後在一七七六年的一月，他又接著發表了一本宣傳小冊子，名為《常識》（*Common Sense*）。在這本小冊子裡，潘恩猛烈攻擊他的祖國英國，並且大聲地為美國的自由與獨立喉舌。他以人人都能理解的文字，成功地將時代的精神與大眾關心的事務傳達給一般民眾。《常識》的出版相當成功，在短時間內熱銷了五十萬本。在書中對於從英國手中爭取獨立的這件事，潘恩是這麼形容的：「無非就是簡單的事實、明白的事理與常識。」最後更說：「我們擁有力量可以讓這個世界重新開始。」（We have it in our power to begin the world over again.）後來成了口號，喚起群眾去創造奠基於民主的獨立國家。它不僅是美國獨立革命的行為指令，更成為「美國夢」的口號，而美國獨立革命則成了法國大革命的楷模。無論是早期拓荒者或是新移民，都是以這句話去認同他們即將重新開展的新世界。它不僅不受時代的社會政治影響，如果就《常識》的時代背景看來，它更是堅持個人自由的一種呼籲。因為在他的書中，潘恩明白強調個人的重要性，他認為國家是一種必要之惡，因此最好盡可能避免這種必要之惡去干涉個人的生活。

潘恩的文章對於幾個月之後出爐的《美國獨立宣言》有相當大的影響。然而，潘恩個人的影響力卻遠遠不如他的作品。潘恩總是一再地與人交惡。美國獨立戰爭期間，潘恩曾經效力於華盛頓的麾下。當時潘恩又發表了另一本同樣影響深遠的宣傳小冊子，這本小冊子叫做《美國危機》（*The American Crisis*）。美國陷入苦戰時，這本書再度喚起支持民主的力量。一七七七年，大陸會議（Continental Congress）任命潘恩為外交委員會的祕書。然而兩年之後，潘恩與一位政壇上的對頭人在報紙上論戰，竟然無意間洩漏國家機密，因此黯然去職。不僅如此，他因此變成了一個飽受爭議的人物。後來潘恩受僱於賓夕法尼亞州駐華盛頓代表處，接著到外交部任職。正如他所說的，他因此獲得了一份「豐厚的薪水」。後來華盛頓也都出面幫他，華盛頓表示，潘恩的功勳值得獲頒一處田產以及另外財務補助。也因此，自一七八五年起，潘恩終於可以衣食無虞。然而潘恩並未就此耽於安逸，他在不久之後又回到了歐洲，第一站他則是先返回英國。他為了興建一座他所研發的新式橋樑而到處籌款，不過就在計畫進行的過程當中，竟然從法國傳來革命爆發的消息。潘恩聞訊後，興沖沖地想參與其中，此後他便過著往來英、法之間的生活。

一七九一年，潘恩再度發表了《人的權利》（*The Rights of Man*）。在書中，潘恩透露出他的願景：希望能建立起一個統一全歐的共和國，在這個國度裡，人人都能夠自由自在地生活著。

後來潘恩成為法國公民，甚至被推選為國民議會的議員。然而潘恩總是麻煩纏身，他又再一次陷入另一場災難。一七九三年，在處決法國國王路易十六世的表決當中，潘恩投下反對票，竟然因此被捕入獄。在獄中，潘恩出版了《理性的年代》（*The Age of Reason*），猛烈攻擊信仰與宗教。看過這部作品的人都將潘恩理解成一位無神論者。不過，實際上潘恩說他相信某種位階更高的存在，可是潘恩卻未曾得出任何與政治或神學有關的結論，他所要談的只是如何明確地將信仰與思想給分開。

一直到一七九四年的十一月，潘恩在巴黎的監獄裡足足被關了將近十一個月。期間潘恩面臨痛苦與死亡，整天提心吊膽。成千上百的獄友，一個接著一個，陸陸續續都被送上了斷頭台，再也沒能回來；而日日夜夜，獄中不時會回盪著拷打、哀嚎與啜泣等令毛骨悚然的恐怖聲音。就在這樣身心俱疲的情況下，潘恩病倒了，整個星期高燒不退的他，在病床上不斷顫抖著；幸好，他的三位獄友在潘恩重病時輪流照顧他；儘管如此，潘恩的健康狀況日益惡化，甚至病到完全說不出話，陷入彌留狀態；潘恩原本就瘦弱的身型在此時益發憔悴，在他那大大的鷹勾鼻上，皮膚似乎越繃越緊，而全身上下的皮膚也都佈滿了斑點，原本炯炯有神的眼睛完全失了魂。最後，就連獄卒也看不下去，允許打開潘恩牢房的房門，讓他有一點新鮮空氣；或許是吉人天相，後來正是因為打開牢門，在潘恩完全不知情的情況下救了他一命。

每天早上都會有一名獄卒來巡視牢房，他會拿著下一輪的行刑清單，按圖索驥地在牢房門上逐一點名做記號；有一天，潘恩的牢房被標上了記號，意味著裡頭的人當天晚上即將被處決。由於獄卒讓他的房門一直敞開，因此死亡使者的記號便留在房門內側。不知是湊巧還是獄卒心軟，就在潘恩與他的獄友要被送上斷頭台的晚上，他們的房門竟然一反常態地關了起來，走廊上的劊子手完全沒有看到記號。幾天之後，羅伯斯比（Maximilien Robespierre）垮台了，他自己也被送上斷頭台，步上了先前被他殘害的許多無辜犧牲者的後塵；而先前幸運逃過一劫的潘恩最終則獲得釋放。

獲釋的潘恩繼續在法國逗留了數年，一直到一八〇二年才返回美國。然而這次重返美國，他卻再也無法「重新開始」。雖然他的朋友盡心為他打理財產，使他完全不必去擔心財務問題；可是經過了這些年以後，在大眾的心目當中，他早已失去《常識》作者的光環，潘恩曾經擁有的英雄形象已經不再。此時人們只把他看做是《理性的年代》的作者，也因此他被定位成一個沒有良心的無神論者、一個褻瀆上帝的人。美國社會很快就對潘恩變了臉，擺出眾多臉孔當中那一張偏執的臉；在這樣的氛圍之下，潘恩變得狼狽不堪，在精神上飽受折磨。一直到他於七十二歲與世長辭，社會輿論始終像對待過街老鼠那樣地對待他。在一份報紙上甚至曾經這樣寫道：「他十分長壽，可是所做過的好事屈指可數，所做過的壞事卻是罄竹難書。」

41 最大多數人的最大幸福

The greatest happiness for the greatest number.

邊沁（Jeremy Bentham, 1748-1832）

據說，有一天一群學生把邊沁的頭拿去當足球踢。聽到的人嚇一跳，接著旁人告訴他們說，那都是邊沁自己搞出來的。邊沁是個怪人，他在世時就要求死後要將遺體留做科學研究之用。邊沁的遺囑甚至交代：在解剖他的遺體時，應該請他的朋友列席觀賞，解剖後要將他的遺體做特殊處理，穿戴整齊，並且以坐姿安置在倫敦大學學院（University College of London）的主樓迴廊展示。這還不夠，邊沁更指示：往後在大學召開校務會議時，必須將他穿戴整齊的遺體請到會場，一起參與校務會議。後人會順著這位名人的遺願，主要是因為他留下大筆遺產給校方。

至今倫敦大學學院在召開校務會議時都會請邊沁的遺體出席。在其他日子裡，遺體則是安置在倫敦大學學院的一座玻璃櫃裡。不過遺體的頭卻是用蠟做的。至於是否一開始就是以蠟像取代呢？如今已經不可考。有一種說法是，學生把邊沁的頭拿去當球踢，校方只好用蠟像取代他的頭。另一種說法是，學生把邊沁的頭帶去參加派對。其實真正的頭完好保存在一個保險櫃裡。

天才與怪人似乎經常都是同一個人，邊沁就是一個例子。邊沁四歲時就熱愛閱讀，更令人驚訝的是，他竟然還自學拉丁文。邊沁的父親是一位相當富有的律師，當邊沁在倫敦與牛津兩地完成法律的學業，並且取得律師資格之後，他的父親對這位極有天賦的兒子抱著很高的期許，冀望邊沁有朝一日能在政壇上位極人臣。父親的夢想似乎有點不太合理，而且邊沁也從未放在心上。邊沁顯然是個害羞的人，他似乎更想過隱居的生活，對於律師的工作意興闌珊。因此，邊沁重新投入學習與研究。他的父親雖然失望，但仍給予邊沁財務支持。最後，他的父親允許他成為一名政治評論員，而邊沁也做到了。此後邊沁十分自在地在倫敦生活，致力於政治、司法與哲學的研究，以他的文章在社交圈嶄露頭角，生活也相當富裕。

邊沁最初關心如何改善刑法，可是他很快地便遇到更基本的問題：究竟什麼是法律與正義呢？一七八九年，邊沁發表了《道德與立法原理導論》（*An Introduction to the Principles of Morals and Legislation*），開啟法制思想開啟的另一種思考方向。邊沁說：人類的行為總是以趨利避害為原則，因此人類的犧牲與痛苦也總是為了最大的幸福。人類的所有行為都歸結於這個驅力，即使是善行、利他、使命感、愛以及對自由的追求，都不例外。邊沁認為，人類達成最大幸福的目標是透過與其他人達成共識，因此如果一個行為能夠促成最大多數人的最大幸福，那麼它就是善。邊沁在書中總結他的觀點說：「（善是）最大多數人的最大幸福。」（The greatest happiness for the greatest number.）

然而，它不是邊沁自己說的；邊沁曾經說他從兩本著作那裡引用：第一本是約瑟夫・普利斯特利（Josef Priestley）的《論政府的首要原則》（*An essay on the first principles of government*），出版於一七六八年；另一本書則是義大利法哲學家凱撒・貝卡里亞（Cesare Beccaria）的《論犯罪與刑罰》（*Dei delitti e delle penne*），出版於一七六二年。其實在更早的時候，蘇格蘭道德哲學家法蘭西斯・哈奇森（Francis Hutcheson），也是亞當・斯密的老師，便曾經在其著作《論美與德性兩種觀念的根源》（*Inquiry into the Original of our Ideas of Beauty and Virtue*,1975）裡提到：「促成最大多數人的最大幸福的行為，是最好的行為。」（That action is best which procures the greatest happiness for the greatest number.）。

雖然在邊沁以前就已經有不少人說過，可是這句話與邊沁緊緊相連，因為它最能夠傳遞出邊沁「功利主義」（Utilitarianism）哲學的核心精神。「Utilitarianism」源自於拉丁文，意指「以利益為導向」。根據邊沁的主張，要判斷一個行為的好壞，不再是根據行為是否能被視為是道德的，而是根據行為是否能讓社會的最大多數人獲益。藉此，邊沁為功利主義奠下了基礎。在邊沁之後又有約翰・彌爾（John Stuart Mill, 1806-1873）接棒，彌爾是邊沁的朋友詹姆士・彌爾（James Mill）的兒子，他日後也成為了與邊沁同樣重要的功利主義思想家。

對於一個追求利益的人來說，國家究竟應該扮演什麼樣的角色呢？這個問題的答案，邊沁再清楚不過了。國家必須成為人民的工具，因為為最大多數人民謀取最大幸福，這是國家存在唯一合理的理由。國家必須保護人民與其財產，使其免受其他人民與其他國家的侵犯。根據邊沁的看法，國家不能夠基於「社會的」或「正義的」的社會道德標準去找到「最大多數人的最大幸福」。究竟什麼是「社會的」或「正義的」？除了留給個人自行判斷，國家根本無法判斷。對於個人來說，究竟什麼對他是最好的，只有每個人自己才知道。因此，牽涉國家行為時，唯有為整個社會促成最大利益的結果才是最重要的。對此，邊沁費了很多心血去推敲，究竟該如何衡量利益與幸福呢？

對邊沁而言，個人與大眾的幸福並不會有矛盾。妨礙個人自由是唯一必須被禁止的，最好是以刑罰的威脅來確保，也符合功利主義的主張：人類都是以趨利避害為原則。邊沁曾向英國政府推薦他親自設計的「圓形監獄」（Panopticon）模型，「圓形監獄」是邊沁精心設計的傑作，就連一些建築的細節都是他親手完成。「圓形監獄」的設計理念是，獄方可以好好監視受刑人，可是生活在獄中的受刑人卻無從得知他們是否受到監視。邊沁認為，如此一來將避免受刑人胡作非為，並使其屈服於獄方的權威之下。雖然邊沁的監獄模型實際上並未成功，法國的哲學家米歇爾·傅柯（Michel Foucault, 1926-1984）卻認為它對現代社會具有指標性意義。傅柯認為，正如邊沁的「圓形監獄」，現代社會的建築也奠基於某種隔離的控制。

在德國，邊沁的功利主義並未引起許多共鳴。然而在英語系的西方國家，邊沁的思想卻大受歡迎，大英帝國與當時剛剛獨立的美國都深受影響。邊沁的學說對英美的法制思想影響深遠。此外，邊沁的學說也投射在另一位學者身上，那就是威廉·斯坦利·傑文斯（William Stanley

Jevons）。十九世紀後半葉，傑文斯發展出邊際效益（marginal utility）的學說，在經濟學掀起一場革命。就連法國的革命者也向邊沁請益，甚至還頒贈邊沁榮譽公民的身分，而大革命的信條「人人平等」也是出自於邊沁。

到了晚年，邊沁卻不再主張「最大多數人的最大幸福」。一八二九年，密爾要推出一本文集，邊沁特地為他的好友寫了一篇文章。文中邊沁表明，「最大多數人的最大幸福」其實潛藏危機，社會多數人會以此當作強凌眾暴的根據，而這是他先前未曾考慮清楚的。一八〇八年，邊沁與彌爾共同創立名為「激進派」（Radicals）的社團，為了爭取普遍與秘密的選舉權進行多年奮鬥。此外，他們更推動刑法改革，主張刑法的制定應該著重在實際的安全效用，而非以報復為導向。邊沁於高齡八十四歲時與世長辭，在他去世的前兩年，在《憲政法典》（*Constitutional Code*）勾勒出理想國家的藍圖：以普遍、自由與平等的選舉為基礎，婦女也擁有完整的選舉權；沒有王室，也排除教會對於國家的影響。

除了遺體和遺產以外，邊沁留給倫敦大學學院的還有為數十分可觀的未發表手稿。邊沁這位孜孜不倦的工作狂，每天至少撰寫十到二十頁的文稿，也因此學生與學者們耗費很長的時間整理稿件。在他無數的作品中，邊沁本人應該找到了屬於他個人的「最大多數人的最大幸福」。

42

人民若無麵包，那就改吃蛋糕

If they have no bread, let them eat cake.

瑪麗．安托瓦內特
（Marie Antoinette, 1755-1793）

許多關於瑪麗的傳聞其實都是真的。她的確不是位天使，她的人格也並非特別完美。然而，將她推向悲劇下場的，卻是一連串無恥的謊言。就在危急的情勢當中、在她處境最為艱苦的時刻，瑪麗卻以她的尊嚴與儀態讓敵人留下深刻的印象。

瑪麗是神聖羅馬帝國皇后瑪麗亞．特蕾西亞的么女。她並未擁有一顆溫暖的心，而她所受的教育也未曾如此培養她。根據哈布斯堡王室的格言：「讓別人去戰爭，而你，幸運的奧地利，就去聯姻吧！」年幼的瑪麗未來的人生早已被規畫好了。她本名叫瑪麗亞．安東尼亞．約瑟法．約翰娜（Maria Antonia Josepha Johanna），命運註定要嫁給一位匹配得上哈布斯堡王室的夫君。當時法國正欲鞏固與奧地利新締結的聯盟，因此在龐巴度夫人的寵臣舒瓦瑟爾（Choiseul）建議下，促成了法國王太子與奧地利王室幼女的婚姻。而瑪麗的夫婿就是後來法國國王路易十六世。

年僅十四歲的瑪麗雀屏中選時，奧地利宮廷驚訝的發現，未來的法國王后暨凡爾賽宮的女主人應該接受良好的教育，但宮廷對她的訓練竟然一片空白。為了彌補缺失，他們對瑪麗展開密集的訓練課程，畢竟凡爾賽宮的儀式和禮儀是歐洲所有宮廷的楷模。然而在惡補以後，缺陷依舊存在。瑪麗還是一樣任性、膚淺、無法專心。幸好，音樂能夠稍微引起她的注意，而她還曾經與莫扎特一起演奏。

一七七〇年五月，嬌生慣養的小公主終於來到了法國，並且與當時年僅十五歲的法國王太子結縭為夫妻。她的夫婿擁有一副好心腸，不過個性有點懶散，身型也略顯肥胖。婚後不久，風情萬種的太子妃便陷入法國宮廷裡的爾虞我詐。然而深謀遠慮與耍心機並不符合瑪麗的本性，因此她既無法在宮廷中獲得肯定，更遑論受人喜愛。她的努力都只是白費力氣，只能在她的世界裡展現影響力。最後，瑪麗索性縱情賭博，漠不關心人民的生活。

一七七四年，瑪麗的夫婿終於登基為王，正式成為法國國王路易十六世，而瑪麗也晉升為王后。登基初期，法國人民對這對夫婦尚稱友好，不久之後，瑪麗開始插手人事安排，例如促成先前已經去職的權臣舒瓦瑟爾復職，還另外賦予他各種榮銜。瑪麗肆意濫權，惹得眾人反感，更樹敵不少。此外，和瑪麗會面也經常變成一種羞辱，若是她沒有主動先與人交談，決不允許別人對她說話。不久之後，國王的姑媽們便在背後輕蔑地稱她「那個奧地利女人」（l'Autrichienne）。不僅如此，人心也背離她。結婚多年，一直未見瑪麗為法國生下王儲，各方也已經開始有些不耐。然而究其原因，實在是因為路易十六世的包皮太緊，性行為時會帶來劇烈的疼痛。直到結婚七年後，這對夫妻才總算有了夫妻之實。不過，瑪麗卻並非一直獨守空閨，她與宮廷中若干侍臣與寵臣們暗通款曲。此外，她還經常訂製一些誇張的服飾，趁國王不在時從事一些娛樂活動，例如化妝舞會、賭博或是避居到她的小特里亞農宮（Petit Trianon），這全都所費不貲，而她的敵人們也將都記了下來。

結婚第八年，瑪麗總算產下第一個小孩，可惜是個女兒。一七八一年，她才終於為法國生下了王太子，王太子被取名為路易・約瑟夫・亞歷山大（Louis-Joseph-Alexander）。此刻，瑪麗總算鬆一口氣。不過瑪麗卻並未善用對她有利的時刻鞏固地位，她退回自已的私生活，除了少數娛樂以外，其他時間都在照顧小孩。她是一位極為慈愛的母親。然而不久之後，卻爆發了「王后的項鍊事件」（affaire du collier de la reine），不僅讓瑪麗名譽掃地，法國王室也受池魚之殃。到處謠傳著王后為了能擁有一串價值不斐的項鍊而與某位樞機主教私通。不過瑪麗實際上究竟牽涉事件有多深呢？答案始終未能釐清。

與此同時，法國的財政已到了山窮水盡的地步，偏偏這時的國王卻是路易十六世。路易十六世雖然為人正直，可卻缺乏意志力與能力，未能大刀闊斧地改革。然而路易十六世也並非全無作為，只不過他的措施往往事與願違。以恢復議會為例，反倒讓主導議會的貴族與教士有機可乘，藉機反對國王，使得國王無法限制他們的特權。在這樣的政治氛圍中，一些有能力的大臣，例如財政大臣雅克．杜爾哥，都相繼棄路易十六世而去。就連銀行家雅克．內克爾（Jacques Necker）也在緊要關頭見死不救。

就在一籌莫展的情況下，一七八九年五月五日，路易十六世不得已召開三級會議（États généraux）。三級會議是由教士、貴族與其他民眾所組成的會議，自一六一四年之後就未曾召開。因此這次三級會議的召開，無異提前宣告專制君主的投降，然而路易十六和他的顧問卻沒看出三級會議潛藏的危險。當時的法國有一股新興勢力正在快速地崛起，他們渴望取得權柄。第三階級的市民已經在經濟與社會上累積相當程度的重要性，光是如此並不能夠滿足他們，他們想要在政治決策上擁有更多的參與空間。然而三級會議一召開，人們馬上就明白，要教士與貴族們放棄特權，並且釋出參政機會，簡直是與虎謀皮。於是三級會議陷入了僵局，程序上的問題，使得國王也無法經由會議取得任何決議。一七八九年六月十七日，第三級代表決定另起爐灶，自己另外召開了國民議會（Assemblée nationale），引起一些自由派貴族的附和，兩天之後，多數的教士代表也參與其中。到了六月二十日，與會的代表們齊聚於凡爾賽宮的舞廳，共同宣示直到法國制定出一部新的憲法以前，絕對不會相互背棄。雖然當時路易十六世已有心要讓步，可是對於人人平等的主張以及取消貴族制，路易十六世卻仍然難以接受。僵持不下的情況下，民間開始充斥各種消息，諸如：法國的救星內克爾被解職，而國王正在調集他的軍隊開向巴黎。在這樣令人憤怒而且緊張的氛圍當中，一七八九年七月十四日，壓死駱駝的最後一根稻草最終還是落下了。一群怒不可遏的群眾衝向巴黎的彈藥庫，他們原先只是想要掌控存放武器的地點，可是失控的群眾卻進而轉往巴士底獄（Bastille）。自古以來，巴士底獄曾經關押過不少政治犯，法國國王在此駐紮了許多兵力，這可以說是專制王權的象徵。在數小時的交戰之後，駐守巴士底獄的衛戍部隊終於投降，卻被群眾大舉屠殺。他們的司令甚至被砍下頭來，他的頭被插在長矛上，在巴黎的街頭四處遊行。就在這一片狂亂當中，法國大革命就此拉開序幕。

在這風雨飄搖的時刻，瑪麗力勸夫婿暫往梅斯（Metz）躲避，那裡駐紮著一些效忠國王的軍隊。然而，路易十六世卻拒絕她的提議。接下來的幾週，路易十六始終堅持拒絕放棄他的封建特權，人們開始懷疑，路易十六世如此冥頑不靈，背後一定是他的妻子在作祟。也因此，「那個奧地利女人」便成了群眾仇恨的箭靶。

群眾對於瑪麗的憎恨與日俱增，說她無情與惡毒的傳言也層出不窮。而以下這段軼事如野火燎原般四處傳播時，對瑪麗的抹黑可以說到達了高峰。據說，有一回，瑪麗乘著馬車出遊，在路途當中，她見到許多民眾滿臉愁容，於是她便問左右究竟是怎麼回事。她的僕役回答道：「王后，這些人沒有麵包可吃。」的確，一七八九年，法國發生了歉收，致使麵包價格飆漲，造成了飢荒。然而瑪麗卻回答說：「他們若是沒有麵包，那就改吃蛋糕啊！」（S'ils n'ont pas de pain, qu'ils mangent de la brioche!）

據推測，瑪麗本人應該沒講過這種話，故事很可能是某個人改編盧梭的《懺悔錄》。盧梭在法國大革命期間備受推崇，《懺悔錄》中盧梭曾經提到一位不知名的公主，她見到受饑荒所苦的民眾，竟然脫口而出：「他們若是沒有麵包，那就改吃蛋糕啊。」有一些人認為，這句話應該是源於法國國王路易十四世的妻子，也就是西班牙的公主瑪麗亞・特蕾西亞（Maria Theresia, 1638-1683）。無論如何，盧梭撰寫《懺悔錄》時，瑪麗還只是在奧地利的一個小女孩。儘管如此，一七八九年，法國幾乎人人都相信這句惡毒的話就是出自於瑪麗之口。舉國上下無數的傳單與戲劇極盡所能地抹黑她，民間甚至還謠傳瑪麗與她的兒子亂倫。

一七九一年六月，法國王室一家企圖逃亡，行經瓦雷納（Varennes）時被認出來，隨即遭到逮捕，並且遣送回巴黎。瑪麗在一夜之間急白了頭髮。不久之後，巴黎的杜樂麗宮（Palais des Tuileries）中，起出許多秘密文件，內容甚至涉及通敵與反革命。事情曝光後，一七九二年八月十日，民眾們憤怒地衝進杜樂麗宮，同一天，王室成員遭到逮捕，並且囚禁在過去聖殿騎士團（Ordre du Temple）所屬的神殿裡。隨後，路易十六世的王位便遭到罷黜，從此時起，他只是市民「路易・卡佩」（Louis Capet）。

一七九二年七月，法國的革命者奧地利交戰。持續多年的戰事稱為「拿破崙戰爭」（Guerres napoléoniennes）。戰爭爆發後，越來越多的歐洲國家支持奧地利，諸如皮埃蒙特、普魯士、英國、西班牙。這些國家的統治者無法接受法國王室遭到罷黜，也想遏止以新政府取代舊王朝的風潮。戰爭初期，革命者缺乏組織，因此陷入苦戰。然而，一七九二年九月二十日，瓦爾密戰役（Bataille de Valmy）後，局勢逆轉。在這場戰役當中，德國大文豪歌德（Johann Wolfgang von Goethe）也在現場，他跟著埃森納赫公爵（Herzog von Sachsen-Weimar-Eisenach）的輜重部隊親眼見證了這場戰役。當天晚上，歌德與一群校級軍官促膝長談，他有感而發地說道：「從此時此地起，世界史將邁入一個新紀元，而各位可以說，我們曾經參與其中。」

對革命者而言，已經被罷黜的路易十六世仍然具有危險，當時他仍擁有眾多的黨羽，隨時可能組織起反革命的勢力。在無法清除後顧之憂的情況下，一群暴民在巴黎的街頭喧鬧了起來，高聲地要求砍下路易十六世的腦袋。當中尤其以激進的雅各賓黨人（Club des Jacobins）最為活躍。羅伯斯比是雅各賓黨人的領袖，極欲將被趕下台的國王除之而後快。最後，經由國民公會的表決，以三百六十一票對三百六十票的一票之差，決定將路易十六世處死。一七九三年一月二十一日，路易十六世在革命廣場（Place de la Révolution，現在的協和廣場〔Place de la Concorde〕）被斬首示眾。

瑪麗則被關押的巴黎古監獄（Conciergerie），法國各地超過兩千五百所的監獄之一。如今瑪麗成為「卡佩的遺孀」，卻以她的虔誠、勇氣與尊嚴讓人感動。人們將她牢房的窗子給封死，並且隨時隨地監視她，她的一舉一動完全逃不過獄卒的雙眼。一七八九年六月，她的長子去世。之後，便由她的次子繼位為王儲，但她的次子也已經被革命黨人給帶走。一七九五年，她的次子最終死於神殿監獄，去世時年僅十歲。此外，瑪麗的女兒也被人帶走，不過幸運的是，她是在革命當中唯一存活的王室成員。

一七九三年十月十四日，富基埃．坦維爾（Antoine Quentin Fouquier de Tinville）擔任起訴人，展開對瑪麗的審判。她被控訴的理由是反革命。在以木料裝潢、陰暗的法庭裡，持續進行長達十五個小時的審理，起訴人不斷提出指控瑪麗的各種罪證，就連激進的政治評論家埃貝爾（Jacques-René Hébert）也上了證人席。他竟然說瑪麗與她最小的兒子亂倫。當時瑪麗確實通敵，將法國的作戰計畫洩漏給了奧地利，只是一直苦無證據。

在審判過程中，落難的前王后在替自己辯護時展現出人意料的雍容氣度，反而引起了群眾的同情。然而死刑判決早已預設好了，無論如何瑪麗都在劫難逃。臨終前，瑪麗寫了一封信給她的小姑伊麗莎白（Elisabeth）。伊麗莎白曾經伴隨她一起被囚禁，如今她們則是被各自關押。在信中，瑪麗寫道：「我也被判死刑了，可是那不是一個犯罪者羞辱的死亡，而是再度與妳兄長的團聚。……我祈求所有我認識的人……原諒一切我曾經對他們所犯下的無心之過……再會了，我溫柔的好姐妹！……我以誠摯的心擁抱妳，還有我那可憐又可愛的子女們！」據推測，伊麗莎白應該未曾接獲這封書信，而她本人也在隔年同樣被送上斷頭台。

一七九三年十月十六日早上十點，瑪麗上了一輛簡陋的馬車，由一匹黑馬拉動。瑪麗雙手被捆綁在背後，身著白色外衣，而早已發白的頭髮也被人剪短，她的頭上戴著一頂當時婦女起床後習慣戴的小帽，眼神顯得十分冷漠，似乎隱約透露她已經認命了。

馬車緩緩出發前往刑場，整個巴黎也跟著動了起來。這段前往革命廣場的恐怖路程，顛簸了將近一個小時。瑪麗的目的地也正是當初他的夫婿了結生命之處。這一路上民眾爭相圍觀，沿途佈滿了維持秩序的衛隊。群眾的喧鬧聲中，挾帶著些許詭譎的氣氛。有不少人是來看熱鬧的，但是其中也夾雜著許多憤憤不平的復仇者，眾多王室的黨羽也混在人群當中。這個重獲新生的國家正關注他們的前王后之死。當馬車接近刑場時，圍觀的群眾早已將現場擠得水洩不通，拉車的馬兒甚至因為受到了人群的驚嚇而躍起。在劊子手與他的兒子護衛下，瑪麗勉強抵達了刑台。然而她似乎對周圍的一切完全不為所動，目光始終向前直視。隨後，瑪麗緩緩步上木造的刑台，站到斷頭台前面。在等待鋼刀落下的那一刻，整整煎熬了四分鐘。接著，行刑者抓著瑪麗的頭髮，將她被砍下的頭顱高舉在群眾面前，並且對著眾人高喊：「革命萬歲！」

對此，埃貝爾在他所主編的《杜申老爹報》（*Le Père Duchesne*）裡曾經評論道：「總算砍下了這個受盡詛咒的娼婦的頭！可是我必須承認：一直到她臨死之前，這個娼婦都還相當勇敢與狂妄！」一年半之後，輪到埃貝爾自己被綁赴刑場。他曾經拒絕寬恕瑪麗，而後來他自己則是求饒未果。

43

革命將吞噬掉他自己的兒女

The revolution will successively devour all its children.

皮耶・維尼奧
（Pierre Victurnien Vergniaud, 1753-1793）

在前往刑場的路上，眾人齊唱〈馬賽曲〉（La Marseillaise），法國大革命的頌歌。不論是法官、劊子手還是二十一位即將被處決的受刑人，全都是革命者。一個接著一個，受刑人上刑台，成了斷頭台下的亡魂。受刑人當中，皮耶・維尼奧是倒數第二個要被處決的人。幾天以來，他身上一直帶著一小瓶毒藥，隨時準備自盡，可是就在處決前一刻，毒藥還是沒派上用場。本來應該與維尼奧一同被處決的瓦拉謝（Dufriche de Valazé）選擇自我了斷。即使如此，他的屍體還是一起運到了刑場。在劊子手讓維尼奧的脖子露出來時，維尼奧說出了他的遺言：「革命，就跟農神薩敦一樣，將吞噬掉他自己的兒女。」（La Révolution, comme Saturne, dévore ses propres enfants.）接著，他被架上了斷頭台，頃刻身首異處。

維尼奧其實並不有名，法國境外的人很少聽過這個名字，除了少數對法國大革命有深入研究的人。即便在一些書中曾經出現他的名字，也多半是在某個角落或是不起眼的註解裡。若不是維尼奧在死前留下了這麼一段話，他早就被歷史遺忘了。後來只要發生前人一被推翻，新上台的掌權者馬上整肅同志的情況，他的話便被拿出來引用。維尼奧是一位不尋常的人，然而他的沒沒無名完全是自己造成的。出生於利摩日（Limoges）的維尼奧雖然很有才華，可是卻缺乏雄心與毅力，他幾乎一事無成，總是渾渾噩噩地過日子。

法國財政大臣杜爾哥欣賞了維尼奧的詩歌朗誦之後，對他讚譽有加。他甚至出了一筆獎學金，資助維尼奧前往巴黎的一所耶穌會神學院就讀。然而維尼奧對於成為神職人員並不太感興趣，他沒有領聖秩就離開了神學院。接著，在他姐夫的幫助下，維尼奧又前往波爾多（Bordeaux）攻讀法律，革命時期，他的姐夫曾經擔任利摩日的市長。這一次，維尼奧取得律師資格，隨後成為波爾多議會主席的祕書，最後更成為波爾多議會的律師。維尼奧很有信心地贏得了第一場訴訟。數年前，他早已在杜爾哥面前顯露演說天份，這位樣貌英俊的年輕人，很快地就成為一位表演精湛的演說家。

一七八九年，巴黎爆發了法國大革命，革命風潮襲向全國各地。對於像維尼奧這類才華洋溢的年輕人來說，簡直就是在政壇上出人頭地的天賜良機。維尼奧被選進新成立的吉倫特省（Gironde）議會。第二年，就在人人對法國大革命滿懷希望時，維尼奧成為波爾多的雅各賓黨創始人之一。在一次為國民軍辯護的場合裡，維尼奧大大地提高了自己的聲望。面對一群起義的農民，國民軍拒絕干涉農民放火焚燬教堂，而在維尼奧的演說當中，他愷切、沉痛、清楚地描繪出農民的苦痛，此舉讓這位出色的演說家更加聲名大噪。在這之後，維尼奧被授予吉倫特省的行政官職，一七九一年，他更代表該省前往巴黎參加國民立法議會（Assemblée nationale législative）。

從一七九一年十月一日起，維尼奧便與他的吉倫特省同鄉坐在議員席的左邊，不久之後，他們便被稱呼為「吉倫特派」（Girondins），原屬雅各賓黨，在立法議會中屬於民主勢力。「雅各賓黨」一詞源自一間修道院，由於這個革命黨經常在雅各賓修道院集會，因而得名。後來雅各賓黨內部產生分裂，一邊是代表小市民利益的激進派，另一邊則是與中產階級結合、相對較溫和的吉倫特派。

一七九一年的十月，維尼奧在議會中首次發言，他的演說讓許多人留下了深刻的印象。不久後他被推舉為議會的主席。儘管維尼奧擁有過人的才華與魅力，卻從未發揮人們所預期的影響力。他耗費不少精力處理桃色事件與財務問題，顯得缺乏雄心壯志與毅力，有時無精打彩，有時卻又突然神采飛揚。尤其是當他演說時，憑藉在哲學與歷史方面的豐富涵養，維尼奧總能一再地吸引眾人的目光。正當革命黨人還在爭執，究竟是要採取君主立憲？亦或是要將王室給徹底掃除？維尼奧卻始終保持曖昧不明的立場。直到國王拒絕由吉倫特派當中選出新任的大臣，維尼奧才要求國王下台。

一七九二年八月十日，巴黎的暴民們衝向杜樂麗宮，當時處境窘迫的法國王室暫時棲身於此。面對如此惡劣的形勢，法國國王路易十六世與其追隨者只好向國民議會求援。當時的國民議會由維尼奧主導，幾經與革命黨人磋商後，最終維尼奧宣布罷黜國王路易十六世。一個月之後，他又進一步宣告終結君主政體，至此法國跨入了共和的新紀元。不過革命也開始走向極端。在街頭，緊繃的壓力節節高升，許多激進派為了爭奪國民議會的主導權而激烈較勁。原本在議會當中坐在右邊、並且支持君主立憲的溫和派被淘汰出局。政治上所謂「左派」（**gauche**）與「右派」（**droite**）最初就是指議場中的座位分配。

隨著「右派」出局，議會當中的「左派」雅各賓黨勢力也開始急速分裂。到了一七九二年九月二十日，雅各賓黨終於徹底分裂。同年十月，吉倫特派脫離雅各賓黨。此後，吉倫特派坐到了議會的下層，而激進的雅各賓黨則坐到議會上層，也因此激進的雅各賓黨便被稱為「山岳派」（**Montagnards**）。

激進的雅各賓黨深受盧梭影響，甚至主張廢除私有制。維尼奧雖然反對激進的雅各賓黨，卻很少付諸行動。當時維尼奧正忙著與一位女演員風流快活，那些權力鬥爭，他根本心不在焉。維尼奧甚至還為這位女演員寫了一齣戲，名為《美麗的農婦》（*La belle fermière*）。

國王的審判開始後，維尼奧的立場再次搖擺不定。他先是主張元首不可侵犯，並且支持將判決交付人民表決。接著又見風使舵，倒向多數的一方，贊成已經決定的死刑不得拖延。

一七九三年年初，維尼奧反對設立革命法庭（**Tribunal révolutionnaire**）。維尼奧認為，這個無理的要求只會招來無政府狀態，推動設立這個機構的人，主要是以丹敦（**Georges Jacques Danton**）為首的革命黨。此外，維尼奧也嚴正拒絕對英國宣戰。不過他的立場只是為了他的故鄉吉倫特省著想，因為戰端一開，吉倫特省將蒙受經濟的嚴重損失。與此同時，在旺代省（**Vendée**）爆發動亂，貴族帶頭，試圖推動王室復辟。巴黎的革命黨人感受到相當大的壓力，特別是主流的吉倫特派。在一片風聲鶴唳、草木皆兵的氛圍下，維尼奧的各種言行越來越引人懷疑。越來越多的人認為，維尼奧根本對革命心不在焉。一七九三年四月十日，山岳派的領袖羅伯斯比控告維尼奧與國王同謀，幸好維尼奧能言善道，反駁了所有指控，有驚無險地逃過一劫。

自此以後，吉倫特派與羅伯斯比所領導的激進的雅各賓黨，兩者之間的權力鬥爭更加白熱化。而以斷頭台為主角的恐怖統治正式拉開序幕。斷頭台的法文為「guillotine」，以發明此刑具的醫生吉約丹（Joseph-Ignace Guillotin）來命名。當初設計斷頭台是為了讓死刑更符合人道，然而此時的斷頭台卻成了整肅革命同志的工具。當時有超過三萬人成了斷頭台上的冤魂，可是維尼奧卻看不清其中的危險。一七九三年四月五日，維尼奧向吉倫特省最重要的城市波爾多求救，他請求波爾多的市民派兵到巴黎，保護吉倫特派的議員。然而一切已經太遲了。一七九三年六月二日，在一次維尼奧缺席的議程當中，二十二位吉倫特派議員被掃地出門，吉倫特派就此失勢，大權落到了羅伯斯比與福利委員會（Comité de salut public）的手上。福利委員會是為了捍衛革命成果而催生的，它的首任主席為丹敦。可是到了同年七月底，羅伯斯比便撤換了丹敦。同年九月，羅伯斯比頒布了「可疑份子法」（Loi des suspects），雅各賓黨的恐怖統治邁向組織化。

吉倫特派失勢的兩天後，維尼奧也被捕，軟禁在家中。期間他本來有機會脫逃，卻讓機會白白溜掉。一七九三年十月二日，審判吉倫特派議員的程序正式展開，即便審判是在革命法庭裡進行，維尼奧仍然據理力爭。然而一切都是枉然，因為死刑的判決老早就擬好了。一七九三年十月三十日，吉倫特派的議員全都被判死刑。丹敦原本還嘗試力挽狂瀾，可就在宣判後的第二天，他們便被送上了斷頭台。一年之後，丹敦本人也步上他們的後塵。

「革命，就跟農神薩敦一樣，將吞噬掉他自己的兒女。」傳說中，羅馬神話裡的農神薩敦為了怕祂的子女反叛，便將祂的兒女全都吞噬掉。回頭檢視法國大革命，維尼奧在刑場的遺言可以說是再貼切不過。然而歷史告訴我們，這句話不僅是法國大革命這位「革命之母」的寫照，世界上其他許許多多的革命，也都一再上演同樣的戲碼。革命推翻舊制的力量，最終反噬自己。正如對付共同的敵人那樣，最終也以相同的手段對待自己的老同志。最著名的例子莫過於史達林（Josef Stalin）。在俄國革命期間，史達林下令處決了許多他以前的老戰友。

44

四千年的歷史正俯視著你們！

Forty centuries look down upon you!

拿破崙（Napoléon Bonaparte, 1769-1821）

在埃及的沙漠中，士兵已經行軍整整三個星期。無情的烈日底下，身上厚重的制服簡直快把人給熱暈。耀眼的陽光下，許多士兵眼前卻是一片黑暗，而難以忍受的口渴，也快把人給逼瘋。儘管處境艱辛，他們卻只能在尼羅河畔稍歇，很快又得背起沉重的行囊繼續趕路。一場戰役在前方等待著他們。而他們的指揮官拿破崙想盡快結束掉這場戰役。遠離法國的他，急切且堅定地率領著他的勁旅邁向開羅。

不久前，這位年輕而且雄心勃勃的將領，才在義大利為革命中的法國打了一場漂亮的勝仗。拿破崙出生於科西嘉島（Corsica），若以科西嘉語書寫，他的姓實際上應該是「Buonaparte」。他的家族在島上定居相當久，在當地十分具有威望。雖然拿破崙的家族屬於貴族階級，可是他的父母膝下有八名子女，因此在生活與教育上並不寬裕。所幸他們受到一些貴族們的資助，拿破崙也得以在九歲時離家前往法國求學。科西嘉島原本是屬於熱那亞（Genova），後來熱那亞才將它轉賣給法國。拿破崙的母語為科西嘉語，因此當他到法國求學時，必須從頭學習法語。終其一生，拿破崙的法語都帶著相當濃的口音。拿破崙十五歲時以優異的成績被選進巴黎軍官學校。天資過人的他，在短短一年之內便成為軍官。在法國大革命以及後來所謂的拿破崙戰爭期間，這位年輕的砲兵指揮官很快便聲名大噪。一七九六年，拿破崙被任命為法國在義大利的陸軍總司令，當時他的敵人是奧地利與皮埃蒙特的兩國聯軍。雖然對手在兵力上遠勝拿破崙，可是拿破崙仍然數度取得光榮的勝利。一七九七年十月十七日，在坎波福爾米奧條約（Traité de Campo-Formio），他讓奧地利吞下許多屈辱的議和條件，而始於一七九二年的第一次反法同盟（Première Coalition）戰爭也終告落幕。

躊躇滿志的拿破崙，這時越來越渴望創造更多英雄事蹟。在他的心目中，唯一能與他相提並論的似乎只有亞歷山大大帝而已，因此他也興起了前進亞洲的念頭。一七九五年，法國成立了由五名督政官所組成的督政府（Directoire），這是繼國民公會之後掌握法國最高權力的政府。原本督政府打算派遣拿破崙率兵進攻英國，可是苦無勝算之下，最終放棄了這項計畫。然而，深受群眾愛戴的拿破崙，對督政府始終是一大威脅。當時的印度是英國在海外最重要的殖民地，拿破崙打算率兵佔領埃及，藉此切斷英國與印度之間的陸路交通。於是，督政府便將計就計，同意拿破崙提出的瘋狂計畫。

一七九八年五月十九日，拿破崙率領他的遠征軍，浩浩蕩蕩地從土倫（Toulon）出航。另外一支法軍從義大利沿海路出發，與拿破崙的艦隊會合。最終拿破崙匯集了四百艘船艦，帶領超過四萬兵力前進北非。在地中海等著拿破崙大軍的，是英國海軍將領納爾遜（Horatio Nelson）率領的艦隊。不過拿破崙大軍避開了與英軍的正面交鋒，甚至沿途佔領了馬爾他（Malta）。拿破崙大軍在北非登陸之後，隨即攻下了亞歷山卓城，接著便展開了前進開羅的漫長行軍。歷經兩個月的艱辛旅程，如今只剩一天，拿破崙便可以抵達即將開戰的目的地。

決戰來臨前，拿破崙的軍隊已經與敵人發生過幾波小規模的衝突。到了七月二十一日，真正的大戰終於即將登場。拿破崙將他的大軍組織成戰鬥方陣，在雙方交鋒之後，穆拉德·貝伊（Murad Bey）率領的埃及軍隊損失慘重，就連馬木魯克（Mamelucke）的精銳騎兵也慘遭殲滅。貝伊的軍隊最後死傷超過兩萬人，但是拿破崙的大軍卻僅僅只折損四百人。經此一役，開羅已是拿破崙的囊中之物。

就在第二天的曙光中，這座大城在水平線上緩緩顯露身影。細長的尖塔，就如同許多驕傲的長矛插在城市的屋頂上。然而在沙漠中度過這一晚的法國人，這些來自諾曼第、普羅旺斯、亞奎丹（Aquitaine）以及洛林的法國人，卻被更雄偉的景象吸引目光。他們已經聽說許多金字塔的傳聞，可是此時才有緣親眼見識。從地面上旱地拔蔥地樹立著許多石堆，巨大且令人望而生畏，金字塔簡練的幾何外形體現出了完美，收尖的頂端則透露出無與倫比的崇高與宏偉。金字塔的美，超越所有時間與空間的維度。拿破崙有感而發地對著他的將士們說：「四千年的歷史正俯視著你們！」（Quarante siècles vous regardent!）

拿破崙以勝利者的姿態進駐開羅，接著又佔領加薩（Gaza）與雅法（Jaffa）。伊斯蘭的女學者宋雅·赫格斯（Sonja Hegasy）認為，拿破崙入侵埃及是西方世界壓迫阿拉伯世界的開始。拿破崙軍事佔領埃及的期間，隨軍前來的一些學者，為了研究埃及數千年的文化，開挖了許多文物，而大量的文物也因此落入官兵手裡，燒殺掠奪十分徹底。

到了一七九八年八月初，英國海軍將領納爾遜在地中海驅逐法軍的行動，獲得顯著的成功。

在距離亞歷山卓城不遠的阿布基爾（Abukir）附近，納爾遜率領的英軍將拿破崙的艦隊給徹底擊潰。法軍最終只有三艘艦艇倖免於難，落荒而逃。敗戰的拿破崙遠征軍，一時之間被切斷了與法國之間的補給線。然而禍不單行的是，接下來的幾個月裡各種麻煩一一找上了拿破崙。他的部隊開始感染霍亂與瘟疫，鄂圖曼帝國更因為拿破崙出兵埃及而正式向法國宣戰。一七九九年七月二十四日，雙方在阿布基爾附近展開會戰，拿破崙在此役中獲得了關鍵性的勝利。此役後，拿破崙便命令軍隊退守埃及，而他本人則搭船返回法國。拿破崙知道遠征埃及的戰果並非毫無爭議，可是他仍得將此行粉飾成光榮的凱旋。法國人民無不開心慶賀拿破崙的歸來，夾道歡呼。一七九九年十一月九日，拿破崙繼續攀上權力巔峰的下一步，他發動政變推翻督政府，從此法國由他一人單獨執政。

繼續駐守埃及的法軍，原先由總司令克雷貝（Jean-Baptiste Kléber）率領。克雷貝在埃及的太陽城（Heliopolis）附近再次擊敗鄂圖曼帝國的軍隊。然而不久之後，克雷貝卻不幸在開羅遇刺身亡。一八〇一年，法軍最終敗於英軍之手，拿破崙的遠征軍只好黯然離開埃及。

儘管對拿破崙來說，遠征埃及畫下了一個令人失望的句點。但是他這次的遠征，卻促成文化的大豐收。在這次遠征，一共有二百位百姓隨行，包括學者、畫家、詩人、地理學家與建築師，分別在埃及進行紀錄、蒐集、繪圖、測量等工作，他們將研究古埃及千年文化的成果帶回到歐洲，呈現在世人的面前。在拿破崙遠征埃及之前，古埃及文化在法國已蔚為風尚。如今研究成果如此豐碩，埃及的藝術與建築，更不再只是文化學者的專利。眾多的發現中，最具有劃時代重要性的文物，當屬羅塞塔石碑（Rosetta Stone）。這是一塊黑色的花崗岩，在西元前二世紀時，埃及的祭司同時以三種不同的文字，將法老的詔書銘刻在此時碑。這三種文字分別是埃及象形文、埃及草書、古希臘文。一八二二年，語言學家商博良（Jean-François Champolion）受益於這塊石碑，解讀出古埃及的象形文。

拿破崙的士兵喜歡嘲弄那些隨行的知識份子，然而他們的統帥卻極為保護這批人。因為拿破崙深知這群知識份子的研究成果，將是他輝煌成就的最好宣傳。關於這一點，最有名的莫過於拿破崙在金字塔戰役（Bataille des Pyramides）中說過的一句話。當時拿破崙下令士兵們組成戰鬥方陣，同時說：「笨驢與智者皆在其中！」

這場金字塔戰役是拿破崙遠征埃及最為光榮的時刻。事後拿破崙親自為這場戰役取了名字。拿破崙不僅是位軍事大師，自我包裝的功力也不遑多讓，他令金字塔的陰影與他的光榮勝利一同入畫，利用這樣的畫作，為自己營造出成就輝煌的效果。然而，根據歷史學家約翰尼斯・威爾姆斯（Johannes Willms）撰寫的拿破崙傳記，在金字塔戰役舊址其實看不到任何金字塔。而當拿破崙的部隊離開羅還有一日之遙，他一面看著金字塔、一面對著士兵說「四千年的歷史正俯視著你們」，這段軼事應該也是拿破崙為了將自己英雄化而設計的劇情。威爾姆斯指出，拿破崙被放逐到聖赫勒拿島（St. Helena）時，金字塔戰役已過多年，他才口述讓人寫下：「四千年的歷史正俯視著你們！」之後，這句話又有許多改編版本，持續地流傳拿破崙發散出的榮光。

45

請賜給我黑夜，或是將布呂歇爾給我送來！

Give me the night or give me Blücher!

威靈頓公爵
（Arthur Wellesley, Duke of Wellington, 1769-1852）

整夜滂沱大雨，把地上全給弄濕。在一八一五年六月十八日，直到黎明時分，太陽才逐漸撥開雲霧，慢慢將濕透的土地曬乾。然而即使如此，士兵與大砲仍然必須在泥沼中緩緩向前。在聯絡布魯塞爾（Bruxelles）與沙勒羅瓦（Charleroi）的道路上橫亙著一座山丘，威靈頓公爵下令大軍在山丘上布陣。這支大軍由對抗拿破崙的各國組成，威靈頓擔任總司令。對威靈頓公爵而言，能準備的時間不多。雖然天氣如此惡劣，可是拿破崙的大軍卻已經在可見的範圍內集結完畢。二十年來，法國的拿破崙皇帝讓全世界都得仰其鼻息。今天過後，是否就能一勞永逸地將他擋下來呢？又或者經此一役，拿破崙又會越戰越勇、屢戰屢勝呢？在比利時某個小城鎮以南三公里處的青翠山谷，是不是能將一切做個了結？昨晚威靈頓公爵在此度過一宿，接下來的戰役將以此地命名，它的名字就叫：滑鐵盧（Waterloo）。

幾個月前，沒有人相信竟然會發生這場戰役。然而拿破崙這位攏絡人心的大師，將他的追隨者重新聚集了起來。一年半以前，拿破崙在萊比錫慘敗，接著便被放逐到厄爾巴島（Elba）。原本的皇帝拿破崙一世消失了，取而代之的是在法國大革命當中被推翻的舊王室波旁王朝（Maison de Bourbon）。然而路易十八世（Louis XVIII.）的無能與命運乖舛，給了拿破崙重新掌權的可乘之機。一八一五年二月二十六日，拿破崙祕密離開了厄爾巴島，上百位對他效忠的官兵們追隨著他。幾天之後，拿破崙在坎城附近的弗雷瑞斯（Fréjus）上岸，在回巴黎的路途上彷彿凱旋歸來一般，受到英雄式的歡迎。人民心中企盼這位法蘭西帝國（Empire français）的奠基者，能帶領法國重回以往的強大與光榮。路易十八世派去阻止拿破崙的軍隊不僅未曾阻撓他，反而加入他的陣營。到了三月二十日，拿破崙終於抵達了巴黎，不費一槍一彈地取回政權。在巴黎街頭，到處都高呼著：「皇上萬歲！」（Vive l'empereur!）不過，拿破崙在歐洲的敵人正蠢蠢欲動。

從一八一四年起，歐洲列強的代表便齊聚於維也納，商議歐洲未來的新秩序。原本各國代表意見分歧，吵得不可開交，可是當拿破崙歸來的消息傳來之後，所有與會的代表馬上取得共識。雖然列強之間有著諸多不和，但是每個國家都不願意再次看到拿破崙災難降臨。因此，不管這位法國皇帝提出什麼樣的談判條件，列強一概拒絕。一場大戰已是在所難免。

在比利時，反法同盟有兩支可供調度的軍隊，在不久前，這兩支軍隊已經合流，而拿破崙則陷入了沉重的壓力。其中一支部隊擁有十三萬的兵力，他們是由英國、荷蘭以及漢諾威的士兵組成，由英國將領威靈頓公爵亞瑟．韋爾斯利負責指揮。幾個月之前，威靈頓公爵還是維也納會議的英國代表，如今已貴為同盟軍的總司令。另外一支部隊則是普魯士的軍隊，兵力約為十一萬人，由普魯士元帥布呂歇爾（Gebhard Leberecht von Blücher）率領，他麾下的重要將領則有格奈瑟瑙（August Neidhardt von Gneisenau）以及布羅（Friedrich Wilhelm von Bülow）。

拿破崙認為，主動出擊是他獲勝的唯一機會。於是在一八一五年六月，他率領十五萬大軍出征，準備與敵人正面交鋒。當時兩軍相隔數十公里遠，拿破崙躊躇滿志地相信，當時所有的名將與他相比都望塵莫及。他很有把握，他慣用的個個擊破戰術在此役同樣會奏效。過往的交戰經驗裡，拿破崙總是能從他對手拙劣的組織中獲利。拿破崙心中盤算，接下來的戰爭舞台必然會搭建在布魯塞爾南部的某處丘陵，因為他的敵人肯定會傾全力阻止他進入布魯塞爾。

六月十四日，法軍以急行軍的速度穿過比利時的邊界。格奈瑟瑙將軍率領的普魯士部隊原本要向沙勒羅瓦前進，後來卻決定繞道，將部隊拉回里尼（Ligny）集結。當時格奈瑟瑙的位置離布呂歇爾的部隊較遠，離威靈頓公爵的部隊較近。格奈瑟瑙在里尼等待支援，可是援軍卻遲遲沒有出現。到了六月十六日，拿破崙便在里尼與格奈瑟瑙正面交鋒。最終，格奈瑟瑙不幸落敗。而拿破崙這次的勝利是否印證他慣用的舊戰術將再度得手呢？然而格奈瑟瑙雖然吃了敗仗，這回的應對卻是出乎意料。他並未依循以往的撤軍模式退回起點，來到萊茵河東邊。相反地，格奈瑟瑙跟普魯士的元帥布呂歇爾行動一致，帶著他的殘部向北移動，兩支部隊不約而同地都往威靈頓公爵所在的方向集結。

威靈頓公爵得知普魯士軍隊在里尼落敗的消息後，便率軍往北撤退，拿破崙的大軍則尾隨而來。六月十七日，拿破崙與普魯士雙方的軍隊再次在夸特布拉（Quatre-Bras）交手。而這一回，勝利又屬於法國人。與此同時，威靈頓公爵則將他的部隊集結到蒙聖讓村（Mont-Saint Jean）附近的山丘上，距離布魯塞爾僅二十公里之遙。

接著，突如其來的一場暴風雨阻礙了拿破崙的乘勝追擊。這場雨為威靈頓公爵爭取多一點準備時間。第二天清晨來臨前，威靈頓公爵可以在丘陵上布好防禦陣勢，他同時派人到山谷下，在拿破崙大軍可能的行軍路線上，布置一些小型的防禦工事。此外，威靈頓公爵更發信給布呂歇爾，說明他打算在哪裡與拿破崙會戰，並且請求布呂歇爾調集兩到三個軍團支援。布呂歇爾以積極作戰聞名，他更因此為自己贏得了「前進元帥」（Marschall Vorwärts）的封號。就在這個重要的決戰時刻，他再次替自己擦亮了招牌。雖然前一天年屆七旬的老將軍的坐騎被射殺，致使他卡在坐騎底下，可是仍然不妨礙他回應威靈頓公爵的請求。布呂歇爾回覆威靈頓公爵，他將親率大軍傾巢而出。如果拿破崙不採取攻勢，他建議雙方聯手，主動給法軍來個迎頭痛擊。

拿破崙派出了格魯希（Emmanuel de Grouchy）元帥，率領一個軍團的兵力追擊普魯士人。然而，格魯希卻追丟了目標，他的人馬迷失在陣地附近。相反地，普魯士軍隊卻順利集結前往威靈頓公爵的陣地。

不久之後，拿破崙的軍隊終於來到了山谷上，而對面的丘陵正是威靈頓公爵主力駐紮之處。在距離威靈頓公爵的陣地兩公里遠的地方，拿破崙下令軍隊停止前進。接著，拿破崙擺開作戰陣勢。拿破崙的大軍在佈陣時頗為壯觀，超過七萬兩千名的兵力分布在丘陵，另外設置了二百四十六個火砲陣地。因為大雨的緣故，地面濕軟，於是拿破崙決定等到上午稍晚，讓地面至少勉強能通行再說。上午九點左右，法國的皇帝騎馬巡視軍隊，當他通過各部隊時，將軍旗垂下致敬，並且在鼓聲中高呼：「皇上萬歲！」直到上午十一點半，拿破崙才下令發動攻擊。這個攻擊命令是否下得太遲了呢？拿破崙事後曾經表示，在這一刻他突然驚覺，他竟然發生前所未有的遲疑。

猛烈的砲火下，滑鐵盧戰役終於拉開了序幕。這一場歷經數小時的屠殺，步兵與騎兵輪番交替，法軍穿過重重泥沼，一而再、再而三地衝擊威靈頓公爵的陣地。不過戰事最為慘烈的，應該是附近的農莊或田園裡的陣地戰。儘管損失慘重，可是法軍仍然期望能夠製造關鍵的突破。然而，雙方的勝負卻尚在未定之天。至於威靈頓公爵仍然執著相信：只要布呂歇爾的援軍一到，登時便能分出勝負，只不過援軍為何遲遲還不來呢？

到了下午時分，雙方人馬已開始顯得有點精疲力竭。威靈頓公爵的部隊裡有作戰能力的官兵已經剩下不到半數。就在千鈞一髮之際，威靈頓公爵感慨地說道：「請賜給我黑夜，或是將布呂歇爾給我送來！」（Give me the night or give me Blücher!）。後來在德國歷史裡則寫成：「我希望，要不現在就是晚上，要不普魯士人到來。」（Ich wollte, es wäre Nacht oder die Preußen kämen.）威靈頓公爵是否曾經說過一句話呢？問題一直有爭議，然而倘若考慮他當時所面對的局勢，那麼這句話其實是可以理解的。

普魯士的援軍果真及時趕到。當他們抵達戰場時，威靈頓公爵的部隊正在抵擋一波法國重騎兵的攻擊。拿破崙見普魯士的援軍到來，立刻分兵追擊普魯士的軍隊，他也讓自己最精銳的近衛隊準備組織最後一波攻擊，企圖將威靈頓公爵一舉擊破。然而拿破崙的孤注一擲卻失敗了。隨著英國騎兵與普魯士軍隊逐漸增強，反攻態勢強烈，法軍在形勢上開始相形見絀。不久之後，拿破崙見大勢已去，便下令收兵，可是此令一下，法軍便陷入了倉皇逃亡之中。至此，整場戰役勝負已分。

威靈頓公爵大聲說：「這場戰役勝負差距之微小，是我個人所僅見。」因此，當軍隊還在戰場上時，他便高聲地唱起了〈天佑吾王〉（God save the King）。夜晚來臨，威靈頓公爵與布呂歇爾不約而同地來到了一座名為「美好同盟」（Belle Alliance）的農莊。這座農莊就位於戰場的正中間。布呂歇爾建議以這座農莊來為此役命名，而「美好同盟」的名字正好是此役的最佳寫照。可是威靈頓公爵卻偏好「滑鐵盧」這地名，由於威靈頓公爵是同盟軍總司令，最後便以他的提議來為此役命名。也因此比利時境內這個小地方不但被拿來指拿破崙的最後失敗，日後滑鐵盧更變成所有關鍵性慘敗的代名詞。而這場最後的滑鐵盧之戰，也是德國人的「解放戰爭」（Befreiungskriege），總共造成了五萬三千多人的死傷。

勝戰之後，威靈頓公爵極盡所能地將自己塑造成此役最關鍵的角色。在他對於這場戰役所做的報告當中，他讚揚布呂歇爾與布羅等人是優秀的幫手，並且將自己吹捧成光榮勝利之父。今日看來，同盟軍獲勝的關鍵，不僅是威靈頓公爵的奮勇抵抗，同時也在於布呂歇爾的戰術與調度運用得當。布呂歇爾雖然在先前兩度與法軍交手當中損失不小，可是仍然能夠有效集結殘部，正確地將軍隊調往威靈頓公爵所在之處，及時會合。

承認失敗之後，拿破崙黯然離開戰場，匆匆趕回巴黎。一八一五年六月二十二日，拿破崙被迫退位。此後他便被放逐到大西洋（Atlantic Ocean）南邊的聖赫勒拿島，並且六年之後在島上去世。在歐洲，舊的權力秩序再次建立，君主制度的勢力再次復辟。即使在拿破崙統治下也未消滅的法國革命精神再次受到打壓。受法國大革命的影響，歐洲各地萌芽的政治自由與民主立憲運動，如今紛紛受挫。一八一九年的「卡爾斯巴德決議」（Karlsbader Beschlüsse）將這波打壓民主的行動帶往了高峰。警察國家（Polizeistaat）各種手段恣意妄為地壓迫，崛起的市民階級以及他們的自由精神，遭到嚴重的摧殘。然而這些鎮壓不僅未能達到目的，在一八三〇年與一八四八年時更因此引發了革命。這還沒算上十九世紀中葉，在歐洲各地發生的大大小小起義。

46

戰爭只是政治運用其他手段的延伸

War is just politics by other means.

克勞塞維茨（Carl von Clausewitz, 1781-1831）

有時，愛的證明會出現在很特殊的脈絡。若是翻開著名的《戰爭論》（*Vom Kriege*）第一版序言，也許你一開始會很驚訝，接著甚至會深受感動。以清晰而優美的文字開場，讀者或許感到奇怪，一位婦人竟然有勇氣為這樣子的書寫序。她這麼寫著，「這是我摯愛、可惜英年早逝、棄我與這個國家而去的夫婿，在過往十二年的歲月當中，嘔心瀝血創作的一部作品。」每當序言的作者催促她的丈夫出版這本書，她的丈夫總是回答她：「妳得幫我編輯、整理才行！」最後，序言的作者署名：「瑪麗・馮・克勞塞維茨，布呂爾女伯爵，威廉太子妃殿下的宮廷女總管」。其中「威廉太子妃」指的是瑪麗侍奉的太子妃，她是當時普魯士王太子威廉的妻子。而威廉王太子日後則成為德國皇帝威廉一世（Wilhelm I.）。

一八三二年，瑪麗將丈夫唯一的著作以《戰爭論》為名出版。這本書是克勞塞維茨的心血結晶，從一八一六年開始動筆，一直到一八三〇年才停筆。《戰爭論》出版後，只有少數人注意到這本書。四十年後，克尼格雷茨（Königgrätz, 1866）與色當（Sedan, 1870）兩場戰役中，普魯士名將毛奇（Helmuth Graf von Moltke）取得了輝煌的勝利。由於毛奇元帥對克勞塞維茨推崇備至，才使得《戰爭論》打響了名號。克勞塞維茨的《戰爭論》不僅深深影響軍事家，更震撼了許多政治家與哲學家。到了二十世紀時，其影響力更擴及社會學、心理學、甚至一些與管理有關的學說。就連列寧（**Vladimir Ilyich Lenin**）與毛澤東也都受克勞塞維茨的影響。因此《戰爭論》可以算是超越文化界限，最廣為流傳的著作之一。

傳說克勞塞維茨安靜且謹慎，感覺敏銳而又自律。他總是很低調，有時甚至顯得有點拘謹或固執。一七九二年，年僅十二歲的克勞塞維茨加入普魯士軍隊。在當時，在這樣的年齡從軍是很普遍的現象。一年之後，克勞塞維茨便被送往萊茵地區作戰，抵抗入侵的法國革命軍。當時一位軍事改革家沙恩霍斯特（**Gerhard von Scharnhorst**）十分欣賞這位有才華的少年，處處提攜克勞塞維茨。克勞塞維茨以優異的成績從軍校畢業之後，他擔任普魯士王子奧古斯特（**Friedrich Wilhelm Heinrich August**）的副官。一八〇六年，為了對抗拿破崙，在耶拿與奧爾斯塔特（**Auerstedt**）的會戰當中，克勞塞維茨不幸被俘。克勞塞維茨獲釋後，進入普魯士的參謀總部，與沙恩霍斯特、格奈瑟瑙以及博恩（**Hermann von Boyen**）等人共同推動普魯士的軍隊改革。一八一二年，普魯士國王腓特烈・威廉三世（**Friedrich Wilhelm III.**）與拿破崙締結同盟，克勞塞維茨憤而請辭，並且遠走俄國。同年，拿破崙入侵俄國，克勞塞維茨則參與了斯摩棱斯克（**Smolensk**）與博羅金諾（**Borodino**）戰役，再次與拿破崙對抗。在一次代表俄國與普魯士的談判當中，克勞塞維茨趁機說服普魯士中將約克（**Johann Graf Yorck von Wartenburg**）發動對抗拿破崙的解放戰爭。一八一二年十二月三十日，普、俄雙方最後簽訂陶羅根停戰協定（**Konvention von Tauroggen**）。未經普魯士國王的同意下，約克在停戰協定上簽名。至今為止，與法軍並肩作戰的普魯士停止與俄軍一切交戰。此舉標誌普魯士反對法國佔領的開始。

一八一四年，克勞塞維茨重新效命普魯士軍隊，隨後被派往設在科布倫茨（Koblenz）的最高指揮部擔任參謀總長，之後他又出任設在柏林（Berlin）的一所軍事學校的校長。一八三一年三月，克勞塞維茨以參謀總長的身份，陪同陸軍元帥格奈瑟瑙前往波蘭，平息因為普魯士出兵問題所引發的動亂。同年十一月七日，克勞塞維茨返回布雷斯勞（Breslau）。當時他希望將去年已經暫時收尾的書拿出來重新再行補充與修改，甚至希望就在冬天完稿。然而不幸的是，他竟然意外地染上霍亂，就在返家幾日後，克勞塞維茨便與世長辭。一直到他去世，先前封存的手稿才被人打開。

克勞塞維茨或許會很高興，後世讀者漸漸感受到他思想的多樣性，克勞塞維茨撰寫《戰爭論》，並非只是要將他的思想傳遞給軍事家，他也想將思想傳遞給政治家。因此克勞塞維茨的《戰爭論》不應該被誤解成一本軍事教科書，只討論戰爭在人類生活中扮演的角色。相反地，《戰爭論》與其他具影響力的書一樣，啟發了不同領域的知識。例如，克勞塞維茨十分強調領導的重要性，也因此今日許多管理學校仍會討論《戰爭論》。克勞塞維茨強調，決定一場戰爭勝負的關鍵，不僅在於兵力，更在於指揮官的能力，對此他特別舉了拿破崙與腓特烈大帝這兩位戰術天才為例。克勞塞維茨認為，要獲致成功，計畫與訓練扮演著決定性的角色。他曾經在書中說道：「知識必須變成能力！」（Wissen muss Können werden!）。

而克勞塞維茨對游擊戰的看法也十分有意思。到了二十世紀時，他的理論更引起不少革命軍與反叛軍的關注。例如他曾經提到，如果是國家和人民的衝突，國家必須更小心謹慎人員的傷亡。

《戰爭論》討論最多的主題則是戰爭與政治的關係。在書中第一章的第二十四節裡，克勞塞維茨說：「戰爭只是政治運用其他手段的延伸。」（Der Krieg ist eine bloße Fortsetzung der Politik mit anderen Mitteln.）這句話的知名程度甚或超過《戰爭論》與克勞塞維茨本人。

然而，克勞塞維茨的「戰爭只是政治運用其他手段的延伸」該如何詮釋，一直爭議不斷。克勞塞維茨是否想藉此證明，在政治面臨衝突、可是卻不知道應該如何解決時，就可以運用軍事這項手段呢？許多人甚至認為，德國在兩次世界大戰扮演侵略者的角色，顯然就是因為克勞塞維茨的緣故。在法國與英國，不少人嘗試解讀從腓特烈大帝、克勞塞維茨到希特勒的窮兵黷武。而引發人們如此聯想的另一個原因則是德國的軍事氛圍。前已提及，對克勞塞維茨至為推崇的毛奇元帥大力鼓吹「先發制人的戰爭」（Präventivkrieg，或稱為預防性戰爭），在普法戰爭當中，毛奇元帥甚至主張將法國人徹底消滅，永絕後患。此外，俾斯麥主張，應該以「鐵與血」來解決德國問題，也被認為受到克勞塞維茨的啟發。然而不論是以上的主張、二十世紀的種族屠殺，甚或原子彈，其實都跟克勞塞維茨所說的「戰爭只是政治運用其他手段的延伸」無關。

克勞塞維茨只是想要闡明：戰爭並非獨自存在國家或民族的衝突之外。根據克勞塞維茨的看法，戰爭不是無中生有，而是與某種政治目的有關。因此對克勞塞維茨而言，戰爭與政治目的是交互作用的關係，因為「政治企圖是目的，而戰爭則是手段，然而沒有目的則無從思考手段」。對克勞塞維茨來說，軍事應服從於政治目的。因此他確信戰爭不能以勝利做為目標，它的目標應該是回歸和平與政治。就這一點看來，克勞塞維茨的格言應該被理解成一種實事求是的論斷，政治與戰爭應該要相輔相成，就如同克勞塞維茨所說的：「戰爭從來就不是一種可以被單獨看待的行為。」（Der Krieg ist nie ein isolierter Akt.）

47

把和平給茅屋！把戰爭給皇宮！

Peace to the shacks! War on the palaces!

畢希納（Georg Büchner, 1813-1837）

與其他人相比，畢希納的個子似乎高了一點，可是這並不妨礙他喜歡戴頂高帽子，讓自己看起來更高。畢希納的額頭很高，他有一頭狂野的金髮，嘴巴略小，在光線照射之下，嘴巴甚至顯得有點緊繃。這個少年郎是位性情中人，他若是跟誰絕交，那麼那個人一定能夠明顯感受到。畢希納在故鄉達姆施塔特（Darmstadt）時，經常有不少的鄉親上門向他的父母抱怨他的惡形惡狀。然而他卻曾經在一封信裡頭寫道：「所有我能叫得出名字、還活著的人，誰也不能夠阻止我。」

畢希納後來去基森（Gießen）攻讀醫學。他喜歡打扮得很招搖，在當地成為人人皆知的「小花狗」。基森是座小城，原本只是座寧靜的大學城與衛戍部隊的駐防地。機緣巧合下，這座小城後來竟然變成許多重大事件發生的舞台。當時有位名為尤斯圖斯．李比希（Justus Liebig）的年輕教授在此任教，他極度熱情，有著自毀也在所不惜的雄心壯志，打算用化學肥料的研究與發明，為德國農業掀起一場革命。

不僅如此，基森也成為當時許多政治事件的焦點。一方面，因為黑森大公國（Großherzogtum Hessen）的處境特殊，而基森是黑森大公國所屬的一個城市。另一方面，則是由於基森裡有個性情急躁的畢希納。在維也納會議之後，為了重建國家秩序，黑森大公國的實施一連串措施，希望抹去法國大革命的影響，這些措施在基森貫徹得特別地嚴格。警察、軍隊以及大型的官署，無不竭盡所能地徹底鎮壓任何爭取自由的風吹草動。

畢希納的父親是一位鄉下醫生，在他幼年時便經常跟著他的父親出診。也因此在年紀很小的時候，畢希納就看遍農民與社會底層的悲慘處境，他們的苦痛在他幼小的心靈留下深刻的印象。由於畢希納的身邊圍繞的不是那些虛榮又自私的市民階級，就是跟他一道求學的同窗，這些人對於無數貧困的人們完全漠不關心，他們自私自利的態度讓畢希納深深地感覺到，自己就好像身邊這群人當中的異類。畢希納這位獨行俠認為，他的同學都是粗暴的精英，因此拒絕與他們往來；不過他的同學也以同樣的態度回敬他；那些喝醉酒的同學經常會在夜裡跑到他位在塞爾特斯路（Seltersweg）的寢室前，高聲地對他唱些諷刺的歌曲；他們甚至還會大聲咆哮取笑畢希納，說他是「歐洲均勢的維護者，奴隸販賣的廢除者」。

不過，畢希納的獨行俠形象，只是表面。實際上，他還是與不少志同道合的朋友有所往來。基森大學是他就讀的第二所大學，在此之前他曾到史特拉斯堡求學。在那裡他不僅加入一個帶有神學色彩的社團，更與奧古斯特以及阿道夫．斯德博兩兄弟（August und Adolf Stoeber）私交甚篤。此外，畢希納還在這裡找到了他的摯愛，他的愛人是他的房東雅各布．雅格雷（Jacob Jaeglé）牧師的女兒，他們兩人甚至還私底下偷偷地訂婚。

一八三四年一月，畢希納改在基森大學註冊。不久前他因為長期抑鬱不慎感染了腦膜炎，如今已逐漸康復。到了基森，畢希納結識校長腓特烈．魏迪格（Friedrich Ludwig Weidig）。魏迪格來自基森附近的布茨巴赫（Butzbach），他曾經撰寫過許多的傳單，一年之前，他更加入了一個叛亂團體，並且參與籌畫進攻法蘭克福衛戍大本營（Frankfurter Hauptwache）的行動。畢希納與魏迪格在基森共同創立了一個秘密組織，他們將這個組織取名為「人權社」（Gesellschaft für

Menschenrechte）。不久之後，他們甚至還在達姆施塔特設立組織的分支機構。一八三四年七月三日，「人權社」的同志齊聚一個名叫「巴登堡」（Badenburg）的要塞。這個要塞是基森附近山丘的諸多要塞之一。「人權社」的同志在此討論製作傳單的事宜，最後還為傳單起了一個名字叫做《黑森快報》（*Der hessische Landbote*）。畢希納希望可以藉此喚起社會底層群眾，期盼他們能夠共同奮起，擺脫種種壓迫。早在同年三月，畢希納已經擬好創刊號的初稿。不過由於魏迪格的態度比其他年輕同志來得溫和，他堅持貫徹和緩路線，因此便把畢希納所擬的初稿做了一番修改。幾天之後，畢希納跟他的幾位同志聯絡好，眾人將《黑森快報》的手稿藏在植物標本箱裡，趁著夜黑風高，偷偷地前往奧芬巴赫（Offenbach），在那完成傳單的印刷。隨後眾人便分頭將印好的傳單散發到附近的幾個城市，諸如弗里德貝格（Friedberg）、布茨巴赫、達姆施塔特以及基森等。

然而魏迪格的一個朋友，在不久之前成了特務，這位特務朋友出賣了這群「人權社」同志。他們其中一位名叫卡爾．明尼格羅德（Carl Minnigerode）的同志遭到逮捕，並且在他身上搜出了一百三十九份的《黑森快報》。明尼格羅德辯稱這些《黑森快報》是他撿到的，他正要把這些傳單送交給警察。其他遭到逮捕的人也都做了相同的供述，大家都將責任推得一乾二淨。不過，這樣顯然於事無補，警方決定徹底地搜查。很快地，警方確認這次發散傳單的首謀就是格奧爾格．畢希納。幸好，警方申請拘捕令花了太多的時間，畢希納最後僥倖走脫。與此同時，基森大學的法官格奧爾吉（Georgi）也下令搜索畢希納的住所。然而畢希納卻大膽地寫了一封信給格奧爾吉，對此舉大表不滿。格奧爾吉個性十分優柔寡斷，再加上自己嚴重酗酒，因此在收到畢希納的來信之後，他反而不知所措，於是便放棄追捕畢希納，而畢希納也趁機逃回達姆施塔特。

《黑森快報》逐漸為世人所知，並且慢慢地建立起讀者群。《黑森快報》每份共有八張，每一期都密密麻麻印滿了宣傳文章。這份報紙正文開始處的上方，都會印上一句口號：「把和平給茅屋！把戰爭給皇宮！」（Friede den Hütten! Krieg den Palästen!）。這句口號正是出自畢希納的手筆，不過這句口號源於法國大革命，由作家尚福爾（Sébastien Roch Nicholas de Chamfort）為法國的革命軍所構思的。原本尚福爾所提出的口號為：「把戰爭給皇宮！把和平給茅屋！」（Guerre aux châteaux! Paix aux chaumières!）可是畢希納卻將本來的順序給顛倒。他這麼做究竟是基於個人的風格，還是要強調農民優於王室，這就留給各位讀者自行詮釋。

畢希納與他的同志深信，對群眾訴諸政治、道德與自由，多半是白費力氣。唯有提到錢，才能吸引群眾目光。因此，畢希納與魏迪格總是會在《黑森快報》公布詳盡的統計數字，藉以突顯財富分配有多麼地不平均。例如，畢希納曾經描述道，黑森大公國共有七十萬人口，可是這麼多的人口卻把他們的資源統統拿去供養一萬名的「壓迫者」。的確，當時的黑森大公國還陷在封建制度的泥沼，這個大公國可說是德國當時最窮的地區之一。一八三〇年，弗爾格斯貝格（Vogelsberg）的農民因為饑荒而發生暴動，黑森大公國派出軍隊進行血腥鎮壓，造成瑟德爾屠殺事件（Blutbad von Södel）。《黑森快報》也曾經報導過這個事件。

畢希納與魏迪格經常引用《聖經》來支持自己的論述。例如，畢希納有時引用《聖經》的句子大罵「貴族的生活是一個漫長的星期天」，而「農民的生活則是一個漫長的工作天」。他們兩人都認為，要贏得民心，不應該單純只談物質問題，偶爾也要輔以信仰問題。而《聖經》的語言就是一種共同的財產，有助於他們在宣傳上引起共鳴。不過畢希納與魏迪格兩人的立場，仍有明顯不同。畢希納比較傾向早期的社會主義，也因此他會主張「把和平給茅屋！把戰爭給皇宮！」，投入貧者與富者對立的鬥爭之中。相反地，魏迪格的主張，接近腓特烈大帝的開明專制路線。這一點可以在《黑森快報》他負責的第二版明顯看出。此外，他們兩人對於選舉權的看法也有所分歧。畢希納主張，所有的人都應該普遍、平等地享有選舉權；然而，魏迪格卻贊成應該將選舉權限縮在「成年市民」的範圍裡。

一八四八年的三月革命之前（**Vormärz**），《黑森快報》可以算是當時德國最重要的政治刊物，體現三月革命前，德國醞釀中的革命氛圍。一八三五年四月，魏迪格遭逮捕入獄。到了一八三七年二月，在獄方未曾公開說明的情況下，魏迪格不幸死於獄中。畢希納雖然逃過了逮捕，可從此以後亡命天涯。在他生命裡的最後三年，畢希納撰寫了劇本《丹敦之死》（*Danton's Tod*）。除了《黑森快報》以外，這本書是他生前發表過的唯一一部作品。畢希納還曾經撰寫過《萊昂斯與蕾娜》（*Leonce und Lena*）與《沃采克》（*Woyzeck*）這兩個劇本，只是這兩部作品是在他去世之後才獲得出版。這三齣戲劇是德國文學重要的作品，同時也被視為開創現代德國語文的重要見證。

一八三七年年初，畢希納不幸感染傷寒。儘管如此，他當時還是繼續準備他的醫學教學，直到他精疲力竭為止。在畢希納生命倒數的最後幾天，他已經陷入昏迷；一八三七年二月十九日，年僅二十三歲的畢希納，於史特拉斯堡英年早逝。令人深感無奈的是，在畢希納短暫的一生當中，他一直是個出名的叛亂份子，卻從來未曾以詩人的身份聞名。

48 所有權是竊盜行爲！

Property is theft!

普魯東（Pierre-Joseph Proudhon, 1809-1865）

一八五三年，印象派先驅之一的法國畫家古斯塔夫．庫爾貝（Gustave Courbet），為他的朋友兼同鄉普魯東繪製了一幅油畫肖像。為了忠實呈現普魯東這位無政府主義的思想家，庫爾貝特地選了一個與眾不同的場景。不以常見的畫室為背景，庫爾貝選擇以露天為背景，讓普魯東坐在只有兩層台階的階梯上。在這幅畫中，普魯東看起來十分壯碩。他的額頭寬闊，頂著一頭棕色捲髮。普魯東的右手放在大腿上，左手食指張開，沉思般地撩撥他的落腮鬍。在普魯東的右邊，擺著幾本攤開來的書，此外還有一疊紙與幾張地圖，在他的身後放著一小罐墨水與沾水筆。普魯東的衣著相當樸素，他身穿一件寬大的白色亞麻罩衫和一條藍色的褲子，腳踩一雙黑色的簍空鞋。在畫裡，普魯東看起來若有所思，似乎正透過他那橢圓框的眼鏡在注視著什麼。然而，在這幅畫當中，普魯東其實並不寂寞。他的身邊有兩位小女孩陪伴，這兩位小女孩是他的女兒。其中一位小女孩坐在台階上，靠在一張小桌子旁正看著書，似乎正用她的食指指著書上的字，一字一句地讀著。另一位小女孩則拿著一個小瓶子，趴在地上玩砂石。

這樣一幅田園風味盎然的景象，似乎與一位無政府主義者所應身處的世界相距甚遠。若是未曾讀過普魯東的作品，一定會誤以為他是一位畫家或詩人，幸福地與兒女們享受天倫之樂。畫中的那個男人，真的曾說出「所有權是竊盜行為」（La propriété c’est le vol）嗎？倘若更深入觀察，自然能解開矛盾。庫爾貝的這幅畫，記錄了普魯東這位社會革命者的世界。在畫中簡練的田園風光隱藏許多暗示，一一道出這位男人不平凡的出身背景、社交關係、甚至還有影響他思想的各種因素。光是現實主義畫派（réalisme）的大師庫爾貝為普魯東作畫的這件事，就已經透露一些端倪。庫爾貝與普魯東，兩人都出身於與瑞士接壤的法蘭琪康堤（Franche-Comté）。在這個地區聚集許多貿易商、零售商以及工匠，這類人通常都喜歡以個人的名義行事，並且討厭國家機器底下的集體與匿名。此外，小團體與家族構成這個地區的社會形態，使得這個地區的居民相對重視獨立，也因此一些特立獨行的人得以在此處安身立命。這個屬於農民與市民的世界，提供培育優秀子孫的沃土，他們用思想與藝術去讚揚獨立的個人。除了庫爾貝與普魯東之外，法國大文豪雨果（Victor Hugo）以及對普魯東影響甚巨的無政府主義思想家傅立葉（Charles Fourier）也都是出身於法蘭琪康堤的名人。

普魯東的童年在貧困當中度過，他可以算是自學有成。他的父親是位製桶的工匠，曾經嘗試獨立創業，最後卻不幸失敗。因此直到普魯東十二歲，他都得去幫忙放牧牲畜以貼補家用，而學業自然也被迫中斷。幸運的是，普魯東後來成為排字工人的學徒，並且學成出師。藉著工作之便，普魯東讀了不少的書，也從中獲得許多知識。無奈的是，福無雙至、禍不單行，後來普魯東嘗試在他的家鄉貝桑松（Besançon）開設一家印刷廠，可是結果卻和他的父親一樣，最終落得失敗的下場。幸好天無絕人之路，老天爺為你關一扇門，一定會再為你開一扇窗。當時二十八歲的普魯東寫了一篇有關文法的文章，文章為他贏得故鄉一所學院的獎學金，於是他便帶著這筆獎學金前往巴黎。到了巴黎，普魯東終於有機會深入地研究當時各種社會與政治問題。一八四〇年，普魯東發表他的論戰名著《什麼是所有權？》（*Qu'est-ce que la propriété*），在這本書當中，他針對這個問題回答道：「所有權是竊盜行為！」

這句話是普魯東從雅克・皮耶・布里索（Jacques Pierre Brissot）那裡借來的。布里索是法國大革命主要領導人物之一。就在普魯東刻意說出這樣的話之後，他的思想馬上遭人誤解。普魯東沒有要攻擊收入或財產的意思，他其實只是反對不勞而獲。普魯東區分出兩種概念，一種是「占有」，另一種則是「所有」。「占有」指的是供自己生活所需的財產。「所有」則是指資本、機械設備與土地。普魯東主張個人可以合理地占有，基於這樣的立場，普魯東被共產主義的支持者稱為「市民的社會主義者」。

普魯東的思想雖然理想高過理性，甚至缺乏科學基礎，可是對他卻絲毫不構成妨礙。普魯東是位個人主義者，他對於自己的自學有成感到相當自豪。儘管普魯東的思想與逐漸崛起的社會主義及共產主義有不少的共同點，可是他仍然與這兩股思潮分道揚鑣。如此一來，他的特立獨行必然會落入與各方尖銳對立的漩渦裡。左派的人批評普魯東，指責他不願意揚棄資本主義的階級體系，只想促成階級和解。而支持既有資本主義的人則認為，普魯東忽略了資本主義經濟的調節能力與進步性。對於這些批評，普魯東都欣然接受，可是他就是不願意為了避免受到批評而去附加其他人的想法。這樣的態度貫穿了他的一生與他的思想，也因此普魯東強烈反對由中央統一領導的國家概念。在一個民族概念與情感滋榮茂盛的時代，在眾多思想家中，普魯東採取的立場的確是有些不尋常。大多數的自由思想家，總是將民族國家的思想與法國革命的成果結合在一起。相反地，普魯東卻將中央集權國家視為不自由的象徵，他甚至認為，若是沒有國家的話，人類的共同生活應該可以運作得更好。普魯東主張，社會應當以自治的小單位來組成（這也反映出了他的家鄉法蘭琪康堤的身影），至於位階更高的一些組織，諸如國家或教會等等，則全部都可以免了。普魯東甚至還認為貨幣制度也不需要，人們可以以物易物，相互交換小型商品，藉此取代貨幣制度。如此一來，所有的收入來源將只有兩種，一種是透過自己的工作，另一種則是透過交換自己因工作賺來的財物。由於什麼都無法繼承，財產也無從累積，因此沒有人能夠憑藉經濟或政治的優勢去欺凌別人。

馬克思曾經與普魯東在巴黎多次會面。起初馬克思十分欣賞普魯東，一八四六年，馬克思更邀請普魯東一同參與方興未艾的共產主義運動。然而普魯東看出馬克思有點專斷的傾向，於是便在同年五月十七日寫了一封信給馬克思，委婉地拒絕了他的邀請。普魯東在信中說道：「看在上帝的份上，在我們已經將所有先驗教條都給搗毀之後，讓我們別再夢想要為我們這代人洗腦。」他接著寫道：「就讓我們友好地、忠實地繼續爭執下去，為這個世界樹立一個良好的典範，讓世人學一學，什麼是具有遠見的寬容。由於我們正引領一項運動，別讓我成為新的不寬容的領袖，更別讓我們變成一種新宗教的使徒，即便這個宗教是邏輯教或是理性教。」最後普魯東說道：「當我們將最後的論據都已經提完，讓我們永遠別認為自己已經打破砂鍋問到底了，若是有必要的話，且讓我們利用雄辯與諷刺，對那個問到底了的問題從頭開始問。在上述的所有條件之下，我願意加入您們的組織；若非如此，我只好謝絕您的邀請！」

收到這封信後，馬克思惱羞成怒，開始反對普魯東，兩人也因此展開問論戰。馬克思批評普魯東是小資產階級的意識型態，他的思想根本不可行。對於社會問題提出的解答，馬克思與普魯東兩人的立場不盡相同。馬克思想要將工人階級組織起來，利用他學說為核心的階級去戰勝其他的階級。然而採取無政府主義立場的普魯東則主張，應該借助某種社會形式去取消階級差異。在他設想的社會當中，每個個人都可以不受別人操控，充分發展個人能力。馬克思與普魯東的決裂，雖然只是社會主義運動當中眾多分裂之一，可是這件事卻預告了在本質上完全不同的兩個主要路線分道揚鑣。其中之一是由馬克思所代表的革命路線，在必要的時候，應該以暴力為自由與平等開路。另一個主軸則是普魯東所主張的演化路線，藉由溫和的演變達到他所期望的理想境界。

49 德國！德國！高於一切！

Germany, Germany above all!

法勒斯雷本
（Heinrich Hoffmann von Fallersleben, 1798-1874）

法勒斯雷本在漢堡上了船，這時的他正乘風破浪要航向黑爾戈蘭島（Helgoland）。清爽的海風徐徐吹來，萬頃的碧波令人心曠神怡。船隻緩緩向前，法勒斯雷本暢快地呼吸著帶點鹹味的海風；這位來自布雷斯勞的德國語文暨德國文學教授，以他的出生地法勒斯雷本為筆名聞名於世。法勒斯雷本享受這趟旅程以及沿途美好的風光，他將在黑爾戈蘭岩石島上會見他的同好。不過，其中一些人將在幾天之後才會陸續抵達。在眾人歡聚的時刻，來自各國的朋友們紛紛唱起他們國家的國歌。法國的朋友高唱著〈馬賽曲〉；英國的朋友則表演〈天佑吾王〉；那麼德國呢？德國人又該唱首什麼歌呢？左思右想，似乎沒有什麼適合拿來表演的。況且一個四分五裂的國家，哪裡需要什麼國歌呢？不過法勒斯雷本卻不這麼想，他為了促進德國的統一，做了很久的努力。在這場合中，讓他突然警覺應該替德國做點補救。就在這黑爾戈蘭島的聚會，一八四一年八月二十六日，法勒斯雷本為德國寫了一首歌，名為：〈德國人之歌〉（Lied der Deutschen）。

霍夫曼這位狂熱分子選用的辭彙最廣為人知、也最惡名昭彰的這一句「德國！德國！高於一切！」（Deutschland, Deutschland über alles!），體現了當時德國的時代精神。當時德國的知識份子都沉浸在浪漫主義中，期盼人類可以契合自然法則自由地生活。此外他們也深受法國大革命的啟發，而美國的自由精神更讓他們留下深刻的印象。歐洲各地的民族思想正在快速地滋長，這也連帶促進許多國家在政治與經濟的突飛猛進。相反地，四分五裂的德國一直在原地踏步。因此德國知識份子深切地企盼，一個自由、統一、民主的德國，能夠將代表復辟政權、庸俗小資產階級、市儈的畢德麥雅（Biedermeier）精神，一去不復返地永遠帶走。

一八一五年，拿破崙勢力倒台後，維也納會議最終通過決議，建立德意志邦聯（Deutscher Bund）。這是一個鬆散的國家組織，將德國維持在由四分五裂的封建狀態。從此時起，不斷地有學生、詩人與學者前仆後繼地反對這個不自由並且禁錮在舊傳統裡的體制，不少有識之士看出了自由與統一，有助於解決德國當時許多迫切的社會與經濟問題。就在其他的國家已經開始邁向工業化之際，德國還被捆綁在農業生產的結構裡。而遍布全國各地、無數的關稅邊界，更嚴重阻礙了德國的貿易與經濟發展。此外，法國人在數年前為了爭取自由所做的奮鬥，也與民族的概念連結了起來。因此民族統一與民主自由的思想，便如此結合在一起，成了德國期盼的美好未來。

一八一五年，在耶拿創立了德國最早的兄弟會。藉由這個組織，全國各地學生族群將逐漸萌芽的自由與民族觀念，慢慢地匯聚起來。兄弟會的成員當中，有不少人曾經加入呂佐自願軍（Lützowsches Freikorps），在解放戰爭中與拿破崙對抗過。一八一七年，耶拿兄弟會以慶祝宗教改革三百周年做為名義，邀請全德各地的五百多位學生，齊聚埃森納赫的瓦爾特堡。在這場集會中，上台發表演說的學生，高呼德國的統一與自由。一八三二年，在漢巴赫節（Hambacher

Fest），群眾興奮地揮舞呂佐自願軍的軍旗。這面旗幟是由黑、紅、金三色組成，這面旗幟後來成為統一與自由的德國象徵。在節慶中，到場參與的群眾約有三萬多人，他們圍繞在普法爾茨的漢巴赫宮（Hambacher Schloss）附近。其中有些學生甚至激動表示，希望可以馬上發起武裝革命。然而自一八一九年的「卡爾斯巴德決議」出爐後，復辟政權便不斷地打壓各種爭取統一與自由的運動。這一回也不例外，復辟政權展開了強力反擊，他們甚至加強了各種審查，而黑、紅、金這面三色旗也遭到了查禁，此外更有數百人被逮捕，上千人被迫逃亡。

在漢巴赫節過後，直到法勒斯雷本寫出了〈德國人之歌〉，總共經過了九年。九年過去了，德國既不是一個民族國家，更談不上是自由的國度，在各地諸侯的作威作福之下，封建制度還一直附身在這個失去認同的國家身上。凡此種種，醞釀越來越多的不滿情緒。此外，歐洲一些早已經完成民族統一的列強，一再粗暴地嘗試在德國或是德國的邊界上遂行他們自己國家的利益。列強反覆地干預德國發展，也反映在〈德國人之歌〉的歌詞上。一八四〇年，法國要求以整個萊茵河左岸做為與德國的自然疆界，引發萊茵河危機（Rheinkrise）。原本法國政府只想用這件事來轉移法國民眾的注意力，避免因為政府在東方發展失利而引起國內大規模的反彈。可是完全沒料到竟然導致德國前所未有的群情激憤，自由派人士也毫無例外地力挺沸騰的愛國主義。諸如由馬克思·施內肯布格（Max Schneckenburger）所作的〈萊茵河守衛〉（Die Wacht am Rhein）等愛國歌曲，當時在德國各地到處都有人傳唱。

而在〈德國人之歌〉的第一段歌詞裡，也可以清楚地嗅出愛國精神的味道：

德國！德國！高於一切，
高於世間的一切，

為保護與捍衛家園，

如手足相互團結。

「德國！德國！高於一切」並不是指超過其他民族的自我優越感，當時只是表現出對於民族思想毫無矯飾地頌揚，完全沒有任何負面的想法在裡頭。在這段歌詞的下半部，則標誌出了德國這個國家的邊界：

從馬斯河到梅美爾，

從埃希河到大海峽。

德國！德國！高於一切，

高於世間的一切。

後半段內容在今日看來似乎有待商確。然而，當時的實際情況的確如同歌詞描述。當年德意志邦聯統轄的疆域，就是歌詞裡所陳述的範圍。也因此霍夫曼的這首歌，完全沒有要侵吞鄰國疆土的意思。

要正確詮釋霍夫曼的這首歌詞，無疑地必須要審視〈德國人之歌〉所處的時代背景，仔細考慮一下當時的思潮與政治現實。這麼做的話，歌詞被認為帶有沙文主義的色彩便盡皆褪去。不過，日後這首歌詞確實不斷遭人濫用。狂熱地強調「德國！德國！高於一切！」，特別是在國家社會主義者（納粹）身上，這種驕傲的民族優越感發展到了頂點。然而這首歌詞所引起的爭議，其實早在很久以前便已經開始了。例如，尼采便曾經表示「德國！德國！高於一切！」這句歌詞根本就是「世上最愚蠢的政治口號」。而對於庫爾特．圖霍夫斯基（Kurt Tucholsky）來說，這句歌詞則是「一首自吹自擂的詩作裡面一行愚蠢的詩」。耐人尋味的是，這首歌竟然未在帝國時期便成為德國國歌，反而是一直等到一九二二年，在威瑪共和時，〈德國人之歌〉才被提升成為德國國歌。德國社會民主黨黨員腓特烈・艾伯特（**Friedrich Ebert**），以總統的身份宣布〈德國人之歌〉為國歌時，曾經敘明理由說道：「正如同這首歌的作詞者過去那樣，今日，我們也高於一切地熱愛德國。」世界大戰之後，德國因為凡爾賽和約遭受嚴重屈辱，此時選擇了這樣的一首國歌，不曉得是不是為了要告訴德國人，自己並未失去一切，讓當時德國人受傷的心靈能夠稍有慰藉呢？

霍夫曼在寫了〈德國人之歌〉後，遭遇到跟所有反對者一樣的下場。一八四二年，霍夫曼被普魯士解除了公職，並且被放逐。當時的德國到處佈滿了特務與告密者，而霍夫曼之所以遭此厄運，便是拜告密者所賜。因此在他的一本詩集裡，曾經評論道：「整個國家最大的流氓，非告密者莫屬。」從此以後，霍夫曼開始流浪，他在一些旅店當中公開地吟唱他的〈德國人之歌〉。一些特務在報告他的行蹤時曾經寫道：這位「落魄的教授」留著很密的鬍子還有一頭長髮，耳際上方戴著一頂骯髒的便帽，四處唱著他的歌，引起了不少人的共鳴。不過，這位「老學生」兼「大酒保」並沒有什麼危險性。

不久之後，許多人分別替這首〈德國人之歌〉譜曲。最後，這首歌詞被配上了海頓（**Joseph Haydn**）的〈皇帝四重奏〉做為旋律。〈皇帝四重奏〉是海頓為了向奧地利皇帝法蘭茲二世（**Franz II.**）致敬，於一七九七年時所譜寫的。

一八四八年，德國也爆發了革命。不久之後，全德的代表便在法蘭克福的聖保羅教堂召開第一次的德國國民會議。會議中，與會的代表情緒激昂地高唱著〈德國人之歌〉。然而由於與會代表之間存在著各種歧見，在缺乏共識下，自由、統一的理念逐漸失去民眾信任，封建勢力又趁機捲土重來，革命也終告失敗。

一八五三年，霍夫曼在威瑪定居下來。一八六〇年，霍夫曼成為拉提波暨科爾維公爵（Herzog von Ratibor zu Corvey）的圖書館的管理員。一八七四年，霍夫曼最終於威瑪與世長辭。撇開世人對他政治成就的評價不說，在德國民間歌謠方面，霍夫曼確實有不少的貢獻。一直到現在，諸如〈小鳥飛來〉（Kommt ein Vogel geflogen）、〈布穀鳥，布穀鳥，在林中呼喚著〉（Kuckuck, Kuckuck, ruft's aus dem Wald）、〈聖誕老人明天就要來〉（Morgen kommt der Weihnachtsmann）等歌曲，德國的兒童都還朗朗上口。

一九三三年，在國家社會主義者掌權之後，〈德國人之歌〉被曲解的歷史發展到極致。在國家社會主義者執政的期間，〈德國人之歌〉的第一段與另一首〈霍斯特．威塞爾之歌〉（Horst-Wessel-Lied），併列為德國的國歌。只截取〈德國人之歌〉的第一段，主要是因為第二段太過浪漫，而第三段則過於民主。第二次世界大戰之後，西德總統狄奧多．豪斯（Theodor Heuß）下令徵求一首新的國歌。一九五〇年的除夕，選出了〈德國國歌〉（Hymne an Deutschland）為新的西德國歌，可是由於民眾不接受，最終於一九五二年又將西德國歌改回〈德國人之歌〉，這回的國歌歌詞限縮在第三段，這段的第一句則是「統一、正義與自由」。對此，豪斯曾經表示：「他太低估了傳統主義以及其慣性需求。」當時東德採用了〈在廢墟上崛起〉（Auferstanden aus Ruinen）做為他們的國歌。這首歌由約翰尼斯．貝雪（Johannes R. Becher）填詞，由漢斯．艾斯勒（Hanns Eisler）譜曲。一九八九年，當柏林圍牆倒塌時，在波昂的西德聯邦議會裡，議員們不由自主地唱起了〈德國人之歌〉。一九九〇年，兩德在分裂了數十年之後，終於再度統一，隨後便就德國國歌引發了熱烈的討論。〈德國人之歌〉是不是適合做為兩德統一後的國歌呢？直到今日，這個標誌著「統一、正義與自由」的國家，仍然一直以霍夫曼的〈德國人之歌〉的第三段，做為國歌。

50

世界各國的無產階級團結起來吧！

Workers of all lands, unite!

馬克思（Karl Marx, 1818-1883）

「一個惡靈徘徊在歐洲，那正是共產主義的惡靈」是著名的《共產黨宣言》開頭的第一句話。一八四七年的冬季，馬克思在布魯塞爾寫下這個宣言。關於宣言的撰寫，馬克思的好友恩格思（Friedrich Engels）在這之前已經做了部分準備，馬克思接續恩格思完成《共產黨宣言》。三年前，馬克思與恩格思兩人在巴黎結識，由於政治理念十分契合，兩人很快變成志同道合的好友。耐人尋味的是，這對私交甚篤的好友，在家庭、宗教以及社會背景有著相當大的差異。不過無論如何，他們兩個都不能算是無產階級。

馬克思父母都是出身於富裕的、有拉比傳統的猶太家庭。馬克思的父親是一位成功的法學家，後來改宗新教。儘管他的父親是猶太人的後裔，可是他卻比身邊大多數的民眾們更認同德國。馬克思也跟隨他父親的腳步攻讀法律，曾到波昂與柏林等地求學。剛開始，馬克思十分鍾情藝術，過著放蕩不羈的生活。一直等到他加入左派知識份子的社群之後，他才開始認真建立自己哲學與政治思想。順利畢業之後，馬克思又繼續攻讀博士，打算在日後爭取教授席位。可是由於他經常參與政治煽動的活動，以致妨礙他爭取教授席位。恩格思出生於巴門（Barmen），現在行政畫分隸屬於烏帕塔（Wuppertal）。恩格思出身的家庭信奉新教，他的父親則是工廠老闆。與馬克思一樣，恩格思也曾在柏林接觸一些左派的知識份子。後來恩格思又轉往曼徹斯特（Manchester）繼續求學，學習如何經商。在當地，英國工人惡劣的生活與勞動條件令他大吃一驚，也因此，他便徹底轉向支持社會主義。一八四四年，馬克思與恩格思於巴黎相識。當時馬克思正在流亡，就在他們兩人相識的前一年，馬克思剛剛與他交往了七年的女友燕妮・馮・威斯伐倫（Jenny von Westphalen）成婚。而在與恩格思相識的這一年，馬克思的大女兒燕妮（Jenny Marx）也來到這個世上。

一段時間之後，這兩位好友都遷往倫敦。一八四七年，馬克思與恩格思加入了一個小型的社會主義團體，社團原本叫做「正義者聯盟」，後來改名為「共產主義者聯盟」。當時這個團體需要一個綱領式的文件，因此「共產主義者聯盟」便委託馬克思與恩格思為他們撰寫一篇宣言。

一八四八年二月底，《共產黨宣言》獲得出版。與此同時，歐洲規模最大的革命年才正要拉開序幕。《共產黨宣言》當中，馬克思與恩格思討論了共產主義的中心思想，也為共產主義帶來「惡靈」的名聲。無論如何，《共產黨宣言》體現了日後改變世界的馬克思主義最初的思想體系。

透過《共產黨宣言》，馬克思明白地闡述道：資產階級憑藉他們的活力以及手上握有的生產工具，諸如，資本、工廠、機械設備，激起工業化潮流，創造人類史上前所未有的生產力。資產階級摧毀流傳已久的封建統治，在他們之前，沒有其他的社會階級辦到這一點。對此，馬克思表示讚許。然而新的生產關係，卻又產生了新的社會階級，這個階級就是勞工階級，他們同時也是無產階級。廣大的無產階級成了受苦的人群，他們必將促使剝削勞工的資產階級徹底崩潰。資產階級未能遏止追求獲利的貪婪之心，這將使他們陷入了危機，最終必使統治階級滅亡。相反地，無產階級會在不利的處境中越來越團結，最後更會締造出一個嶄新的社會。馬克思以下面這段話做總結：「讓統治階級對於共產主義革命膽戰心驚。除了枷鎖以外，無產階級沒有什麼可以損失的，他們必須去贏得一個世界，世界各國的無產階級團結起來吧！」

《共產黨宣言》在發表之後，吸引了全世界共產主義者的關注。這篇宣言之所以會這麼有吸引力，主要的原因在於：一方面，馬克思所做的分析的確準確而且令人難以抗拒；另一方面，馬克思利用他自信滿滿提出的一些假設，製造了一個救贖的宣告。一個更好的世界必然會來到，而這個世界就是共產主義世界。馬克思巧妙地在言論中加入煽動的元素，創造無與倫比的吸引力。在馬克思接下來的作品裡，特別是一八六七年首度出版的《資本論》（*Das Kapital*），他又繼續完成他龐大的思想體系，如今在學術上則稱之為馬克思主義。馬克思確信，資本主義無可避免地落入嚴重的危機，它將屈從某種社會的動力，而人類將在他所預言的這些過程當中，真正地獲得改變。

實際上從二十世紀的歷史發展來看，真實的情況完全不像馬克思所預言的那樣。無產階級，特別是工業化國家的無產階級，他們並沒有團結起來。而《共產黨宣言》裡所召喚的革命，也幾乎從未在眾多工業國家中發生。即便發生了由共產黨所發動的政變，例如一九一八年十一月在德國所發生的政變，也未曾形成大規模的運動，政變最終也歸於流產。這顯示出馬克思未能看清楚，他所譴責的資本主義制度，實際上的確有能力進行改革。早在十九世紀，為了避免馬克思譴責的那些社會弊端，在德國與英國的人們便透過社會立法，將勞工運動的訴求納入政治決策當中，邁出了改革的第一步。革命並未如馬克思所言，在工業國家裡爆發。相反地，爆發革命的地方卻是諸如俄國與中國等國家，他們當時還處於低度的工業化，欠缺成熟的工人階級。而當這些國家的革命者取得了勝利之後，馬克思所預言的作為「人民的鴉片」的宗教將消失，同樣未曾兌現。在這些國家，不論是馬克思主義、列寧主義（Leninismus）還是毛主義（Maoismus），統統都變種成某種替代宗教。同時馬克思的學說也變得神秘起來，再也不能公開加以討論。在革命運動中取得光榮勝利的領導人，很快地，便在他們的國家建立菁英領導階層，各種批評或改變，他們全都無法容忍，偏離他們領導路線的人則被斥為異端，遭到嚴厲的懲處。

一八四八年，傳回德國的《共產黨宣言》只流傳在少數人當中，並且在革命的騷亂中被淹沒。因為這些革命運動的內容，主要是資產階級想要追求自由與民主。然而，同年三月，馬克思與恩格思又另外寫了一篇文章，標題為〈德國共產黨的訴求〉（Forderungen der Kommunistischen Partei in Deutschland）。文章透過傳單大量散佈，成功地引起更多回響。許多報紙甚至還將這篇文章給刊登出來，而這一回，「世界各國的無產階級團結起來吧！」的格言則不是放在最後，反倒是被擺到文章的最前面。在這篇文章裡，馬克思與恩格思補充了一些在《共產黨宣言》裡未能充分表達的訴求。其中有一些是頗為妥適的訴求，當時的資產階級可能都會舉雙手贊成。例如：自由選舉、議員採取有給制、改善教育。不過有些訴求卻是十分激進，例如：銀行、地產、礦藏、交通工具、道路、郵政等，一律收歸國有，而繼承權也要嚴格限縮，此外他們還要求武裝全民。

一八四八年的革命期間，馬克思與恩格思返回德國。不久之後，他們便在科隆創辦了《新萊茵報》（*Neue Rheinische Zeitung*），由馬克思擔任主編。恩格思短暫參與編輯工作之後，便加入革命者的戰鬥行列。在革命最終失敗後，兩人又再度逃亡至倫敦。這時馬克思已一文不名，就連他妻子的財產也都被他給耗盡。一直到一八八三年馬克思去世時，他與他的家人始終過著靠人接濟的生活。馬克思曾經將他的西裝多次拿去典當，在恩格思好心的幫助下，他的處境才稍得緩解。然而恩格思為了資助他，只好在自己父親的工廠工作二十年。而恩格思送給馬克思的錢，有時甚至還多過他自己的收入。也因為受到恩格思長期慷慨地資助，馬克思這個工作狂才能無後顧之憂，每天待在大英圖書館專心完成他的巨著，這當中以《資本論》最廣為人知。

馬克思是歷史上最富爭議性的思想家之一。做為一位社會理論家，他備受推崇；然而做為一位經濟學家與政治思想家，他的評價就完全是另外一回事。不過即使是猛烈批評馬克思的人，對馬克思分析經濟行為以及運作機制，都給予很高的評價。可是馬克思所導出的許多結論，以及他解決各種問題的構想，經常都會成為論戰的導火線。或許他的這些思想永遠只屬於烏托邦。在評價馬克思思想時，還必須特別注意蘇聯以及東歐各國。這些國家，對於現實存在的社會主義與馬克思之間的關係有著特殊的詮釋，他們試圖將馬克思與恩格思、列寧、史達林編織成一脈相承的連線。只不過，馬、恩這兩位「祖先」倘若泉下有知，鐵定會爬起來為自己辯護。

貧窮、疾病、再加上自己倡導的運動發生內鬨，馬克思心力交瘁，最終更因此與世長辭。為了不被世人所遺忘，馬克思讓人在他的墓碑上，用英文刻下了他的這句名言：「世界各國的工人們，團結起來吧！」（Workers of all lands, unite!）

51

直到最後一棵樹枯死、最後一條河川被污染、最後一條魚被捕殺後，我們才會發覺，錢是不能拿來吃的

Only when the last tree has died, the last river has been poisoned and the last fish has been caught, will we realize that we cannot eat money.

印地安克里人的預言

聽到這樣的問題，杜瓦米什（Duwamish）與蘇夸米什（Suquamish）兩族的族人都感到十分訝異。他們在富饒的普吉特海灣（Puget Sound，位於現今美國華盛頓州的西北岸）已經生活了許多世代。然而，如今白種人竟然跑來問他們，願不願意出售賴以生存的土地呢？人類真的可以占有土地嗎？對杜瓦米什全族的人來說，他們一致認為土地並不屬於任何人。若非如此，那麼空氣或是河水不也都能拿來買賣嗎？這些白種人想必是瘋了吧！

可是他們的族長西爾特（Sealth，白種人為了發音方便都叫他西雅圖〔Seattle〕）明白，他和他的族人並沒有選擇的餘地，他們只能同意將土地出售給美國政府。就算印地安人拒絕交易，白種人最終還是會設法把土地搶走。早在西爾特的父親史威伯（Schweabe）的時代，白種殖民者就已經來到杜瓦米什與蘇夸米什生活的地區，當時雙方還能和平共處。接著，到了一八五一年，又有二十個殖民者家庭從中西部移居到此。這時的西爾特已經繼任為酋長，他在對抗其他部落的戰事中表現英勇，贏得族人一致的尊敬，是一位著名的戰士。這批新遷徙到此的殖民者向原住民提出請求，希望這些原住民能夠允許他們在普吉特海灣的岸邊定居。西爾特答應了殖民者

的請求，事實上西爾特深受歐洲文化的吸引。在他小的時候，曾經看過英國探險家喬治・溫哥華（George Vancouver）的艦隊，當這群船艦緩緩駛入他的故鄉的海岸，他心中留下了深刻的印象。西爾特有位白人好朋友叫梅納德醫生（Doc Maynard，本名為 David Swinson Maynard），他是惡名昭彰的酒鬼，卻也是他造成殖民者蜂擁而來。據說西爾特特別為梅納德醫生選了一塊地點很好的居住地，有一回，別的部族計畫要行刺梅納德醫生，西爾特不僅拯救了梅納德醫生，事後更幫忙化解其他部族與殖民者之間的敵對。因此殖民者為了感謝西爾特的義舉，紛紛將自己所屬的小殖民區以這位原住民酋長的名字來命名。而今日美國西北岸的大都會西雅圖，便是因此而得名。然而這個名字的主人知道這件事以後，對此大表反對。西爾特表示，將來每回有人叫他的名字，他便會在長眠中被打擾一次，如此一來，他將永遠得不到安息。最後，人們取得共識，為了補償西爾特在死後可能面臨的打擾，這些殖民者願意繳交一筆小額的補償金。

就這樣，當地的原住民與白種殖民者，共同和諧生活了一段時間。直到有一天，當時的美國總統富蘭克林・皮爾斯（Franklin Pierce）來信請求這些原住民將土地出售給美國政府，並且遷徙到普吉特海灣小島的保留區。無從選擇下，西爾特只能被迫同意這項過份的要求。或許是在一八五四年十二月，也有可能是在一八五五年的年初，西爾特交易談判結束，發表一場致美國總統的演說。當時的美國總統其實並不在場，在場的只有地方總督艾薩克・史蒂文斯（Isaac Stevens）。

西爾特是個英勇的戰士，也是著名的演說家。據說若是他將低沉的聲調提高，即使在很遠的地方都可以聽得到。曾經見過西爾特的人，都對他印象深刻。一些見證者甚至如此地描述西爾特的形象，說他是自己見過「長相最好看」或「身材最挺拔」的印地安人。西爾特為了紀念土地交付所做的這場演講，只留下了部分證據。西爾特的講稿在歷史記載裡的演變過程，相當有意思地反映出記述歷史事件的人如何本著自身的利益而篡改事件。當時有一位名為亨利・斯密（Dr. Henry A. Smith）的先生憑藉他對於印地安人語言的認識，當場記錄西爾特的演講。西爾特是以杜瓦米什語演說，令人懷疑的是，斯密在當場的記錄正確性究竟有多高呢？因為斯密應該不懂杜瓦米什語。不過斯密的記錄後來並未立刻發表，直到三十三年後，於一八八七年十月二十九日，斯密才在《西雅圖週日之星》（*Seattle Sunday Star*）報紙刊登他的記錄。然而這不過是演講的內容幾番轉折的開始。西爾特的演講在美國與歐洲成為了一位印地安酋長表達其憂心的重要證明。西爾特憂心他賴以生存的土地，更憂心白種人肆無忌憚的掠奪。

不過，人們在斯密的版本中卻看不到酋長的憂心。這場演講是印地安民族的悲鳴，內容表達對白人優勢以及部族存活的憂心。對此，西爾特時而直接、時而如註記般地警告，所有人都無法長久存活，即便是那些自以為佔上風的白人。西爾特提到他與他賴以生存的土地之間的連繫。可是在後來的某些版本中，多出了有關生態環境破壞的警告，西爾特卻未曾提及。斯密以維多利亞時代華麗的英文記錄演講稿，這樣的風格與普吉特海灣的印地安語言風格相去甚遠。這也不得不令人懷疑斯密的演講稿究竟有幾分忠實？顯然在這篇演講稿當中，以詩人身份聞名的亨利・斯密加入不少他個人的想法。

在西爾特發表演說後的數十年中，人們從來沒有真的見過亨利・斯密在現場的記錄手稿，有的只是他後來加工、潤飾過的演講稿。一九六〇年時，有位名為威廉・阿洛斯密（William Arrowsmith）的教授，嘗試以西爾特的語言還原演講的內容，不過這個版本仍然未曾出現一九七〇年代走紅的一句環保口號：「直到最後一棵樹枯死、最後一條河川被污染、最後一條魚被捕殺後，我們才會發覺，錢是不能拿來吃的。」（Only when the last tree has died, the last river has been poisoned and the last fish has been caught, will we realize that we cannot eat money）在一九七〇年代早期，美國出現一部名為《家園》（*Home*）的電視環保紀錄片，再度將西爾特的演講進行部分加工，不過在這部紀錄片卻未曾出現上述那句環保口號。無論如何，透過這部片，西爾特的演講登上了電視螢光幕。然而，西爾特在片中不僅被描繪成一位對民族未來的命運感到憂心忡忡的領袖，更被塑造成環保運動的先驅。這部紀錄片的腳本是由泰德．佩瑞（Ted Perry）撰寫；他讓西爾特在片中談論白種人屠殺美洲野牛的事，借由西爾特之口說出：「若是你們將最後一頭野牛殺死，你們還能再買到野牛嗎？」然而，事實上在西爾特所居住的地區根本沒有美洲野牛；而在他發表演說的時候，屠殺美洲野牛的行為也尚未展開。除此之外，西爾特在片中所說的句子，例如「並非土地屬於人類，而是人類屬於土地」，也是泰德．佩瑞刻意加上去的；佩瑞後來遭到解職，而在佩瑞的解職理由當中則提到了，佩瑞故意設計這些虛構的內容；不過奇怪的是，後來幾位製作人在描述這部由佩瑞虛構出來的紀錄片時，卻都大言不慚地說，這部紀錄片絕對忠於史實，他們甚至還避免稱佩瑞為「作者」；在這樣的情況下，許多觀眾都誤以為那是某位睿智的印地安酋長的演講，而他的目的則是為了關懷全人類以及大自然。

事實上，佩瑞在電視上虛構的西爾特演說相當成功，在節目播出之後立刻佳評如潮；為了順應許多環保人士的熱烈回響，這部紀錄片竟然做了改版，添入了許多符合環保人士口味的素材。在德國，這部紀錄片的某個增修版當中，更出現了德語版的名言。

究竟何時開始出現這句名言的德文版，現在已經不可考，但應該也是出現在大約一九七〇年代左右。透過綠色和平組織（Greenpeace）的貼紙以及一些競選活動的標語牌，這句話逐漸變得廣為人知。可是大約在一九九〇年代初期，一些美國原住民代表展開了一連串澄清的活動。人們以更具批判性的態度去探求，究竟這位印地安酋長當時真正說了些什麼呢？甚至，他是否真的曾經做過這樣一場演說呢？這句話的出處在幾經考察之後，得出了進一步的解釋。據說，這句話是源自於印地安克里族人的預言，這個說法如今已逐漸為世人所接受。

然而，西爾特這位睿智的印地安酋長，與他的關懷自然、喚起白種人良心的種種傳奇故事，卻是越編越厲害，有些改編甚至到了媚俗的地步。就連西爾特碩果僅存的一幀留影，也被創造出許多不同的版本。在原本的照片當中，西爾特的形象是一位閉著眼、閒坐在椅子上的白髮老人。可是有些版本卻將他的眼睛打開，還有的版本讓他在手上拿了一根權杖。

在美國政府與杜瓦米什族簽訂了「艾略特港條約」（Port Elliott Treaty）之後沒過多久，便爆發多起印地安人的反抗運動。雙方敵對三年多，西爾特仍然以正直的態度對待這些白種殖民者。後來，西爾特改信了基督教。一八六六年，他在高齡八十歲時與世長辭，並且以挪亞·西雅圖（Noah Seattle）之名安葬。

52 鐵與血
Iron and Blood

俾斯麥（Otto von Bismarck, 1815-1898）

一八六二年九月三十日，俾斯麥出任普魯士的宰相剛滿一週。這一天，他對著預算委員會的代表們高聲地喊道：「在一八四八年到一八四九年當中，我們犯了一個錯誤。當代的重大問題，不是透過演說和多數決就能夠解決，而是要用鐵與血！」

在陳述時，鐵與血，或是，血與鐵，有時會有不同的順序。無論如何，這一組概念明白地表達一種政治傾向，也就是透過戰爭的發動來遂行政治上的目的。這令人聯想到，普魯士的軍事家克勞塞維茨所說的：戰爭只是政治運用其他手段的延伸。

俾斯麥之所以會出任普魯士的宰相，歸因於以下兩點。一來，當時的政治局勢實在太過棘手。另一方面，當時普魯士的戰爭部長羅恩伯爵（Albrecht Graf von Roon）為他大力舉薦。在俾斯麥出任宰相之前，普魯士陷入嚴重的憲政衝突。當時的國王威廉一世與議會正鬧得不可開交。就在政壇掀起驚濤駭浪之際，俾斯麥，普魯士的容克地主（Junker），如同救命的浮木一般，擔負起解決危機的重責大任。一八六一年，原本的王太子威廉登基為王，正式成為普魯士國王威廉一世。早在一八四八年到四九年的革命時期，威廉王子便以頑強的軍事掃蕩作風，為他贏得了「霰彈王子」（Kartätschenprinz）的封號。在他登基之後，威廉一世又繼續推動一波軍事改革。然而議會並不買帳，理由是國家必須支付大筆經費，而且軍事改革更涉及到貴族與市民階級的勢力消長。威廉一世原本盤算，要增益貴族勢力所掌控的正規軍，另一方面壓抑市民階級掌控的後備軍。就因為這個問題，國王與議會僵持不下。受困衝突中的威廉一世，甚至一度為了戰鬥到底還是乾脆退位而傷透了腦筋。在衝突發展到白熱化的階段後，威廉一世苦無良策，儘管有些猶豫，最終他還是召回了先前擔任俄國大使、後來被外放到法國的俾斯麥。俾斯麥是唯一成竹在胸、能不經議會通過預算執政的普魯士官員。上一任國王腓特烈．威廉四世（Friedrich Wilhelm IV.）曾經評論過俾斯麥，他恭維俾斯麥是「若是可以毫無限制地使用刺刀，就會盡情地使用」。然而，俾斯麥真的是這場危機的救星嗎？

俾斯麥的外形足以讓人留下深刻的印象。他身高一百九十公分，在當時可以說是鶴立雞群。微微向前隆起的額頭既寬且高，再配上光禿的頭顱、濃密的短鬚以及炯炯有神的雙眼，整個人顯得格外威武。雖然俾斯麥的聲音稍嫌細尖，可是無礙是個出眾的演說家。

如同歷史上許多知名人物那樣，他們在公眾心目中的形象，總是與實際上有所出入。榮任宰相之職時，俾斯麥其實並不討喜。當時普魯士的王后奧古斯塔（Augusta）認為俾斯麥是個「輕浮又狂妄」的人。的確，當時已經四十七歲的俾斯麥，在人們心目當中的形象，是一個很有才華、卻堅持極端保守主義。事實上俾斯麥是位極為熱情的人，在年輕時，他一直過著放蕩的容克地主生活。後來與一些虔信的朋友有所接觸，並且結識了他後來的妻子約翰娜（Johanna von Puttkamer），這才改變了他的生活態度。而俾斯麥在步入政壇、擔負起重責大任之後，正如後來亨利．季辛吉（Henry Kissinger）所描述，俾斯麥「將權力轉變成自我克制的工具」。

在俾斯麥接任普魯士的宰相時，普魯士的議會才剛剛拒絕通過一八六三年的年度預算。然而以國王與俾斯麥為首的保守勢力，竟然打算利用上回通過的預算繼續執政。俾斯麥的舉動擺明就是要違憲。儘管如此，他卻一再地重申自己的信條：「政治是可能性的藝術。」

憲政危機並非俾斯麥必須面對的唯一難題。對他來說，德國統一要比憲政危機來得困難許多。因為德國統一涉及，普魯士與奧匈帝國之間無法避免的衝突。早自一八五一年，在俾斯麥還代表普魯士參加設在法蘭克福的聯邦議會（由全德代表所組成的議會，其象徵意義大過於實質）時，俾斯麥對於德國未來的局勢早有定論。就他看來，德國統一將來一定要以「小德國」做為最終的解答，也就是說統一大業必須要將奧匈帝國排除在外。奧匈帝國包含了許多種族，根本不會把德意志民族的理念當成自己的使命，更不用統一了。不過俾斯麥當時認為，時機尚未成熟，普魯士與奧匈帝國不應太快反目。然而俾斯麥是個徹頭徹尾的普魯士人，他對於普魯士的認同，高過他對於德國統一的渴望。只不過俾斯麥心裡明白，民族國家四處林立，普魯士若是要以強權的姿態迎向未來，必然就得扮演起德國這個民族國家的領導人。因此對俾斯麥而言，德國的統一其實只是普魯士在歐洲立足的前提。懷抱著如此遠景的俾斯麥，信心滿滿地展開布局。他請求普魯士國王允許他兼任外交部長。一八六二年十二月四日，在一場與奧地利駐柏林公使卡洛利伯爵（Graf von Károly）的談話中，俾斯麥向卡洛利表示，往後奧地利定然會尊敬普魯士為歐洲列強。不論是「鐵與血」的主張，還是擠身歐洲列強的想法，很快地，俾斯麥便開始動手執行。

一八六四年，普魯士與奧地利站在同一陣線，共同聯手對付丹麥。當時的丹麥國王想要將什列斯威（Schleswig）與荷斯坦（Holstein）併入他的王國，此舉給了俾斯麥藉口，他利用民族與愛國的輿情，對丹麥發動了戰爭。在杜波（Dybbøl）戰役當中，儘管處於劣勢而且毫無勝算，丹麥人仍然奮勇抵抗。可惜丹麥最終還是不敵普、奧兩國的聯手，只好放棄了什列斯威與荷斯坦。耐人尋味的是，普、奧兩國的這兩件戰利品，什列斯威與荷斯坦，兩年之後卻又再度成為兩強兵戎相向的導火線。普丹戰爭結束後，俾斯麥迫切地希望改革一八一五年所成立的德意志邦聯，此舉目的在於將奧地利加諸於德意志各國的影響力徹底地消除。

一八六六年，普魯士與奧地利兵戎相見的時刻終於來臨。然而，在這場普奧戰爭裡，雙方開戰不過數週，在克尼格雷茨戰役當中，普魯士便取得決定性的勝利。至此，俾斯麥已經用「鐵與血」將一半的德國問題給解決了。一八六六年三月二十八日，普奧雙方簽訂了布拉格和約（Frieden von Prag）。奧地利被迫同意解散德意志邦聯，而普魯士則另行組織了北德意志邦聯

（Norddeutscher Bund）。顧忌法國可能的反彈，在普奧戰爭中站在奧地利與法國這一方的一些南德國家，諸如巴伐利亞（Bayern）、符騰堡（Württemberg）、薩克森等王國，以及黑森達姆施塔特大公國等，暫時排除在北德意志邦聯之外。不過，當時法國的皇帝是拿破崙・波拿巴的姪子拿破崙三世（Napoléon III., Charles Louis Napoléon Bonaparte）。由於內政挫敗，拿破崙三世面臨不小的壓力，也因此對於普魯士的擴權動作，只好暫時忍氣吞聲。

一八六六年，在普魯士戰勝奧地利之後，俾斯麥趁機順水推舟，勸說議會以追認的方式，彌補他在一八六二年所做出的違憲行為，讓事件合法化。最終，議會贊成他的提議。與此同時，俾斯麥也挾著勝利的成果，在有關他去留問題的激烈討論中，將一直以來他所不樂見的追求民主自由的運動，持久地分化成民族派與自由派兩個陣營。

在法、奧聯手對抗普魯士落敗之後，在法國便不斷地有人提議要進行復仇。另一方面，為了普、法兩國修好，法國更要求讓盧森堡歸屬於法國。當時尼德蘭的國王同時身兼盧森堡大公，他與拿破崙三世，正就盧森堡歸屬法國的事宜在進行協商。然而俾斯麥卻從中作梗，破壞雙方的協商。一八六七年，俾斯麥開始到處放話，說他與南德各國已經組織了一個「保衛聯盟」，倘若盧森堡真的歸屬法國，那麼普魯士將會把帳算在尼德蘭頭上。事實上由北德意志邦聯與南德諸國所組成的「保衛聯盟」，的確自一八六六年起便已經存在。在如此明白的威脅下，尼德蘭的國王立即中止了與法國的協商。

西班牙王位繼承危機，提供俾斯麥另一個契機，讓他最終得以徹底解決德國統一的問題。革命之後，西班牙當時的統治者攜家帶眷地逃亡。不久以後，西班牙當地的人民便開始為空虛的王位物色一位新人選。普魯士的一位王子也是人選之一，這位王子名為利奧波德（Leopold von

Hohenzollern-Sigmaringen），屬於霍亨索倫西格馬林根家族，和當時的普魯士國王威廉一世同屬一個家族，不同分支的遠房親戚。不過這件事在法國人的眼中卻非同小可，這意味著霍亨索倫家族的勢力就在他們的家門口。雖然俾斯麥樂觀其成，可是他卻也想先爭取一點時間，先鞏固普魯士在北德意志邦聯的領導地位，另一方面，則要趕緊將普魯士的軍隊好好地武裝起來。即使如使，俾斯麥還是希望在他積極地要將南德諸國納入北德意志邦聯時，能夠避免引發對法國的戰爭。甚至最好是，拿破崙三世為內政忙得焦頭爛額，無暇來顧及普魯士，最後只能毫無選擇地接受，德國在兵不血刃下完成統一的這個事實。

一八七〇年，法國通過了一部新憲法，確認法國皇帝的地位。就在一八七〇年七月二日，利奧波德王子也接受了西班牙的王位。對俾斯麥而言，在這時發生了王位繼承，時間點真是再理想不過。正如俾斯麥所料，法國人果然對此大表不滿。到了七月六日，法國政府甚至表明，他們將「毫不遲疑地」採取他們應該採取的行動。法國表態之後，利奧波德王子竟然因此做出了一項聲明。他表示，根據他與普魯士國王之間的協議，他決定放棄西班牙的王位，希望此舉能夠換來珍貴的和平。俾斯麥聞訊之後感到十分震驚，原本正興高采烈地在計畫軍事動員的他，頓時萌生了退意。

事件發展至此，法國的領導階層也感到相當地詫異。他們不禁暗自懷疑，普魯士的態度真的軟化了嗎？為了避免普魯士使詐，法國方面發了一封密函給威廉一世，要求霍亨索倫家族應該正式地、永久地放棄西班牙王位。接獲密函的威廉一世，對於法國這個無理的要求感到十分地憤怒。然而威廉一世還是想徹底地了解狀況，於是他便保留拒絕的回答。隨後，威廉一世從巴德埃姆斯（Bad Ems）發了一份電報給俾斯麥，責成他先向巴黎方面給個模稜兩可的回答，以後再對這個問題從長計議。俾斯麥收到電報之後，大喜過望，他見機不可失，立刻動筆修改了電報的內容。這封由俾斯麥所修改過的電報，便是後來著名的「埃姆斯密電」，接著俾斯麥將他修改過的密電公布在《北德匯報》（*Norddeutschen Allgemeinen Zeitung*）。在這封「埃姆斯密電」裡，俾斯麥用一種被法國人羞辱而變得激動的口吻，表現出威廉一世尖銳敵對的堅決立場。消息見報之後，法國人也被激怒了。就在一八七〇年七月十九日，法國向普魯士正式宣戰。

與法國的兵戎相見，是俾斯麥早已盤算好的鐵血策略。他早已經精心規畫好因應變局的策略。一八六三年，普魯士站在俄國這一方，幫忙俄國敉平了波蘭的叛亂，當普魯士與法國終於要交戰時，俄國便將其大軍屯駐到奧匈帝國的邊境，藉此牽制住奧地利，讓他們無法抽身前去馳援法國。與此同時，普魯士更爭取到了南德諸國的支持。當時的政局情勢，被認為是符合「保衛聯盟」動手的條件；而輿論一面倒認為，法國是挑起這場戰爭的元凶，因此南德諸國全力支持普魯士與法國開戰。在雙方正式交鋒後，法軍明顯居於下風。在色當戰役，拿破崙三世更不幸兵敗被俘。隨後巴黎動亂四起，社會主義者的巴黎公社（**la Commune de Paris**）成了臨時政府，法國也因此暫時回歸共和。

對俾斯麥而言，若要建立德意志民族國家，此時正是完成這個目標的大好時機。他善用德國到處充斥的愛國與民族熱情，成功地將各有利盤算的不同陣營，諸如：普魯士國王、德國的自由派人士、德國境內大大小小的各個國家與諸侯，統統拉進德國這頂大帽子底下。此外，俾斯麥很有技巧地利用了貴族與議會的勢力。他故意讓這兩方相互猜忌，使他們彼此都擔心，在德國統一之後權柄會落到對方手裡，藉此達到恐怖平衡，讓雙方勢力都為他所驅使。在許多的協商當中，南德諸國表明他們已經準備好，要與北德意志邦聯共同締結成一個德意志帝國。然而，這個新國家該以何種架構組織起來呢？對此，俾斯麥早已成竹在胸。他利用民族的共同記憶：皇帝與帝國。威廉一世，這位普魯士的國王，應當升格為德意志帝國的皇帝。

就連誰該為皇帝加冕，是由諸侯呢？還是由議會呢？這個問題俾斯麥也早已經有所斟酌。俾斯麥勸說巴伐利亞的國王路易二世（Ludwig II.），由路易二世透過一封信來為威廉一世加冕。路易二世因為大興土木以致於阮囊羞澀，這件事人盡皆知，為了答謝他願意為威廉一世加冕，普魯士將以重金回饋。此外為了顧全路易二世的顏面，此後在德意志帝國裡，路易二世將是這個帝國當中最重要的攝政王。由於威廉一世至少不是從平民手中接過皇冠，所以各地諸侯們對加冕這件事的態度都尚稱平和。不過俾斯麥最後還得掃除威廉一世本人的一些反對意見，例如相較於皇帝的頭銜，這位普魯士國王更愛自己國王的頭銜，他甚至形容皇帝的頭銜是「退役少校」（Charaktermajor）。

一八七一年一月十八日，奮鬥多年的俾斯麥終於達成了他的目標。在凡爾賽宮的鏡廳裡，普魯士的國王威廉一世接受眾人的歡呼，正式登基成為德意志帝國的皇帝。俾斯麥精心規畫的「鐵與血」策略，終使德國完成統一。

53 所有的輪子都將靜止，當你強壯的手臂意欲如此

All wheels stand still, if your strong arm so will.

格奧爾格．黑爾維格（Georg Herwegh, 1817-1875）

斐迪南．拉薩爾（Ferdinand Lassalle）興奮地就像是觸了電一樣。他之所以如此高興，全是因為在萊比錫的一場委員會議當中，與會的委員們接受了他的構想，準備召開一場全德勞工會議。在這偉大勞工運動誕生的時刻，拉薩爾就快要實現他長久以來的夢想，他要將德國的勞工們塑造成一股重要的政治勢力。

一八六三年三月，就在拉薩爾得知這個好消息之後，他寫了一封信給他的同路人黑爾維格。拉薩爾在信中興奮地說道：「勝利！」接著，他又對黑爾維格說道：「我請求你，以最快的速度，為即將在萊比錫登場的工人階級，寫一首最熱情、最能鼓舞人心的詩。」

這位受託創作出一首詩的詩人，當時正因政治因素流亡到瑞士。極度興奮的拉薩爾，在信中還不忘拜託黑爾維格，請他在瑞士當地也組織起勞工運動。可是黑爾維格對政治煽動一點也不感興趣，不過寫一首勞工運動的詩倒是可以考慮考慮，畢竟詩作是他每天的精神食糧，而他也與勞工運動有著鑾深的淵源。至於發表戰鬥演說或是處理黨務，根本就不是黑爾維格想做的事。因此，黑爾維格原本打算對拉薩爾的請求來個相應不理。然而，在未徵得黑爾維格的同意之下，拉

薩爾卻很過份地逕自公開地表示，黑爾維格將是瑞士的勞工大會的演講人。黑爾維格在聽聞此事後，被逼得不得不在報紙上發表一篇闢謠的文章。

黑爾維格出生於一八一七年。耶拿兄弟會舉辦瓦爾特堡節，也正是在這一年。在黑爾維格在世時，他就已經是一位知名的詩人。在一八四八年革命前後的世代裡，所有革命詩人當中，就數黑爾維格最為激進。拉薩爾委託黑爾維格為工人們寫一首勞工之歌時，黑爾維格已經四十五歲了。回首過去的歲月，他都是動盪之中度過。他曾經是逃兵、記者、詩人、風流才子、自然科學家。此外，他也與當時許多文化工作者交好，諸如理察・華格納（Richard Wagner）、法蘭茲・李斯特（Franz Liszt）、高特弗里德・凱勒（Gottfried Keller）以及高特弗里德・桑普（Gottfried Semper）等人。一八四一年，黑爾維格在德國出版了他的政治詩集《一位活人的詩作》（*Gedichte eines Lebendigen*），憑藉著這本詩集，黑爾維格在德國闖出名號。

一八三九年，黑爾維格為逃避兵役，首次流亡到蘇黎世，後來他更多次在此駐足。流亡期間，黑爾維格持續從外地為卡爾・馬克思所主編的《萊茵報》（*Rheinische Zeitung*）撰文。一八四一年，黑爾維格在巴黎認識了詩人海涅（Christian Johann Heinrich Heine）。第二年，黑爾維格則首次與馬克思本人會面。

一八四二年的秋天，黑爾維格在柏林認識了他一生當中最重要的人，此人便是他後來的妻子艾瑪（Emma Siegmund）。艾瑪是一位絲綢富商的女兒，曾經接受過相當高的教育，是位極有自信的女性。艾瑪尚未見過黑爾維格本人之前，便因黑爾維格的詩作而對他極為傾心，後來在朋友的引見之下，兩人有幸相識，就在認識短短幾天之後，兩人便閃電訂婚。一八四三年，黑爾維格迎娶艾瑪，不過此後艾瑪在黑爾維格身邊，卻一直扮演十分難以捉摸的角色。艾瑪希望能與他的夫婿有一番作為，因此十分積極地為黑爾維格的目標奮鬥。在一封她寫給黑爾維格的信中，艾瑪寫道：「除了你內心當中的真誠以外，別讓這世上的任何事物羈絆你！倘若你內心當中的真誠將你引向我，那麼就在我身邊待到最後一刻；而若是我讓你遠離了你的目標，即使只差了英吋之遙，我也會將你送走。」

黑爾維格的處境困窘，在他們婚後的幾年當中，全賴艾瑪的嫁妝維生。艾瑪是踏實的人，傾力支持他的丈夫。相反地，黑爾維格卻是個夢想家。黑爾維格深知她的妻子為他付出了多少，而他自己有多麼地需要她。然而，他們兩人的感情往後卻還要經受多番的考驗。

一八四二年十一月，兩人訂婚過後一週，黑爾維格蒙當時的普魯士國王腓特烈・威廉四世召見。不久之後，這件事卻演變成一樁醜聞。在腓特烈・威廉四世與黑爾維格見面的消息傳出之後，普魯士宮廷裡的人們都感到十分震驚，國王竟然會與主張共和的人士會晤。另一方面，黑爾維格在事後，將他的立場描繪得比當時實際情況更為反叛。國王得知後，下令禁止媒體報導他們的會面。黑爾維格也不甘示弱，寫了一封語帶挑釁的信寄給了國王。後來黑爾維格便因此被逐出了普魯士。

在當時的環境對異議份子極為不利。流亡巴黎的海涅曾經作詩道：「我在夜晚思念著德國……。」黑爾維格也同樣來到法國的首都定居，諸如阿諾德・盧格（Arnold Ruge）與馬克思等人，這些著名的異議份子則都是他的鄰居。黑爾維格在巴黎時經常與海涅會面。此外，他也愛到處旅行。不久之後，黑爾維格開始醉心自然科學，他經常與她的妻子，有時也與另一位無政府主義者米哈伊爾・巴枯寧（Mikhail Alexandrovich Bakunin），一同前往法國西、北海岸，進行海洋生物的研究。一八四八年，德國爆發了革命，巴黎的八百多名德國與法國工人，為了要支援腓特烈・黑克爾（Friedrich Hecker）率領的革命軍在巴登（Baden）作戰，在巴黎組成一支名為德意志民主軍團（Deutsche Demokratische Legion）的志願軍，並且推舉黑爾維格為他們的政治領袖。然而到了一八四八年四月底，德意志民主軍團好不容易才找到黑克爾的部隊，可是一個星期之後，德意志民主軍團便遭遇慘敗，最終瓦解。這次的馳援行動以失敗告終，黑爾維格夫婦則在事後又再次逃回巴黎。值得一提的是，艾瑪在此役中的表現。戰役中，艾瑪男扮女裝，不顧重重的危險，勇敢穿梭在黑爾維格與黑克爾的部隊之間，充當雙方溝通的橋樑。

艾瑪的嫁妝逐漸告罄。禍不單行，她的父親在此時也不幸陷入了財務危機。為了維持生計，黑爾維格只好重新當起記者。一八六三年，當拉薩爾給黑爾維格來信時，黑爾維格當時的財務狀況十分窘迫。耐人尋味的是，這對難兄難弟竟然在此時分別有了別的戀人，不過並沒有鬧到離婚。黑爾維格與艾瑪此時已經有三個小孩，為了籌措生活費，艾瑪開始四處奔波。建立一個統一、自由的共和國是黑爾維格長久以來的政治夢想。他原本希望，至少能在義大利實現夢想，最後還是落空。不僅黑爾維格，就連拉薩爾也都支持義大利復興運動（Risorgimento）的英雄人物加里波底（Giuseppe Garibaldi）。義大利復興運動原本是建立一個統一、自由的義大利。儘管，加里波底取得了軍事上相當大的成功（一八六〇年他佔領了西西里島，並在同一年，將波旁王朝的勢力逐出義大利南部），不過最後加里波底還是未能克盡全功。與此同時，黑爾維格原本想要在那不勒斯爭取文學教授的職位，最後也是功虧一簣。

拉薩爾在來信請求黑爾維格之後，便不斷地催促黑爾維格，請他盡快為勞工團體寫出一首聯盟之歌。在一封來信當中，拉薩爾更預先向黑爾維格答謝道：「勞工會議會感謝你為他們所做的蜜蜂歌。」一八六三年六月，黑爾維格還在為這首詩斟酌音韻，因此在他回覆拉薩爾的信中便只好說：「就快好了。」到了同年十月，拉薩爾又來信詢問，詩作到底完成了沒？這回他在信中對黑爾維格說道：「或許沒有比現在更好的時機了！」可是這時黑爾維格才剛剛將作品完成，不過既然拉薩爾都這麼表示了，他也只好從眾多捨棄的版本當中，整理出一個共十二段的版本交出去，在這首詩的第四段裡，黑爾維格寫道：

覺醒吧！勞動者，
認清你的力量！
所有的輪子都將靜止，
當你強壯的手臂意欲如此。

這首創作很快地便為黑爾維格再度締造佳績。雖然它的出版立刻就遭到普魯士的警察查禁，可是陸續又前仆後繼地印了好幾刷。見到夫婿如此地成功，艾瑪欣喜若狂地從柏林寫信給黑爾維格說道：「你的詩已經印了一萬兩千份了，不止在柏林，它們還會飄揚在更多地方的天際。」這首詩最後定名〈全德工人聯合會會歌〉，並且隨即被譜上了曲。艾瑪因為整首歌曲十分感動人心，經常在她夫婿面前高唱這首歌。

一八六四年八月三十一日，拉薩爾這位人盡皆知的風流男子，在為了一個女人的決鬥當中不幸喪生。黑爾維格為了拉薩爾寫了三篇悼念的詩。不過，若是黑爾維格早點起疑，他或許很早就會知道拉薩爾如何偷偷背叛他與其他的同志。拉薩爾曾經與社會主義者的大敵俾斯麥聯繫，兩人在長達一年多的祕密會商中，一直在討論著該如何解決普魯士的勞工問題。最後，雙方達成初步共識，俾斯麥接受勞工的某些要求，而拉薩爾則會設法讓勞工們去順應一個由君主所領導的福利國家。此外，拉薩爾更希望，俾斯麥能夠幫助他鏟除其他的競爭對手。在拉薩爾死後，由他的繼任者柏恩哈德・貝克（Bernhard Becker）繼續領導全德工人聯合會。貝克則明目張膽地公開與俾斯麥進行交流。一八六五年，黑爾維格憤而脫離全德工人聯合會。在他離開之後，黑爾維格先前所寫的會歌，也被雅各布・奧道夫（Jacob Audorf）所寫的〈工人馬賽曲〉取代。然而，「所有的輪子都將靜止，當你強壯的手臂意欲如此」這句話依然深植在勞工運動的集體記憶當中，總是一再地提醒人們，透過團結必定能獲得力量。

一八七五年，黑爾維格在窮途潦倒中死於利希坦塔（Lichtental），如今此地隸屬於巴登巴登（Baden-Baden）。在丈夫去世之後，艾瑪又活了將近三十年。一九〇四年，她以八十七歲的高齡於巴黎與世長辭。

54 分進合擊

Getrennt marschieren, vereint schlagen.

毛奇伯爵（Helmuth Graf von Moltke, 1800-1891）

一八六六年七月三日的清晨時分，克尼格雷茨戰役中的第一個槍聲響起。在戰場裡，將近五十萬的士兵們正相互對峙著，這是截至當時為止世界歷史上最大規模的一場戰役。這是一場普魯士與奧地利之間的對決，為了四分五裂的德國到底應該由誰來領導，兩強最終還是免不了要兵戎相見。

接近上午八點，普魯士的軍隊開始對奧地利陣地展開攻擊。然而，奧地利以猛烈炮火的還擊，一直到中午，普魯士的軍隊已蒙受了不小損失，戰情陷入膠著。在戰場邊緣的一處山丘，有四個人騎著馬正在觀察戰事的進行，他們分別是普魯士國王威廉一世、他的宰相俾斯麥、戰爭部長羅恩伯爵以及指揮官毛奇將軍。他們正等待，由普魯士王太子腓特烈・威廉所率領的第二支軍隊，從東北方向奧地利大軍的側翼發動攻擊。

普魯士的宰相俾斯麥深知，越來越多強大的民族國家逐漸興起，普魯士若要以列強的姿態迎向未來，那麼就必須在普魯士的領導之下，將強敵環伺的德國帶向統一。而對奧地利的戰爭將製造出一個機會，普魯士不僅可以藉機將這個最強大的競爭對手趕出德國，同時也可以在日後打造一個由普魯士所主導的邦聯。這場戰爭在開戰數週後，便大局底定。最終的關鍵性決戰，正是在波希米亞的克尼格雷茨之戰。

戰役剛開始時，由於毛奇將軍還未能將普魯士的軍隊完全集結，因此當時勝負還在未定之天。俾斯麥與威廉一世還曾一度十分擔心，最終普魯士說不定會落敗。俾斯麥甚至還問了毛奇將軍：「萬一兵敗得要撤軍時，你有何打算呢？」毛奇將軍的答覆後來成了句名言：「這裡不會有什麼敗退的事，這裡關乎的可是普魯士！」（**Hier wird nicht zurückgegangen. Hier geht es um Preußen!**）

雖然其他觀戰的人顯得憂心忡忡，可是當時的毛奇將軍卻似乎絲毫不為戰場上的膠著情勢所影響。為了安撫眾人，俾斯麥將他的雪茄盒遞給毛奇將軍，他還故意氣定神閒地仔細端詳了一番，待到選出了一支他認為是盒裡最好的雪茄後，才緩緩地拿起來抽。

毛奇將軍的身型瘦長，有著苦行的外表，不太會在自己身上做文章。他的沉默寡言是一個傳奇，甚至還因此獲得「偉大的沉默者」以及「沉默在七種語言裡」等封號。據說毛奇將軍會多種語言，包括德語、丹麥語、法語、英語、義大利語、土耳其語等。除此之外，他還會一些其他的語言。不過，由於毛奇將軍總是喜歡保持沉默，也很難證實，他到底是不是真的會說這些語言？後來在威瑪共和時期出任總統的興登堡（Paul von Hindenburg），在他十八歲的時候也曾經參與過克尼格雷茨戰役。他曾與人打賭，毛奇將軍能否在十一個字之內，為當時已成為德國皇帝的威廉一世祝壽。最後，興登堡贏了這次的賭局，毛奇將軍舉杯祝賀皇帝生日時只說了七個字：「各位先生們，讓我們一同向皇上歡呼，歡呼，歡呼！」（Meine Herren, dem Kaiser hurra, hurra, hurra!）

此外，毛奇將軍更是一位有才華的作家。他發表過一些個人心得以及回憶散文作品，使他成為德語文學裡頗受敬重的修辭家。而他的一些戰爭計畫或戰術的陳述，至今仍廣為人知。例如「沒有任何計畫可以在與敵人初次接觸之後還繼續存活」或是「先斟酌，後冒險」。此外，「唯有有才能的人才可以長久保持幸運」也是出自於毛奇將軍，他將這句話收錄在他所著的《戰術論文集》（*Abhandlung über Strategie*）一書裡。

正如毛奇將軍上述的幾句名言，普魯士在克尼格雷茨戰役能冒險得勝，全賴毛奇將軍精心調度。在他的指揮下，三支普魯士軍隊均能適時抵達他布局的地點，發揮出應有的成效。而為了調動為數二十五萬人的大軍，他則效法數年前美國內戰時的範例，利用火車迅速移動軍隊。

毛奇將軍成功地調度了分頭進發的幾路普魯士大軍。關鍵時刻，其中一支部隊適時地突破了奧地利大軍的側翼。到了一八六六年七月三日的下午，戰局開始明顯偏向對普魯士有利。

最終，在克尼格雷茨戰役當中，普魯士順利地擊敗了宿敵奧地利。經此一役，「分進合擊」（Getrennt marschieren, vereint schlagen）這句話成了宣揚進兵與作戰策略的名言。當人們問道，這個句子以及其中所蘊含的策略，究竟原本是出自於誰呢？至少在德國，被詢問的人總會不加思索地回答，是出自於毛奇將軍。然而，毛奇將軍其實並非最早提出這個概念的人。雖然毛奇將軍本身確實一再運用他所說的「分進合擊」策略，可是早在為了對抗拿破崙所發起的解放戰爭當中，普魯士的沙恩霍斯特將軍便曾經運用過這項策略。有些人甚至把這項策略的創作者殊榮直接歸給拿破崙，他確實曾經為了加快部隊的移動速度，將部隊先分成幾支，分別經由不同的路線，前往指定的地點會合。不過這種分兵藉以加快移動速度的方法，早在歐洲上古時期人們便已經曉得。然而一直到法國大革命，革命軍採取了類似的策略，分進合擊的概念才又重新為人所重視。

儘管毛奇將軍並非「分進合擊」的發明人，可是他的確將這個策略徹底地落實在運補以及調度大軍方面。然而毛奇將軍在軍事史上取得一席之地，其實並非只是出於這個原因。毛奇將軍深受克勞塞維茨《戰爭論》的啟發，特別重視計畫以及領導統御。毛奇將軍不僅全力培養官兵們在戰術與計畫的能力，由他親手打造的普魯士以及後來德國的參謀總部，其中包含組織藝術，更成為軍事領導的典範。毛奇將軍最主要的作戰領導原則就是，只給每位指揮官一個行動目標，至於該以何種方式達成所交代的任務，在實際戰鬥時則允許每位指揮官獨立、自由地發揮。就當時而言，這樣的領導方法算是十分創新，而在軍隊規模越來越龐大、而且越來越要求靈活反應的時代背景之下，比起以往僵固、由中央統一發號施令的方式，毛奇將軍的做法確實更能在大軍調度方面佔上風。而毛奇將軍獨立、去中心化的指揮藝術，又再度見到他「分進合擊」原則的身影。

一八七〇年，普魯士與法國之間爆發了普法戰爭。毛奇將軍再度展現了他過人的軍事能力，又一次為普魯士贏得了光榮的勝利。這回的勝利不僅促成德國的統一，更讓他自己成為德國偉大的軍事統帥。然而在戰後如何對待法國的問題上，毛奇將軍與俾斯麥卻意見分歧，兩人之間遂陷入了嚴重的衝突。在普法戰爭期間，法國志願軍（Franc-tireur）發動了許多游擊戰，讓毛奇將軍吃了不少苦頭，因而對法國留下了十分惡劣的印象。於是，在戰後毛奇將軍便堅持，必須要讓法國得到更嚴厲的教訓。然而俾斯麥卻另有盤算，不願意採納毛奇將軍的意見。在這一點上，毛奇將軍的立場，似乎偏離了他的精神導師克勞塞維茨的主張「戰爭只是政治運用其他手段的延伸」，至少在當時，毛奇將軍確實希望戰爭的發動能夠與政治互相分離。

不過，毛奇將軍最終還是屈服於政治。在戰勝法國之後，毛奇將軍又繼續擔任了十七年的參謀總長。毛奇將軍曾經仔細研究過，德國該如何防範法國與俄國雙面夾攻？毛奇將軍後來為德國擬定了一些因應的作戰計畫。一直到高齡八十八歲，毛奇將軍才決定退休。然而這位老當益壯的將軍，卻並非因為自己年事已高，才決定回家安享晚年。他決定退休的原因是因為他討厭新上任的年輕皇帝威廉二世（Wilhelm II.）。

不知當時的毛奇將軍是否已經感覺到了，威廉二世在將來可能會扮演什麼樣恐怖的角色呢？一八九年五月十四日，當時已經高齡九十歲的毛奇將軍，在柏林的帝國議會裡做了他一生中最後一次的公開演說。這位已經退休的老將軍，仍然密切關注軍事科技以及戰術的最新發展。他語帶懇切地警告德國，要提防現代化戰爭的危險，他表示：「這樣一場戰爭，或許會從七年演變成三十年；而在戰火吹向歐洲各地之前，它會先去引爆火藥桶！」

55

從開普到開羅

From Cape To Cairo

塞西爾．羅德斯（Cecil Rhodes，1853-1902）

「從開普到開羅」，英國應該在非洲這片大陸上，從南到北建立一個龐大的殖民帝國。發下這句豪語的是英國人塞西爾．羅德斯，他在年僅十六歲時從英國前往南非（South Africa），一方面來這裡為他哥哥的棉花田工作，另一方面則希望借助南非乾燥的天氣，讓自己的肺病好轉。羅德斯的父親是一位富裕的牧師。他自小因罹患肺結核，所以無法像他的兄弟們那樣去從軍，或是上英國的菁英學校；他的童年幾乎就是在父母位於英國的房屋中度過。

抵達了南非之後，羅德斯前往納塔爾（Natal）；他與哥哥赫伯特（Herbert Rhodes）並非相約在棉花田。羅德斯事先已經聽說了，就在不久之前，他的哥哥剛動身去追求尋找鑽石的夢想。赫伯特希望能以牟取暴利的鑽石事業，取代至今為止一直不成功的棉花事業。然而他很快就放棄了這個希望，而他們兩兄弟便又回頭去經營原本的棉花田。一直到了一八七一年，這對兄弟才又再度被尋找鑽石的熱潮所吸引。於是兄弟倆便相攜前往金伯利（Kimberley），這裡是當時尋找鑽石的中心。兩年後赫伯特再次放棄，可是羅德斯並不死心。於是從第二年起，羅德斯開始往返於金伯利與英國的牛津兩地，因為當時他同時在牛津大學攻讀法律。然而在兩個不同的世界裡，羅德斯卻各被兩地的人視為外人。雖然他喜歡自己一個人滔滔不絕地講個沒完，還喜歡放聲大笑，可是他所講述的非洲故事以及經常表達的帝國主義觀點，卻使他在年輕學生當中受到歡迎。

羅德斯後來在南非發展得相當順遂，逐漸從尋找鑽石變成了礦場主人，而他也因此致富。

一八八〇年，他與查爾斯．路德（Charles Dunell Rudd）將各自擁有的礦場聯合起來，合夥成立戴比爾斯礦業（De Beers Mining Company）。在接下來的數年當中，羅德斯坐擁越來越多的礦藏。一八八八年，他更兼併了他的競爭對手巴內特．巴納托（Barnett Barnato）。合併之後，這家更為壯大的新企業則掛名為戴比爾斯聯合礦業（De Beers Consolidated Mines Ltd.）。三年之後，這家公司已經掌握了全球百分之九十的鑽石產量。

然而，羅德斯的雄心並不僅止於經商成功；他在牛津的學業這時早已完成，日後更步入政壇。一八八一年，羅德斯成為開普殖民地（Cape Colony）所屬議會的代表。雖然他只是個中等的演說家，對於政治的日常事務也不十分感興趣，但他始終朝著自己的夢想前進，希望有朝一日英國能夠控制整個非洲。羅德斯的內心中充滿著當時頗為流行的一種思想：盎格魯薩克森人是上帝的選民，祂賦予這個民族塑造全世界人類社會的使命。在羅德斯的帝國主義夢想中，他甚至還編織了讓美國重回英國懷抱的腳本。

也因此，羅德斯成為英國在非洲擴張勢力範圍的代表人物。當他手底下的黑人勞工正辛苦深掘著非洲的土地時，他則幻想將非洲這片廣大的土地變成囊中物。他幻想著建立起「從開普到開羅」的電報與鐵路交通網，將延伸在這片非洲大陸上的英國殖民地從南到北串聯起來。對此，最著名的例證莫過於一幅政治漫畫；這幅漫畫刊登在一八九二年時的《笨趣雜誌》（*Punch*）上。在漫畫裡，羅德斯被描繪成一個巨人，他打開雙腳站在非洲大陸上，一腳踩在開普殖民地，另一腳則踩在開羅。他雙臂張開，手裡拉了一條從南到北傳送電報的線路；他的肩上還背著步槍。

羅德斯如此瘋狂的想法真的能夠實現嗎？早在一八八五年，他便極力勸說英國政府吞併貝專納（Bechuanaland），也就是今日的波札納（Republic of Botswana）。四年之後，他終於獲得英國政府的批准，前去爭取更多的領地。透過羅德斯成立的英國南非公司（British South Africa Company），今日的尚比亞（Zambia）與辛巴威（Zimbabwe）在當時陸續落入英國人之手。人們則根據羅德斯的名字，將這兩塊新屬地分別命名為北羅德西亞（Northern Rhodesia）及南羅德西亞（Southern Rhodesia）。一八九〇年，羅德斯被任命為開普殖民地的總理。當時遠在倫敦的英國女王維多莉亞表示，她對羅德斯在非洲的政治動作印象深刻。羅德斯其實十分瞧不起女性，他也終生未娶。可是由於他知道自己反女性的聲名遠播，因此特地彬彬有禮地回應女王：「我怎麼能夠不喜愛女王陛下您所屬的性別呢？」

在這段期間，英國的敵人們也逐漸成形；諸如法國、比利時、葡萄牙與德國等殖民強權競爭者，也開始瓜分非洲內陸地區。這些內陸地區一直以來鮮少或甚至未曾被大規模探索。德國皇帝威廉二世則要求，在殖民競爭的腳步上落後的德國，要「在太陽的邊上取得一席之地」。就連自一八〇六年起已歸屬於英國的開普殖民地，也面臨著日益強大的敵人威脅。從十七世紀起，陸續有荷蘭、德國與法國殖民者來到非洲最南端。這群人及他們的後裔逐漸發展出擁有自己的語言（南非語；Afrikaans）的一種文化。他們認同自己為波爾人（Boer，本為荷蘭語中農夫的意思），把自己看作是一支獨立的民族。尋找鑽石與黃金的熱潮引來了越來越多英國與歐洲其他各國的殖民者。面對這樣的情況，波爾人日益受到外來人口的排擠。最終，波爾人展開了大遷徙。一八三五年，約有一萬四千到一萬八千名波爾人（約為當時非洲南部白種人總數的六分之一），浩浩蕩蕩地遷往開普殖民地東北方的鄰近地區。

這些遷徙的波爾人發動了殘酷的戰爭，將原本世居於此的恩德比利族（Ndebele）與祖魯族（Zulu）給趕走。在這塊新取得的土地上，波爾人陸續建立了幾個屬於自己的共和國，這些國家分別是：納塔爾共和國（1843）、奧蘭治自由邦（Orange Free State, 1849）以及南非共和國（South African Republic, 1857）（這裡所指的南非共和國是承自先前的川斯瓦〔Transvaal〕，與今日的南非共和國並不相同）。一八七七年，英國人以奇襲方式併吞了南非共和國。不久後，在英國人治理不善的情況下，引發了第一次波爾戰爭（First Boer War），持續了四年之久，最終由波爾人贏得勝利，且在總統保羅．克魯格（S.J. Paulus Kruger）的帶領之下再次獨立。然而，到了十九世紀的八〇年代中期，人們在南非共和國發現了黃金，一批新的、非波爾人的白種移民者又開始湊過來，波爾人稱這些人為「Uitlander」（外來者）。他們並不想保障這些「外來者」享有平等的權利，這批外來者於是開始籌劃造反運動。他們的領導人之一便是羅德斯的另一位兄弟法蘭克（Frank Rhodes）。此外，由於這些波爾人成立的共和國，成為了羅德斯實現「從開普到開羅」這個美夢的絆腳石，羅德斯早已準備好要在軍事方面協助「外來者」。一八九三年，羅德斯藉由英國南非公司的軍事探險，吞併了馬他貝列族（Matabele）的土地。這時他只差那些波爾人建立的國家，便能夠將大英帝國通向北非之路完全打通。

一八九五年，發生了詹姆森突襲行動（Jameson Raid）。一位名為林德．詹姆森（Leander Starr Jameson）的英國指揮官（他也是羅德斯的好友），試圖獨自以他所率領的貝專納部隊推翻保羅．克魯格的政府。然而，這次的行動最後以失敗告終。事後羅德斯不僅因為輿論壓力被迫辭去了開普殖民地總理，更由於英國人顧忌到開普殖民地裡為數眾多的波爾人的觀感，他也從此失去英國人的支持。儘管如此，當時英國人與波爾人之間的情勢依然十分緊張。

就連當時的德國皇帝威廉二世，也在這段時間火上加油。在所謂的「克魯格密電」，威廉二世刻意致電保羅．克魯格，祝賀他順利平定詹姆森突襲行動。此舉讓波爾人認為他們的共和國日後定能得到德國的支持。對於這件事，就連英國人也採取同樣的看法。在這樣的氛圍下，波爾人與英國人各自積極地為重啟戰端預做準備；不久之後，戰事果然一觸即發。雖然在波爾人這一方，奧蘭治自由邦與南非共和國兩國聯手應敵，可是在初期的勝利過後，波爾人便陷入只能採取守勢的情況。到了戰爭後期，波爾人更淪落到只能進行游擊戰。對於波爾人的游擊戰，英國人在基奇納勳爵（Lord Kitchener）的帶領下，以焦土政策回應。此外，英國人更將成千上萬的波爾婦女及兒童們拘留在集中營裡。集中營裡非人道的生活條件，最後則造成了超過兩萬名的波爾人喪生。一九〇二年五月，最後一支奮勇抵抗的波爾人部隊宣布投降，為期兩年半的第二次波爾戰爭（Second Boer War）也宣告落幕。先前因為詹姆森突襲行動而斷送政治生命的羅德斯，已經於戰爭結束前兩個月與世長辭。一生懷抱著「從開普到開羅」這個夢想的他，再也無法親眼見到英國的這項成果。

在波爾戰爭之後，奧蘭治自由邦與南非共和國都成為大英帝國的一部分。一九一〇年，這兩個國家與開普殖民地及納塔爾共和國，又進一步結合成南非聯邦（Union of South Africa，為今日的南非共和國之前身）；南非聯邦則在一九三一年時首次獲得實質上的獨立。一九四八年，南非聯邦開始實行種族隔離（Apartheid）政策；在人數上居於少數的白人，藉此強力壓迫居於多數的黑人。黑人歷經幾十年的不斷反抗，且偶爾引發內戰，一九九三年，白人總統戴克拉克（Frederik Willem de Klerk）迅速而和平地將政權移交給黑人反對運動領袖曼德拉（Nelson Mandela）。一九九四年，南非共和國更舉行了大規模的自由選舉。至此，境內所有種族皆享有同等權利，平等地結合在共和國裡。

至於羅德斯的「從開普到開羅」美夢後來又如何了呢？到了二十一世紀初，原本大英帝國在世界各地的殖民地只剩少數幾處。然而，從英國手中獨立的一些非洲國家，至今仍然能找出羅德斯留下的許多痕跡。此外，羅德斯還留下了始終在鑽石界居於領導地位的跨國集團，以及一座他自己的墳墓。他的墳墓位在今日辛巴威的馬托博山（Matopos Hills），從這裡可以遠眺開普與開羅之間廣大的非洲大陸。

現代

56 輕聲細語，手執巨棒

Speak softly and carry a big stick.

狄奧多・羅斯福（Theodore Roosevelt，1858-1919）

美國的許多特質，諸如朝氣蓬勃、有活力、自信、富冒險精神、百無禁忌等等，似乎全都體現在狄奧多・羅斯福的身上。羅斯福出身於望族，家族包含了英國與荷蘭的血統。他在幼年時患有嚴重的哮喘，因而只能延請家庭教師到家裡上課。此外，他一生更為視力不良所苦。可是這一切都不妨礙他往後的發展。羅斯福日後不僅成為戰爭英雄、出色的獵人，更是一位成功的作家。由於羅斯福幼年時長期臥病在床，他從小就對外面的世界充滿好奇。長大後的羅斯福前往哈佛大學就讀；畢業之後，他成為一位作家。在其諸多著作中，曾經就美國西部的開發史撰寫了一套四卷本。在這之後，他開始將興趣轉向政治。一八九八年，美國為了進一步控制加勒比海而爭奪西班牙的加勒比海殖民地，與西班牙展開美西戰爭。這場戰爭經由美國某家極富攻擊性的媒體刻意渲染之後，舉國一片譁然，羅斯福也在這樣的氛圍裡跟著投入這場戰事。不久之後，羅斯福與他的志願軍團「馴馬師」（Rough Riders）在古巴奮勇作戰的消息傳回美國，使他在祖國廣受歡迎。後來他更在聖地牙哥戰役（Battle of Santiago de Cuba）中成為戰爭英雄。

三個多月內，美國人便輕鬆擊敗西班牙軍隊。當時美國國務卿約翰・海伊（John Hay）形容這場戰爭是一場「輝煌的小戰爭」（splendid little war）。戰後古巴名義上成為一個獨立國家，實際上卻落入美國這位強大鄰居的勢力範圍裡。此外，一八九八年十二月十日，美、西兩國在巴黎簽訂和約；根據這項和約，美國又另外吞併了波多黎各、關島與菲律賓。此舉一反美國當時一貫的反殖民主義政策，而這也是美國躍升為殖民強權的開始（就在同一年，美國也吞併了夏威夷）。一八九九年，美國國務卿約翰．海伊公開警告列強，應該尊重美國加諸於中國的門戶開放政策（Open Door Policy）。海伊這個明白表示插足中國經濟利益的舉動，更加強調了美國轉變成殖民強權的傾向。當時的美國總統威廉．麥金萊（William McKinly）不顧內政上的一些反對意見，一意孤行批准了巴黎和約。一九〇〇年，麥金萊以壓倒性的勝利姿態取得連任，至此更加確定他的外交政策。他這次之所以能夠順利蟬聯總統寶座，他的副總統候選人羅斯福起到不少加分的效果。

當時許多美國人都是「昭昭天命」（Manifest Destiny）思想的擁護者；這個概念是紐約市記者約翰．歐蘇利文（John L. O'Sullivan）所炒熱的。歐蘇利文是美國民主黨（Democratic Party）的機關刊物《民主評論》（*Democratic Review*）的記者。昭昭天命的思想奠基在某個基礎假設上：將民主的社會形式推廣到整個美洲大陸，這是美國奉天承運的宿命。其實早在一八二三年的「門羅主義」（Monroe Doctrine）裡，就可以尋找到昭昭天命的根源。門羅主義是當時美國總統詹姆士．門羅（James Monroe）的主張，他要求歐洲列強不要插足美洲事務，相對地，美國也不會去干預歐洲事務。

此外，美國在各種完全不同的發展中，為以下這樣的信念取得了養分：人類與其他各民族必須要教育。一方面，諸如一八九〇年代的經濟蕭條、歐洲列強逐漸建立起殖民強權、關稅壁壘將市場阻隔等問題，使美國人對自身的處境發出許多不平之鳴，而這也讓包括狄奧多．羅斯福在內的少壯派政治領導人有了可乘之機。他們順水推舟，要求美國應該對這些問題有一番作為。另一方面，海軍上校馬漢（Alfred T. Mahan）更著書立說，要求向外擴張，在全世界的海域取得關鍵的宰制地位。受到馬漢主張的影響，要求採取侵略性的海軍政策呼聲四起，也得到了回應。民族主義是十九世紀的主要標誌之一，當時這股思潮不僅在歐洲變得越來越具攻擊性，就連美國也感染到了這股狂熱。在上述兩方面的推波助瀾下，美國變得與它以前的祖國英國越來越像。不管在其他方面有何不同，英、美兩國至少有一點共通：佔有優勢的盎格魯薩克遜文化有一共同目標，就是要去教育世界上其他的民族。在此思想下，美國的目標是要將民主觀念強迫傳授給其他民族。為了向外拓展以實現目標，必須加速打造一支強大的艦隊。如此一來，美國最終促成了一個由企業、軍人與政客打造的策略聯盟，而這也為其往後的政治發展奠定了雛型。

美西戰爭爆發時，羅斯福正代理海軍部長一職。為了能夠參戰，羅斯福不惜辭去原本的代理職務。早在一八九五年至一八九七年期間，羅斯福已擔任過紐約市警察局局長。美西戰爭結束後，他又當選紐約州州長。在州長任內，羅斯福贏得了穩健的改革者及打擊貪污的硬漢等美名。一九〇一年，當時的美國總統麥金萊連任剛屆滿一年。在水牛城舉行的一場展覽會中，麥金萊不幸遇刺身亡。當時年僅四十二歲的副總統羅斯福依法接替已故的麥金萊，正式成為美國總統。

甫上任的羅斯福很快就看出，在他的總統任內，內政方面由於權力結構已經趨於僵固，他不太能有什麼作為。不過在外交方面，他倒是擁有很大的發揮空間，足以讓他盡情地施展拳腳。在內政方面，羅斯福以中產階級代言人自居，主要的工作便是設法阻止經濟方面的壟斷。而在外交方面，他則變成一位遊說者，設法讓美國成為軍事力量強大的國家。展現軍事實力，盡可能地避免戰爭，這是羅斯福在政治實務上遵循的路線。特別是在海軍政策方面，羅斯福的一句名言最能體現這樣的原則：「輕聲細語，手執巨棒。」它代表著羅斯福執政時期美國的外交政策，也因而稱為「巨棒政策」（Big Stick policy）。

羅斯福首次說出這句話的時間應該是在一八九〇年代末期。當時他還在擔任紐約州的州長，而這句話可能是他針對一場政爭。當時有位政黨領袖揚言要毀掉羅斯福，但事後卻雷聲大雨點小，只意思意思地做了小小的動作。羅斯福在寫給朋友的一封信中提到這件事，他寫道：「我一直很喜歡這句非洲諺語：『輕聲細語，手執巨棒；你會走得更遠。』」在羅斯福的政治生涯中，他曾一再引述這句非洲諺語。首次在公開場合裡講出這句話，應該是在某次對美國國會所做的報告中說出的。當時的報告主要是為了爭取國會支持，以增強海軍的軍備。我們必須稍微感同身受一下，在那個沒有電子媒體的時代裡，如果要增強公開演說的影響力，最好的方式就是選擇一些簡潔有力的句子，讓群眾們一再去複誦。就在麥金萊遇刺身亡的前幾天，一九〇一年九月二日，羅斯福才在明尼蘇達的一個展覽會中引述了這個巨棒諺語。

由於羅斯福的巨棒政策，使得美國呈現出雙面人的形象。一方面，這個國家以正義與自由鬥士的面貌出現，並且滿口仁義道德；另一方面，當攸關這個國家的利益時，它卻又完全不擇手段。「巨棒」一詞後來成了一種意象，經常出現在一些評論羅斯福本人及其政策的文章或漫畫裡。羅斯福更將原本以採取守勢為主的門羅主義，擴展成帶有攻擊性的色彩。他在一九〇四年所做的這項補充，則被稱之為「羅斯福推論」（Roosevelt Corollary）。在這個補充當中，他對南美各國政府提出警告，要他們小心歐洲強權對他們的干預。然而事實上，羅斯福是指桑罵槐地在警告歐洲列強，若是他們膽敢到美洲尋釁，美國必定會扮演起「警察」的角色，負責維護區域的秩序與安寧。實際上，美國後來的確一再地到處扮演這種自我合法化的干預警察。

一九〇三年，羅斯福巧取豪奪，硬把正在興建中的巴拿馬運河控制在美國手中。這件事可以算是巨棒政策的著名實例。當時，羅斯福完全不顧國際法，故意從哥倫比亞的領土中分離出巴拿馬，並且幫助巴拿馬獨立建國。此外，羅斯福更派遣美國軍艦在巴拿馬海域舉行「軍事演習」，迫使哥倫比亞承認巴拿馬獨立。獨立後的巴拿馬為回報美國，允許美國對寬十六點一公里的運河區取得永久租借權；美國更以相對便宜的代價，換得了巴拿馬運河的使用權。一九一三年，巴拿馬運河終於竣工，這不僅意味著商船運輸更為便捷，更意味著美國的戰艦能更加靈活地進行調度。至此，加勒比海與中美洲徹底淪為美國的「後院」。

一九〇五年，羅斯福扮起了和事佬的角色，出面調停俄國與日本之間的爭端，以維護太平洋周邊的和平。此舉讓羅斯福在一九〇六年獲頒諾貝爾和平獎。然而，卻有不少人質疑這個獎項頒給羅斯福是否妥適。批評者認為，羅斯福的行為，並非真心維護和平，泰半想鞏固美國在亞洲的影響力。

這位在自己國家深受人民愛戴的總統，自幼年起便有個暱稱叫「泰迪」（Teddy）。不過羅斯福本人並不喜歡這個暱稱，甚至認為這個暱稱並不恰當。據說，羅斯福熱愛狩獵有回在狩獵中竟然拒絕射殺一頭小熊。後來玩具製造商便根據這件事，以他的暱稱「泰迪」推出一種絨毛熊玩具。退休之後不久，羅斯福前往非洲狩獵，這個地方正是他著名的「巨棒」一詞的發源地。而他與探險隊在非洲的旅程，也成為當時國際媒體關注的焦點。

57

在我眼裡，不再有黨派之別，在我眼裡，只有德國人！

Ich kenne keine Parteien mehr, ich kenne nur noch Deutsche.

威廉二世（Wilhelm II，1859-1941）

那時正值夏季時分，決定命運的時刻，還有什麼比從陽台上對著人民發表演說更適合的呢？在這個將影響未來整個世紀的日子裡，德國皇帝威廉二世在同一天中兩度發表了演說。他喜歡這樣的場合，這讓他能夠在德國人民面前展現出他對德意志帝國的看重，並讓他感受到自己確確實實是活著的。

就這樣，威廉二世站上柏林某座皇宮的陽台，出現在久候多時的德國人民面前。這場「第一次陽台演說」（Erste Balkonrede），發生在一九一四年七月三十一日。威廉二世高聲說道：「一個艱苦的時刻就在今天降臨德國。」德國人民安靜地注視他，他翹起的短鬚在激昂的演說中微微地顫動，軍服上的綬帶則在陽光照耀下閃閃發光。接著，他繼續說道：「各地的嫉妒者逼得我們做出合理的抵抗。他們迫使我們拔劍奮起。」隨後，威廉二世解釋若是敵人能夠重視他為和平所做的一切努力，或許可以避免開啟戰端。然而，倘若敵人執意兵戎相見，那麼就讓敵人見識見識「什麼叫做激怒德國。現在，我建議你們去向上帝禱告，去到教堂裡，跪在上帝的面前，祈求祂幫助我們勇敢的軍隊！」這時一群穿著水手服的年輕人（當時的德國人因為國家擁有強大的遠洋艦隊而十分振奮）跑到了四周建築物的屋頂，在上頭拚命揮舞著旗幟。現場所有男性興奮地將他們的帽子拋向空中，女性則大聲鼓掌叫好。

嫉妒、榮譽、鮮血、驕傲、德國、上帝等等，這些威廉二世在演講中所用的辭彙，不僅經常被德國那時的政壇人士掛在嘴邊，在歐洲其他國家的情況也是如此。這些國家與德國一樣，其實都不曉得自己該何去何從，完全失去了方向。「現代化」挾著龐大的動能，逐漸滲透歐洲各地，如電子通訊科技、化學、汽車、電影等領域，徹底改變了社會的日常生活。在工業化的帶動下，城市的規模以驚人速度迅速成長。勞工階級的人數不斷擴大，相對地，也形成越來越多的貧民區。在內政上，各種社會問題越來越急迫；在外交方面，德國也不曉得未來自己在歐洲的處境會如何。

諸如法國、英國、奧匈帝國、俄國等歐洲列強，德國在幾十年日益膨脹的民族驕傲裡，在戰爭與和平不斷洗牌的結盟中，陷入了幾近失控的偏執。一場戰爭彷彿能夠洗淨一切的暴風雨，人們相信它來得快去得也急，必然伴隨著雨過天青。在過往近四十年裡，德國享受了一段相對和平的歲月。上回所經歷的大戰，已經是一八七〇年的事了。當時他們迅速將敵人法國給撂倒，整個德國都陶醉在勝利的光榮裡。然而在那之後，軍事科技的發展開始突飛猛進，可是一般人卻幾乎沒注意到這樣的情況，甚至連許多軍人也一樣。

雖然上回對德作戰的慘敗已是四十年前的事了，法國卻仍有許多人惦記著復仇，他們想復仇的執念或許比以前任何時點都來得強。英國則是將威廉二世的海軍政策與殖民政策視為一種挑釁，甚至是一種威脅。而最讓奧地利擔心的，則是巴爾幹半島上的動亂與企圖自治。這些麻煩的事會讓奧匈帝國這個多種族國家土崩瓦解。至於俄國，在一九〇五年一場流產政變後，政治與社會方面的緊張態勢，正醞釀著再次引爆一場革命。

在那段時間裡，德國及其皇室扮演著一個特別的、充滿悲劇性的、甚至罪孽深重的角色。由於德國的統一建國起步較晚，因此在歐洲列強中，德國可說是吊車尾。正因為這樣，歐洲列強對於德國的輕視，嚴重傷害這個剛剛崛起的新貴的自尊心。而身為德國皇帝的威廉二世，似乎也被這樣的感覺緊緊糾纏。此外，威廉二世與英國及俄國的王室都是親戚；英女王維多莉亞是他的外婆，而他與當時的俄國沙皇尼古拉二世則是表兄弟。不過也正因為如此，他覺得自己並未受到應有的尊重。然而歸根結柢，問題泰半出在威廉二世自己身上。他是個喜歡自吹自擂又好大喜功的人，可是他總是在好戰與膽怯中搖擺不定。因為個性使然，他的上台更讓歐洲敏感的局勢增添了緊張的變數。即使威廉二世曾對英國安撫地說道「血濃於水」，也無助於情勢的緩和。一八八八年，當時二十九歲的威廉二世登基為德國皇帝。他的左手天生畸形，這使得他的童年在復健、訓練及母親的漠不關心中度過。因此為了讓自己的內心保持平衡，他後來變得虛榮、驕縱與高傲。

威廉二世登基後不久，便與帝國總理俾斯麥鬧翻了，這位年事已高的老臣是德意志民族統一建國居功厥偉的推手。在他完成了這項目標後，為了避免處於四戰之地的德國腹背受敵，他更竭盡全力推動平衡的外交政策，此舉也為德國換來了數十年的和平。然而威廉二世卻完全無視於這樣一份厚禮，反而一再地挑釁歐洲其他列強，特別是英國。一八九六年年初，威廉二世致電波爾人的領袖保羅·克魯格，祝賀他順利平定英國人所發動的詹姆森突襲行動；這封「克魯格密電」讓英國人大為光火。此外，一八九八年，威廉二世更託付海軍元帥蒂爾皮茨（Alfred von Tirpitz）大舉擴建德國的海軍；此舉更讓德、英之間的緊張關係再度升高。

唯一例外的是一九〇〇年，為了對抗中國的義和團，威廉二世與英國曾在此役中聯手。

義和團是中國的一個祕密組織，成立的目的有部分是要反對外國勢力入侵中國。對歐洲人來說，組織起一個策略聯盟，讓大家都能瓜分中國這塊大餅，倒也不是什麼壞事，於是德國也決定派兵參與其中。德國負責的兵力從不來梅港出發時，威廉二世發表了著名的「匈奴演說」（Hunnenrede）。他對官兵們高聲說道：「殺無赦！」並且勉勵德國軍隊，在此役中留下一個如同「Etzels Hunnen」（匈奴王阿提拉所帶領的匈奴）的美名。然而歐洲列強因為義和團之亂所做的結合，只不過是暫時的。在此之後，德國又繼續跟歐洲其他列強起衝突。例如一九〇五年到一九〇六年的第一次摩洛哥危機、一九〇八年的《每日電訊報》事件，以及一九一一年的第二次摩洛哥危機。而威廉二世總是一再地利用敏感的時刻，趁機扮演挑釁者角色。

一九一四年六月二十八日，奧地利皇儲法蘭茲．斐迪南大公（Erzherzog Franz Ferdinand）與其夫人在塞拉耶佛（Sarajevo）進行訪問時，不幸遭到塞爾維亞恐怖份子加夫里洛．普林西普（Gavrilo Princip）刺殺身亡。這起事件讓威廉二世醞釀已久的攻擊情緒完全釋放了出來。然而，不僅是威廉二世，各方勢力也都一致認為這是一個時機成熟的時刻，各國是該趁此機會算一算總帳了。奧地利人想要與塞爾維亞人好好地把恩怨了結，因此不僅毫無保留地與德國結盟，甚至大力鼓吹此事。而關於塞爾維亞的問題，德國一直站在奧地利這一邊。英國與俄國則連成一氣，一再想要插手這個問題。這時德國人向多瑙河王朝（Donaumonarchie，即奧匈帝國的別名）開出了全力支援的空白支票；有了德國當靠山，奧地利人可以儘管放手一搏。另一方面，德國的軍事高層則希望藉由同仇敵愾的力量，能夠一吐德意志帝國數十年來積累的悶氣。

一九一四年七月五日，威廉二世向奧地利駐德大使拍胸脯保證，奧地利絕對可以放心倚賴德國。提出這樣的保證時，威廉二世想必也明白，萬一奧地利最後決定大動干戈，這意味著德國日後也得面對俄國與法國這兩個大敵的聯手。到了七月二十三日，奧地利對塞爾維亞下了一個近乎苛求的最後通牒。塞爾維亞不僅不予理會，反而更加積極地調度軍隊。五天過後，奧地利終於對塞爾維亞宣戰。宣戰後的第二天，俄國沙皇尼古拉二世跟著簽署了一項命令，要求俄國大軍開赴塞爾維亞。英國原本亟欲進行的調停，至此則以失敗告終。

一九一四年八月一日，威廉二世做了「第二次陽台演說」（Zweite Balkonrede），他高聲對德國人民說道：「感謝你們連日來表現出的忠心與愛，這一切都是前所未有地認真！因此，就讓我們停止區分什麼黨派，一同投入戰鬥的行列吧！就連我，也曾經被某些黨派攻擊過，不過那都是和平時期裡發生的事。今天，我要真心誠意地原諒他們。在我眼裡，不再有黨派與教派之別，我們全都是德意志的兄弟，而且再也只是德意志的兄弟。若我們的鄰國還是一意孤行，非要嫉妒我們擁有的和平，那麼我向上帝祈求，這把德意志寶劍能夠在這場艱苦的戰爭中，贏得光榮的勝利。」

發表這次演說的前一天，德國也給俄國下了一個只有十二小時期限的最後通牒，要求俄國立即停止備戰。俄國無視於這項最後通牒，拖過了截止時間。到了一九一四年八月一日下午五點，德國皇帝威廉二世下達了動員令；當天晚間七點，正式對俄國宣戰。第二天在聖彼得堡，俄國沙皇尼古拉二世也在冬宮（Winter Palace）的陽台上，對支持開戰的民眾們發表演說。到了八月三日，德國又在柏林正式對法國宣戰。在德國部隊為了攻擊法國而借道比利時的第二天，英國也加入了戰局，一起對抗德國。八月四日，威廉二世為了爭取帝國議會中各黨派領袖的支持，再度發表了一場演說。演說中威廉二世提到：「各位先生們，您們應該已經知悉，我在皇宮的陽台上對民眾們所說的話。在這裡，我不妨重覆一遍：在我眼裡，不再有黨派之別，在我眼裡，只有德國人！」

「在我眼裡，不再有黨派之別，在我眼裡，只有德國人！」這句話在當時幾乎成了一句口號。後來威廉二世甚至將他的肖像及親筆所寫的這句話，製作成明信片到處散發。威廉二世以這句話突顯各團體你爭我奪的局限性，使他們自身的利益變得微不足道。此外他更藉此提醒這些人，他們都有一個共同點，而且現在必須以這個共同點團結起來：他們都是德國人，此刻必須放下自身的利益。超越個人、黨派的威廉二世，因為這句話躍升為真真正正的國家最高元首。然而德國人的團結與戰爭的發動這兩件事，被威廉二世刻意地串聯起來，也導致爭議的極端化。因為根據這句話的內容，若有任何德國人表達反對戰爭的立場，那麼他所反對的將不止是戰爭，而是一切與德國有關的事。而什麼是與德國有關的事呢？關於這一點，威廉二世早已預設了立場。當然，就算沒有威廉二世的這句話，依照德國當時的局勢，遲早也會走到這一步。無論如何，這句口號清楚地表現出當時德國的氛圍。一九一四年八月四日，這天帝國議會的議程當中，通過了戰爭貸款的議案。就連向來被斥為「無祖國的傢伙」的社會民主黨人，除了兩位議員棄權外，其餘該黨議員都投下了贊成票。此外，這些平日四分五裂的各個政黨，竟然一反常態地達成了「城堡和平」（**Burgfrieden**，亦即黨派鬥爭暫時停息）。從那一刻起，在戰爭持續期間，各黨派便不再公開地相互鬥爭。

「二十世紀的災難之源」（**Urkatastrophe des 20. Jahrhunderts**；德國的歷史學家用這個辭彙指涉第一次世界大戰）就此拉開序幕。第一次世界大戰中，有超過一千萬人喪生，而全球的政治版圖也在戰後重新洗牌。一九一八年十一月，當這場戰爭結束時，德意志帝國也跟著壽終正寢，威廉二世則被迫流亡荷蘭。威廉二世毫不遲疑地發動對塞爾維亞的戰爭，他也參與了對抗俄國及法國的戰爭。可是在此之後，他卻只能無助地看著情勢升高到超出他的預期。有張明信片的主題是這位德國皇帝站在軍人公墓前，明信片上頭則寫著他的心聲：「這不是我所要的。」

58 信任固然好，但控制更佳！

Trust, but verify.

列寧（Vladimir Ilyich Lenin,31870-1924）

「現代化」正風起雲湧，滲透到歐洲各地。在俄國，時間卻似乎是靜止的。儘管一些格局較大的改革派政治家，例如財政大臣謝爾蓋．維特（Sergei Yulyevich Witte）一再試圖變革，然而總是不斷受挫。造成他們失敗的原因，不外乎是沙皇、沙皇的家庭及貴族們少數層既得利益者的重重阻礙。這群人完全不思將國家從貧窮中搶救出來。對他們而言，封建社會保障了他們自己獲利的地位，所以這項制度永遠都是對的，它也必然會萬世不變。然而以農民居多數的廣大人民，卻一直生活在水深火熱之中；他們在政治上更是毫無發言權。雖然農奴制在一八六一年時已被廢除，可是貧無立錐之地的農民，在經濟方面仍得依附大地主。一直到二十世紀初，俄國的貴族階級仍然掌握全國三分之二的土地。

列寧的父親是一位督學，對於沙皇一直忠心耿耿；他還因為這樣被提拔為世襲貴族，然而他的幾個兒子就跟他完全不同了。弗拉基米爾．伊里奇．烏里揚諾夫（Vladimir Ilyich Ulyanov，這是列寧的本名，他在流亡西歐後化名為列寧）跟他的兄長都是一般人口中的不肖子。首先是列寧的哥哥亞歷山大（Alexander Ulyanov），一直致力於終結沙皇的統治，所採取的都是些不乾淨的手段。後來他更因參與策劃刺殺沙皇亞歷山大三世（Alexander III）的行動而被絞死。當時弗拉基米爾年僅十七歲，對他哥哥的死感觸良多。不過，除了他本人，恐怕沒有人能真正曉得這件事對他日後所走的路，究竟造成了多大的影響。

在這之後，弗拉基米爾先後完成了法律學業，並且成為律師，不過並不順遂，於是他越來越朝政治煽動的方向發展，其結果當然就是被逮捕、驅逐，並且流亡。

在流亡期間，弗拉基米爾化名為弗拉基米爾・伊里奇・列寧（Vladimir Ilyich Lenin），穿梭在西歐各國。一九〇三年，俄國社會民主工黨在倫敦分裂成布爾什維克（Bolshevik；俄文原意為多數派）與孟什維克（Menshevik，俄文原意為少數派）兩派，列寧更因此成為布爾什維克的領袖。不同於孟什維克所主張的溫和、社會民主路線，布爾什維克堅持採取激烈的共產革命路線，意欲通過暴力手段推翻沙皇統治的帝國，以奪取俄國政權。列寧成為布爾什維克的領袖之後，收編散佈在歐洲各地的左派反對勢力，打造成組織嚴密的主流政黨。成為共產主義運動日後持續擴大發展的主要關鍵。

一九一七年，俄國爆發二月革命，沙皇尼古拉二世因此被迫退位。在歷經了先前幾番挫折之後，列寧現在終於有機會實現他多年來「無產階級革命」的理想。當時德意志帝國與俄國雙雙捲入第一次世界大戰的漩渦；德國為了在戰爭中取勝，便利用列寧這著棋。他們祕密將列寧從瑞士護送回俄國的聖彼得堡。抵達俄國後，列寧立刻積極爭取民心。在他的「四月政綱」（April Theses）裡，諸如「不惜任何代價也要爭取和平」、「由蘇維埃（Soviet，意為『會議』）控制國家」、「將所有土地歸還給農民」等主張，馬上獲得廣大的回響。幾個月後，當時還是列寧戰友的托洛斯基（Leon Trotsky）主導策畫了十月革命。在列寧的帶領下，他們最終一舉推翻了先前在二月革命裡取得政權的孟什維克與總理亞歷山大．克倫斯基（Alexander Kerensky）。成功奪權後，列寧毫不妥協地小心維護著得來不易的政權。例如一九二一年，喀琅施塔得（Kronstadt）一群傾向無政府主義的水手、士兵及平民支持者，對當地布爾什維克政府發動了一場起義，大聲要求一個「沒有共產黨的蘇維埃」。列寧聞訊後，毫不留情地命令托洛斯基血腥鎮壓這次起義。在此期間，列寧不僅登上俄國共產主義運動最高當權者的寶座，更是全世界所有共產黨徒眾望所歸的領袖。

馬克思曾經預言，在工人階級完成革命後，將會有個通向社會主義的過渡時期。在這時期裡，透過無產階級專政，最終將迎向一個共產主義社會，這是馬克思學說對無產階級所做的救贖承諾。在這樣一個社會裡，所有階級都將消失，國家暴力也將不復存在。在這樣一個社會裡，更將實現法國社會學家路易．白朗（Louis Blanc）陳述的原則：「各盡所能，各取所需。」對此，列寧將他的行動與馬克思的思想體系連結起來。不過，列寧卻是替自己量身訂作一套新的馬克思主義，也就是馬克思列寧主義。特別在權力結構上，將所有權力集中在政治局以及中央委員會裡少數領導菁英手上。此舉成了許多共產國家爭相仿傚的對象。

為了領導共產主義運動與俄國，嚴密控制與殘酷手段成了列寧的風格。對此，「信任固然好，但控制更佳」這句名言似乎是個適合的標語。然而我們無法證明這句話是由列寧原創。據悉，列寧喜歡用一句俄國古諺「信任，但是仍須檢驗」來表達謹慎的態度。或許因為他多次講過這句話，久而久之便被人改寫成「信任固然好，但控制更佳」。

在文字作品裡，列寧其實沒有明白提到該主題。在他的作品集中有篇文章論及冒險，裡頭有句話提到了：「別盡信文字，應該以最嚴格的態度對文字進行檢驗——這是奉行馬克思主義的勞動者的標語。」遍查列寧針對這個主題留下的論述，我們並未發現他曾表達過類似「控制優於信任」這樣的內容。不過許多人卻經常因為領導人角色的緣故，便不加思索地將「信任固然好，但控制更佳」這句話，與領導人相互結合起來。在某種程度上，有時這是想藉此質疑將控制看得比信任更重要的領導風格。

然而，為何這樣的一句話會到處流傳呢？或許是因為「信任固然好，但控制更佳」這句話的明白易懂，而且運用方便。此外，它更為它的奉行者準備好一個簡單的答案：不需要費事去揣測別人的心思，只需好好地進行控制，便能順利完成領導的使命。無論這句話是否為列寧所創，它畢竟體現了他一手建立起的統治體系。這個統治體系完全不是奠基在信任之上，而是建立在控制之上。列寧的繼任者史達林更以此為本，將極權的權力結構進一步發揚光大，自一九二四年起展開他的恐怖統治。

59 自由總是異言者的自由

Freedom is always the freedom of the one who thinks differently.

羅莎・盧森堡（Rosa Luxemburg, 1870-1919）

羅莎・盧森堡的死，可以說是一位女鬥士之死。右翼的自由軍團（**Freikorps**）將她逮捕並且嚴刑拷打，最後更將她丟進冰冷的河裡。只是至今我們仍無從得知，在她被投入河裡的那一刻，她是否仍一息尚存呢？

在羅莎死了幾個月後，她的遺體才被人從柏林的護城河裡打撈上來。一個充滿了逃亡、監禁及各種化名（諸如格拉古〔**Gracchus**〕、斯巴達克斯〔**Spartakus**〕、尤尼烏斯〔**Junius**〕，都是羅莎的化名）的生命，就此劃下句點。然而，在一九一九年一月十五日這天，死亡的不僅僅是羅莎與她的戰友卡爾・李卜克內西（**Karl Liebknecht**），就連他們曾經有過的共產議會共和（**Räterepublik**）與工人階級勝利的夢想，也都跟著一同陪葬。

羅莎的一生充滿衝突。她是一位波蘭的猶太人，身形略為嬌小，不過在眾多男性戰友中，她可是巾幗不讓鬚眉，隨時隨地充滿旺盛的精力，有著堅強的求生意志以及劍及履及的行動力。在羅莎還是年輕學子時，就已經在她的故鄉華沙加入了當時仍被查禁的左派團體。為了逃避追捕，她因此流亡瑞士。後來，她為了取得德國的國籍，更不惜與德國人假結婚。一八九九年，她最終如願前往柏林。接著，她又加入了德國的社會民主黨，並且逐漸成為黨內左翼的領袖。從一九〇七年起，她更成為社會民主黨所屬黨校的講師。在第一次世界大戰爆發之前，羅莎曾長期致力於反戰；大戰最終不幸爆發之後，她更加強烈抨擊當時德國達成的「城堡和平」（所有政黨為了有利於戰爭的發動，彼此在國內暫時休兵，將砲口一致對外）。因此羅莎總是一再地被逮捕，並在一九一六年到一九一八年間，因為宣傳反戰思想入獄數個月。

到了一九一八年十月，德國大勢已去。儘管最終的敗局尚未宣告，可是德國、奧地利及他們的盟友，此時只不過是在進行最後的困獸之鬥。兩個月之前，保加利亞率先宣佈投降，而這時土耳其又接著跟進。十月四日，由王子馬克思．馮．巴登（Prinz Max von Baden）組成的新內閣，開始尋求停戰的可能。一九一七年四月，美國在總統威爾遜（Thomas Woodrow Wilson）的帶領下也對德宣戰。對於停戰的要求，美國則開出了德國必須進行民主化的條件。與此同時，德國正逐漸陷入失控的狀態。在德國許多港口，大批海軍官兵拒絕登艦，他們再也不想成為與英軍對抗之下的炮灰。成千上萬的工人們也群起響應；一時之間，德國國內的秩序大亂，德皇威廉二世被迫從柏林潛逃到設在斯帕（Spa，位於今日的比利時境內）的德軍指揮所。德國的「十一月革命」就此爆發。

對於羅莎而言，此時正是對於德國舊體制摧枯拉朽的絕佳時刻，取而代之的將是一個革命性的、社會主義路線的議會共和。對此已經可以從軍人與工人們所組成的委員會，見到了初步的成果。然而不久之後，社會民主黨卻開始與軍事高層以及其他自由、溫和派勢力結盟，以期共同聯手收拾這個殘破的國家。社會民主黨右傾勢力的領袖腓特烈．艾伯特，從馬克思．馮．巴登的手上接過權力，他的黨友菲力普．沙德曼（Philipp Scheidemann）則在十一月七日從國會大樓的窗戶對外高呼成立共和國。他們的行動著實早了羅莎及其戰友們一步。就在沙德曼高呼共和的兩個小時後，李卜克內西也在柏林市宮殿四號大門的陽台，宣布成立一個「自由、社會主義的德意志共和國」。

於是這兩股勢力為了遂行各自的國家藍圖，彼此之間展開了激烈的權力角逐。隔年年初，社會民主黨正式走向分裂，原本在社會民主黨黨內的反戰勢力選擇出走，自行組成「德國獨立社會民主黨」。隨後，更進一步與其他左派團體共同組成了「德國共產黨」。一九一九年一月，爆發了斯巴達克斯起義（Spartakusaufstand）。羅莎並不看好這次起義，不過礙於她與李卜克內西曾是「斯巴達克同盟」的創始人，只能義不容辭地相挺到底。然而最後的發展結果卻證明了，羅莎看壞這次的行動是對的。

儘管明知身處於危險中，羅莎依然堅持留在柏林，只不過在這段擾攘不安期間，她還是換了好幾個藏身處所。一九一九年一月十四日，羅莎發表了她生命中最後一篇文章。在這篇文章裡，她寫道：「到了明天，革命的熱潮又會嘎嘎作響地逐漸升起，並且伴隨著讓你們膽戰心驚的號角聲四處宣告：過去我存在，如今我存在，未來我也仍將存在！」隔天，右翼自由軍團所屬的密探查知了羅莎的行蹤，很快地便將她逮捕，並對她施以嚴刑拷打，最後更將她殺害。

「自由總是異言者的自由。」殺害羅莎的凶手們恐怕不曉得她說的這個名句。我們甚至可以說，在羅莎死去的那一刻，除了她本人以外，幾乎沒有人曉得這句話。這段話原本是羅莎寫在她手稿邊緣的一段註記。一九二二年，在羅莎逝世四年後，她的朋友保羅．李維（Paul Levi）才首度將這份手稿以《論俄國革命》（*Die russische Revolution*）為題加以出版。由於這段話過去曾被置於許多不同的脈絡裡解讀，我們在探究羅莎．盧森堡寫下這段話的真正用意時，應當小心地從她原本進行註記的脈絡中找尋線索。

對於羅莎而言，若要建立一個社會主義的社會秩序，唯一可行的道路只有革命一途。當時在社會民主黨裡，有越來越多人相信愛德華．伯恩斯坦（Eduard Bernstein）的修正主義。根據伯恩斯坦的看法，從資本主義過渡到社會主義這個過程並非透過革命，應當透過議會路線去完成。因此，羅莎的觀點逐漸深化了她與社會民主黨之間的裂隙。不過，事實上與羅莎的革命觀發生最大衝突的，不是在伯恩斯坦這方面。相反地，她與同樣主張革命的列寧在革命的看法上才是南轅北轍。不同於列寧，羅莎認為革命無國界，因此她同時在波蘭、德國甚至俄國等地鼓吹革命。此外，列寧所主張的由領導菁英（也就是所謂的「工人階級的前鋒」）帶領一個組織嚴密的主流執政黨，這樣的看法也與羅莎的思想形成強烈矛盾。對於羅莎而言，唯有在整個無產階級都可參與其中的情況下，才能夠成功建立起一個社會主義的社會。羅莎認為列寧與布爾什維克並非在宣傳無產階級專政；相反地，他們是在為一己之私竊取專政的工具，藉此反過頭來宰制無產階級。

「自由總是異言者的自由」原本寫在羅莎．盧森堡《論俄國革命》的手稿裡，用來註解列寧與布爾什維克的集權操作手法。在這個段落，羅莎對布爾什維克批評道：「倘若只有政府擁護者及單一黨派的成員才能享有自由，那麼即使這批人的人數再多，仍然談不上什麼自由。自由總是異言者的自由。之所以這麼說，並非出於某種追求正義的狂熱，而是因為這是政治自由中所有活力、療效以及去污能力所賴以維生的本質。倘若自由成了某種特權，這一切效用也將跟著喪失。」接著，羅莎繼續評論道，布爾什維克必須承認，雖然他們看起來好像是在「到處摸索著」，可是實際上列寧與他的戰友托洛斯基的「專政理論」卻認為，「革命黨的口袋裡早已經藏有開給社會主義變革的處方，他們只要花點力氣將這個處方給落實了就行；可惜的是，或者也可以說幸運的是，真正的處方卻不應該是事先寫好的。」因此，羅莎得出了這樣的結論：真正的革命必須要海納百川地包含所有人的共襄盛舉，不僅不能夠限縮在革命黨的菁英及革命的擁護者這樣狹小的範圍裡，反而更應該透過論述方式對革命的敵人曉以大義，毫無設限地將他們也一起納進革命的大旗裡。

一九八九年，在前東德苟延殘喘的最後一段日子裡，羅莎．盧森堡這句名言被民權運動人士們重新拾起，縱然在這時這句話不像羅莎當時所設想的那樣，是要用在建立一個社會主義的社會，而反倒被拿來摧毀一個社會主義的社會。不過就社會主義體系的改革與討論等面向看來，民權運動人士運用這句話，倒也符合羅莎的本意。無論如何，若是將這句話詮釋成是關於羅莎民主意向的證明，可以從中看出她支持議會式的國家體制，或是她的思想近似於社會民主黨的想法，這可就大錯特錯了。因為從頭到尾，羅莎的目標始終都是馬克思主義所主張的無產階級專政。

60 德國的軍隊讓人從背後捅了一刀

The German army was stabbed in the back.

興登堡

（Paul von Beneckendorff und von Hindenburg，1847-1934）

厚顏無恥就是勝利；至少就興登堡的個案看來，情況的確如此。若細數政治人物所犯的過錯與罪惡，很少有人能像興登堡那樣，錯得如此全面與徹底。然而不可思議的是，他總能從被他弄得難以收拾的殘局中，猶如脫胎換骨似的，變得更加光芒四射。興登堡究竟是如何辦到的呢？很簡單，他把所有的罪過統統推給代罪羔羊，而英雄的光環就由他自己領受。不過在這當中有一點卻是我們不能忽略的：興登堡一方面抓出了代罪羔羊，另一方面，德國輿論也配合演出。他們一個願打、一個願挨，共同描繪出皆大歡喜的圖像。

早在一八六六年，興登堡已在毛奇將軍的麾下參與過克尼格雷茨戰役。到了一九一四年第一次世界大戰爆發時，興登堡已經六十七歲，是該退休享清福的年紀，可是他反而活躍起來。上一回他實際參與戰爭已是四十多年前的事了，那是一八七〇年普法戰爭裡的色當之役，當時興登堡還是個年輕小伙子。到了一九〇三年，他終於升上將軍。不過在一戰爆發前的軍旅生涯中，興登堡一直只是個安享太平的軍官。然而似乎是時來運轉，一戰爆發後第一年的八月底，坦能堡會戰（Schlacht bei Tannenberg）中，興登堡率領德軍殲滅了俄國的部隊。一時之間，他成為德國的民族英雄，聲名大噪。不僅如此，他的勝利更被繪聲繪影地編成神話與傳奇。同年十一月，興登堡被任命為德軍東部戰線的最高統帥。後來雖然戰爭的幸運之神已逐漸不再眷顧興登堡，但是在一九一六年，興登堡仍然與埃里希・魯登道夫（Erich Ludendorff）共同獲任最高陸軍指揮的統領。在這段期間，德意志帝國總理特霍爾維格（Theobald von Bethmann Hollweg），試圖透過廢除普魯士的三級選舉制以及與左派勢力取得妥協等手段，強化帝國內部的議會民主。可惜的是，興登堡與魯登道夫主導的影子戰爭政府從中破壞，霍爾維格的改革嘗試最後也只能落得無疾而終。此外興登堡與魯登道夫為了阻撓霍爾維格追求和平的意圖，更不惜點燃無限制潛艇戰的戰火。最後，當霍爾維格要在帝國議會中讓他的改革法案強行闖關，興登堡與魯登道夫甚至拿自己的去留與霍爾維格對賭，逼迫所有人同意解除霍爾維格的總理職務。一九一七年七月，霍爾維格在這場政治角力中不幸敗北，最終只能黯然下台。

從這時起一直到戰爭結束，在這段不算長的時間裡，隨後又有三位帝國總理跟著上台又下台。帝國總理的政治領導實權可以說完全遭到了剝奪；相對地，興登堡與魯登道夫則可以說近乎為所欲為地統治著德意志帝國。他們自始至終一貫地堅持著自己的目標，非要取得「勝利的和平」不可。一直到一九一八年初，由於德軍在西線的戰事遭遇慘敗，他們才如大夢初醒，不得不見風轉舵。一九一八年九月二十九日，興登堡要求立即進行停戰協商，甚至改弦易轍，要求在德意志帝國裡落實議會政府。當時德皇威廉二世早已因為無能而不再受人民擁戴，並且逐漸淡出政治舞台。此時興登堡見戰爭大勢已去，便建議威廉二世離開柏林。威廉二世先是潛逃到設在斯帕的德軍指揮所，繼而轉往荷蘭。康拉德・阿登納（Konrad Adenauer）在日後被選為西德的首任總理，他曾於一九一七年被威廉二世任命為科隆市長，當時這座城市還屬於普魯士。一九一九年時，阿登納曾對威廉二世的逃亡痛心地批評道：「英勇作戰的」德軍將士們，「由於他們的最高領袖德皇威廉的逃亡，是如此地難辭其咎、恬不知恥，並且深具災難性」，致使他們遭受到了這至為恐怖的最後重擊。

一場無可避免的軍事災難即將降臨在德國身上，對此興登堡已了然於胸。於是他極力催促停戰協定的簽署，然而對於整個協商過程，他卻刻意保持距離，故意將這個吃力不討好的工作留給其他政治人物。在這樣的情況下，「德國中心黨」的政治人物埃爾茨貝格爾（Matthias Erzberger）只好率領德國代表團出面收拾殘局，由他們代表接受協約國開出的屈辱條件。一九一八年十一月十一日，德國由埃爾茨貝格爾代表簽下停戰協定。然而興登堡這位同意埃爾茨貝格爾簽下屈辱協定的真正幕後黑手，卻在停戰協定完成簽署的情況下，依然讓自己保持著清清白白，幸運地全身而退。不久之後，興登堡開始與極右勢力靠攏，將十一月革命塑造成他們藉以推卸責任的頭號對象，將共產黨、社會民主黨及自由派等勢力打成「十一月罪人」，並且直指這群人該為德國受盡屈辱的終戰負完全責任。可笑的是，早在革命爆發之前許久，興登堡與魯登道夫就曾對德皇威廉二世承認大勢已去，德國終將面臨敗戰的窘境。更誇張的是，在一九一八年十月二日，他們還在眾目睽睽之下，對各政黨領袖確認德國即將敗戰的事實。然而即使如此，這一切卻還是被人們選擇性遺忘。

戰後進行的和約協商過程裡，興登堡仍然不參與其中。在此期間，他又繼續擔任最高統帥，負責將德國的部隊帶回家鄉，並弭平各地發生的一些騷亂。一九一九年七月，參戰各國最終簽定凡爾賽和約，這時興登堡也跟著引退。經過多年征戰，他總算可以安享平靜的生活。不過幾個月之後，在同年的十一月十八日，國民議會的某個調查委員會傳召了興登堡，詢問他導致德國潰敗的原因究竟為何。關於這個問題，右派勢力與軍方在德國內政方面探索已久。然而事實上，早在一九一八年八月十四日，興登堡與魯登道夫便曾對德皇威廉二世承認，德國之所以會敗戰，真正原因在於德國在軍事與經濟方面的確差了別人一截。儘管如此，興登堡在調查委員會面前卻收起了先前的答案；相反地，面對詢問時他竟然編起了另外一套說詞，直指德國之所以戰敗，完全是有人在搞破壞，這些人暗中有計畫地「摧毀德國的海軍與陸軍」。興登堡引用一位英國將軍的陳述，將他的答案濃縮成一句話：「德國的軍隊讓人從背後捅了一刀。」因為這句話，也讓興登堡成為後來所謂的「刀刺在背傳說」的教父。

事實上在更早之前，一些右派的刊物上就已出現過「刀刺在背」的字眼。不過興登堡所引用的句子，其真正出處卻來自英國駐柏林軍事顧問團的領袖尼爾·馬爾柯姆爵士（**Sir Neill Malcolm**）。有一回，馬爾柯姆爵士與魯登道夫針對停戰問題交換意見。對於魯登道夫陳述的德國政府與民間的態度，他反問道：「您的意思是說，您們被人從背後捅了一刀嗎？」（**You mean that you were stabbed in the back?**）至於「刀刺在背傳說」本身的由來，或許可回溯至某位《新蘇黎世報》（*Neue Zürcher Zeitung*）的通訊記者。這位記者曾經在報紙上轉述英國將領弗雷德里克·莫里斯爵士（**Sir Frederick Maurice**）的話：「以一般眼光看來，德國軍隊所遭遇的可用這樣一句話總結：他們被德國的平民百姓從背後捅了一刀。」

興登堡始終機巧地扮演完美無瑕的將軍及坦能堡戰役的英雄；因此他的權威與聲望強化了「刀刺在背」這句話在民眾心裡的份量，更打動了德國遭逢厄運之後深受創傷的心靈。戰後的德國人拒絕接受敗戰的現實，總是懷抱強烈的信念，認為德國不必矮人一截，可以與各國平起平坐，因為德國士兵在戰場上應該是無敵的。就連在社會民主黨裡，支持這種看法的聲音也不在少數。因此在威瑪共和時期，當隸屬於社會民主黨的總統艾伯特對歸鄉士兵們說出以下這樣的話時，實在也不足為奇。艾伯特說道：「敵人並沒有把你們擊倒」，只是我們放棄了戰鬥而已。

然而，究竟為什麼人們要放棄戰鬥呢？放棄戰鬥又該是誰的過錯呢？不僅右派勢力提出這樣的問題，大部分德國民眾更想知道這個問題的答案。於是，他們將這筆帳算到了議會頭上，特別是議會中左派與自由派的勢力。當時的主流意見認為，就是因為這批人不夠支持在前線奮勇作戰的將士們，才招致德國最後必須吞下敗戰的苦果。

「刀刺在背傳說」很快地便發展成德國軍方推諉卸責的工具。這批在一九一四年極力主戰的人，借助這樣的說法把自己該負的責任推得一乾二淨。不過更糟的是，這樣的說法後來竟變成了新成立的威瑪共和難以割除的毒瘤。另一方面，凡爾賽和約不僅在精神面上帶給德國極大的羞辱，在經濟面上更讓民窮財盡的德國雪上加霜。德國國內痛恨敗戰的情緒因此不斷升高，而那些在背後捅了德軍一刀的元凶，更是人民痛恨的對象。在這樣的氛圍下，諸如「德意志國家人民黨」及「德意志國家社會主義勞工黨」等極右派勢力，大肆利用「刀刺在背傳說」，不厭其煩攻擊「十一月罪人」，在威瑪共和裡趁勢壯大自己。

在德國敗戰這整場災難中，興登堡不僅絲毫未受到任何波及，他雄偉、莊嚴的形象反倒在戰後被塑造成一種表率，完美體現德意志與普魯士的剛毅不屈。他的領袖光環與傳奇色彩，更因此變得益發無懈可擊。在這般光芒四射下，完全不需要去角逐大位，自然便有人前來黃袍加身。一九二五年，當興登堡已是位高齡七十七歲的老人，右派勢力極力敦請他出馬擔任總統。儘管當時興登堡還一直是君主制的擁護者，他仍然毫無扞格地以威瑪憲法起誓，就任威瑪共和的總統。興登堡就職後，由於基本上他還算恪遵憲法，因此傾向民主的各黨派也能夠接受他。然而他在擔任總統的期間，卻從來也不為這個搖搖欲墜、爹不疼娘不愛的共和發聲。不過，這並不是最嚴重的。這段時期裡，興登堡所犯下的最致命錯誤，莫過於在一九三三年一月任命阿道夫・希特勒為總理。如此看來，希特勒或許才是「刀刺在背傳說」最大的受益者。

61 對於不可談論的事物，我們應該保持沉默

Whereof one cannot speak, thereof one must be silent.

維根斯坦（Ludwig Wittgenstein，1889-1951）

面對維根斯坦的凝視，幾乎沒有人不會因此失去自信。這位纖細的男子頂著一頭凌亂的卷髮，經常在課堂上低頭來回踱步，時而停下來獨白，時而又沉默幾分鐘，把授課弄得像在演舞台劇一樣。他的學生們有時則會幸運地成為見證者，目睹這位老師在幾經痛苦掙扎之後，終於催生出一些新思想。在維根斯坦身上似乎看不到什麼普通、平常或是輕鬆的事。

這位不斷在自己內心進行思想角力的哲學家，有生之年卻僅出版一本關於哲學的著作。事實上，在維根斯坦還十分年輕時，便已完成了這本哲學小冊子。這本名為《邏輯哲學論叢》（*Tractatus Logico-philosophicus*）。它也讓維根斯坦躋身著名哲學家之列。除了這本書，維根斯坦還留下了許多未完的手稿以及授課筆記；在一九五三年，人們根據他遺留下來的手稿，整理出版了《哲學研究》（*Philosophische Untersuchungen*）。與其他哲學家相比，維根斯坦的作品集規

模似乎較小，不過這並不妨礙他被公認為二十世紀最偉大的哲學家之一。而維根斯坦的名言「對於不可談論的事物，我們應該保持沉默」，似乎也透露出他在著作方面的惜字如金。然而這段出自《邏輯哲學論叢》的名言，不僅是維根斯坦的思想精髓，更體現了他將邏輯、熱情與苦行三者融合為一。

維根斯坦在家裡八個兄弟姐妹中排行老么。他的父親卡爾・維根斯坦（Karl Wittgenstein）是歐洲鋼鐵工業鉅子，在奧匈帝國算是數一數二的富豪。維根斯坦的父親有些古怪，堅持將自己的小孩留在家中，教授以他自己精心為小孩量身打造的教學計畫。年少的維根斯坦就是在這種環境中長大。這麼做的結果雖然培養了維根斯坦在古典文學及人文思想的雄厚根基，但在面對一般高中或是實業學校的入學考試時，這些教育成果卻派不上用場。最後，維根斯坦好不容易擠進了位在林茨（Linz）的一間實業學校，希特勒正巧是他的同學。度過了三年不愉快的歲月後，維根斯坦未能順利考上大學，於是他黯然離開這間學校。維根斯坦從小就對機械與科技充滿高度興趣，他甚至在十歲時就製造出一台簡單的縫紉機，於是他轉往柏林尋找別的機會。在那裡，他進入了夏洛騰堡高等工業學院（Technische Hochschule Charlottenburg；即今日柏林工業大學的前身）就讀。然而維根斯坦在這裡卻也沒能撐多久，過了一段時間後，他又放棄了這裡的學業，轉往英國。這一回他則是來到了曼徹斯特，打算要在這裡攻讀航空工程空氣動力學的學位。維根斯坦先是著手研究螺旋槳與噴射科技兩者之間的關係。然而為了弄清楚這些問題，他必須先打好數學的根底。在研究數學的過程中，維根斯坦開始接觸到一些關於哲學的問題，諸如羅素以及現代邏輯學之父之一的弗雷格（Friedrich Ludwig Gottlob Frege）等人的著作，都引起維根斯坦的高度興趣。一九一二年，維根斯坦更轉往劍橋大學，拜在羅素的門下。不過不久之後，兩人便成為旗鼓相當的對話伙伴。可惜的是，維根斯坦在劍橋大學的學業又只維持了五個學期。隨後他便中斷學業，避居到挪威一間簡陋的小屋。儘管如此，維根斯坦在哲學界卻聲望日隆，就連著名的哲學家摩爾（George Edward Moore）都曾親自前往挪威登門討教，與維根斯坦一同討論邏輯學與哲學問題。

一九一四年夏天，第一次世界大戰爆發。維根斯坦聞訊之後，自願加入奧匈帝國的軍隊。起初他只參與一些文書工作，後來則自願請調到前線作戰。在南部戰線的提洛作戰時，他不幸淪為義大利俘虜。先前和平時期，在挪威的維根斯坦已經開始撰寫《邏輯哲學論叢》。後來他選擇從軍，卻仍將這本書的手稿帶在身上。現在不幸被俘，他則時時刻刻擔心這本書恐怕無法完成。另一方面，這場戰爭將維根斯坦的苦行完全攤開來；不過，他的苦行在這之前便已有跡可循。先前他是大富豪的兒子，出入總有人隨侍在側，有時更揮金如土。然而他後來放棄了這一切，將他父親的財產全都留給他的兄弟姐妹，自己卻跑去過寧靜、簡樸的生活。究竟是什麼原因讓維根斯坦有這樣的舉動？這個問題不免引起諸多揣測。宗教在維根斯坦的生命中扮演著相當重要的角色，維根斯坦的父親源自猶太家族，母親則是虔誠的羅馬公教教徒。在他母親的循循善誘下，他有時甚至想出家成為修士。此外，維根斯坦具有同性戀傾向，在某種程度上，或許出於清心寡慾的理由，讓他遁入了苦行之中。

在一戰結束的倒數幾個月裡，維根斯坦總算完成他的《邏輯哲學論叢》。在嘗試自己出版這本書失敗之後，他將這本書的手稿交給了羅素。收到手稿的羅素承諾會為他的書寫上一篇序，並且幫他轉交給一家出版社代為出版。一九二一年，維根斯坦的這本哲學小冊子在德國獲得出版，隔年英譯本也接著問世。維根斯坦確信，基本上沒有所謂「哲學」這類問題，有的只是「哲學的虛假問題」。之所以會產生這樣的問題，乃是因為我們使用語言做為溝通的媒介。一旦語言遭人誤用，我們對這世界的理解便會出現問題。然而，這樣的情況可以獲得改善。只要人們釐清語言的邏輯，便可以藉此得到清楚明白的解答。因此，對於維根斯坦而言，邏輯是所有知識的根基，同時也是所有知識的界限。對此他曾說：「我的語言的界限就是我世界的界限。」

在《邏輯哲學論叢》的前言裡，維根斯坦開宗明義地表示：「這本書將為思想劃界，或者更確切地說，它並非思想，而是思想的表達。」他接著更說：「而這樣的界限只能劃在語言裡，超出這個界限的另外一邊，就只會是毫無意義。」

維根斯坦將《邏輯哲學論叢》分成七章，這七個篇章也可看做是這本書的基本命題。維根斯坦用許多簡短有序的節次與段落堆疊出每個篇章，使整本書看來就像是大量的格言相互串聯。維根斯坦之所以這麼做，其實是為了要藉此表現出語言所蘊含的邏輯。此外，在《邏輯哲學論叢》中，他也頻繁運用了數學符號與公式語言。他顯然刻意地做了精心的安排，讓語言符合邏輯規則，因為就他看來，若要有意義地用語言描述這個世界（在《邏輯哲學論叢》的前言裡，維根斯坦曾經說：「關於那些完全可以談論的事物，且讓我們言無不盡。」），那麼語言就必須遵循一套清楚的邏輯。而諸如什麼地方語言終究會失靈、什麼地方語言無法傳遞邏輯這些問題，在《邏輯哲學論叢》的最後，維根斯坦用了這樣一句簡潔有力的話作結：「對於不可談論的事物，我們應該保持沉默。」他將這句話標上命題七，在這個命題後面再也沒有任何句子了。

「對於不可談論的事物，我們應該保持沉默。」是個相當犀利的結論。它直指哲學（特別是形上學）、宗教以及倫理學，總是在鑽研一些它們本身無法回答的問題。然而，在我們身處的世界中，能夠被回答的只有那些基於特定邏輯陳述出的各種生活現象，例如事實（Tatsache）與基本事態（Sachverhalt），這一切除了透過邏輯解釋以外，別無他法。而邏輯則又指點我們去求助自然科學。

如此看來，維根斯坦是否有意要把幸福、生命的意義、基於知覺去從事正確的行為，以及人類與這世界相互之間的衝突等問題，統統加以排除呢？完全不是這樣。在維根斯坦後來所寫的一封信中，他論及《邏輯哲學論叢》原本該有的意義，這牽涉到一個更為重要、關於倫理學的部分，只不過這部分他並未寫進書裡。基本上，他的《邏輯哲學論叢》是由兩部分構成，一部分是「現在手邊所看到的，另一部分則包含了所有我未曾寫出的」。這個未曾寫出的部分開始於他的書完成之後，可是這部分同時「從骨子裡受限」於這本書的內容。總的來說，維根斯坦的論述及他的這段名言，不僅標誌著能談論與不能談論的事物的界限，更標誌出科學與玄想的界限。

對維根斯坦而言，《邏輯哲學論叢》不僅是他將自己視為天才的證明，更代表著釐清了所有重要的哲學問題。就維根斯坦看來，欲求得一個問題的答案，要不就透過邏輯，要不就無從得出。在那些邏輯使不上力的地方，便開始了宗教與倫理學，開始了那些人們無法有意義地去談論的事物。基於這樣的想法，在維根斯坦的體系裡，哲學淪落到毫無容身之地。這時的維根斯坦躊躇滿志地表示，他已經解決掉哲學問題，於是他滿懷熱情地前往奧地利南部山區擔任小學老師。維根斯坦前往的地方叫做特拉騰巴赫（Trattenbach），這是奧地利南部偏僻地區的一個小村莊，他在這裡展開他的新工作。雖然身處寧靜的小村莊裡，維根斯坦的內心卻並未因而平靜。漸漸地，他心中的思想角力以及他對意義與明晰性追求的渴望，又慢慢地蠢動起來。他甚至開始懷疑他先前對哲學問題提出的解答是否過於簡單、武斷？到了一九二〇年代末，維根斯坦又開始投入哲學方面的研究。他不僅再次回到劍橋大學，甚至還開始反駁自己撰寫的《邏輯哲學論叢》。

在維根斯坦逝世後才出版的《哲學研究》一書中，他著手發展出另一套哲學體系。在許多方面，這套新的哲學從根本上採取了反對先前《邏輯哲學論叢》的立場。為了區別維根斯坦在思想方面的轉折，後來提出的思想被稱為維根斯坦後期（Wittgenstein II），而先前《邏輯哲學論叢》的思想則被稱為維根斯坦前期（Wittgenstein I）。在以《邏輯哲學論叢》為本的維根斯坦前期裡，邏輯佔據著中心地位；此時的維根斯坦嘗試根據邏輯，以準確的詞句描述這個世界。然而在維根斯坦後期，他則嘗試追尋存在於語言本身的意義與邏輯。在這裡，原本用來要求明晰表達基本事態的名言「對於不可談論的事物，我們則應該保持沉默」，被「語言遊戲」的概念取代。維根斯坦將遊戲的流程拿來與使用語言的流程相互對照。使用語言的人運用單詞及語句的情況，就好比下棋的人利用他們的棋子。雖然語言與遊戲都有一套規則，然而實際上若要領會使用語言時究竟描述了什麼，或是明白遊戲中各種舉措的真正用意，那麼我們非得從它們當下所處的脈絡中著手才行。對語言而言，這意味著同樣的詞語將因它們被運用的方式有所不同，而影響到它們展示出的意義。就知識方面來說，這就代表著如同詞語的使用方式會決定詞語的意義，當我們分析時，也會受到該時所處的外在環境及採取的觀點影響。

不論是維根斯坦前期所涉及到的窮究邏輯，並且將之拿來做為理解這世界的工具，還是維根斯坦後期所涉及到的語言究竟怎樣描繪出這世界，兩者最終都反映出維根斯坦的主要企圖：將哲學從被信以為真、實際上卻是錯誤的各種前提、方法與分析中解放出來。而這一切的根源，則是因為人類被羈絆在語言的缺陷裡。

維根斯坦曾經宣稱，他發展出的思想已經終結掉哲學，然而令人感到矛盾的是，他所提出的那套思想後來卻為新的哲學思潮另起爐灶。在往後的世代裡，投身研究維根斯坦作品的學者們如過江之鯽，而他的《邏輯哲學論叢》也成為了二十世紀最重要的哲學著作之一。不僅如此，維根斯坦更成為一個新哲學流派的宗師：語言哲學。

62 上帝不玩骰子

God does not play dice with the universe.

愛因斯坦（Albert Einstein，1879-1955）

愛因斯坦遇上麻煩，他的宇宙觀有了動搖。正是這個人在幾年前用他的相對論重新定義空間、時間及速度，並且顛覆人類所有的參考系。然而，現在卻輪到他自己要對自己的世界圖像提出質疑。

若您認為愛因斯坦遭遇的問題不過就是科學的本質，不過就是將自己的物理理論全盤推翻，那麼您可要失望了，因為這個問題牽扯得更多。愛因斯坦遭遇到的麻煩來自量子力學，而這個問題使他的信仰面臨被撼動的威脅。

一九〇五年，愛因斯坦提出了狹義相對論；往後十年，他又繼續以狹義相對論為本，發展廣義相對論。對當時的一般大眾而言，愛因斯坦主張的論點簡直不可思議。愛因斯坦的理論並不奠基在各種實驗，只單純透過沉思與計算，便得出了以下這樣的結論：不論在地球還是外太空，都不存在一個絕對的參考系。然而一個由規模不變的空間與時間匯集而成的參考系，是自亞里斯多德以降兩千多年來，穩定西方思想的重要基石。在牛頓的時代，亞里斯多德主張的由空間與時間組成的絕對參考系，顯然也為牛頓的萬有引力定律加以證明。除此以外，對於物體如何運動的問題，愛因斯坦也提出了不同的看法。他認為這個問題端視觀察者所處的位置，因此沒有絕對的答案。我們可以思考一下以下這個問題：究竟是鳥兒在地球上方運動，還是地球在鳥兒下方運動呢？從這個運動的相對性出發，愛因斯坦宣稱，當同時有多個引力場在相互作用，而其中又有像光如此高速的運動狀態，這時牛頓提出的定律將不再有效。在這樣的情況下，空間、時間以及光都將失去它們的「直線性」。它們自身將發生改變，處於各引力場裡的光線將發生扭曲，空間也會扭曲，而時間則會出現延伸的現象。以地球為例，可以得出這樣的結論：依照每個人處於地表高度的差異，也就是說，依照每個人處於地球引力場的不同位置，時間的進行會因而或快或慢。例如在海底，時間就會進行得比在埃佛勒斯峰還要慢。雖然這其中的誤差十分微小，但在衛星導航系統的應用方面仍要考慮到，否則將會出現傳輸錯誤資料的情況。

根據愛因斯坦的理論，舉凡空間、時間、速度與質量，都不再能看成具有絕對的量度，而應當看成在交互關係中僅具有相對的量度。一九一九年，英國的天文學家在觀察日蝕時發現，光線確實因受到太陽引力場的影響而發生了偏折，證明愛因斯坦所言不虛。

在這段時期裡，許多科學家都面臨著這樣的問題：他們發現的新知識究竟該如何與他們的宗教、信仰統一起來呢？當他們越來越靠近構成生命的基石時，同時也越來越具體地去追問：上帝到底有什麼計畫？是否真的有上帝呢？雖然愛因斯坦使得人類生存的基準點產生了搖晃，不過他個人卻毫不動搖地堅信上帝的存在。另一方面，他也堅持贊成牛頓的想法，認為空間與時間可以測度。

那麼上帝究竟是以何種方式出現？一九二九年，一位住在紐約的猶太學者曾經致電給愛因斯坦，對他提出這樣的疑問。愛因斯坦參照哲學家史賓諾莎（Baruch de Spinoza, 1632-1677）的想法為自己找到一個解答，並且以書面方式回答這個問題。愛因斯坦表示，他相信上帝在「存在的規律和諧當中顯現祂自己」，但他並不相信「一個會去干擾人類命運與行為的上帝」。

愛因斯坦設想的上帝雖然不去理會人類的祈求，可是祂會將生命的所有基礎，維持在因果關係的脈絡中。然而這樣的上帝圖像，卻面臨著一夕之間遭到瓦解的威脅。

之所以會如此，原因在於先前已經提過的量子力學。一九〇〇年，德國物理學家馬克思・普朗克（Max Planck）發現，能量的釋出並非連續性的，而是以一批批小量，即所謂「量子」，以離散方式釋出。這是一個極具震撼性的發現，因為長久以來自然的運行一直被假定為具有可以測度的連續性。若能量並非以連續、而是以離散面貌出現，那麼關於自然的運行，這時又該如何看待呢？事實上，比起愛因斯坦的相對論，這個問題更早一步撼動一直以來人們信以為真的牛頓定律。

當時在德國與丹麥，有許多科學家與思想家紛紛投入量子的研究工作，一個新的科學研究領域也於焉誕生，這個新領域被稱為量子物理學或量子力學。在這個領域中，較為重要的學者有維爾納・海森堡（Werner Heisenberg, 1901-1976）、尼爾斯・波耳（Niels Bohr, 1885-1962）、馬克思・波恩（Max Born, 1882-1970）。他們的研究最終得出了這樣的結論：原子內部的運動過程並未被預先決定，這當中受到某種偶然原則所左右。一九二六到二七年的「哥本哈根詮釋」，更進一步表明對於粒子的運動狀態，人們只能以概率的方式表達。這樣的結論不僅搖撼了人們所堅信的科學具有毫不受限的解釋能力，另一方面更對愛因斯坦的宗教信仰造成嚴重的衝擊。對於愛因斯坦而言，在自然的運行中帶有某種不確定性，而這樣的不確定性甚至使上帝的存在令人懷疑，這樣的說法他完全不能接受。

基本上，這涉及我們在日常生活中經常提出的一個問題：「到底有沒有偶然呢？」自然的運行究竟能不能準確地測度，還是我們只能以概率方式加以趨近呢？對於愛因斯坦而言，在自然的運行裡，偶然原則起著某種支配作用，這與他的概念「在大自然裡，有一種規律性的和諧，而這當中顯露出了某種優越的理性」兩者並不相合。這種偶然的運行過程，特別是與史賓諾莎所主張的所有自然事件皆已被事先決定好，兩者無法取得協調。然而愛因斯坦正是採取了與史賓諾莎相同的立場。在愛因斯坦的世界圖像裡，上帝並不是個賭徒，因此在這樣的圖像中，並不會有什麼偶然。我們之所以會稱某些事為偶然，全是因為我們對於背後真正的原因尚無法真正了解與領會。愛因斯坦的名言「上帝不玩骰子」，徹底表明了他的此一立場。不過，這句話原本的面貌並非如此。一九二六年十二月四日，愛因斯坦寫了一封信給馬克思．波恩。愛因斯坦在信中解釋道：「雖然這個理論透露給我們很多事情，它卻未能讓我們更進一步了解關於主的祕密。然而，無論如何，我總是堅持相信，祂是不玩骰子的。」

事實上，愛因斯坦對於量子力學的發展，有著決定性的貢獻。一九二一年，愛因斯坦之所以獲頒諾貝爾物理學獎，乃是因為他在量子力學方面的成就，而非因為他著名的相對論。然而即使如此，他對後來這批研究量子力學的物理學家所得出的結論完全不以為然。一直到愛因斯坦去世的那一刻，他都還堅持相信，在表面上看似無法測度的背後，最終還是隱藏著某種規律性，只不過當代科學未能將它給找出來罷了。

愛因斯坦的相對論針對外太空、宏觀宇宙，描述這個範疇裡的結構與規則；相對地，量子力學則針對細小的微觀宇宙。雖然這似乎是個不可能的任務，可是自從這兩大基石誕生以來，世界

這天是一九三三年一月三十日；當時的德國總統興登堡任命納粹首領希特勒為德國總理。這些身穿褐色制服、一邊遊行一邊高唱軍歌的人，並不隸屬國家軍隊，他們只是希特勒的黨羽。這些年來，這批人在納粹衝鋒隊的旗號下，逐漸壯大成頗具規模的打手集團。他們身著制服、紀律嚴明，在過去幾年的政爭中充當納粹前鋒，為納粹黨一步步開疆闢土。然而諷刺的是，希特勒成功的原因竟然在於承諾還給社會大眾一個安定、有秩序的社會。民眾渴望安定與秩序，是因為當時街頭充斥著恐怖的暴力活動；可是希特勒本人不正是這些恐怖暴力活動的始作俑者嗎！納粹的黨羽走在街道上，齊聲為他們的領袖慶賀。不僅德國街頭徹底落入他們手上，不久之後，這整個國家也將是他們的。利伯曼看著這些人囂張地在外頭遊行，內心不禁隱隱作噁。

他用他那柏林的口音狠狠說：「我能吃下的，遠遠不及我想吐出來的。」這是一位偉大的畫家對於希特勒奪權的評論。有意思的是，希特勒本人也曾想要成為一位畫家，只是他的畫家夢後來不幸破碎。

利伯曼與希特勒的出身背景與藝術事業發展，可以說是南轅北轍。馬克思．利伯曼出身猶太家庭，他們家在柏林開設工廠，家境十分優渥；利伯曼本人則是在一個被安排好的、備受呵護的環境中長大。長大後的利伯曼決心成為一位畫家，這項決定雖然令他的父親吃驚，但最後他還是決定放手讓兒子實現自己的願望。當時法國正因普法戰爭失利，遭受被德國佔領的羞辱。因此，法國社會中痛恨德國的情緒與日俱增。即使如此，利伯曼還是勇敢地前往巴黎習藝。他之所以選擇前往巴黎，實際上是因為他極仰慕米勒（Jean-François Millet）的藝術成就。可惜的是，米勒也對於德國人有著不良的觀感，對於「普魯士人」更是一概拒絕。儘管如此，利伯曼仍然毫不動搖，繼續留在巴黎，並且待了很長一段時間。他的畫藝在這段期間不斷提昇，最終更成為德國在印象派方面的代表人物之一。離開巴黎後，利伯曼前往慕尼黑定居，接著才返回柏林。一八九二年，利伯曼與他的家人搬進了位在巴黎廣場旁的這座宅邸。他不僅從父母那裡繼承這棟豪宅，更繼承一筆十分豐厚的財產。在德國的藝術界裡，馬克思・利伯曼成為重要的人物之一。

一九〇九年，利伯曼用他作畫的收入購進柏林梵恩湖（Wannsee）旁的一塊建地，同時維也納有一位年輕人卻正陷入窮途潦倒之地，他的畫家之夢也處於破碎的邊緣。兩年前，這位年輕人來到維也納這座城市；他也跟利伯曼一樣，懷抱著成為一位畫家的夢想。這位年輕人的名字就叫阿道夫・希特勒。希特勒的父親是一位低階的海關文職人員，經常動手痛毆希特勒，因此他的童年過得並不快樂。然而不知是幸還是不幸，在希特勒年僅十四歲時，他的父親便過世了。幾年之後，希特勒十分敬愛的母親也跟著過世。父母雙亡的希特勒一心想要進入藝術學院就讀，無奈天不從人願，幾番申請最終都遭到拒絕。與利伯曼相較，二十世紀剛開始的十年裡，利伯曼的肖像畫已經贏得大師級的聲譽，希特勒卻失敗了。他的畫作不夠勻稱，也缺乏應有的生氣。不過，希特勒也並非毫無繪畫的天分，他的作品特別是在建築物的繪畫具有一定的水準。後來希特勒自己得出了一個結論：比起畫家，他本人更適合當一位建築師。失去了父母的依靠，加上學業與事業不順利，希特勒逐漸淪落到一文不名。受貧窮所迫的希特勒，在不得已的情況下只好棲身流浪漢的收容所。諷刺的是，這個收容所卻是由一位猶太富豪所捐助的。當時希特勒居住在男性流浪漢的宿舍裡，每日以別人施捨的麵包果腹。維也納成了希特勒後來所說的「我生命中最悲慘時刻的鮮活回憶」。一九一三年，希特勒離開維也納，隨即前往慕尼黑。隔年一戰爆發，希特勒自願入伍服役，投效於德軍。在這場大戰裡，他被派往西線戰場，在一次作戰中，他不幸遭到芥子氣攻擊，造成短暫失明。

這段期間，年近六十六歲的利伯曼遷回他位在柏林的別墅，這間別墅蓋在他先前購得的梵恩湖旁的建地之上。一九一九年，利伯曼為海軍元帥蒂爾皮茨繪製了一幅肖像；蒂爾皮茨曾是打造德國海軍的主要功臣。當時許多德國籍猶太人都跟利伯曼一樣效忠德國，並且有著高度的愛國情操。成千上萬猶太人甚至積極投入戰場，為他們的祖國德國而戰。以瓦爾特・拉特瑙（Walther Rathenau）為例，他是利伯曼的表哥埃米爾・拉特瑙（Emil Rathenau）的兒子，同時也是通用電器公司（AEG）的創辦人。第一次世界大戰時，瓦爾特・拉特瑙負責軍需品部門，一直到戰爭的最後一刻，他仍大聲疾呼挽回德國敗戰的頹勢。第一次世界大戰德國落敗後，利伯曼成了威瑪共和的精神表徵之一。他的印象派風格在當時早已成為經典，許多富裕且崇尚自由的資產階級，都爭相收集他的畫作。

大戰結束之後，希特勒跟成千上萬的德軍一樣，帶著飽受創傷的身體與心靈，重新回到平民百姓的日常生活。然而前線作戰的經驗卻深深影響了他們，令他們無法回到先前的正常生活裡。在這樣的情況下，希特勒起初覺得自己像是被詛咒了的廢物一樣，完全一無是處。然而不久之後，希特勒發掘到自己真正的才華。他簡直是一位天生的演說家，輕而易舉便能將聽眾迷惑在他的演說魅力之下。藉由演說長才，希特勒先是擔任了軍隊的培訓人員，後來更進一步開始從政。希特勒的國家社會主義思想，結合了對猶太人及威瑪共和的仇恨。在一個當時還不成氣候的極右派小團體裡，希特勒為自己的思想找到了一個安身立命的地方；這個小團體後來自稱為「德意志國家社會主義勞工黨」（或稱納粹黨）。在不被公民愛戴的威瑪共和裡，這個黨派趁勢崛起，逐漸壯大成對共和最具威脅的敵人。希特勒與他的同路人極力譴責讓德國受盡屈辱的凡爾賽和約。他們承諾德國公民將挽救德國經濟，並讓德國東山再起，重新回到世界強權的行列。透過他們深具權威的形象、嚴密組織的黨機器、對付政敵毫不手軟的恐怖手段，以及各種振興經濟的措施，例如成立帝國勞動服務團作為降低失業率的處方，希特勒與他的黨羽逐漸爭取越來越多的支持者。利用經濟蕭條的局勢、民主派陣營裡難以修補的分裂，再加上總統興登堡的年邁（興登堡本人並不支持威瑪共和，與希特勒對威瑪共和的態度相比，興登堡或許比他更加討厭威瑪共和），最終興登堡被說服，同意任命德意志國家社會主義勞工黨的領袖希特勒為總理。右派保守勢力先前曾大力說服興登堡任命希特勒為總理，他們原本還天真地相信，應該可以利用聯盟的方式將希特勒羈絆住。然而，看過了這成千上百的納粹衝鋒隊招搖穿過布蘭登堡門，浩浩蕩蕩地在菩提大道（Unter den Linden）上大步行軍，大部分的人都有著這樣的預感：威瑪共和恐怕就要壽終正寢了。

不久之後，具有猶太人身份的利伯曼被下令禁止工作。一九三三年五月七日，利伯曼被迫放棄普魯士藝術學院（Preußische Akademie der Künste）榮譽校長的職位。他在引退聲明中特別點出：「我堅決認為藝術從來就與政治以及出身無關。」希特勒上台兩年後，利伯曼於巴黎廣場旁的寓所逝世。利伯曼逝世多年後，一九四二年一月二十日，他生前於柏林梵恩湖旁所建的別墅附近，一群納粹黨羽正在召開一場會議。他們於會中討論該如何組織、動員，徹底解決猶太人問題。一九四三年，在納粹迫害步步進逼之下，利伯曼的遺孀瑪爾妲（Martha Liebermann）選擇自殺。她吞下了大量安眠藥，經過一番搶救，最後仍回天乏術。幾天過後，她不幸在醫院與世長辭。

64

從清晨五點四十五分起，我們業已展開還擊

As of 5:45 clock is now firing back.

希特勒（Adolf Hitler,1889-1945）

電話響起。

從電話的另一端傳來一個男人的聲音，說道：「祖母已經死了。」接到電話的人將話筒掛上；接著，他下令部屬開始行動。

一九三九年八月的最後一天，當接獲指示的這一行人來到目的地時，天色已轉為昏暗。他們的目的地是位於德國與波蘭交界處的一棟建築物，建築物旁樹立著一座超過一百米高的天線塔。當時他們一行是五個人還是六個人，現在已無法確定。不過無論如何，剛開始時一切都還按照計畫順利地進行。發射台很快便落到了他們手裡，不過他們真正的任務在此時卻未能實行，因為現在他們顯然無法發送他們的訊號，這個站台暫時還只轉播著一個放送自布雷斯勞的廣播節目。這群人當中有一個精於廣播科技；經過一番搜索後，他們終於找到一個所謂的雷暴話筒（**Gewittermikrofon**）。這是一種特殊的話筒線路，可以在雷雨時用來宣佈放送中斷。在一切就緒後，他們中斷了原本放送的廣播節目，改發出他們的訊號。先前正在聆聽節目的德國人，這時忽然聽到收音機裡傳來一個極盡挑釁的消息，波蘭人已經佔領德國的格萊維茨電台（**Sender**

Gleiwitz）。發送訊號的人接著大聲疾呼，要求所有波蘭人群起對抗德國。從前幾週開始，在德國宣傳部長約瑟夫・戈培爾（Joseph Goebbels）精心安排下，透過報紙與廣播，已經逐漸營造出波蘭人入侵德國邊境的氛圍。這時傳來波蘭人佔領德國設在西里西亞的廣播電台的消息，無疑讓原本就已十分緊張的局勢更為雪上加霜。

一九三九年九月一日早上十點左右，德國人打開收音機便可聽到希特勒對著緊急召開的國會發表演說。經過連年鏟除政敵之後，國會只剩下一群身著褐色制服的人在開會。希特勒在演說中將自己包裝成一個救世主。他在未提出任何具體證據的情況下，大言不慚地將自己描述成歐洲和平的維護者，表明他多年來為維護歐洲秩序投注的心力。接著希特勒話鋒一轉，把矛頭指向波蘭，針對此事對德國全體軍民解釋道：「今天晚上，波蘭以他們的正規軍向我們的領土開了第一槍。從清晨五點四十五分起，我們業已展開還擊。而從現在開始，我們將一顆炸彈接著另一顆炸彈，對波蘭還以顏色。」

清晨五點四十五分？希特勒顯然報錯了時間，因為在這個時間點前一個鐘頭，原本停泊在西盤半島（Westerplatte）附近的德國海軍教練船「什列斯威荷斯坦號」（Schleswig-Holstein），早就動手砲擊波蘭的但澤港。在空中火力支援下，德國的地面部隊如入無人之境，長驅直入波蘭。戰端開啟後不到一小時，便可以明顯看出德國人發動的這一仗，並非是被人打個措手不及後所採取的必要防禦措施。相反地，這一仗根本就是德國人經年累月精心籌畫的侵略戰爭。到了九月三日，英國與法國相繼對德宣戰，第二次世界大戰就此拉開序幕。

過去幾年以來，德國一步步地逼近戰爭的邊緣。打從一九三三年一月希特勒獲任為總理後，他便與他的納粹黨羽逐步將國家大權化為囊中物。他們鏟除納粹黨以外的其他政黨，將他們的政敵與猶太人全部關進集中營，並且進一步將他們殺害。令人感到無奈的是，納粹黨徒天怒人怨的舉措，在當時德國的輿論裡竟然從未引起大規模的反對聲浪。部分的原因或許是因為在納粹黨的執政下，德國似乎再次恢復強盛，先前面對的經濟困境更獲得了明顯的改善。照這麼看來，納粹黨徒是否真的是振興經濟的專家，而希特勒本人真的是經濟政策方面的天才呢？這個問題的答案可以說是，也可以說不是。事實上，希特勒對於整體的經濟問題並沒太大興趣，那些經濟方面的統計數據只會令他哈欠連連。對他而言，能夠一下子將經濟推升至榮景的唯一方法，不外乎是孤注一擲的預算政策以及大規模的建軍。就在希特勒出任總理的第四天，他就已經與德軍將領們論及佔領「東方的生存空間」（Lebensraum im Osten）這項龐大的計畫。很快地，在歐洲各國並無強烈反彈的情況下，希特勒又令軍隊進駐萊茵河東岸；這個地區在凡爾賽和約簽訂後一直保持著不設防的狀態。此外，由希特勒下令組織的禿鷹軍團（Legion Condor），更在西班牙內戰中全力支持佛朗哥（Francisco Franco）的法西斯陣營。一九三七年，納粹德軍更在西班牙內戰中轟炸了格爾尼卡（Guernica y Luno），使得該城淪為一片廢墟。一九三六年八月，在一份祕密備忘錄中，希特勒曾下達指令，要德軍在「四年中備足發動戰爭的能力，德國的經濟也必須具有支援發動戰爭的能力。」因此說穿了，希特勒的經濟政策其實就是對於發動戰爭的準備。同一年裡，希特勒藉由柏林舉辦的奧林匹克運動會，為納粹德國做了史無前例的宣傳；這不僅迷惑了德國自己，更迷惑了全世界。

一九三八年三月，納粹德軍陳兵奧地利，希特勒又重回他一度待過的維也納。在維也納，希特勒宣告：他的故鄉將與德意志帝國「合併」。就連這樣的時刻，歐洲列強之間仍然未有稍微強烈一點的反彈。接著，希特勒把焦點轉向下一個侵略目標：捷克。他要求捷克斯洛伐克割讓蘇台德地區（Sudetenland），讓這個居住有三百多萬日爾曼人的區域回歸德國的懷抱。由於這時英國與法國極力奉行綏靖（appeasement）政策，不到最後關頭絕對不啟戰端，因此在同年九月舉行的慕尼黑會議裡，英國與法國竟然同意了納粹侵略者的這項要求。儘管英國與法國百般避免引發戰爭，這時的希特勒卻越來越迫切想要動干戈。一九三九年三月，希特勒進一步出兵併吞捷克斯洛伐克其餘的領土。即使面對德國這般強取豪奪，英法兩國依然毫無反應。繼捷克斯洛伐克後，希特勒準備將旌旗指向波蘭。他一方面託辭住在但澤市的德國人遭到波蘭人的攻擊，另一方面不厭其煩地大肆宣傳但澤市應該歸於德國，雙管齊下地為入侵波蘭預做準備。然而，在長驅直入波蘭之前，還有一塊橫在路中的大石頭得先搬開，這塊石頭就是蘇聯的史達林。此時希特勒略施巧計，以德、蘇兩國互不侵犯的條件，外帶瓜分波蘭的密約，誘使史達林與其簽訂《德蘇互不侵犯條約》。史達林雖然明知希特勒不懷好意，但為了保障蘇聯的安全，並藉此爭取將來對抗德國的空間與時間，最後也不得不吞下希特勒的誘餌。一九三九年八月二十三日，雙方簽訂《德蘇互不侵犯條約》，對希特勒來說，這時通往波蘭的路已經暢行無阻了。

在萬事具備的情況下，這個時候只要再安上一個入侵波蘭的導火線，就可以準備收割成果、就在發動戰爭前幾天，希特勒曾解釋道：「勝利者在獲勝之後，將不會被問到他先前所說的到底是真的還是假的。」希特勒將編織一條導火線的任務交給了萊因哈特．海德里希（Reinhard Heydrich）。海德里希是納粹黨黨衛隊（Schutzstaffel der NSDAP，簡稱：SS）的重要成員，地位僅次黨衛隊領袖亨利．希姆萊（Heinrich Himmler）。海德里希接獲希特勒交待的任務後，又將任務交予阿爾弗雷德．瑙約克斯（Alfred Naujocks）；瑙約克斯專門負責特殊的任務。一九三九年八月三十一日晚間，海德里希打了一通電話給瑙約克斯，海德里希在電話中說出他們之間的暗號：「祖母已經死了。」接著，整個行動便開始啟動。為了這次的行動，瑙約克斯與他的團隊事先都留了特別的鬍子，藉此讓自己看起來像當時德國人印象中的波蘭人。他們很快便佔領格萊維茨電台，而為了讓整起事件留有波蘭人入侵的鐵證，他們故意留下了一個「入侵者」的屍首。充當這具屍首的冤死鬼，是位名叫法蘭齊歐克・漢尼歐克（Franciszek Honiok）的年輕人，它是波蘭裔的西里西亞人。在事件發生的前一天，漢尼歐克遭到納粹黨衛隊的逮捕；這些納粹黨衛隊的成員們還諷刺他是「庫藏血」（Konserve）。他們給漢尼歐克施打毒藥並且補上槍傷，讓屍首看來像是在攻擊電台時被當場擊斃。我們甚至可以這麼說，漢尼歐克或許就是二戰的首位死難者。執行任務的納粹黨衛隊小組將漢尼歐克的死亡照片帶回柏林，準備藉此大作文章。然而，海德里希並不滿意這次的行動，於是負責行動的小組緊急從薩克森豪森的集中營調來了第二名「庫藏血」，將這名犧牲者佈置在電台的電器設備機房裡。

事後希特勒發表的演說，並未提到格萊維茨電台被「攻佔」。可是透過報紙與廣播的宣傳，整起事件被描繪地活靈活現：攻擊德國電台的波蘭游擊隊只不過是冰山一角，他們背後準備好入侵德國的勢力完全不容小覷。敵人都已侵門踏戶，德國這時總該可以「還擊」了吧。

具有絕對優勢的德國入侵，波蘭幾乎沒有還手的餘地。波蘭軍隊雖然奮勇抵抗，甚至出動了騎兵對付坦克車，可是仍舊不敵德國優良的軍事裝備。一九三九年九月十七日，波蘭政府被迫流亡至羅馬尼亞。另一方面，一如先前與柏林的約定，史達林的紅軍也依約開進波蘭的東部。至此，波蘭的命運已經回天乏術。留在波蘭首都華沙的軍民，歷經德軍一連串狂轟猛炸的洗禮，十天後也終於棄械投降。到了十月六日，最後一名波蘭士兵放棄了抵抗，納粹德軍對波蘭殘酷的佔領也就此展開。

是邱吉爾。一直以來，邱吉爾不斷警告世人當心希特勒，更呼籲必須採取必要的軍事措施，然而他的先見之明卻被視為妨礙和平。邱吉爾是馬爾博羅公爵約翰．邱吉爾（John Churchill, Duke of Marlborough）的後裔，十七世紀，約翰．邱吉爾曾擔任英軍總司令，並在戰場上大敗法軍，粉碎了法國國王路易十四世稱霸歐洲的夢想。祖先傑出優異，邱吉爾也不遑多讓，在英國政壇打滾幾十年，逐漸嶄露頭角。但邱吉爾的名氣其實早在踏入政壇之前便家喻戶曉。一八九九年，為了報導第二次波爾戰爭，邱吉爾以隨軍記者的身分前往南非，隨軍採訪途中，邱吉爾遭波爾人俘虜，後來憑著自己的智慧與勇氣成功逃亡。英國媒體披露了這段冒險經歷，他因而聲名大噪。之後邱吉爾把握機會當上國會議員，並在往後的政治生涯裡，陸續出任許多不同部門的大臣職位。然而一九二〇年代末期，擔任財政大臣期間，邱吉爾犯下幾個嚴重的決策錯誤，不得不退居政壇邊緣，政治生涯眼看就要走到盡頭。即便如此，邱吉爾始終十分敢言，他大聲呼籲，英國應採取強硬的外交路線，首要對付的便是甘地（Mohandas Gandhi），甘地當時正致力於印度獨立運動，要將大英帝國的勢力從印度連根拔起。一九三三年起，邱吉爾則將矛頭轉向了希特勒。但因為經濟危機重創，元氣大傷的英國無意引發對立與衝突。

直到戰爭爆發，邱吉爾才真正發光發熱。過去十年間，邱吉爾處於政壇邊陲，經常退居鄉間的別墅，栽花種草；此外，他更利用這段空檔，撰寫幾本與歷史有關的書。後來邱吉爾再度入閣，當時英國的首相是張伯倫，他本來要一肩扛起領導英國作戰的責任，但健康狀況卻開始惡化。邱吉爾時任海軍大臣，上任後積極主張應當釜底抽薪，盡快截斷納粹德國發展戰爭工業所需的原物料，邱吉爾認為，希特勒覬覦挪威的礦產資源，為了穩固源源不絕的礦產供給，必然會對斯堪地納維亞採取行動，英國必須早希特勒一步採取因應措施。內閣對此爆發強烈爭執，加上英國當時對於戰爭的準備還不夠充分，這個主張因而胎死腹中，致使一九四〇年四月英國只能眼睜睜看著挪威落入納粹德國的手中。五月十日，納粹德軍持續向荷蘭與比利時挺進，至此，在西歐進行的所謂「假戰」（Phoney War）終告落幕。對於納粹德國的侵略行動，英國與法國確實遲疑得太久了。

張伯倫時代過後，英國急需一位新任首相，帶領他們通過戰爭的考驗。人們想起有個人長期對此提出警告，現在該是請他上台的時候了。只是張伯倫原本屬意由外務大臣哈利法克斯勳爵（Lord Halifax），而非邱吉爾，但因為自己的政治影響力逐漸式微，形勢比人強，張伯倫只能接受此一結果。

一九四〇年五月十日，英國國王任命邱吉爾為英國首相；當時六十五歲的邱吉爾本該退休享清福，卻在國家風雨飄搖的時刻，找到了他一生的使命。後來邱吉爾在回憶這段歷史時寫道：「過去的我，就像完全在為這個時刻、這項挑戰預做準備。」

五月十三日，邱吉爾首次以首相的身分出席英國下議院。先前在內閣的會議中，他發表著名的「血、淚、辛勞與汗水」的宣告；這回，面對社會輿論，邱吉爾用這項宣告言簡意賅表達其執政計畫。邱吉爾明白表示，他的一切政策所繫，不外乎不計任何代價，也要帶領英國取得這場戰爭的最後勝利，他說道：「不論要付出多麼巨大的代價、飽嚐多麼恐怖的驚嚇、歷經多麼漫長的路途，一切只為了求取勝利。」

對於邱吉爾的演說，下議院的議員們像是觀賞了一場精彩的表演，給予掌聲與喝彩，但他們的內心卻未曾積極地回應，大部分議員都還是心向張伯倫。這時張伯倫卻開始幫邱吉爾說話，甚至在去世之前進入內閣，忠心輔助他的繼任者；可惜沒過多久，張伯倫的健康狀況便急速惡化，最終不幸撒手人寰。

幾個月之後，邱吉爾的這句話慢慢在人民心中發酵，他追求勝利、奮戰到底的決心逐漸受到人民的青睞。與此同時，納粹德軍在歐洲大陸的戰績又再下一城，順利佔領了法國。先前法國以為只要固守馬奇諾防線（Ligne Maginot），便可以躲在後面安享太平；卻萬萬沒料到，納粹德軍竟然迅速地攻佔原本保持中立的荷蘭與比利時，坦克部隊繞道而行，直入法國境內。

攻克法國後，躊躇滿志的希特勒更計畫進一步染指英國。一九四〇年年中，至一九四一年間，希特勒持續對英國大規模轟炸，想藉此逼迫英國就範。在邱吉爾的帶領下，英國人展現誓死頑抗到底的決心與毅力，讓向來予取予求的希特勒，首次在不列顛戰役（Battle of Britain）裡遭遇挫折。原本希特勒還研擬了「海獅計畫」（Unternehmen Seelöwe），準備先以空軍消滅英國的戰力，再派兵登陸，一舉拿下英國。不列顛戰役的失利，讓希特勒必須承認，攻佔英國並沒有他想像的容易。在這段期間，邱吉爾成功地說服了美國，獲得支持及大量物資補給。

之後，希特勒向英國提出暫時罷兵的建議，卻遭邱吉爾回絕。追求目標的毅力、毫不妥協的立場，不僅讓邱吉爾成為將歐洲從納粹德國手中解救出來的關鍵人物，更讓他在這場戰爭中徹底擊敗了希特勒。只是美國與蘇聯在戰爭中趁勢崛起，英國的影響力也相對式微。隨著戰局逐漸明朗，確定納粹德國及其盟邦落敗的同時，邱吉爾所扮演的角色也慢慢被美國這個新崛起的夥伴取而代之。

66 你們想要總體戰嗎？

Do you want total war!

約瑟夫・戈培爾（Joseph Goebbels, 1897-1945）

一九四二年年底，納粹德國的第六軍團在史達林格勒（Stalingrad）遭到包圍。獲知此一噩耗，約瑟夫・戈培爾相當震驚，他暫時壓下這個消息，不安的心情卻不禁油然而生，難道德軍真的會滅於俄國人之手？

戈培爾是一位迷惑群眾的大師，自從納粹黨人掌權以來，他便不斷運用他那惡魔般的能力催眠整個國家；然而德軍失利的消息傳來後，戈培爾強作鎮定。他曾經深信希特勒是舉世無雙的英明領導者，絕不可能犯錯；如今，這樣的信仰卻開始出現裂痕。

在邱吉爾的帶領下，英國挺過納粹德國的狂轟猛炸，並在不列顛戰役中，粉碎了希特勒佔領英國的美夢。向西發展受挫，希特勒轉而將矛頭對準蘇聯，他一聲令下，納粹德軍對蘇聯展開攻擊，準備逐步佔領俄國。這位納粹的獨裁者從來沒打算遵守一九三九年與史達林簽訂的「德蘇互不侵犯條約」，佔領俄國、消滅蘇聯，向來就是希特勒發動戰爭的目的，對希特勒來說，「德蘇互不侵犯條約」只是一項工具，讓他能在入侵波蘭、染指西歐各國時無後顧之憂。

一九四一年六月二十二日，在未經宣戰的情況下，納粹德軍以「巴巴羅薩」（Barbarossa）做為行動代號，調集北、中、南三個軍團，共三百萬士兵，以及超過三千五百輛坦克，浩浩蕩蕩開進蘇聯境內，揚言要消滅蘇聯，實現納粹「東方的生存空間」美夢。「亞利安優越民族」的意識型態，使得宰制其他種族的行為獲得正當性，對希特勒而言，這場戰爭更是「兩種世界觀的戰爭」。出發之前，德國士兵被明白地指示：「騎士精神與傳統的軍人榮譽概念，在這場戰爭中，將毫無容身之地。」此外，「納粹黨政委行政命令」甚至昭示所有部隊的司令官：遇到蘇聯的幹部，一律格殺勿論；另外更要派出特種部隊潛入敵後，進行各種謀殺與恐怖行動；並毫無例外地搜捕猶太人，將之集體殺害。

一開始，納粹德軍迅速攻陷了波羅的海諸國、烏克蘭、白俄羅斯（Belarus），勢如破竹地一路挺進莫斯科，勝利似乎是納粹德軍的囊中物，徹底擊垮紅軍是遲早的事。然而，待夏去秋來，寒冬降臨，蘇聯於此時發動反擊，使得納粹德軍不得不暫時放棄先前佔領的部分地區。一九四二年夏季，納粹德軍又再次發威，陸續有所斬獲，不僅攻陷了克里米亞（Crimea），更挺進高加索地（Caucasus）。但就在納粹德軍勝利的同時，卻也逐漸暴露出，由於希特勒無止境的野心，使得所拉長的戰線超過納粹德軍所能負擔的範圍，納粹德軍的補給出現困陷，徹底擊潰紅軍似乎遙遙無期。反觀蘇聯，在盟軍的支援下，從西伯利亞運進大量物資與裝備，史達林重新獲得抵抗納粹德軍的動能。接著，希特勒下令攻佔以其夙敵命名的城市：史達林格勒，不料卻在此罕見地遭逢巷戰的糾纏。不僅如此，史達林格勒附近特殊的地形更決定了德軍第六軍團的命運：這座城市位於窩瓦河（Volga）河道彎曲之處，有利於蘇聯軍隊進行包抄。一九四二年十一月，蘇聯軍隊成功地將納粹德軍困在史達林格勒。在指揮部「狼穴」（Wolfsschanze，位於東普魯士），希特勒陸續接到從史達林格勒傳來的壞消息，那年聖誕節前，希特勒下令受困當地的德軍，禁止他們進行突圍，要求將士不計任何代價死守史達林格勒。

德國士兵在史達林格勒飽受飢寒交迫之苦時，戈培爾卻在柏林北邊近郊的別墅歡度新年。在此之前，戈培爾一直為事業勞碌奔波，沒有喘息的時間，現在才總算可以抽空休息一下。戈培爾出生於萊茵地區一個叫萊特（Rheydt）的小城，大學時期主修哲學與文學，之後更進一步攻讀博士。由於自幼患有小兒痲痺，致使他的雙腿長短不一，因而未被徵召入伍。一戰後，戈培爾遭逢生存危機，在文學事業一無所成的情況下，他轉而鑽研戰後流行於政壇的各種意識型態。一開始，戈培爾還對共產主義寄予同情，但不久後他便傾向於保守的民族思想與法西斯主義。在面對自身的生活困境時，他將矛頭指向當時金融界製造出的危機，最後更將一切罪過歸咎於猶太人。後來戈培爾加入納粹黨，成為希特勒最忠心的支持者；而戈培爾在政治煽動方面的長才，更使他躍身成為黨內宣傳部門的領導人。一九三三年，當希特勒成功奪取政權，戈培爾跟著雞犬升天，成為「國民啟蒙暨宣傳部」部長。他深諳這方面的工作，不僅引進新的廣播與電影科技，更整合了所有媒體，同步為納粹進行宣傳。當希特勒入侵波蘭，因而點燃第二次世界大戰的戰火時，戈培爾心中的擔憂多於高興，但仍毫無保留地支持這項政策。

一九四三年元旦，戈培爾在他的日記中勉力為自己打氣；然而消息靈通如他，很快地便無法再忽視接連傳來的噩耗。所有不利的消息都直指他那英明領袖所犯的失誤，根據前線將領的報告，他們的領袖似乎在軍事領導能力上出現重大瑕疵。這該如何是好呢?對此，戈培爾得出結論，在敵人日益強大的情況下，納粹德國應當開始穩固後方實力，德意志民族必須徹底動員。在新年這天，戈培爾註記道：「最極端、最全面的戰爭才是為期最短的戰爭，它能帶來最關鍵的勝利。」對此，戈培爾希望希特勒能將執行動員計畫的重責大任託付給自己。

一月二十一日，戈培爾動身前往「狼穴」，將他構思的計畫呈交給希特勒；這份「總體戰」的計畫，將完全改變生活的各個層面。原本希特勒拒絕採納這類計畫，擔心傷及士氣，但也許是機緣巧合，就在戈培爾勸說希特勒的過程中，壞消息不斷從史達林格勒傳來，戰局似乎已經到了回天乏術的地步。最後，希特勒終於點頭同意。為了取得「最後的勝利」，希特勒下令動員全國所有人員與資源，舉凡十六至六十五歲的男性、十七至四十五歲的女性，都可能被徵召入伍。儘管希特勒同意戈培爾的提議，不過令戈培爾失望的是，希特勒竟然將執行動員的重責大任交付政府的其他部門。

一月三十一日，被圍困在史達林格勒的納粹德軍第六軍團終於束手投降。在此役中戰死、凍死或餓死的德軍官兵總計約有十五萬人，被蘇聯軍隊俘虜的，則大約有九萬一千人。納粹黨黨報《人民觀察者》（*Völkischer Beobachter*）在二月四日出刊的報紙上，用斗大的標題「他們的死換來德國的生」來總結這場戰役。即便納粹黨人極盡所能地，為此役死難將士的犧牲賦予重大意義，但深受打擊的德國民眾仍無法受到鼓舞，人們甚至感覺戰局就要徹底逆轉了。

德國接下來該走什麼樣的路呢？從同年二月十八日所發生的兩個事件中，似乎可以一窺這個問題的解答：

這一天，在慕尼黑大學的天井裡，兩名學生在護牆、樓梯間與窗台等地方散發傳單，當時正值上課時間，天井裡空無一人，卻有校工碰巧目擊他們的舉動，立刻向「蓋世太保」（Gestapo; Geheime Staatspolizei）舉報。遭逮捕的漢斯與蘇菲・索爾（Hans und Sophie Scholl）是一對兄妹，兩人都隸屬反抗團體「白玫瑰」（Die Weiße Rose），「白玫瑰」是由漢斯・索爾與他的同學亞歷山大・許墨瑞（Alexander Schmorell）共同發起，一方面基於前線作戰的經驗，另一方面則是因為聽聞太多百姓遭到納粹迫害的事。自一九四二年六月起，「白玫瑰」展開其首波反抗希特勒政權的行動：四處散發傳單、趁夜偷偷在街頭的牆壁上書寫標語。這個團體的成員還有維利・格拉夫（Willi Graf）、克里斯多福・波普斯特（Christoph Probst）以及負責撰寫傳單的庫爾特・胡伯教授（Professor Kurt Huber）等。這些傳單成了致命的鐵證，「白玫瑰」的成員及支持者後來統統遭逮捕，最終更被處決。在他們最後一批傳單中可以讀到以下句子：「倘若德國的年輕人不能起而反抗、復仇、贖罪、擊垮那些折磨他們的人，並建立一個具有嶄新精神的歐洲，那麼德意志之名終將永遠蒙羞。」傳單裡接著更寫道：「在史達林格勒壯烈犧牲的德軍將士們正懇求著我們！」

索爾兄妹被捕當天，戈培爾蒞臨了柏林體育館，在三千多名群眾面前發表演說。戈培爾向在場群眾表示，他希望「長年接受國家社會主義薰陶、培育以及訓練的德意志民族」能夠接受這樣的「事實」，並在心中銘記國家正值風雨飄搖的時刻。當時戈培爾身著淺褐色的制服，袖子上套有納粹十字的臂章。他身後掛著巨幅的標語：「總體戰——最短暫的戰爭」。他挺著纖細的身體筆直地站立，一手叉腰，另一手則時而握拳，時而比出食指，藉以吸引觀眾的注意。戈培爾解釋道，今天邀請的來賓都是道道地地的德意志民族代表，這些人包括在戰場上受傷的德軍將士、受動的前線官兵、勞工、科學家、受僱的職員、黨員，以及成千上百的德意志婦女同胞。

戈培爾說道：「我親愛的聽眾，在這一刻，你們代表了這個民族。在此，我有十個問題想要問你們，讓我、整個德意志民族、全世界，尤其是那些正在收音機旁，偷聽我們演講的敵人們聆聽你們的回答。」這十個問題中，最著名的應該是戈培爾所提出的第四個問題：「英國人宣稱，德意志民族反對政府所要採取的總體戰措施，最後不會有什麼總體戰，只會有投降。我想要問你們：你們想要總體戰嗎？」現場群眾嘶吼吶喊著：「要！」戈培爾追問：「你們真的想要這樣的一場戰爭嗎？它的全面與極端，恐怕會超過我們至今所能想像的。」這時整個演講廳充斥狂熱的支持之聲。面對戈培爾接著提出的幾個問題，現場的群眾們同樣報以熱烈的贊同。最後，戈培爾對領袖希特勒宣示效忠，結束了整場演講，他說道：「領袖有令，我們誓死跟從。」接著他更提高聲調吶喊：「同胞們，奮起吧！衝鋒吧！」

現場氣氛在這時熱到了最高點，四處歡聲雷動。演講結束後，當天的廣播節目又繼續實況轉播了將近二十分鐘，讓收音機旁的德國民眾能感受到現場群眾欲罷不能的激動心情。戈培爾堅定地表示：「我相信，在這座體育館裡，即使是在戰時，也從未有過如此的場面。」然而，就在當天晚上，戈培爾卻語帶諷刺地註記：「這是一個愚蠢的時刻。如果我當場叫這些群眾從哥倫布大廈（Columbushaus）的四樓往下跳，他們也會毫不遲疑照做。」

一九四三年二月十八日這天，「白玫瑰」的反抗運動宣告失敗，德國人隨之喪失一個擺脫戰爭的契機，即便這個機會是如此渺茫。在戈培爾的演說中，德國群眾選擇了另一條不歸路，通往一場可以預見的大災難。

戈培爾原本想在戰爭中扮演主角的希望終究落空，他不但沒有獲得新的任命，就連先前所盤算的更為積極地動員也未能實現。儘管如此，這項舉措也非毫無作用，至少深深地烙印在德國與同盟國的記憶中。之後，戰爭又持續進行了兩年。在「總體戰」的號召之下，戰事確實加速推進。一九四三年夏天，納粹德國擴大服兵役的徵召年齡，直接從訓練營徵召未滿十八歲的希特勒青年團（Hitlerjugend）成員入伍。一九四四年七月二十日，一群德國軍官密謀刺殺希特勒，顛覆納粹政權，可惜行動失敗；五天後，希特勒在交付給赫曼・戈林（Hermann Göring）的一項命令中要求：「公共生活的各個層面皆應完全配合實施總體戰的需求。」

戈培爾發表總體戰的演說後，接下來的戰事又奪走更多寶貴生命，直到戰爭結束，總計約六千多萬人犧牲，絕大部分死於希特勒入侵蘇聯所造成的戰事。此外，納粹有計畫地屠殺猶太人，男女老少，或被痛毆至死，或被槍擊，或被丟進毒氣室，計有超過六百萬猶太人因此喪生。其他的弱勢族群，諸如身心障礙者、同性戀、辛提人（Sinti）與羅姆人（Roma），以及所有不符合納粹種族意識型態的人，都被大肆追捕，慘遭殘酷殺害。

隨著戰局逆轉，同盟國的飛機能夠飛到德國的目標區，美國與英國的炸彈則接踵而至，不管德意志民族願不願意，都得面對總體戰開始侵襲德國的事實。從一九四四年秋天開始，德國境內多處陸續遭受劇烈的空襲，柏林、漢堡、科隆與德勒斯登等大城幾乎無一倖免，成千上萬的德國百姓死於這一連串的空襲。

直到戰爭結束前，戈培爾仍忠心守護在他敬愛的領袖身邊，與希特勒等一干納粹黨徒，困守在地下碉堡裡。生命倒數之際，希特勒娶其女友伊娃．布朗（Eva Braun）為妻，婚後兩天，兩人雙雙自盡。不久後，戈培爾與妻子瑪格妲（Magda Goebbels）也追隨領袖的腳步，並在自盡之前，先毒殺了自己的六名子女。

67 他人即地獄！

Hell is other people!

沙特（Jean-Paul Sartre, 1905-1980）

所以，人就該如此，孤獨地存活於這個世界。這個問題與每個人息息相關，也是沙特那年代的中心議題之一。沙特經歷過兩次世界大戰：一戰時，他還是一個小孩；第二次世界大戰時，他已經是一個大人了。一戰，法國得以抵擋德國的攻勢；二戰時，納粹德國的坦克在法國橫行無阻，壓垮了法國原有的共和，舊有的秩序轉瞬間化為烏有時，許多與沙特同時代的人不禁要問，當一個人失去了秩序與方向，孑然一身的自己究竟能做些什麼？

服役時沙特不幸淪為德軍的戰俘。那時沙特正好讀到德國哲學家馬丁・海德格的《存有與時間》（*Sein und Zeit*），後來海德格選擇向納粹靠攏。早在一九二〇年代，《存有與時間》便已在德國哲學界竄紅，如今更被公認為二十世紀最具有影響力的哲學文獻之一。在艱澀的語句中，海德格一反傳統，以全新的方式探討人類的存在、人類在這個世界上的存有問題。對海德格而言，哲學就「存有的意義」的討論顯然還不夠。在追求解答的過程中，海德格將「此在」（Dasein）本身視為獲得解答的場所。根據他的看法，人的存有包含一種事實，即他被拋擲在時間及社會裡。海德格稱之為「被拋擲性」（Geworfenheit）。藉由理解個人實際存在的有限性，人們便能體會到自己的存在意義。

海德格的思想令沙特印象深刻，他開始著手研究海德格的哲學，以期從中找出他自己對於存有問題的結論。沙特特別關注，每個人在他的存有中究竟擁有什麼樣的可能性？一九四三年，法國仍被納粹德國佔領時，受海德格啟發的沙特發表了《存有與虛無》（*L'être et le néant: esquisse d'ontologie phénoménologique*），後來成為沙特主要的理論著作。

對沙特而言，不論在何時、何地，人一旦出生便被迫生存於這個世界上；沙特認為，這樣的存有由兩個部分構成，一方面是這個人的意識（「為己之有」〔l'être pour-soi〕），另一方面則是圍繞著「我」的客觀外在世界（指「在己之有」〔l'être en-soi〕）。「在己之有」是無意識的死寂事物，永遠沒有變化，永遠是它自己；至於「為己之有」，即便人們意識到自己的存有，仍想要追尋對自己的認同，為了達到自我認同，人們必須賦予自己的存有某種形式與內涵，或是如沙特所說的：「存有先於本質。」

沙特認為，基本上人總是嘗試要彌補「為己之有」與「在己之有」之間的裂隙，因而做出各種決定，如此則意味著，人必須在一生當中不斷地做出決定（即便是決定不去做任何決定）；這種永無止境地逼迫人類做出決定的狀態，便是沙特對於存有的自由的定義。（沙特的名言：「人被判處自由。」）此外，出於害怕與無望，人想用「在己之有」充作一種近乎完美的自我認同，卻反而落入自我欺瞞的不真誠狀態。人唯有勇敢地面對他所固有的決定自由，並且擔負起這樣的自由，才能脫離自我欺瞞的狀態，回歸真誠。

憑藉這樣的哲學觀點，沙特與卡繆（Albert Camus）並列為法國存在主義（existentialisme）的代表人物。他們兩人都極有才華，能夠運用文學傳達思想，這在哲學領域算是罕見。沙特與卡繆都以創作維生，透過短篇故事、小說及劇本，傳遞思想。一九五七年，卡繆以他在文學的傲人成就獲頒諾貝爾文學獎；一九六四年，沙特亦獲此殊榮，但身為全世界知識份子的偶像，沙特拒絕了這個獎項。若從外型看來，沙特一點也不適合扮演巨星，他的身型嬌小，戴著一副厚重的眼鏡，眼鏡後面有一雙微凸且斜視的眼，厚厚的嘴唇上總是叼著一根菸，手指則因長年吸菸嚴重泛黃，此外，他更過著放蕩不羈的生活。然而正是這樣一號人物，塑造出二十世紀知識份子的形象。沙特與他的情人西蒙・波娃（Simone de Beauvoir）長年住在旅館，兩人的關係完全打破傳統，雖為戀人，卻仍保有各自與他人發展戀情的自由。這種全新的共同生活形式，後來成為許多人爭相仿傚的對象。沙特傾向支持左派團體，他曾經與法國共產黨合作，並對蘇聯寄予深深的同情。此舉導致他與卡繆的決裂。

一九四四年，沙特又撰寫了戲劇《密室》（*Huis clos*），並在同年首演。這齣戲描述：兩女一男於死後出現在一間密室裡，生前的所作所為，讓他們相信自己將會下地獄，因而等待著預示的痛苦與折磨。出乎意料之外，預期的痛苦與折磨並未發生，而他們卻漸漸成了彼此的痛苦與折磨。但因為他們已經死了，所以不能殺害對方，也不能逃出這個毫無出路的空間。最後，這位男性終於確認，他無須等待地獄，因為他已身處其中，曾經等待被地獄烈火煎熬的他總結道：「何需什麼烤架呢，他人即地獄！」

沙特用「他人即地獄」（l'enfer, c'est les autres）強調「為己之有」引起的不安。面對周遭人，每個個人的「為己之有」便會引起這樣的不安，正如劇中主角所揭露的，基於「為己之有」的觀察角度，所有的人都把別人看成是「在己之有」，也就是說不把他人看成主體，而是當成對象，致使無法認識他人。因為無法認識他人，也就無法認識自己。此外，我們以自己的眼光觀察他人的判斷（這些判斷或是真實的，或是猜想的），這些他人的判斷被我們自己拉進來，起了作用，而這種仰賴於他人的依存性，最終導致了「他人即地獄！」

對沙特來說，一個人若想真誠地活著，保持自我獨立便是他唯一的出路；如此一來，也才有可能自由地去面對他人。然而這種共同的、自由的存在狀態，唯有在其他人也同樣追求真誠的前提下，才有可能真正地達到。落實在現實生活的實踐，這種想法意味著應當給予他人自由的空間，正如同沙特與西蒙·波娃之間的微妙關係，他們或多或少成功地如此共同生活著。

《密室》的最後，這間密室突然開啟了一道門，原本受困密室一直在尋找出路的男女，面對突如其來的一道門，心中卻產生遲疑，最後竟然放棄離開，放棄去密室外追尋可能，但是不確定的自由，退聚在密室中，保留在他們的「此有」。

68

嘗試在人間建立天國，結果總是會創造出地獄

The attempt to make heaven on earth invariably produces hell.

卡爾．波普（Karl Raimund Popper, 1902-1994）

二十世紀初，歐洲遭逢兩股意識型態的侵襲：馬克思主義及法西斯主義各以自己的方式向世人應許天堂的降臨，一戰的爆發，同時為這兩者開啟成功之路。一九一七年的革命之後，列寧詮釋的馬克思主義徹底改變俄國，馬克思主義原本立意良善，想將勞工自剝削與壓迫中解放；但經列寧詮釋，卻顯露其極權的一面。在列寧的後繼者史達林的統治下，俄國發生突變，改名蘇聯，並自一九二四年起，開啟恐怖的極權統治。馬克思主義應許人人平等的天堂，使其奉行者取得掃清各種障礙的合法性，義無反顧地鏟除不肯跟隨的人。在此同時，另一個與馬克思主義相互競爭的意識型態也在西歐登場，即法西斯主義。法西斯主義與馬克思主義有許多相似之處，特別是極權統治。但法西斯主義主張的人類圖像，則與馬克思主義大相逕庭。馬克思主義主張平等；法西斯主義主張菁英。也因此法西斯主義從民族或種族間的鬥爭出發，在鬥爭中自然地汰弱留強，這樣的基調，使得法西斯主義在歐洲一些自恃甚高的民族裡開枝散葉。

在這個極端的年代裡，維也納有一位名叫卡爾．波普的年輕人，他身型嬌小，但天分與自信傲人，滿懷對馬克思想法的孺慕之情。一戰結束後，當時年僅十六歲的卡爾．波普滿腔熱血參加共產黨的勞工運動，但不久之後，一個事件徹底改變了他的政治立場：一九一九年七月，卡爾．

波普參加一場共產黨的示威遊行，親眼見到許多示威遊行者被警察毫不留情地射殺。卡爾．波普大感震驚，認為像他這樣煽動群眾的知識份子也應該要為這些人的無辜犧牲負責。然而共產黨表示，這些同志是為了即將到來的世界革命而捐出寶貴的生命。這樣的說詞讓他徹底失望。對卡爾．波普而言，為了成就共產黨的理想而任意犧牲他人的性命，根本是違背人性。從此以後，卡爾．波普便放棄了馬克思主義。

往後只要有人宣稱：某些人是特別被選出，帶領人類迎向更光明的未來，因此其所做所為都具有正當性，卡爾．波普一律嚴厲駁斥。

卡爾．波普曾在維也納大學主修哲學與心理學，於一九二八年取得博士學位；之後他投入研究方法的領域，完成了《科學發現的邏輯》（*The Logic of Scientific Discovery*），並成為現代科學理論的奠基者。一九三七年，由於在奧地利的猶太人面臨生存威脅，卡爾．波普便移居紐西蘭，並且在基督城（Christchurch）的一所大學擔任講師；隔年，他在遠處得知納粹德軍開進祖國的消息。為了探尋歐洲演變至此的原因，卡爾．波普開始著手研究，最後發表了兩巨冊的一部著作：《開放社會及其敵人》（*The Open Society and its Enemies*），這部著作後來更成為二十世紀最重要的政治哲學文獻之一。一九四二年，第二次世界大戰進行到一半時，卡爾．波普完成了本書的第一卷，隔年才又完成第二卷。

在《開放社會及其敵人》中，卡爾．波普熱情地為人類自由提出辯護。正如本書書名所示，卡爾．波普要討論的是一種源於法國哲學家亨利．柏格森（Henri Bergson）的社會模式，他稱為「開放社會」。卡爾．波普將「開放社會」理解成某種國家的組織結構，在此結構裡，不僅可以保障人民最大可能的自由，此外，不同於極權的政府形式，它更有能力不斷自我改變、不斷進行社會內部的更新，亦即保持著「開放的」狀態，特別是對人民的批評保持開放。就這點來說，卡爾．波普的思想反映出啟蒙運動的傳統：主張平等、人性尊嚴、尊重個人的差異性。

就卡爾．波普看來，所有的意識型態都是對社會的一種威脅，封閉性與神祕性，使得它們容不下任何改變與修正。最終不管是專制主義、法西斯主義，亦或是馬克思主義的變種，必然統統流向極權的國家形式。有鑒於柏拉圖、黑格爾、馬克思等人的國家理論，卡爾．波普直指他們是開放社會的敵人，也因此《開放社會及其敵人》第一卷的副標題定為「柏拉圖的符咒」，第二卷的副標題則為「預言的高潮：黑格爾、馬克思及其餘波」。

針對歷史主義（historicism）的理論，卡爾．波普提出嚴正的批評。根據歷史主義，歷史是依照某些可以被認識的流程而發生，因此預言是可能的；而不論是法西斯主義，還是馬克思主義，這些意識型態都採取這樣的歷史論調，做為規畫國家藍圖的起點。從歷史已經事先決定的角度出發，法西斯主義者順勢推導出選召性，以及某些特定種族宰制其他種族的正當性；相對地，共產主義者則導出了無可避免的無產階級革命，完成這項革命的使命則落在被檢選出來的勞工階級身上。

卡爾．波普認為，歷史的過程只能在事後進行理解，人們或許偶爾能看出一、兩項未來的發展趨勢，卻不可能像黑格爾或馬克思這類極具影響力的思想家所宣稱的，認為歷史的過程是可以預言的。根據卡爾．波普的看法，這種思想的根源可以回溯到柏拉圖所提出的菁英統治的構想。

卡爾．波普認為，柏拉圖嘗試要建立一個穩固、恆久不變的國家，在不安的時代裡尋求持久的太平，儘管這樣的動機高貴，但柏拉圖所提，由一位智慧的明君來實現此一穩固且有序的國度，其中卻隱含一種陰險的邏輯：在此一制度中，執政者遭逢困難時都可以宣稱，並不是所有公民都加入了由國家所定義的幸福概念中。但卡爾．波普認為，應當交由每個個人去決定什麼是幸福，而非如柏拉圖所主張，交給一位國家的守護者衡量。對卡爾．波普而言，共產主義的革命委員會、法西斯主義與國家社會主義的「領袖」，都是從柏拉圖的「哲學家皇帝」衍生出來。對此，在《開放社會及其敵人》的第二卷，卡爾．波普寫道：「在所有的政治理念中，希望為人民謀福利的想法，或許是最危險的，」因為「嘗試在人間建立天國，結果總是會創造出地獄。」後來這句話成了卡爾．波普最常被引用的名言。

卡爾．波普指出，在西方思想史中，伯里克利算是第一位為「開放社會」發聲的人，他的書一開始便引用以下這段話，闡釋伯里克利的思想：「雖然只有少數人有能力提出政治主張，並且加以實現，但我們所有人都有能力去判斷這些主張。」這樣的國家藍圖完全是從一個開放的、不確定的、永遠處於變動當中的秩序出發，但始終保持著民主。

如同哲學與科學，卡爾．波普認為，他在國家問題的主張一樣沒有終極確定的知識，只有向更好的解答趨近而已。為了能夠趨近更好的答案，社會必須對批評的聲音保持開放。一九四五年，卡爾．波普的《開放社會及其敵人》一書在倫敦出版，在西方，特別是英、美社會造成巨大的影響，許多政治人物都非常仰慕卡爾．波普，並表示自己的政治主張深受卡爾．波普影響，前西德總理赫爾穆特．施密特（Helmut Schmidt）便是其中一例。

69 惡的平庸性 the banality of evil

漢娜・鄂蘭（Hannah Arendt, 1906-1975）

一九六〇年五月，一個寧靜的夜裡，一群男人在布宜諾斯艾利斯市郊的公路上，綁架了一個名為李嘉圖・克萊門特（Ricardo Klement）的無國籍工廠領班，他看起來有些瘦弱，留著地中海式的禿頭，臉上戴著一副角邊眼鏡，十分不起眼。綁架者假裝車子拋錨，藉機跟準備搭公車上班的李嘉圖・克萊門特攀談，接著突然動手痛毆他，並把他拉進車裡，揚長而去。一段時間之後，這名被綁架的男子在千里之外公開露面，卻是以被告的身分，面對一場審判。

被綁架的男子本名叫做阿道夫・艾希曼（Adolf Eichmann），是前納粹黨黨衛隊所屬突擊旗隊的中校。二次大戰後，隨著納粹政權垮台，艾希曼也淪為被人搜捕的戰犯。隱姓埋名潛逃十五年後，一位曾被關進集中營的倖存者在布宜諾斯艾利斯的街頭認出了他。不久後，當時的以色列總理大衛・本古里安（David Ben-Gurion）便派出密探，將艾希曼抓回以色列。一九六一年四月十一日，耶路撒冷的地方法院正式開庭審理艾希曼的案件。

當時，全球觀眾透過電視觀賞部分審判過程：在法庭裡，艾希曼所坐的位子被防彈玻璃圍住，他面前擺著麥克風跟許多檔案，頭上戴著一副耳機，透過翻譯，讓他了解以希伯來文所進行的審判。審理案件的過程中，艾希曼顯得有些緊張，但還算據實回答，也配合整個程序的進行。一九六一年年底，審理終結後，法庭宣判處以艾希曼死刑；六個月後，一九六二年六月一日，艾希曼被絞死，骨灰被撒在離聖城很遠的地中海。

一九六三年，也就是艾希曼被處死的隔年，《紐約客》（*The New Yorker*）雜誌刊登了以「艾希曼在耶路撒冷」（Eichmann in Jerusalem）為題的系列報導，不久後，這個系列報導更以同樣的標題集結成書，作者是猶太裔的女性政治學家漢娜．鄂蘭，她於一九三三年逃離德國。

漢娜．鄂蘭出身一個資產階級、崇尚自由的家庭，她年少時根本不曉得她的猶太裔背景有著什麼樣的意涵，她曾經表示：「打出生起，我就不覺得我是猶太人。」然而，在納粹政權的步步進逼下，她開始注意到她的猶太背景。一九三三年二月二十七日晚上，位於柏林的國會大廈失火，納粹政府趁機大作文章，猶太人因而成了眾矢之的，被取消了所有的公民權利。對此，漢娜．鄂蘭曾經表示：「我感覺到了使命感。」在這之後，漢娜．鄂蘭曾被短暫監禁，不過後來她成功逃亡，經卡爾斯巴德（Karlsbad）、日內瓦，一路逃向巴黎。納粹德軍佔領法國後，一九四〇年，漢娜．鄂蘭又逃往美國。在美國居留期間，她因為替猶太人所辦的刊物《建設》（*Aufbau*）撰文，逐漸闖出名號。在這段期間，除了撰文之外，漢娜．鄂蘭也從事教職；她曾在德國學習哲學，師從胡塞爾（Edmund Husserl）、海德格以及雅斯培（Karl Jaspers）等人，甚至還曾經與海德格共譜一段戀曲。在美期間，漢娜．鄂蘭以政治理論學家的身分聞名。一九五〇年，漢娜．鄂蘭發表了她的主要著作《極權主義的起源》（*The Origins of Totalitarianism*），點出法西斯主義與史達林主義在結構方面的共同性，而她就極權主義所做的精闢分析，更奠立了她在政治理論的穩固地位。除此之外，漢娜．鄂蘭也研究政權的沒落與終結，她堅信，穩固的政權並不能基於暴力，而應該奠基在自由的社會之上，因為沒有人能佔有權力，權力只在人們自願配合的情況下才會產生，倘若欠缺權力，它也無法以暴力來取代。漢娜．鄂蘭的作品反映出她身處時代的各種衝突，例如一九五六年，在匈牙利爆發的反抗運動，最後遭蘇聯坦克鎮壓。此外，漢娜．鄂蘭也曾經評論越戰。

漢娜．鄂蘭所寫的艾希曼審判系列報導，打破了她民族及宗教同胞對於屠殺猶太人所秉持的固有觀點。在這場大屠殺中，納粹德國殘害了大約六百萬猶太人。漢娜．鄂蘭的報導對象，前納粹黨黨衛隊突擊旗隊中校艾希曼與她同年出生，自一九三九年起，便擔任帝國保安總部所屬「猶太人事務部門」的主管，負責將猶太人驅逐到猶太人區，或是關押至集中營。一九四二年一月舉辦的梵恩湖會議，針對該如何組織動員，以貫徹「解決猶太人問題的最終方案」進行熱烈的討論，當時艾希曼負責會議記錄。

漢娜．鄂蘭持續觀察這場審判達數月之久，她希望透過觀察，讓往日所遭受的創傷獲得些許療癒。為了能夠近身觀察，她說服了《紐約客》的負責人，讓她以特派記者的身份前往耶路撒冷。接著她便在《紐約客》雜誌，以「艾希曼在耶路撒冷：一個關於惡的尋常性之報導」為標題，寫了一系列文章。她的報導引起熱烈的討論，許多猶太人讀了她的報導後十分憤怒與錯愕，甚至感到非常受傷。

批評這篇報導的聲浪接踵而來，許多讀者強烈要求漢娜．鄂蘭收回她的文章。簡單歸納批評的內容，可以得出三個重點：第一，漢娜．鄂蘭強烈質疑法庭的合法性及其審判程序。她認為法庭根本就被布置成一間劇院。第二，漢娜．鄂蘭點出了，在納粹迫害猶太人的過程，歐洲各地的猶太居民委員會所扮演的角色。她質疑，在整場迫害中猶太人究竟該為自己被動地配合，負上什麼責任？她更指出某些猶太居民委員會，竟然主動與他們的壓迫者合作。第三，也是最引人爭議的便是，在一般人眼中，這位受審者明明就是一個惡貫滿盈的罪犯，可是漢娜．鄂蘭竟然用「平庸」一詞來形容他：她的報導以及後來出版的書，都以「惡的平庸性」做為副標題。對此，她在文章中有深入的討論，但此用語仍成為不滿的讀者猛烈攻擊的重點，也因為這樣，漢娜．鄂蘭的這個用語反而廣為世人所熟知。

據知，艾希曼並未親手殺死猶太人，只是詳加規畫、控管在集中營、火車調度、滅絕營等方面的種種作為，他不過坐在辦公室裡，輕輕鬆鬆地寫幾個字，便造成千千萬萬猶太人的死亡。在法庭上，這個受審的男人不像是受到仇恨所驅使、不像人面獸心的野獸、更不像嗜血成性的怪物，他看起來就是一個人，一個普普通通的人，一個你我身邊再尋常不過的人。一個平庸、尋常的男子，竟犯下如此駭人聽聞、冷血殘酷、罪惡滔天的罪行。漢娜．鄂蘭點出了惡是如何隱身在尋常中，她以「惡的平庸性」一詞，開啟關於「惡」的嶄新視野。惡，不再只是像著了魔一般，想做壞事的意圖，沒有能力去思考自己的所作所為會招致怎樣的後果，也是一種惡。

漢娜．鄂蘭曾經受邀出席由貢特．高斯（Günter Gaus）所主持的「名人專訪」（Zur Person），她在節目中表示：「我真的認為艾希曼根本是個丑角。我可以告訴各位，我看過艾希曼被捕後所做的筆錄，整整三千六百頁，我從頭到尾、仔仔細細地看完，在閱讀的過程中，我不曉得自己到底哈哈大笑了多少次！我知道這樣的反應會招來責難，可是我實在是沒辦法。」

這段陳述隱藏了一個由漢娜．鄂蘭所引爆的衝突點：她過於直率、冷眼旁觀的態度，招致許多「沒人性」的攻擊，也使得關於「惡的多面性」討論完全失焦，例如，該如何評判希特勒與史達林的惡？又該如何看待艾希曼與一般德軍官兵的惡？人們指責漢娜．鄂蘭，反而少有人關心這些問題。更糟的是，對於惡的性質的討論，最後竟流於二分法，人們提問的方式變成：究竟是尋常的惡還是獸性般的惡造成了大屠殺？不僅是不滿漢娜．鄂蘭的讀者，最後就連漢娜．鄂蘭自己，都被拉進非黑即白的思考模式中。

漢娜・鄂蘭冷靜分析後所得出的結論，讓她所屬的民族不諒解她，他們認為漢娜・鄂蘭不僅沒有對猶太民族的悲慘命運寄予同情，還反過來淡化迫害猶太人的凶手之罪過，也因此，漢娜・鄂蘭在以色列被宣告為「非人」。二〇〇〇年，即三十七年後，《艾希曼在耶路撒冷：一份關於惡的平庸性之報導》才有了希伯來文的譯本。

艾希曼代表了某一類人，他們宣稱自己受到上級命令，完全否認應負的責任，這樣的例子所在多有，有時他們完全不受意識型態左右，表現得就跟普通人一樣尋常。但在艾希曼的例子裡，他或許只能有條件地適用「惡的平庸性」這樣的說法。至於漢娜・鄂蘭，也許在審判過程中深受艾希曼表現的形象所影響，過度強調艾希曼的尋常性。事實上，艾希曼是個根正苗紅的納粹黨徒，他積極主動地將自己培養成納粹的骨幹，一步步爬上納粹黨黨衛隊的高職，並在第三帝國（Drittes Reich）的種族滅絕計畫中扮演重要的角色。對於自己的所做所為，艾希曼並不後悔，他曾在審訊中表示：「後悔是小孩才會做的事。」然而，為了保全自己，他將所有責任推給高層，宣稱自己是聽令行事，刻意淡化自己在屠殺過程中所扮演的角色，表現出尋常、無害，甚至有些奇怪的形象，迷惑了漢娜・鄂蘭。這個看似虛弱、膽小，甚至有點笨拙的傢伙，就算毫無分辨是非善惡的能力，可是歸根究柢，他終究是希特勒最忠誠的奴僕。

漢娜・鄂蘭明白她所撰寫的報導或許有不足之處，因此在《艾希曼在耶路撒冷：一份關於惡的平庸性之報導》的前言中，更加謹慎地使用了「可能的惡的平庸性」，讓本書的副標題有討論的餘地。或許漢娜・鄂蘭的論證不盡完美，卻仍有所貢獻：不僅只有像著了魔一般想做壞事的意圖是惡，沒有能力思考自己的所作所為會招致怎樣的後果，同樣也是一種惡。

自此，惡不再只是意識型態、宗教觀或是某種制度的一部分；相反地，在日常生活中、在周遭的人群裡、在並未準備好要為自己的所作所為負責的個人裡，惡，隨處可見。

當代

70 我是柏林人

Ich bin ein Berliner.

約翰・甘迺迪（John F. Kennedy, 1917-1963）

二十世紀，少有城市能像柏林一般，經常成為世界史的中心舞台。二次大戰後，身為德國前首都及最大城市的柏林被賦予特殊的地位，並如同整個德國被同盟國瓜分成四個佔領區，西半部分別由英、法、美管轄，東半部則歸蘇聯。

很快地，西方陣營與蘇聯間的差異浮上檯面。由於被四國共同佔領，再加上柏林所處的地理位置特殊（就像一座孤島，被蘇聯佔領區包圍在其中），因此這座城市成了衝突的中心，在往後的歲月裡，這場衝突更以「冷戰」（Cold War）之名延續了四十年。

在這數十年間，柏林成為許多名言描述的對象。例如一九四八年，當時的柏林市市長弗里茨・羅伊特（Fritz Reuter）高呼：「世人們，請你們關注這座城市！」羅伊特之所以會發出此語，是因為蘇聯正在封鎖西柏林。被圍困西柏林長達十一個月的民眾只能靠空投獲得補給，由美國運輸機機隊所構成的「空中之橋」（Luftbrücke），展現了西方同盟國家絕不放棄這座城市的決心，後來「空中之橋」更成為這座城市爭取自由的傳奇故事。

一九四九年，德意志民主共和國，也就是前東德宣布建國。一九六一年，東德政府下令興建圍牆，包住蘇聯佔領區，這片圍牆的其中一段會穿過柏林市中心、包圍柏林西半部，這時西柏林不僅在地理上成了一座孤島，其四周邊界更被嚴密封鎖。諷刺的是，就在興建圍牆前不久，東德領導人瓦爾特・烏布利希（Walter Ulbricht）還信誓旦旦地說：「沒有人有意興建圍牆。」

圍牆建成後，也有一些名言論及它，例如一九八七年，美國總統雷根（Ronald Reagan）訪問柏林，在被柏林圍牆半遮住的布蘭登堡門前發表演說，呼籲當時的蘇聯領導人：「戈巴契夫先生，拆除這座圍牆吧！」其中最著名的，應該算是興建柏林圍牆後兩年，前美國總統約翰．甘迺迪前往柏林訪問時所說的名言。

東德建國前幾個月，以西方同盟諸國的佔領區所組成的德意志聯邦共和國，也就是前西德已經先一步建國。前美國總統約翰．甘迺迪在陸續訪問了波昂、科隆、法蘭克福等幾個西德的城市後，於一九六三年六月二十六日來到柏林。當天，夏儂貝格市政廳（Rathaus Schöneberg）前聚集了人山人海的群眾，大約在上午九點四十分時，甘迺迪搭乘空軍一號專機抵達柏林，他在下飛機後，站上一部敞篷禮車，隨行的還有當時的西德聯邦總理康拉德．阿登納、柏林市市長威利．布蘭特（Willy Brandt）一行人繞行西柏林市區，成千上萬的民眾夾道歡呼，歡迎這位美國貴賓。

在那段時期，幾乎沒有哪位政治人物像甘迺迪一樣，被人們深深寄予實現多元社會的厚望。甘迺迪天資聰穎，善於演說，體現了樂觀主義。藉由表達自由的觀念，他的演說往往能夠帶給人們希望與願景。他的許多名言，至今還一直為人所津津樂道，例如「一個無法幫助多數窮人的自由社會，也無法拯救少數的富人。」、「不要問國家可以為你做些什麼，要問你可以為國家做些什麼。」

身為北大西洋公約組織的龍頭老大，美國總統肩負維護西歐安全的重責大任；而在美國本土，甘迺迪則為促進自由、消除種族壁壘帶來了希望。不僅是甘迺迪本人有著無窮的魅力，他的妻子賈桂琳．甘迺迪（Jacqueline Kennedy）也是當時國際間的時尚偶像。甘迺迪出身於一個愛爾蘭世家，他的父親約瑟夫．甘迺迪（Joseph Kennedy）投資股票賺了大錢，成為百萬富翁，於是便支持他的幾個兒子往政壇發展；這就像是這個家族的使命一般，要將俊美、財富與權力完美地結合。

在公開場合裡，甘迺迪總是散發年輕的生命力，但在就任美國總統前，甘迺迪早已滿身病痛，背傷尤其嚴重，只是他的病情始終隱而不宣。乘車繞行柏林市區時，甘迺迪並未站在阿登納與布蘭特的中間，反而選擇旁邊的位子，為的就是在不引人注意的情況下，讓身體能偶爾獲得支撐，藉以舒緩背部的負擔與疼痛。

當甘迺迪走上演講台時，全場群眾的熱情歡迎讓他深受感動。他準備的演講並不長，一部分是因為每講兩、三句話就要進行德文翻譯，於是他盡量濃縮演講內容。甘迺迪演說的主旨簡單明白，聚焦在東、西兩大陣營的衝突中柏林所扮演的角色。甘迺迪引言說道：「兩千多年前，最自豪的誇耀便是『我是羅馬人』。如今，在自由世界裡，最自豪的誇耀則是『我是柏林人』。」當甘迺迪以德文說出了「我是柏林人」時，全場民眾立即報以如雷的掌聲。負責口譯的人員用德文重複了這句話，對此甘迺迪打趣說道：「我很感謝口譯，他將我的德文做了更好的翻譯。」伴隨現場群眾熱烈贊同的叫好聲，甘迺迪接著指出，做為人類追求自由的典範，柏林堅強屹立，而西柏林的屹立不搖，正足以突顯共產主義制度的所有缺點，甘迺迪說道：「生活在自由的環境裡其實並不容易，而民主制度也並非完美無缺；然而我們不必修築圍牆，將我們的同胞跟我們綁在一起，阻止他們離開。」甘迺迪呼籲柏林的民眾：「將眼光遠離今日的危險，投向明日的希望。」因為，「當所有的人都獲得自由……當你們的城市再度回歸統一，當你們的國家與歐洲大陸成為這個充滿和平與希望的世界的一部分」，西柏林人就可以驕傲地表示，他們曾經勇敢地挺了過來。最後，甘迺迪總結：「所有自由的人，無論他們身在何處都是柏林的市民，因此，身為一個自由的人，我可以驕傲地說『我是柏林人』。」在群眾的歡呼聲中，甘迺迪緩緩步下演講台。

旋風式造訪柏林之後五個月，為了尋求連任，甘迺迪飛往德州的達拉斯。在這裡，他同樣搭乘敞篷車繞行市區。這部敞篷車共有三排座位，甘迺迪與夫人賈桂琳坐在最後一排，當時的德州州長與其夫人則坐在第二排。看見達拉斯民眾熱情地夾道歡呼，州長夫人回頭向甘迺迪說：「您不得不說，達拉斯愛戴您。」這時突然傳來一聲槍響，緊接著，第二聲槍響接踵而至。不久之後，遭槍擊的甘迺迪在醫院宣告死亡。幾個鐘頭後，飽受驚嚇的賈桂琳與當時的美國副總統詹森（Lyndon B. Johnson）一同登上停靠在達拉斯機場的空軍一號，詹森在總統專機的機艙裡正式宣示就任美國第三十六任總統。

今日許多歷史學家都不把甘迺迪視為真正傑出的美國總統。甘迺迪藉由「新邊界」（New Frontier）的口號，開始了他的總統任期，原本期望能在任內解決許多社會、科學、經濟、和平方面，未能獲得解答的問題，但這樣的目標最終還是停留在方興未艾的階段。當時在美國南部，種族衝突未見改善，深受黑人擁戴的甘迺迪卻巧妙避開了這個尷尬的問題。一九六一年的「豬玀灣事件」（Bay of Pigs Invasion）讓甘迺迪的任期蒙上了陰影。實際上，在艾森豪（Dwight D. Eisenhower）擔任美國總統期間，美國中央情報局便計畫培訓、武裝流亡海外的古巴籍人士，利用他們入侵古巴，推翻卡斯楚（Fidel Castro）的共產政權。甘迺迪上台後，同意施行這項行動，但此一計畫卻遭到古巴軍隊迎頭痛擊，以失敗告終。甘迺迪同樣也從艾森豪那裡接收了美國在越南的行動，他原本打算要增強美國在越南的作為，但他逝世前不久，態度卻轉趨保守。至於甘迺迪在第二任總統任期中，是否真的因為擴大軍事發展而導致越戰？這個問題也無法獲得明確的解答。一九六二年，爆發了古巴飛彈危機（Cuban Missile Crisis），當時蘇聯準備在美國本土附近的古巴島（Isla de Cuba）設置核子飛彈，此舉讓美國舉國震驚，甘迺迪同時採取了封鎖古巴、利用國際輿論對蘇聯施壓、要求談判等幾種策略，使蘇聯的領袖赫魯雪夫（Nikita Khrushchev）在這次事件上踩了煞車，此次飛彈危機有驚無險地落幕。此後，甘迺迪便開始致力於緩和東、西方兩大陣營之間的冷戰情勢。

雖然甘迺迪的總統任期內有許多招致批評之處，但他光芒四射的個人風采、體現的生活方式、所喚起的各種希望、英年早逝的悲劇收場，都提供了源源不絕的養分，使得他的傳奇至今依然魅力不減。

71 我有一個夢

I have a dream.

馬丁・路德・金恩（Martin Luther King, 1929-1968）

一九六三年八月二十八日，成千上萬的群眾和平地湧向華盛頓特區，匯集在林肯紀念堂。在這個豔陽高照的夏日裡，在這位美國前總統的紀念雕像前舉行這樣一場大遊行，可說是深具意義，就在一八六二年九月二十二日，也就是這場遊行前一百年，亞伯拉罕・林肯發表了「解放黑奴宣言」，之後他更帶領聯邦軍隊在美國內戰（一八六一至一八六五年）中獲得勝利，將數以百萬計的人們從奴役中解放。這天，被解放的奴隸後裔群聚在林肯的雕像前，要求實現一八六三年十一月十九日，林肯在「蓋茲堡演說」（Gettysburg Address）中所主張的美國是建立在人皆生而平等的信念之上。一九六三年，對大多數的非裔美國人來說，「平等」還是個遙不可及的夢想，他們多半生活在貧窮中，在美國南方，他們甚至面臨嚴重的種族隔離，不僅在學校，就連在車站、劇院或電影院等公共場所，都經常可以看到「只許白人進入」的告示。至於服公職的機會，對他們來說更是天方夜譚。

林肯逝世將近百年之後，為了爭取平等與自由，有超過二十五萬的群眾響應這場華盛頓遊行，其中有超過六萬人是白人。在林肯紀念堂前的台階上，演講者與歌手們接連上台，在一連串追求自由與和平的演說、報告與歌唱表演後，藍調女歌手瑪哈莉雅・傑克森（Mahalia Jackson）獻唱了一首福音歌曲。她的表演結束後，一位浸信會的黑人牧師隨即登台，這位來自喬治亞州、名為馬丁・路德・金恩牧師是一位民權運動領袖，而他上台的這個時刻將是他生命中最光輝的一刻。

一九五五年，因為發生在蒙哥馬利市（Montgomery）的一個事件，使得年輕的金恩牧師首次嶄露頭角。當年十二月一日，一位名叫羅莎・帕克斯（Rosa Parks）的黑人婦女，由於在公車上拒絕讓座給白人乘客，竟然遭到逮捕；事件發生後，金恩便著手組織城市的黑人，一起進行杯葛。金恩的抗議以甘地的哲學與實踐為原則，甘地曾以非暴力的反抗方式，帶領印度走向獨立。

登上演講台後，金恩牧師站在麥克風後頭，注視在場的群眾，他們沿著兩排青蔥的樹林分站成兩邊，正前方的遠處還能看到華盛頓紀念碑高聳入雲霄。演講一開頭，金恩牧師便提到了林肯：「一百年前，一位偉大的美國人簽署了『解放黑奴宣言』，今天，我們就是在他的雕像前集會。」但時至今日，平等遲遲未能實現，人們之所以群聚在此，就是為了要求兌現這張承諾自由與平等的支票。抑揚頓挫中，金恩牧師的演說交織成引人入勝的旋律，不論是在修辭或韻律方面，這場演說都堪稱大師之作，不僅令有幸在現場聆聽演說的群眾難以忘懷，及至今日，單單閱讀金恩牧師的講稿，也能讓人深受感動。這場演說有幾段話都用「我有一個夢」做為開頭，將群眾的情緒帶到最高潮，金恩牧師說道：「我有一個夢，有朝一日，在我的四個孩子所生活的國度裡，人們將不再以他們的膚色，而是以他們的品格來評價他們。今天我有一個夢……」

演說最後，金恩牧師呼籲所有人民「讓自由之聲響起」，他總結：「當我們讓自由之聲響起來，讓自由之聲從每一個大小村莊、每一個州和每一個城市響起來時，我們將能夠加速這一天的到來，屆時，上帝的所有兒女，黑人和白人，猶太教徒和非猶太教徒，新教徒和羅馬公教徒，都將手牽著手，合唱一首古老的黑人靈歌：『終於自由啦！終於自由啦！感謝全能的上帝，我們終於自由啦！』」

華盛頓遊行十分成功，以和平的方式進行，但展現出十分驚人的力量。這次遊行就算不是民權運動的最高峰，卻將民權運動帶往了高潮。當時的美國總統甘迺迪雖然對民權運動的目標寄予同情，卻仍試圖阻止這次遊行，他認為在首都華府舉行如此大規模的遊行集會，反而會給在國會裡的政敵、猶豫不決的議員藉口，不願因受壓迫而通過「民權法案」（Civil Rights Act）。但在確知遊行發起人的堅決態度後，約翰．甘迺迪便公開讚揚這次的遊行。實際上，直到一九六三年十一月甘迺迪遇刺身亡，他都無法促使國會通過「民權法案」，這項法案在經過許多政治角力與辯論、提出架構更寬廣的草案後，於一九六四年，在繼甘迺迪後就職的詹森總統任內才獲得通過。

金恩牧師的演講結束後，甘迺迪總統在白宮接見了遊行的發起人，並針對「民權法案」交換意見。問候金恩牧師時，甘迺迪現學現賣，以「I have a dream」表達這場精彩演說給他留下的深刻印象。不過甘迺迪再次察覺到，他若以總統身分強烈支持民權運動，反倒會傷及他們所做的各種努力。

反對這場遊行的人，除了保守的白種人，黑人陣營中一些採取極端立場的領袖也強烈抨擊金恩，他們認為金恩牧師過度美化種族衝突的問題，並且直指金恩牧師所主導的運動是「中產階級版」的黑人運動，麥爾坎．X（Malcolm X）甚至稱華盛頓遊行是「華盛頓鬧劇」。儘管如此，與過往的民權示威運動相比，這次遊行製造出的效果可說是空前的，對輿論及政治意見的形成，都造成十分巨大的影響，甚至一九六〇年代，或多或少地牽動世界各地的社會的發展。

一九六〇年代，儘管世界各地籠罩在冷戰的陰影中，並受到日益升高的越戰所威脅，但關於實現自由的理想，卻在世界各地發展出人類史上空前強大的力量，在這段時期，反戰運動、學生運動、婦女運動，甚至環保運動等各種運動在全球遍地開花。一九六四年，金恩獲頒諾貝爾和平獎，而他於一九六八年悲劇性的死亡，則將金恩的傳奇推到了最高峰。逝世之前，金恩經常收到生命威脅，甚至還多次遭到襲擊。一九六八年四月三日，金恩在一場演說中表示，跟其他人一樣，他也希望自己能夠活得長久，但他並不想為此擔憂，因為上帝已經帶領他登上了頂峰，顯示值得讚美的國度。就在演說隔天，金恩便不幸遭槍擊身亡。

凶手詹姆士．雷伊（James Earl Ray）是一名越獄的白種人，槍殺金恩牧師後不久，他便被逮捕，起先對犯行坦承不諱，被判處二十九年徒刑，可是後來雷伊卻改口，推翻先前的供述。一九九七年，此案件獲得了再審的機會，不過隔年雷伊便死於獄中。一九九九年年底，案件審理終結後，法庭得出具體結論，認為金恩之死並非一人所為，而是出自某個陰謀集團之手。

72 這是一個人的一小步，卻是人類的一大步

That's one small step for a man, one giant leap for mankind.

阿姆斯壯（Neil Armstrong, 1930-2012）

人類登陸月球前夕，全世界的媒體早已將登月新聞炒得沸沸揚揚，當然更不能錯過登月後第一句台詞的花絮報導。預計將說出這句台詞的人是美國太空人尼爾·阿姆斯壯，他是執行此次登月任務「阿波羅十一號」（Apollo 11）的指令長。阿姆斯壯個性沉默寡言、實事求是，他將是第一位踏上地球以外的土地的人。出發前，一次上電視接受訪問時，被問及將說出的第一句話，阿姆斯壯語帶保留地表示，他還沒有認真考慮過這個問題。

阿波羅十一號升空飛往月球途中，阿姆斯壯絞盡腦汁地構思，最後終於決定要說「這是一個人的一小步，卻是人類的一大步。」（That's one small step for a man, one giant leap for mankind）然而，一九六九年七月二十一日，當阿姆斯壯扶著登月艙的梯子緩緩而降，左腳踏上月球表面時，或許是一時興奮，他竟然含混地說了「That's one small step for man, one giant leap for mankind」，省略了「man」之前該有的冠詞「a」。阿姆斯壯事後承認他有時會漏掉個別音節，希望歷史能原諒他所犯的這個小錯誤。這個瑕不掩瑜的失誤，顯然也得到媒體記者與後來的史學

家的認同，主動為阿姆斯壯更正了這個小瑕疵。

一九六二年，阿姆斯壯被美國國家航空暨太空總署挑選為太空人。就在前一年，前美國總統甘迺迪在國會中公開宣示，往後十年裡，美國將會把美國的太空人送上月球，甘迺迪解釋道：「我們之所以做這件事，並不是因為它簡單，而是因為它困難。」當時東、西方兩大陣營正處於冷戰，雙方在各方面的競逐結果，都被詮釋成兩種不同政治體制的優勝劣敗。在美國之前，蘇聯的航太科技已經有了大幅進展，因此激發甘迺迪提出登月的目標。一九五〇年代，蘇聯便搶先美國一步，在航太科技方面取得先機。一九五七年十月，蘇聯成功地將史普尼克一號（Sputnik 1）人造衛星送上外太空，開啟航太發展的新紀元。這項成就震驚了西方世界，對西方國家來說，蘇聯在投射技術的優勢代表一種莫大的威脅，若是將投射技術應用在核子飛彈上，後果將不堪設想。基於兩種社會制度之間的鬥爭，再加上受到史普尼克一號人造衛星發射成功的刺激，美國便在隔年創立國家航空暨太空總署，即便如此，美國當時的航太科技仍遠遠落後於蘇聯。一九六一年四月十二日，蘇聯太空人尤里．加加林（Yuri Gagarin）乘坐太空船東方一號（Vostok 1），在外太空繞行地球一周，完成世界上首次載人的太空旅行，此一壯舉更突顯了美國在航太科技的大幅落後，卻也激發甘迺迪提出「登月」這個幾乎難以實現的構想。許多人都認為甘迺迪的登月構想必然會失敗，當時的運載火箭最多只能將四噸重的物體送上太空，而這只夠運送一名太空人。然而在甘迺迪的大力推動下，他的構想終於獲得了財務支持，得以展開阿波羅計畫。

阿姆斯壯曾經獲得航空工程學碩士學位，也曾以戰鬥機駕駛員的身份投入韓戰，之後，阿姆斯壯成為一位試飛員，試飛過兩百種以上不同的飛行器，除了噴射機之外，他還試飛過滑翔機、直昇機、火箭式飛機。後來，阿姆斯壯申請成為太空人，並且順利獲選。剛開始時，阿姆斯壯一直是太空任務的後補人選，直到一九六六年，才在雙子星八號（Gemini 8）的任務中，首次得到飛上外太空的機會。在這次的太空任務中，阿姆斯壯與夥伴大衛·史考特（David Scott）成功完成與事先發射到太空的阿金納對接艙（Agena target vehicle）對接的任務，這是歷史上第一次成功的軌道對接。

一九六九年七月，阿姆斯壯被任命為阿波羅十一號任務的指令長，在這次任務中，人類將首次登上地球以外的星體。七月十六日，在佛羅里達州的卡納維爾角（Cape Canaveral；當時為了紀念這項計畫的發起人，稱此處為甘迺迪角〔Cape Kennedy〕），正式點燃農神五號運載火箭（Saturn V），將阿波羅十一號太空船送往外太空；七月二十日，阿姆斯壯與綽號「巴茲」的夥伴愛德溫·艾德林（Edwin Aldrin），駕駛「鷹號」（Eagle）登月艙，成功降落在月球的寧靜海，這是由岩石構成的一大片荒野，不見任何水的蹤跡。順利降落前，登月艙的電腦顯示幾次錯誤訊息，阿姆斯壯只好改採手動方式降落。成功著陸時，阿姆斯壯興奮地對地球的指揮中心及全世界說道：「鷹號著陸成功！」

六個小時後，阿姆斯壯與艾德林打開登月艙艙門，阿姆斯壯率先踏上梯子，等了將近十五分鐘，電視實況轉播正式開始，全球數以百萬計的觀眾，都在電視機前關注這意義重大的一刻。阿姆斯壯緩緩步下梯子，以左腳踏上月球表面，並說出著名的台詞。接著，他開始描述月球表面的情況：月球表面呈粉狀，在他的鞋底黏著如粉煤灰一般的東西。阿姆斯壯下陷了幾公分，留下了相當清楚的足跡。約二十分鐘過後，艾德林尾隨而至，這兩位美國太空人，在月球表面插上美國國旗，繼而對月球表面進行大約兩個半小時的研究工作。總計兩位太空人身上的裝備，諸如太空衣、面罩、氧氣供應系統等，重量高達一百八十公斤，但由於月球的引力小於地球，所以他們在月球所感受到的裝備重量，大約只有三十公斤重，他們就像袋鼠般，在月球表面蹦蹦跳跳。結束幾項簡單的實驗、採集月球的岩石樣本後，阿姆斯壯與艾德林重返登月艙，度過這個夜晚。

登陸月球表面將近二十三個小時後，「鷹號」登月艙再度點火升空，將兩名太空人重新送回太空，經過一段時間，他們順利進入月球軌道，隨後更與另一名太空人麥可．柯林斯（Michael Collins）所留守的指令艙完成對接。三天後，他們三人一同駕駛指令艙重返地球。穿越地球的大氣層後，艙外開啟了降落傘，降低指令艙的速度，最後指令艙緩緩落在太平洋上。潛水人員幫助穿上防護衣的三名太空人登上一艘小艇，接著用直昇機將他們載往大黃蜂號航空母艦（USS Hornet CV-12）。不能確定三名太空人是否在外太空感染未知的疾病，所以將他們暫時隔離在航空母艦上。當時的美國總統尼克森（Richard Nixon）曾經親自前往慰勉三人，他們則透過隔離艙的玻璃，微笑問候前來慰問的美國總統及全球媒體。

載人太空船第一次登月成功，首度在地球以外的星體留下人類的足跡，確實是人類航太科技發展史的重要里程碑。但這些成就真正的重要性，或許要在許多世代之後才能彰顯：有朝一日，當地球再也不宜人居，人類在其他星球找到新的居住空間，人們或許可以說，早在一九六九年，人類已經為今日的發展跨出關鍵性的一步。

73 我們要更大膽地追求民主

We want to take a chance on more democracy.

威利・布蘭特（Willy Brandt, 1913-1992）

一九六九年十月二十八日，西德總理布蘭特在設於波昂的聯邦議會，發表就任的政策聲明。自二次大戰結束至冷戰時期，德國分裂成兩個國家已經整整二十年。在此期間，分裂的不僅是東德與西德，就連在西德內部也出現許多裂痕：儘管西德民眾的生活逐漸富裕，但過去二十多年來，德國始終無法擺脫挑起二次世界大戰的罪過，迫使西德民眾必須面對定位過往與自我認同等問題。而提出這些問題的，多半是年輕世代。

布蘭特在演說中，一來讚揚過去二十年間，西德的各種建設成就。再者因為他就職前幾年，各種抗議活動與騷亂不斷，布蘭特因而強調秩序的重要性，他解釋維持社會秩序的關鍵在於，社會成員受到強烈的鼓舞，使他們願意共同承擔維護社會秩序的責任。布蘭特的主張充分顯現在以下這段話：「我們要更大膽地追求民主，我們將公開我們的工作方式，為了要虛心接受各種批評，我們更要充分吸收各方資訊。」根據布蘭特的看法，「更大膽地追求民主」意味著政府應該「讓每位公民都有機會共同參與國家及社會的改革」。

一個歷史時期是從何時開始或到何時結束？這類問題總是一再引發爭執。一九六九年，布蘭特成為出任西德總理的第一位社會民主黨黨員，對當時年齡尚淺的西德來說，他的上台無疑開啟了歷史的新頁。一九四九年起，在西德首任總理阿登納的帶領下，西德迅速走出戰後的殘破景象，再度建設成一個富裕國家；繼阿登納之後，阿登納執政時期的經濟部長，擁有「經濟奇蹟」

之父美譽的路易・艾哈德（Ludwig Erhard）接任西德總理一職，不過任期相當短暫，甚至或多或少可以說有些歹運。

最後，隨著前西德總理基辛格（Kurt Georg Kiesinger）下台，德國基督教民主聯盟執政的時代也暫時畫下句點。一九六六年起，總理基辛格便與社會民主黨組成聯合內閣。當時社會民主黨是西德的第二大黨，布蘭特自一九六四年起成為該黨黨魁。兩度代表社會民主黨角逐西德總理職位的布蘭特，在與基督教民主聯盟共同組成的聯合內閣中，同時兼任副總理及外交部長的職位。透過許多改革措施，這個聯合內閣成功帶領西德走出經濟衰退的危機，與此同時，他們也積極推動「緊急狀態法」的立法，希望透過「緊急狀態法」，賦予國家在緊急狀態時應有的應變能力，藉此解除同盟諸國對於西德的佔領。西德兩大政黨聯手執政，想通過此一法案，理論上應該不難；然而也正因為兩大黨聯手執政，導致國會中的監督力量相對過小，執政黨與在野黨的國會席次比例為四四六席對五十席，比例如此懸殊，不免讓輿論擔心，萬一法案過關，將欠缺制衡的力量。由於「緊急狀態法」牽連甚廣，不僅涉及非常時期，對內派遣國軍維持秩序的問題，更涉及人民的祕密通訊自由遭取消等事關重大的層面，民眾擔心法案通過後將解消原本自由與法治的國家，更讓人回想起過去德國曾有過的「授權法案」，一九三三年時希特勒便是依據該法案建立納粹的獨裁政權。

推動「緊急狀態法」的立法過程，引發所謂的「國會外反對運動」，參與成員主要是知識份子、工會、學生。儘管「國會外反對運動」舉辦了許多大規模的集會與遊行活動，表達民眾對「緊急狀態法」的不滿，但「緊急狀態法」仍於一九六八年五月通過。事實上，「緊急狀態法」只是造成社會衝突的主題之一，高等教育政策問題、越戰、西德與納粹德國的糾葛，也都蘊藏著衝突。

一九六三年至一九六五年，法蘭克福舉行「奧斯維茨大審判」，曾在奧斯維茨集中營工作的成員一一遭到起訴，使西德民眾再度關注納粹德國過去的所作所為。過去的十多年裡，人們總是望向未來，全心投入重建德國的工作；如今，面對各種嶄新的挑戰，基於良心的沉重負擔，人們開始停下腳步，回頭審視過往。發自內心這麼做的，泰半是新世代，曾經經歷甚至參與第三帝國的崛起與沒落的老一輩，多半還是不願意面對過往。新世代的成員們迫切地想要了解，在納粹的時代裡，他們的父母親到底都做了些什麼？有著什麼樣的態度？新世代成員們提出的尖銳問題，深深刺痛了這個表裡不一的社會。這個社會看似民主、自由，但在骨子裡始終抱有一顆傳統的心靈，有著故步自封的結構，仍舊深信權威，僅給予新思想些許寬容。

當時西德的高等教育政策，針對納粹時期所做的反省明顯不足，這也是促成學生加入「國會外反對運動」的主要原因之一，學生們要求一個截然不同的高等教育政策。漢堡大學於一九六七年舉辦的一場活動是其中具有代表性的事例之一，當時所有參與者都身著華服出席活動，兩名學生站在一群教授面前，拉開一幅橫幅標語，上頭寫著「在華服底下是上千年的腐朽」。

該年秋天，「國會外反對運動」與政府之間的衝突，甚至與施普林格出版社（**Axel Springer Verlag**）的衝突都到達了最高點。一九六七年六月二日，當時的伊朗國王巴勒維（**Mohammad Rez Pahlavi**）訪問德國；在柏林，大批德國民眾上街示威遊行，抗議巴勒維這次的來訪；一群效忠巴勒維的伊朗人也不甘示弱，雙方遂爆發了衝突。在衝突的過程當中，警方強力鎮壓示威群眾，其中一位名叫本諾．歐內索格（**Benno Ohnesorg**）的德國大學生，甚至遭到便衣警察槍殺。

施普林格出版社所屬的報刊將這次衝突事件的泰半責任歸咎於學生，引來更強烈的不滿，使得暴力衝突雪上加霜。施普林格出版社承受更大的抗議聲浪，所屬辦公大樓更面臨石頭與爆裂物齊飛的窘境。事實上，西德不斷發生的暴力衝突更早之前就已經開始醞釀。一九六七年四月十一日，德國社會主義學生聯盟的主席魯迪・杜契克（Rudi Dutschke）遭攻擊而受重傷，暴力衝突的情勢便逐漸升高。到了當年秋天，德國社會主義學生聯盟為了抗議施普林格出版社，發起「沒收施普林格出版社」的活動，暴力衝突越演越烈，充滿血腥的街頭巷戰情景，宛如內戰。「國會外反對運動」陣營益發堅信，以暴力做為遂行政治目的的手段是具有正當性的。而在當時，一些恐怖團體，例如偶爾被稱為「巴德爾邁因霍夫幫」（Baader-Meinhof-Gruppe）的「赤軍旅」（Rote Armee Fraktion），則邁出了日後將鬥爭轉向地下化的第一步。

由於篇幅所限，這裡只簡單舉出幾個當時人們遭遇的問題，但事實上，人們於一九六〇年代後期遭遇的問題更為複雜，許多發展與衝突似乎都以不尋常的方式互相作用。以越戰為例，媒體大幅報導戰爭中的殘酷畫面，讓一般民眾感到十分震驚，卻也有許多年輕人與知識份子，因而崇拜起共產主義運動的領導人，例如越南的胡志明、古巴的切・格瓦拉（Che Guevara）、中國的毛澤東等，列寧與羅莎・盧森堡也成了年輕世代的偶像；追求另一種生活方式的嬉皮（Hippie）主張「花兒的力量」（Flower power），鼓吹和平反戰，卻也隨之在年輕族群中發展出毒品（藥物）文化；避孕藥的上市不僅引發性革命，更促成婦女解放，開創出了不同於傳統威權式的育嬰觀念新路線。

布蘭特的「更大膽地追求民主」或許聽起來過於莊重，但他其實試圖在所有事件與發展的背景下傳遞出一種想法：面對各種新的挑戰，一方面，我們要小心維護民主制度，讓民主制度繼續為我們的美好生活奮鬥；另一方面，國家也應該順應各種改變，與時俱進。很快地，布蘭特的執政團隊開始著手推動許多改革措施，包括將選舉權的年齡限制調降至十八歲；在教育方面，針對中、小學與高等教育進行許多改革，大學生更因此有了發言權。

對當時的年輕世代而言，布蘭特是他們希望的寄託，在他之前與之後的聯邦總理中，沒有人像他一樣，經常在公開場合裡被人直呼其名；「投給威利」幾乎成了當時許多人的口頭禪。除了親民的作風以外，布蘭特表現出的正直與尊嚴，也讓不少知識份子為之仰慕，而他真正的魅力在於，時而朝氣蓬勃，時而陰鬱憂傷的轉折。布蘭特經常被比做是德國版的甘迺迪，與甘迺迪不同的是，他時時刻刻將德國人懷有的抑鬱與悲傷放在心中。

布蘭特出生於呂貝克（Lübeck），原名為恩斯特・卡爾・弗蘭（Ernst Karl Frahm），始終不知道自己的生父是誰。為了逃離納粹政權，一九三三年，他離鄉背井來到挪威，直到二次大戰結束才回到柏林，並且成為當時西柏林市長恩斯特・羅伊特（Ernst Reuter）的左右手；一九五七年，布蘭特當上西柏林的市長；一九六一年，柏林圍牆的危機中，他以堅毅謹慎的態度，贏得來自於國內外各地的同情與支持。

就任西德總理後，布蘭特也努力嘗試與東歐共產國家溝通，一九七〇年十二月，布蘭特前往波蘭訪問，於首都華沙停留期間，曾經親訪猶太人區的起義紀念碑，上前彎腰獻花的同時，他突然自發地跪在紀念碑前，當著全世界所有人的面，展現他滿懷羞愧與痛苦的舉措，為德國人在第三帝國時期所犯下的種種惡行祈求原諒；隔年，布蘭特因為他的緩和政策而獲頒諾貝爾和平獎。在布蘭特的帶領下，兩度挑起世界大戰的德國逐漸在歷史上改頭換面。然而就在聲望如日中天之際，布蘭特卻在一九七四年因為一場間諜風波而突然宣布引退：當時東德政府派出間諜貢特・吉雍（Günter Guillaume），命令他混入西德的社會民主黨，吉雍隨後打入該黨的高層核心，甚至在布蘭特出任西德總理時擔任其幕僚；最後，吉雍的間諜身分被揭發，布蘭特因此受到波及。時至今日，我們仍然無法準確斷言，這場間諜風波到底對布蘭特當時如日中天的事業造成了多大的傷害。

積極推動民主的布蘭特對民主發展始終抱持審慎樂觀的態度，他曾說過一句俏皮話，指出他認為的民主發展的界限：「在家庭中，以投票方式決定誰才是父親，這是民主發展不能企及的地步。」

74

比賽必須繼續！

The game must go on!

艾弗里・布倫戴奇（Avery Brundage, 1887-1975）

樂團指揮庫爾特・埃德哈根（Kurt Edelhagen）在一段訪談中說道：「每分鐘敲擊一百一十四下的節奏，最能讓人放鬆，不過這還要看個人的體型以及地球的引力。」因此，在一九七二年舉辦的的慕尼黑奧運，埃德哈根便選擇這樣的節奏，譜寫開幕式時運動員進場的背景音樂。在燦爛的陽光底下，伴隨由埃德哈根所領導的樂團演奏出的輕快音樂，運動員們揮舞雙手、面帶微笑，緩緩步入體育場。這場四年一度的體育盛會，順利地揭開了序幕。曾是奧運獲獎選手、當時擔任慕尼黑奧運籌備委員會主席的威利・道姆（Willi Daume）身為東道主的代表，他歡迎所有運動員們前來慕尼黑參加此次盛會；威利・道姆表示，這將是一場「令人愉快的賽事」，德國將盡地主之誼，將德國歡樂、開放與友善的一面呈現給全世界。早在這之前，這次奧運的主競技場已經是全球媒體爭相報導的對象，其大膽的波浪式弧形拱頂設計，在當時造成了轟動，雖然造型特殊，卻一點也不突兀，完美和諧地鑲嵌在經過整體規畫的奧林匹亞公園中。相較於一九三六年的柏林奧運，德國此次展現的形象已經有了顯著的不同。當時的奧運是納粹政權用來宣揚國威的一場政治大戲。

一九七二年，慕尼黑奧運在歡天喜氣中熱鬧登場，各項比賽順利進行著，直到九月五日凌晨，賽事進入第十天時，卻發生了改變。三名在現場檢查電話線路的郵局工作人員，看到幾個身著運動服的人翻牆潛入選手村，工作人員以為這群人是晚歸的選手，因而不以為意，卻沒料到這群人竟是巴勒斯坦的恐怖份子，在他們的運動背包裡，藏有手榴彈與機槍。幾分鐘後，這群人闖入以色列選手居住的區域，一名企圖逃亡的以色列選手當場遭到槍擊，其他選手則被抓做人質。警方於幾分鐘後聞訊趕到現場。這群隸屬「黑色九月」（Black September Organization）的恐怖份子，從陽台上丟下一張紙條，上頭寫著他們的要求：釋放被以色列關押的二百三十四名巴勒斯坦恐怖份子，並由德國的恐怖份子安德烈亞斯．巴德爾（Andreas Baader）、烏莉克．邁因霍夫（Ulrike Meinhof），護送他們與人質前往某個阿拉伯國家首都。

當場遭擊斃的以色列選手被送上了救護車；另一名因槍擊受傷的以色列選手則被這群恐怖份子關在一個房間裡自生自滅。在此同時，展開首度談判的綁匪自稱艾薩（Issa），他戴著白色的帽子及太陽眼鏡，臉部故意塗黑，他拒絕幾名德國高層提出的交換條件，卻將提出的最後通牒時間，由上午九點延到中午十二點，最後更延長到下午五點。發生挾持人質的事件，奧運該怎麼辦？當天下午三點半，當時的國際奧委會主席艾弗里．布倫戴奇表示，比賽暫時不會中斷，危機處理小組將召開緊急會議。

以色列政府斷然拒絕這群恐怖份子的要求，得知這個消息後，綁匪決定帶著人質飛離德國。晚間十點過後不久，綁匪押著以色列人質，在選手村的地下停車場，搭上一輛準備好的巴士；停車場出口處，有兩架直昇機正等著他們，準備將一行人載往菲斯騰費布魯克（Fürstenfeldbruck）空軍基地，之後恐怖份子會帶著人質轉搭另一架飛機，飛出德國境外。在此同時，警方已經在空軍基地內安排好狙擊手，準備乘換機時營救人質，沒想到卻反而引發一場災難。

警方原本打算，將幾名人馬混入客機機組人員中，並在起飛前制服歹徒。可是機組人員非但不配合，甚至在直昇機飛抵菲斯騰費布魯克空軍基地之前，因為心生恐懼而逃之夭夭。不久，兩架直昇機陸續降落，分別停靠在距離客機約一百公尺外的地方。幾名恐怖份子步下直昇機，穿過飛機跑道，登上預備好的客機，卻在仔細搜查之後發現，機上全無機組人員，於是立即折返原本的直昇機。這時埋伏在機場四周的狙擊手發動射擊，兩名恐怖份子當場被射殺，其餘的恐怖份子則逃回直昇機尋求掩護。

當天夜間十點半左右，電視新聞插播最新的消息，報導指出，在這場突襲行動中，警方幾乎將所有的恐怖份子全數殲滅，人質也順利獲救；然而這場惡夢才正要開始。雙方在間歇地交火一段時間之後，接近午夜時分，一名綁匪突然跳下直昇機企圖潛逃，逃亡前，他在直昇機機艙內投擲了一枚手榴彈，這架直昇機隨即爆炸，機上所有的以色列人質無一倖免、全部罹難，這名恐怖份子也馬上遭狙擊手當場擊斃。緊接著，第二架直昇機裡的五名人質全數遭到歹徒射殺。直到凌晨一點半左右，槍戰才落幕。在整起事件中，共計有五名恐怖份子被擊斃，其餘三名遭到逮捕；而以色列代表團的選手則共有十一人喪生；此外，有一名德國警員在槍戰中殉職，另有一名直昇機駕駛員身受重傷；槍戰期間，空軍基地附近的民眾則經由廣播收到警告，必須當心可能潛逃的恐怖份子。

九月六日，國際奧委會主席布倫戴奇為兩位已故的以色列選手舉行追悼會，十多天前還熱鬧滾滾的體育場，如今在一片哀戚聲中變得死氣沉沉。自古希臘以來，奧林匹克運動會一直秉持追求和平的精神，促進各民族與國家之間的交流；如今在慕尼黑奧運中，竟發生這樁不可思議的事件，讓奧林匹克運動會掉進國際政治的漩渦，這個漩渦便是在中東地區所發生的衝突。

西元七〇年，羅馬帝國的將領提圖斯（**Titus**）率軍圍困耶路撒冷，羅馬軍隊有計畫地搗毀耶路撒冷的城牆，並在入城後摧毀猶太人的聖殿；一三五年，猶太人起義反抗羅馬帝國的統治，當時的羅馬皇帝哈德良對猶太人進行強力鎮壓，弭平動亂後，他更下令徹底剷平耶路撒冷，並將猶太人逐出巴勒斯坦；接下來近兩千年，猶太民族四散各地，歷經長時期「流散」（**diaspora**）的窘境，卻在第二次世界大戰結束後，在滅國將近兩千年後的一九四八年奇蹟般地在中東地區復國，建立以色列，也正因為這奇蹟般的復國，引爆中東地區的衝突。

十九世紀末期，在狄奧多．赫茨爾（**Theodor Herzl**）的帶領下，猶太復國運動（**Zionist movement**）拉開了序幕；當時民族主義在歐洲日益盛行，猶太人受排斥的情形越發嚴重，為了讓全世界的猶太人有一個能夠歸屬的祖國，猶太復國運動遂逐漸興起。一九一七年，當時英國的外交大臣亞瑟．貝爾福（**Arthur Balfour**），透過書信對英國的猶太人領袖表達支持的立場，隨後更在內閣會議中通過「貝爾福宣言」（**Balfour Declaration of 1917**）。貝爾福表明，在不傷害原有民族的情況下，英國願意支持猶太人在巴勒斯坦建立「民族家園」；一戰結束後，陸續有許多猶太人重返巴勒斯坦；納粹上台執政後，驅逐、迫害猶太人，使得猶太復國的議題變得更急迫；

而在數百萬猶太人慘遭納粹政權集體屠殺後，一九四七年，「聯合國大會第一百八十一號決議暨聯合國巴勒斯坦分割方案」總算催生了以色列的建國。然而就在許多猶太人得以重建家園的同時，許多巴勒斯坦人也喪失了家園，巴勒斯坦人因而完全無法接受「聯合國巴勒斯坦分割方案」。

巴勒斯坦同時是猶太教、基督教、伊斯蘭教這三大世界宗教的聖地，猶太人在這裡建立國家之後的數十年間，以色列便不斷與周邊的阿拉伯國家發生衝突，引爆大大小小的戰爭。一九四八年五月十四日，以色列宣布獨立建國，隔天，便爆發了與周邊阿拉伯國家的第一場戰爭，這場戰爭一直持續到一九四九年；當時埃及、約旦、伊拉克、黎巴嫩、敘利亞等國都試圖以武力消滅這個新建立的國家，但以色列卻挺過各國的聯手圍攻。一九五六年發生蘇伊士運河危機（Suez Crisis），以色列與阿拉伯國家又陷入第二次以阿戰爭（Second Arab-Israeli War，或稱中東戰爭）；一九六七年，第三次以阿戰爭（Third Arab-Israeli War），也就是著名的六日戰爭（Six-Day War）再度爆發。

為了爭取自己的生存權利，巴勒斯坦人成立一個政治與準軍事的組織，稱之為「巴勒斯坦解放組織」（Palestine Liberation Organization, PLO），它是巴勒斯坦解放運動的核心組織。從一九六〇年代中期起，巴勒斯坦解放組織逐漸傾向採取恐怖手段（例如恐怖攻擊或是劫機等手段），藉此吸引國際視聽，正視他們所面對的問題；一九六九年，亞西爾．阿拉法特（**Yasser Arafat, 1929-2004**）出任巴勒斯坦解放組織的主席，阿拉法特是「法塔赫」（**Fatah**；這個組織是巴勒斯坦解放組織裡最大的派別）的創始人與領袖，巴勒斯坦解放組織在他的領導之下，更加偏向極端的方向發展；而犯下慕尼黑慘案的恐怖組織「黑色九月」，可能與「法塔赫」有過緊密的聯繫。

遭逢如此慘劇，慕尼黑奧運的主辦單位該如何回應？比賽還可以繼續進行嗎？還是說，反而更應該繼續進行比賽呢？當時的國際奧委會主席是布倫戴奇，他擔任這個職位長達二十年。一九一二年，布倫戴奇參加奧運的十項運動項目，讓他從原本的普通建築商變成百萬富翁；一九二九年，布倫戴奇出任美國奧委會的主席；一九三六年，他成為國際奧委會的副主席；一九五二年，布倫戴奇更上層樓成為國際奧委會主席。然而，做為體壇的要角，布倫戴奇的形象一直備受爭議。一九三六年，布倫戴奇拒絕杯葛希特勒主導的柏林奧運；而在放寬限制，允許職業選手參賽的問題上，布倫戴奇原本傾向支持，繼而又一百八十度大轉彎，改採反對立場，堅持只允許業餘選手參賽。慕尼黑慘案發生後，布倫戴奇在追悼會上以簡短的演說回答比賽是否應該中止的問題。他在講台上對著全場滿懷悲傷的觀眾高呼：「比賽必須繼續！」布倫戴奇的決定引發許多討論，他的決定是否正確或許有待商榷，但他的決定與奧運的精神卻是一致的。一直以來，奧運便經常受到政治的干擾，由於兩次世界大戰的緣故，奧運甚至多次停辦；慕尼黑奧運開賽前，兩德代表隊還因為合法地位的問題，上演一場政治的角力賽；為了化解非洲許多國家的杯葛，主辦單位在最後一刻放棄邀請羅德西亞，也就是今日的辛巴威，當時羅德西亞的政權握在少數白種人手中，他們的種族政策引起許多非議；如今，在慕尼黑奧運開賽後，這樁冷血慘案已經直接影響奧運賽事，在這種情況下，人們再也不能夠逃避，若是以放棄理想來回應暴力，無異向暴力宣告投降。因此，比賽必須進行下去，即使所有參與者的心情都已經不同了。支持繼續賽事的人士對此也心知肚明，威利．道姆便曾就這次事件真心地表示：「他們給了我們重重的一擊。」

因，主要有二：一方面，蘇聯的經濟體制過於僵化，欠缺必要的改革措施；另一方面，蘇聯長期與西方陣營進行軍備競爭，對經濟造成沉重的負擔，尤其當時的美國總統雷根在任內大力推動軍備建設，終致東歐共產國家難望項背。戈巴契夫在出任蘇聯共產黨中央委員會總書記之前，曾經是政治局的成員，多次造訪西方國家。他明白蘇聯迫切需要大刀闊斧的改革措施，不過他想要在這些改革措施中維持共產體制；於是他採取了「開放」（Glasnost）與「重建」（Perestroika）作為改革策略的主軸。一九八六年二月，第二十七次蘇聯共產黨全國代表大會召開，正式開啟了整個改革的進程。一九八八年，戈巴契夫宣布蘇聯將揚棄布里茲涅夫主義（Brezhnev Doctrine）。在布里茲涅夫主義之下，華沙公約組織（Warsaw Pact）各成員國的主權都遭到限縮；戈巴契夫宣布放棄布里茲涅夫主義，這些成員國都可以保有完整主權，選擇他們想要走的道路。有趣的是，戈巴契夫將他提出的新政策稱為「我的路」（My Way），暗示東歐各共產主義國家將就此分道揚鑣。由於這個名稱是根據著名歌手法蘭克．辛納屈（Frank Sinatra）的名曲而來，所以戈巴契夫的這項政策又被戲稱為「辛納屈主義」（Sinatra Doctrine）；「辛納屈主義」一語最早出自於當時蘇聯的外交部發言人格納迪．格拉西莫夫（Gennadi Gerasimov），他在一次電視訪問中，脫口說了辛納屈主義。

戈巴契夫的新路線實施之後，東歐各共產國家遭逢前所未有的變局，大部分都在和平、漸進的改革浪潮中逐漸解除舊有的共產主義體制。一九八九年的五月和六月，這波幾乎是全球同步的變革達到高峰，匈牙利開始拆除設置在奧地利邊界的障礙，波蘭則選出了東歐共產國家中第一位非共產黨籍的總理，泰狄士．馬佐維耶茨基（Tadeusz Mazowiecki）。然而，在這一片變革聲當中，東德政府卻對時代潮流視而不見，依然故我。

在中國，人民對於改革的呼聲也日益增強；然而，中國政府卻祭出了鐵腕手段。一九八九年六月，在北京天安門廣場的屠殺，中共高層下令開槍掃射成千上萬的抗議群眾，甚至派出坦克部隊，無情地輾碎人民的民主夢想。對當時東歐的許多人來說，中共的強力鎮壓無疑是個明證，證明共產主義體制根本無法以和平的方式進行改革；也因此，要求全面廢除共產主義的聲浪與日俱增。

正當東德政府歡欣慶祝建國四十週年之際，成千上萬的東德人民卻設法逃離這個國家。他們不是越過邊界逃往匈牙利或捷克，便是先前往鄰近國家的西德大使館尋求庇護，藉此逃往西德。為了順應東德的這股逃亡潮，當時西德的外交部長根舍（Hans-Dietrich Genscher）同意，這些逃亡到西德大使館尋求庇護的東德難民可以搭乘火車前往西德。當這些載著東德難民的火車行經東德境內時，東德境內的許多民眾還試圖跳上火車；儘管東德警察強力制止，這樣的事情仍然層出不窮。在這段期間，東德人民以實際的行動來表達他們追求自由的決心，可以說是越來越戲劇化。東德政府高層雖然對這樣的情勢心知肚明，仍然故作鎮定。何內克甚至還以幽默的口吻批評道：「無論是公牛還是驢，都阻擋不了社會主義的前進。」一九八九年十一月十日及十一日，匈牙利將其邊境全部開放，大批東德民眾逃離了祖國；在這樣的氛圍下，匈牙利的國家領導人拜訪了東柏林。耐人尋味的是，幾年之前，在東歐所有共產國家中，匈牙利還是以嚴格的獨裁與教條著稱。

基本上，對於東歐各共產國家的領導人來說，戈巴契夫的上台無異是敲響了喪鐘；先前他們還天真地以為，政權可以就此延續下去，然而隨著發展進程，壞消息紛至沓來，特別是當越過了某個臨界點，民眾的態度便大舉轉向，整個局勢也跟著像是野火燎原，一發不可收拾。當戈巴契夫的飛機降落在柏林舍納費爾德機場，何內克走上客梯車旁迎接戈巴契夫，兩人的互動可以說是冷到極點。隨後他們一同驅車前往市區，兩人受到的待遇是徹底的兩樣情。對戈巴契夫而言，完全是一場凱旋；對何內克來說，簡直就是一場災難。民眾們夾道歡呼高喊「Gorbi, Gorbi」，呼喊戈巴契夫的聲音此起彼落、不絕於耳。

在蘇聯「老大哥」前來訪問的期間，何內克這個老頑固的處境越來越不利。十月七日，在東柏林的共和宮（Palast der Republik）裡舉行了東德建國四十週年的國慶典禮；在共和宮外頭，成千上萬的東德群眾除了吶喊著戈巴契夫的名字，更高呼：「Gorbi，幫幫我們！」「我們想要出去！」雖然當時蘇聯與東德之間的關係已經降到冰河時期，戈巴契夫仍然禮貌性地保持克制，並未對群眾做出任何回應。然而，不久之後媒體間流行起一句話，內容是說：「誰來晚了，誰就將受到生活的懲罰。」身為改革者與催促者的戈巴契夫，終於在東德民眾千呼萬喚下，為他們開示了一句簡潔有力的口號，而這正是東德人民對於戈巴契夫這次訪問東德所期待的，他們希望透過他的訪問，為東德指出一條明路，清楚地讓東德全體上下都知道，關鍵性的改革措施已經沒有選擇的餘地，墨守成規、故步自封，最後只會自取滅亡；現在，東德人民已經看到了一條明路。然而，戈巴契夫到底是在什麼場合裡說出這樣一段話呢？

在這個值得紀念的事件經過了十五年之後，二〇〇四年十月三日，烏拉．普洛克（Ulla Plog）在《星期日法蘭克福匯報》（*Frankfurter Allgemeine Sonntagszeitung*）上發表了一篇文章。針對戈巴契夫究竟是在什麼場合說出了這句名言，普洛克做了詳細的研究後，得出令人驚訝的結論。遍尋當時的聲音與影像紀錄，普洛克完全沒有發現這段話的蛛絲馬跡，最後她查到了一個線索，當年的十月六日，也就是東德政府在共和宮裡舉行國慶典禮的前一天，戈巴契夫曾經親自前往位於菩提大道旁的「新崗哨」（Neue Wache）獻花，並走向當天在場採訪的媒體記者們與他們閒話家常，這可以說是蘇聯領導人面對媒體的新作風。在一段當時錄下的影片裡，可以聽到戈巴契夫講了一段話，其中一句被口譯人員翻成：「我相信，危險只會等待著那些對生活毫無反應的人。」

後來陰錯陽差，這段錄影被收進某部製作並不嚴謹的紀錄片中；不知在何時，人們將這段錄影跟戈巴契夫下飛機時的畫面剪輯在一起，在戈巴契夫開口問候東德這個停滯不前的國家時，旁白便為這位改革者設計了這句話：「誰來晚了，誰就將受到生活的懲罰。」可能正因為如此，讓人誤以為戈巴契夫當場講出了這句名言。根據推測，比起「我相信，危險只會等待那些對生活毫無反應的人」，「誰來晚了，誰就將受到生活的懲罰」在形式與內容上都較為簡潔有力，也許是因為這樣，當初製作紀錄片的人才會移花接木地換上這句話。

這句話很快就被炒熱，甚至連戈巴契夫還在東柏林時，在接下來的訪問行程中，這句話也如影隨形。然而迄今仍找不出證據證明，戈巴契夫確實講過這樣一段話。

不過，這個謎團或許可以在某個「構思博士」（Spin Doctors）的身上找到解答。「構思博士」一詞是用來形容某些政治幕僚，他們能巧妙地構思出一些有意思的典故或用語，添加在各種發言與計畫中，在明白易懂的情況下，製造出最大的宣傳效果。在戈巴契夫這句名言裡，扮演著「構思博士」角色的人，正是先前提過的格拉西莫夫。當時的情況是這樣的，在一片冷清中，戈巴契夫在政治局裡報告了這次的東德訪問行程，幾個小時之後，格拉西莫夫召開了一場記者會，格拉西莫夫脫口說了：「誰來晚了，誰就將受到生活的懲罰。」對此，普洛克在她的文章裡記述道：「根據《芝加哥論壇報》（*Chicago Tribune*）的報導，這位蘇聯外交部的發言人說：『我相信，你們一定很想知道。』接著他便用了一句話轉述戈巴契夫對於這次與何內克會面的看法。」格拉西莫夫說道：「誰來晚了，誰就將受到生活的懲罰。」

日後，當戈巴契夫被問及，他是如何看待這句對德國影響深遠的名言？戈巴契夫回答：「這是格拉西莫夫構思出來的結論。」

仔細想想，當時媒體已經算是十分發達了，但光是這樣一句話就出現了這麼大的差錯與轉折，因此當我們在閱讀更早之前的歷史時，或許應該更加小心謹慎。

76 欣欣向榮的景象

Blossoming Landscapes

赫爾穆特・柯爾（Helmut Kohl, 1930-2017）

一九八九年十一月九日，柏林圍牆倒塌，餘波開始席捲東德，成千上萬的民眾湧上街頭，高聲吶喊要求一個新的、民主的國家。當時蘇聯的領導人戈巴契夫調整蘇聯的路線，同時也要求東歐各共產國家自己去走自己的路。因此，屬於德國社會主義統一黨（Sozialistische Einheitspartei Deutschlands）的那些東德政府高層，再也無法奢望蘇聯伸出援手。面對排山倒海的壓力，東德政治局的領導，被迫將頑固的領導人何內克給撤換掉，取而代之的是埃貢・克倫茨（**Egon Krenz**）。然而，東德瓦解似乎是難以回天，遊行群眾不僅高呼民主，更要求德國統一。一九八九年十一月二十日，在萊比錫舉行的「週一大遊行」（Montagsdemonstration），讓東德政府高層無法再對這樣的呼聲裝聾作啞。「週一大遊行」最後幾週的活動裡，原本的口號「我們是人民！」，被改成了「我們是一個民族！」。不久之後，人們更開始高唱「德國，統一的祖國」。

在那段時期裡，另一個德國，也就是西德，同樣被這樣的風潮席捲。當時的西德總理赫爾穆特・柯爾，在歷經了七年的執政之後，由德國基督教民主聯盟與德國自由民主黨（**Freie Demokratische Partei**）共同組成的內閣，此時也面臨危機。一九八二年，在德國自由民主黨與社會民主黨的聯合內閣產生分裂的情況下，德國基督教民主聯盟趁機拉攏德國自由民主黨，並且藉由不信任投票，將前西德總理赫爾穆特・施密特拉下台，在宣稱「精神上的道德轉向」中，赫爾穆特・柯爾繼任成為新的西德總理。然而，柯爾原本的改革壯志，不一會兒工夫就煙消雲散，他的執政團隊同樣失去原有的光環。雖然柯爾善於爭奪權力，也是鞏固權力的大師，可是到了一九八九年年初，他原本主張的政治目標已嚴重失焦，權力基礎也跟著動搖。二戰結束後，在辛勤工作與市場經濟的推動下，西德逐漸從殘堆瓦礫中走了出來，搖身一變成為一個富裕的國家；然而，這個持續建設福利國家如今卻走到瓶頸，要支持西德人民現有的生活水準，逐漸地造成財務上難以為繼的窘境。在這樣的情況下，西德的未來會怎樣？種種重大的挑戰需要對症下藥的解答，柯爾究竟有些什麼樣的計畫好回應這些挑戰？人們完全不曉得柯爾究竟是胸有成竹，還是根本就坐困愁城。

當時東德發生的各種事件，像是喚醒年輕的柯爾。柯爾過去曾有一個願景與理想，就在統一的歐洲當中有著一個統一的德國，但在過去幾十年的政治現實當中，這個理想如同烏托邦；然而在東歐局勢強烈改變的情況下，要實現這個舊時理想，似乎露出一線曙光。年輕時，柯爾在家鄉普法爾茨（Pfalz）十分活躍，他曾經積極鼓吹打破西德與法國的邊界，促進歐洲統一；一直以來柯爾都懷有這樣的夢想，這個曾經被認為是西歐這半邊的「部分解答」，如今似乎真有機會投射到整個歐洲。一開始，柯爾只是先試試水溫探問盟友與東歐各共產國家的口風，評估這麼做的風險。然而對於柯爾的構想，當時蘇聯的領導人戈巴契夫似乎沒有阻攔的意思，於是就在柏林圍牆倒塌三週之後，柯爾大膽讓這個倡議浮上檯面。

十月二十八日，在西德的聯邦議會裡，柯爾提出了專為兩德合作量身訂製的《十點計畫》（*Zehn-Punkte-Programm*），此舉讓柯爾成為兩德統一的先鋒。不過當時西德民眾與政治人物的態度，並未明顯傾向兩德統一。即使在東德，民眾對於兩德統一也不是無條件全盤接受。例如，十二月十一日所舉行的「週一大遊行」，雖然參與遊行的東德群眾要求德國統一，可是遊行陣中的標語也明白寫著：「不出賣東德」或是「我們不要變成西德人」。幾週過後，要求保持東德自主性，或是拒絕出賣東德，這樣的聲音倒是逐漸減弱。反觀西德這一邊，社會民主黨內部，意見還是相當分歧；黨內左翼領袖奧斯卡·拉方丹（Oskar Lafontaine）認為，兩德統一將使西德面臨龐大的財政負擔及社會風險，他警告執政黨應當放慢腳步，切勿操之過急；相反地，社會民主黨的榮譽主席威利·布蘭特傾向支持柯爾的統一路線。

一九八九年十二月十九日，柯爾與東德新任總理漢斯·莫德羅（Hans Modrow）於德勒斯登會面。在德勒斯登聖母教堂（Dresdner Frauenkirche）的廢墟前，大批東德民眾歡迎柯爾來訪。柯爾在致詞中，謹慎強調兩德統一是他的政治目標，他期待這個歷史時刻的到來，在場的東德群眾報以熱烈歡呼。

當時柯爾堅信，憑藉西德的經濟實力以及東德人民的建設決心，統一之後，很快便能將東德帶往經濟榮景。一九九〇年二月二十五日，柯爾與前美國總統布希（George Herbert Walker Bush）會面時，信心滿滿地表示，在「三到五年之內」，德東地區將會再度回歸昌盛繁榮。

一九九〇年三月，東德首次自由的國會大選前夕，各地遊行示威活動逐漸轉化為各種競選綱領。基於姐妹黨之誼，柯爾對於東德的基督教民主聯盟表達了強烈支持之意。選舉結果出爐，出人意料地，基督教民主聯盟竟然擠下了社會民主黨，在大選中意外地勝出。獲勝之後的基督教民主聯盟，由洛泰爾·德·梅基耶（Lothar de Maizière）出任東德總理，他所領導的內閣很快將兩德統一設定為首要目標。同年五月，兩德進一步結合成一個貨幣、經濟與社會聯盟；五月十八日，柯爾針對兩德簽署這項條約發表了一項聲明，他表示：「我想對於居住在東德的人民呼喊：社會市場經濟的實施，將提供您們所有機會；是的，我可以很有信心地說：我保證，梅克倫堡（Mecklenburg）、前波美拉尼亞（Vorpommern）、薩克森—安哈特（Sachsen-Anhalt）、布蘭登堡、薩克森，以及圖林根等邦，在不久的將來必定會呈現出一片欣欣向榮的景象，這些地方必然值得每個人在那裡生活與打拚。」

在這段期間，柯爾經常使用「欣欣向榮的景象」來作文章，他一再信誓旦旦地到處宣講，在許多公開場合中，他不斷運用這個由信仰與承諾交織而成的口頭禪。一九九〇年六月二十一日，在西德的聯邦議會裡，國會議員就兩德簽訂的國家條約（Staatsvertrag）進行辯論；柯爾當場表示：「現在，這個國家條約提供一個機會，梅克倫堡、前波美拉尼亞、薩克森—安哈特、圖林根、布蘭登堡，以及薩克森等邦，在不久的未來，將呈現出一片欣欣向榮的景象。」七月一日，兩德之間的貨幣、經濟與社會聯盟正式生效，柯爾又在一場電視演說中表示：「生活在東德的德國同胞，正如德·梅基耶總理曾經對您強調的，在此，我也可以對您說：沒有人的處境會因此變糟，相反地，所有人的處境只會變得更好。唯有實行貨幣、經濟與社會聯盟，才能夠保證您的生活條件迅速、徹底地獲得改善。在我們共同攜手努力之下，梅克倫堡、前波美拉尼亞、薩克森—安哈特、布蘭登堡、薩克森，以及圖林根等邦，在不久的將來將再度呈現出一片欣欣向榮的景象，而這些地方也定然值得各位在那裡生活與打拚。」

「沒有人的處境會因此變糟，相反地，所有人的處境只會變得更好」以及「欣欣向榮的景象」這兩句話雖然柯爾說得動聽，日後反倒成為他備受攻擊的把柄。其中的第一句話，根本就是一個無法兌現的承諾，因為兩德統一後，必然會有輸家；而第二句話，則是一個有待檢驗的圖像，在往後的日子裡，人們睜大眼睛仔細觀察。

一九九〇年十月三日，兩德終於正式統一；到了十二月二日，柯爾在德國統一後的首次國會大選中勝出。然而，從這時起，殘酷的經濟現實逐漸反撲。原來東德的經濟狀況病得比先前所想像的嚴重許多；鐵、公路等基礎設施因年久失修，根本不堪使用；接近四分之三的東德房屋，在東德建國時就已經存在了；在德東境內，三分之一的民生必需品仰賴西方供應；更令人感到無奈的是，德東境內既沒有資本，也沒有值得一提的工業。接下來短期內，必須迅速完成工業設備、土地、房屋等所有財產的私有化，在私有化的過程裡發生了不少舞弊與瑕疵。此外，將西德的政治體制移植到德東，進行得有些操之過急，再加上未能顧及雙方差異過大的現實，使得這項浩大的工程進行得不免有些顛簸。在兩德統一後的十三年，全德抑注在德東地區的資金，共計超過了一兆二千五百億歐元。

當然，「欣欣向榮的景象」在解釋上可以很有彈性。柯爾點出了，諸如德勒斯登、萊比錫、艾爾福特等城市或其他一些區域，在兩德統一之後確實迅速繁榮起來；然而，實際的狀況卻是，東德的生活情況直到二〇〇四年仍然無法達到西德的水準，而東德的失業問題比統一之前嚴重了一倍有餘。雖然比起前東歐的各共產國家，東德的國民平均所得無庸置疑地名列前茅，可是這完全無法讓東德居民感到欣慰，因為人們總是比上不比下，希望能夠趕上德西，而不是大幅超越波蘭、匈牙利或俄羅斯。

法國大文豪維克多．雨果曾經說過：「這世上沒有什麼事會比一個應勢而生的思想更為強大。」這句名言正好可以套用在德國當時的處境。當時或許不是一個亢奮的年代，但絕對是個覺醒的年代，而非悲觀的、遲疑的年代。數以百萬計的東德居民，千方百計前往西德，他們將希望寄託在共同的貨幣，以及水準相當的經濟與社會環境。有趣的是，正是赫爾穆特．柯爾，正是這位經常被批評為優柔寡斷並且毫無想像力的政治人物，理解並且利用了兩德統一的威力。在歷史研究上，人們經常可以見到「或許」、「可能」、「倘若」這樣的頭腦體操；若是換了別的西德總理，是不是一樣會這麼做呢？一部分的人認為，答案是肯定的。然而，若是我們回顧一下歷史，一九九〇年的西德國會大選當中，代表社會民主黨出馬角逐總理寶座的是奧斯卡．拉方丹。如前所述，對於兩德統一的問題，他與柯爾的態度並不相同，拉方丹所採取的是較為穩健，甚至可以說有點保守的立場。換句話說，他當時提出了與柯爾不一樣的選項。倘若當時獲勝的是拉方丹，那麼往後的發展又會是什麼樣的局面呢？此外，若兩德不是一個統一的國家，而只是一個鬆散的聯盟，對於日後的發展又會造成什麼樣的影響呢？特別是在歐洲的安全與秩序方面，這又會產生什麼不一樣的影響？而兩德統一的機會是否真的稍縱即逝，錯過了這回，往後就真的再也不可能了嗎？還有，一九九一年八月，倘若發生在莫斯科的「八月政變」（**August Putsch**）成功了，接下來蘇聯又會採取何種態度？若是換了別人來擔任西德總理，能不能也同樣堅定地、理直氣壯地與二戰的戰勝國進行交涉？在二戰之後，西德雖然擁有名義上的主權，仍然處於同盟國的監管之下；也因此，西德對於美國、英國以及法國這些佔領國，在主權上有著部分的退讓，這些佔領國能夠在不經西德政府同意的情況下，在西德與西柏林境內採取軍事行動。一九九〇年九月十二日，東、西德以及二戰之後的佔領國，美國、英國、法國與蘇聯共同簽訂了「最終解決德國問題條約」，還給了日後完成統一的德國完全的主權。

利用個人的外交關係、推動歐洲統一的想法，以及貫徹目標的毅力，在錯綜複雜、矛盾糾葛的利益當中，柯爾成功地與佔領國列強及歐洲其他國家打交道，把握住機會完成了他一直以來認為是正確目標的德國統一。

「欣欣向榮的景象」這個概念是不幸雀屏中選的嗎？我們可以假設，柯爾本人其實是真心相信的。不過倘若真是如此，那麼柯爾就未免有點太過天真了。他竟然會認為一個病得不輕的國家，能在三到五年之間起死回生。然而我們也不應該對他太過苛責，他或許完全沒料到東德真的是病入膏肓。不論柯爾是故意欺騙，還是出於友善的態度，若是以策略運用的觀點來看，柯爾所提出的「欣欣向榮的景象」，未嘗不是一個很有幫助的概念；這樣的願景可以有效地抑制德東人民大規模地往德西遷移，避免德西在社會與經濟方面可能產生的嚴重破壞；甚至在最壞的情況下，大規模的遷徙可能會引發政治上的動盪，招致國際間反對兩德統一的聲浪。因此，「欣欣向榮的景象」這樣的承諾，不僅是興奮劑，同時也是鎮定劑；而它的副作用，就是將柯爾塑造成一個報佳音的人，在一九九〇年的大選中，讓柯爾變成最具有吸引力的候選人，最後更以壓倒性的勝利，擊敗了對手奧斯卡・拉方丹，成功衛冕總理寶座。

身處於驟然的、戲劇性的政治變革當中，沒有人可以真正看清他們當時所做的決定在日後會造成什麼樣的後果；柯爾自然也不例外。原本柯爾只是一位聲望走下坡的西德總理，可是在這樣的歷史時刻中，時勢卻將他造就成「統一的總理」，他也因此突然間躍升到與康拉德·阿登納以及威利·布蘭特並駕齊驅的地位。至於人們攻擊他並未兌現「欣欣向榮的景象」這項承諾，他也只好默默地概括承受。當時兩德儘管在形式上完成了統一，實質上仍有待許多相應的改革；可惜的是，柯爾帶領德國走向統一之後，又退回到為人所詬病的毫無想像力的狀態。在將所有的重心全都放在重建德東的情況下，德西逐漸感到不堪負荷，更糟的是，原本早該著手進行的社會、經濟及福利制度等種種改革也因此延宕多年，致使兩德統一後所面臨的危機浮上檯面。一九九八年的國會大選，柯爾再也無法順利衛冕，他將這個有待收拾的殘局留給了繼任者，也就是隸屬於社會民主黨的格爾哈德·施洛德（Gerhard Schröder）。

柯爾是位擁有博士學位的歷史學家，他卸下總理一職後，致力於塑造自己的歷史形象。無奈的是，不久之後，他竟然捲入了不法政治獻金的醜聞案，不僅如此，他堅持不肯透露金錢來源，這也使得他原有的光環頓時失色。在往後的各種頒獎儀式與公開活動中，柯爾總是喜歡重提當年勇，回想當時一手促成德國統一的光榮。

77 百戰之母已經開始了！

Mother of all Battles had begun!

薩達姆・海珊（Saddam Hussein, 1937-2006）

雷根時期的前美國國家安全顧問傑佛瑞・坎普（Jeffrey Kemp）曾經說過：「我們知道他是個壞蛋，可是他是我們的壞蛋。」這句用來形容前伊拉克獨裁者海珊，一語道破了美國外交政策的真實面貌。他們的道德不僅會轉彎，必要時還可以直接置之不理。一九九〇年的夏天，薩達姆・海珊派兵入侵鄰國科威特，隨後他便宣布，這個出產石油的小國家成為伊拉克的一個省分。在海珊的入侵行動當中，美國政府終於了解到，「敵人的敵人就是朋友」這句座右銘其實並不正確，相反地，這句座右銘或許還會給他們惹來大麻煩。

一九五七年，當時年輕的海珊加入了復興黨（Ba'ath Party），這是一個帶有社會主義及阿拉伯民族主義色彩、非宗教的政黨，當時在伊拉克還是受到查禁。海珊入黨之後，陸續參與過幾起政變及暗殺行動，在黨內的地位扶搖直上。一九六八年，復興黨政變成功，取得執政權；海珊先是被任命為安全部長，幾年之後，他負責將外國的石油企業收歸伊拉克國有。一九七九年，艾哈邁德・哈桑・貝克爾（Ahmed Hassan al-Bakr）告老引退，由海珊接替他的位子，海珊正式登上伊拉克的總統寶座。一九八〇年九月，在美國的縱容下，海珊出兵入侵鄰國伊朗，引爆了兩伊戰爭；伊朗與伊拉克雙方拉開了長達數百公里的戰線。對於許多國家而言，這場戰爭可以說來得正是時候，尤其是美國；一九七九年，前伊朗沙阿禮薩・巴勒維的政權，在伊朗伊斯蘭革命（Iranian Revolution）中遭到推翻，美國不僅痛失一位盟友，更樹立了一位新的敵人；新掌權的阿亞圖拉．何梅尼（Ayatollah Khomeini）宣布建立一個屬於回教的真主國度，並且將美國與以色列列為伊朗的頭號敵人。一九七九年十一月四日，以學生為主的革命支持者，衝進了位在德黑蘭的美國大使館，俘獲六十六名美國公民為人質，這些人質被關押了將近十四個月，直到一九八一年一月二十日才獲得釋放。一九八〇年四月，當時的美國總統吉米．卡特（Jimmy Carter）企圖透過祕密軍事行動來解救這些人質，然而，就在美國的軍機墜毀在伊朗的沙漠的畫面在全世界曝光後，整場行動灰頭土臉黯然告終。那一年的秋天，卡特也因為連任失利，拱手讓出美國總統的寶座，取而代之的則是隆納．雷根。

伊朗在伊斯蘭革命成功之後，這個區域的緊張情勢也跟著升高。除了美國以外，在這個區域裡的許多阿拉伯國家領袖，同樣視伊朗的基本教義派為一大威脅，他們擔心發生在伊朗的伊斯蘭革命同樣會發生在他們的身上。這其中又以伊拉克最為危險，因為在伊拉克的人民當中有許多人擁護伊朗當權的什葉派（Shia Islam）。此外，西方各國始終覬覦著伊朗的石油。這還不夠，一九七八年，隨著蘇聯入侵阿富汗，冷戰的舞台也搭到了這個區域。

在這樣的情勢下，對美國來說，海珊的政權正是一股能夠援為己用的力量。儘管從上個世紀七〇年代起，海珊政權就從蘇聯那裡得到軍備援助，可是這時西方與阿拉伯周邊國家仍然供給他更多的金錢與武器。在這當中，武器是由美國與歐洲各國所提供，而財務方面的援助則主要是出自於沙烏地阿拉伯及科威特。此外，美國更將伊朗軍備的衛星照片提供給伊拉克，指示伊拉克在對伊朗進行空中攻擊時最有效的目標；而法國甚至幫助海珊，興建起核子反應爐。此舉對於以色列來說，實在難以忍受，他們擔心這將危及以色列的生存。於是，以色列在一九八一年發動了大規模的空中攻擊，摧毀伊拉克正在興建中的核子設施。除了美國與法國以外，德國也在幫助伊拉克興建化學設施上參了一腳，海珊則利用美國所提供的半成品製造出毒氣，對付伊朗的軍隊。儘管有這麼多國家在背後為伊拉克撐腰，海珊還是無法擊敗伊朗，最後伊朗與伊拉克接受了聯合國的停戰決議，一九八八年八月，兩伊戰爭總算畫下句點。

在這段期間當中，其實美國也販售武器給他的敵人伊朗，藉以交換伊朗釋放美國人質。而販賣武器給伊朗的收益，美國則轉投到尼加拉瓜，用來反對由桑地諾民族解放陣線（Frente Sandinista de Liberación Nacional）所建立的政權。

雖然兩伊戰爭最後以停火告終，不過海珊宣稱，他在這場戰爭中獲勝。無論如何，這場戰爭讓他的國家元氣大傷，甚至在戰爭進行的過程當中，不僅國內的反對勢力伺機崛起，居住在伊拉克北部的庫德族人（Kurds）更趁勢起義。然而，海珊對於鎮壓庫德族人毫不手軟，一九八八年三月，海珊動用了毀滅性的生化武器來弭平這場動亂。另一項壞消息接踵而至，至今為止不斷供應銀彈給海珊的幾個阿拉伯國家，拒絕免除伊拉克累積的龐大債務，伊拉克至此算是山窮水盡。狗急了也會跳牆，海珊決定另謀出路，把希望寄託在下一場戰爭，於是便開始準備揮兵直指科威特。

不過這一回海珊錯估了國際間對於這個事件反應。以美國為首的工業國家，將海珊的這項舉動看作是對石油來源的一大威脅。甚至在聯合國當中，也罕見地一致將矛頭指向伊拉克，並且對海珊發出最後通牒，要求他限期從科威特撤軍。然而，海珊對此完全不予理會。一九九一年一月十七日，過了最後通牒的期限之後，當時的美國總統布希宣布：「解救科威特的行動正式展開。」先前已經集結在波斯灣地區的美、英、法聯軍，協同附近阿拉伯國家的部隊，對伊拉克展開反擊。於此同時，海珊也透過廣播向伊拉克軍民喊話，不過海珊的這段演說，究竟是現場直播還是事先預錄的呢？關於這個問題，我們並不是很清楚。在演說當中，海珊使用向來圖像豐富的阿拉伯語對全民宣告：「勇敢的伊拉克士兵，戰鬥吧！百戰之母已經開始了！」（海珊稱當時的波灣戰爭為百戰之母。）

當時沒有人能夠確定，這場戰爭的態勢會不會逐漸升高？海珊會不會在這場戰爭中動用毀滅性的生化武器，甚至是核子武器？不久之後，以色列便遭到伊拉克的飛彈攻擊，以色列政府更為此發放防毒面具給國民，幸好最後只是虛驚一場，所投射的飛彈中並未搭載毒氣。不過，另一方面，在伊拉克軍隊與聯軍進行地面作戰時，伊拉克軍隊是否動用了生化武器呢？關於這一點，我們並不是很清楚。

「百戰之母」一詞，後來成了全世界的共同記憶。不僅如此，這個用語更影響了西方國家的語用，舉凡涉及到「起源」、「第一個」，人們便經常借用海珊所說的「百戰之母」一詞，例如「所有脫口秀之母」、「所有男孩團體之母」等等。

聯軍在經過了幾週大規模的空襲之後，一九九一年二月二十四日，展開地面作戰。幾天之內，戰力已大為降低的伊拉克部隊便被聯軍擊潰。然而，這時美國總統老布希卻下令休戰，聯軍部隊不再往伊拉克首都巴格達挺進。在這段期間，伊拉克北部的庫德族人又趁機起來反抗，他們寄望美國人能夠支持他們爭取自由，可是他們的希望卻落空了，海珊發動手上剩餘的部隊，對庫德族人進行了血腥鎮壓，而美國對此完全坐視不理，任由海珊政權繼續維繫下去。

若是就死亡人數來看，這場戰爭造成了將近二十五萬人的死亡，不過更為慘烈的戰爭在歷史上比比皆是。以這個標準來衡量的話，海珊口中的「百戰之母」似乎並未出現。

經過了十二年之後，一直到二〇〇三年，老布希總統的兒子小布希（George Walker Bush）

總統，才在伊拉克戰爭中徹底擊垮了海珊。戰敗後的海珊展開逃亡，美軍部隊花了幾個月的時間才找到他藏身之處，將他俘獲。美國這回發動戰爭的理由其實是十分薄弱；小布希政府直指海珊政權擁有大規模毀滅性武器，可是最後完全找不到。此外，對於發生在二〇〇一年的九一一恐怖攻擊事件，美國輿論則把海珊塑造成這起恐怖攻擊事件的支持者，甚至是同謀。儘管許多美國的民眾都相信這項指控，不過，實際上最終仍然無法證明海珊與這起恐怖攻擊事件之間有什麼牽連。

海珊的政權被推翻之後，美國成為了伊拉克的佔領國。美軍對伊拉克佔領期間，完全看不出美國提出了什麼關鍵性的轉型計畫，可以藉此幫助多種族的伊拉克推行民主，更遑論體察當地人民的心聲。對於伊拉克人民而言，海珊政權或許是暴政，而對於波斯灣地區來說，海珊政權或許是顆不定時炸彈，可是在他的政權垮台之後，伊拉克卻陷入了無政府狀態，並且逐漸成為全球回教恐怖主義的神經中樞。二〇〇六年年初，伊拉克境內已經呈現出類似內戰的狀態，這不免令人擔心，對美國來說伊拉克會不會變成第二個越南。

78 我並沒有與那個女人發生性關係……陸文斯基小姐

I did not have sexual relations with that woman...... Miss Lewinsky.

比爾・柯林頓（Bill Clinton, 1946-）

這兩個人之間到底有些什麼不可告人的祕密呢？一九九八年初，不僅美國的輿論，就連全球的媒體，都關注著這個問題：美國總統比爾・柯林頓與白宮的女實習生蒙妮卡・陸文斯基（Monica Lewinsky）是否發生過性關係？而他們兩個人對於這件事的陳述，究竟誰在說謊？

事實上，陸文斯基案是前美國總統柯林頓牽涉到的另一個案件，之前還有著名的白水案（Whitewater scandal）。在柯林頓第一屆任期內，白水案如影隨形地跟著他，當時柯林頓被指控，在之前擔任阿肯色州州長任內，曾經接受不動產公司業務的不法利益輸送，整件案子就連他的妻子希拉蕊（Hillary Clinton）也牽涉其中。

一九九四年，柯林頓就任美國總統後的第二年，白水案移交由獨立檢察官肯尼斯・史塔爾（Kenneth Starr）偵辦。史塔爾以縝密細心、鍥而不舍的辦案風格著稱。一九九六年一月，史塔爾傳喚希拉蕊出庭作證，使希拉蕊成了史上首位被傳喚的美國第一夫人。不過史塔爾最終還是未能找出罪證，只能不了了之。

一九九八年一月十二日，前白宮僱員琳達・崔普（Linda Tripp）交給史塔爾一些錄音帶，她曾經祕密錄下柯林頓與陸文斯基之間的一些對話。史塔爾手中這時終於有了或許可以將柯林頓定罪的證據。不過，更勁爆的是，在崔普進行錄音之前，其實她已經與史塔爾有過聯絡。接下來的發展，便扯出了陸文斯基一案。一九九八年一月十六日，協助史塔爾進行偵查的美國聯邦調查局探員，拿著崔普所錄的那些錄音與陸文斯基對質。他們向陸文斯基提供無罪的擔保，條件則是要她與史塔爾合作；最終雙方無法達成共識。隔天，柯林頓在宣誓的情況下，做出了他從未與陸文斯基有過性關係的證言。柯林頓之所以會說出這些證詞，其實是與另一個案件有關；一九九四年五月，就在追訴時效即將消滅的幾天前，前阿肯色州州政府的女僱員寶拉·瓊斯（Paula Jones）指控柯林頓在擔任阿肯色州州長任內，曾經對她進行性騷擾。寶拉·瓊斯指控柯林頓性騷擾。寶拉·瓊斯的案子後來也成為史塔爾偵辦的方向之一。

在寶拉·瓊斯一案中，柯林頓真的在宣示下做了虛假陳述嗎？此外，他真的強迫陸文斯基在此案中做偽證，要求否認兩人有過性關係嗎？由於陸文斯基確實否認兩人有過性關係，史塔爾便毫不猶豫地將事件始末公諸於世。

接下來，在一九九八年一月二十六日，柯林頓在白宮的陳述與演出，烙印在所有人的記憶裡。當天安排了一個電視時段，柯林頓要面對媒體發表與教育問題有關的談話；柯林頓與他的夫人希拉蕊一同出席了這個行程，當時柯林頓站在一個印有白宮標誌的講台前，而他的夫人則是站在離他幾公尺以外的旁邊。接著，柯林頓開始針對預定好的教育主題侃侃而談，不過在他談話的過程當中，恐怕台下所有人心中想的都是他的緋聞。柯林頓被捲入的這個緋聞事件，不僅在美國，就連在全世界各地也都鬧得沸沸揚揚。在柯林頓的談話接近尾聲的時候，他突然話鋒一轉地說：「我並沒有與那個女人發生性關係。」語畢，他稍微低頭停頓了一下，緊接著又開口說：

「陸文斯基小姐。」柯林頓隨即補充道：「我從未唆使任何人說謊，一次也不曾，從來沒有。那些指控都是不實的；現在我得回去為美國的人民工作了。」在一片喝彩中，柯林頓沒有回應任何提問，逕自離開現場。

柯林頓的這段話之所以著名，或許有以下幾個原因。首先，儘管有些出於無奈，不過這是一位美國總統在正式的場合裡公開談論自己的私生活，無論如何，實屬罕見。然而柯林頓是如何講述有關他自己的事呢？他竟然挑選了一個如此令人意外的時機點；此外，就連用字遣詞也猶豫了一下，才講出了「陸文斯基小姐」。

柯林頓當時的語句、表情、儀態，以一種不尋常的組合，留在所有觀眾的集體記憶中。在那個場合裡，柯林頓不僅巧妙地利用了媒體，更策略性地達到了傳達訊息的效果，積極地表現出反守為攻的態勢。而在這個簡短的過程當中，這個世界上最有權力的男人，也流露出了受傷、無助的一面，讓人不禁為他的無奈遭遇感到同情。無論如何，柯林頓這段突如其來的感性演出，將整起事件帶向某個高潮，對於所有局外人來說，這或許是整起事件當中最感性的一刻。當時人們所看到的，並非美國總統柯林頓，只是一個遭到醜聞纏身、被逼到死角的普通男人。

柯林頓所講的話以及他的表達方式，日後一再成為人們揶揄、模仿的對象，更經常地被人拿來引用。為何會這樣呢？或許這關乎到人性，關乎到某種令人尷尬的場面，也關乎到莫名的同情。整起錯綜複雜的案情，就在這位偷吃被逮到的美國總統的感性演出下，完全失焦。電視機前的許多觀眾，在觀賞了柯林頓講出這段話之後，一定會想說，這不過就是丈夫被抓到偷吃之後的典型反應，嘗試撇清一段確實存在的不倫關係。

另一方面，柯林頓的話也製造了詮釋的空間。柯林頓故意用了較為中性的字眼「性關係」

（sexual relations），而不直截了當地說「性」（sex）；他刻意保持距離地說「那個女人」，而不說「這個女人」；最後，柯林頓更故意停頓了一下，才含蓄地說出陸文斯基的名字，藉由這段空檔，意有所指地暗示，兩人之間其實並無牽連。這小小的一舉一動，讓柯林頓在處於人格備受威脅的形勢下，仍然能保有一點「高級官員」的尊嚴。

至於哪些是事先安排好？哪些是本能反應呢？這個問題就留給世人去猜想。然而，去除掉這些錯綜複雜的感性因素，人們還是得要言歸正傳地問道：柯林頓是不是說了謊？他是不是做了偽證？如果答案是肯定的話，那麼這起案件是否允許他說謊？人們可以過問美國總統的私人生活嗎？此外，柯林頓的這段話似乎留下了伏筆，當柯林頓說：「我並沒有與那個女人發生性關係。」這句話實際的內涵又是什麼呢？例如當時《時代雜誌》（*TIME-Magazine*）便提出了這樣的質疑：「到底什麼時候性不是性關係呢？」支持柯林頓的人為他解釋道，對於柯林頓來說，性關係指的是同床共枕，而他與陸文斯基相處的時刻並不符合他主觀上對於性關係的定義，如此一來，就不能夠直指他說謊。

然而，獨立檢察官史塔爾與柯林頓的政敵，好不容易才逮到柯林頓有做偽證的嫌疑，豈肯輕易放過。這些人不厭其煩地一再強調：身為總統是不能說謊的。在柯林頓的政敵當中，有一部分是極端保守的清教徒，他們的策略或許是正確的，藉由將總統的性醜聞與總統的謊言結合在一起，在美國這個道貌岸然的社會中，必定可以讓柯林頓的人格飽受質疑。就在大眾媒體開始大肆討論，柯林頓與陸文斯基之間的性到底是何種形式？柯林頓的政敵則順勢高喊，如此令美國人蒙羞的總統，再也無法讓人忍受。

在接下來的幾個月裡，陸文斯基陸續接受了多次調查。在八月六日的一份紀錄當中，蒙陸文斯基坦承，她與柯林頓之間有過長達十八個月的性關係；不過她否認柯林頓曾經教唆她做偽證。十一天之後，柯林頓在白宮透過攝影機對大陪審團以及史塔爾進行陳述。柯林頓收回先前所說的話，他表示自己與陸文斯基之間確實有「不恰當」的關係；在這之後，他又透過電視進行了一場談話，這回他表示對於自己在第一時間未能吐露實情，他對美國民眾感到十分抱歉。

到了九月九日，史塔爾將陸文斯基一案的調查報告呈交給美國國會。兩天之後，當時以共和黨為多數的美國眾議院通過決議，將史塔爾的報告透過網際網路予以公開。在報告當中，史塔爾指控柯林頓多項罪名，包括了濫用職權、企圖影響證人、偽證，以及妨害司法公正，並且要求對柯林頓提出彈劾。後來，當時美國眾議院的司法委員會更將柯林頓對法庭做證時的錄影公諸於世。十月八日，美國眾議院表決通過，把可能對柯林頓提出的彈劾案送交給司法委員會進行研究。十一月之後，柯林頓與寶拉．瓊斯之間達成和解；柯林頓願意支付寶拉．瓊斯八十五萬美元的和解金，不過並不承認在先前擔任阿肯色州州長的期間曾經對寶拉．瓊斯有過性騷擾。十二月十一日與十二日，司法委員會做出決定，基於陸文斯基一案，對於總統柯林頓應當提出彈劾；十二月十八日，美國眾議院正式針對彈劾總統柯林頓一案展開辯論；隔天，美國眾議院以絕對多數的表決結果，同意了針對柯林頓的兩項指控（偽證與妨害司法公證），並且將彈劾案移交給美國參議院。一九九九年一月七日，美國參議院開始審理柯林頓遭彈劾一案；關於彈劾案的成立，需要在參議院當中取得三分之二的多數，可是在二月十二日參議院對此案所進行的表決中，並未達到這個門檻。換句話說，柯林頓不需要提前結束他的第二任總統任期。

二○○一年一月，就在柯林頓的總統任期結束前不久，柯林頓與獨立檢察官羅伯．雷伊（Robert Ray）達成協議；柯林頓承認曾經在陸文斯基一案當中做了虛偽陳述，藉此換取不被正式起訴，不過他還必須在阿肯色州繳納兩萬五千美元的罰金，並且吊扣律師執照五年。二〇〇二年三月，關於先前的白水案，最後的調查結果顯示，找不到足以將柯林頓與希拉蕊定罪的有力證據。在陸文斯基一案被扯出之後，這個案件曾經發展到了高潮；在整個案件的進行過程當中，前前後後共花了納稅人將近七千萬美元，最後共有十二個人被定罪，其中包括了繼柯林頓之後擔任阿肯色州州長的吉姆・蓋・塔克（**Jim Guy Tucker**），以及柯林頓先前的一些商業伙伴。

陸文斯基一案後來的發展，顯示民眾對於炒作總統的私人感情生活藉以引起對立，逐漸感到不耐；公開一些腥羶的細節，逐漸變成指控柯林頓的人在自娛娛人，而爭議的內容越是尷尬（例如，史塔爾甚至將陸文斯基的衣物送去檢驗，看看上頭有無柯林頓的精液殘留），美國民眾的意見就越趨結晶。對於柯林頓的政治成就，以及他身為一個人難免有優缺點，美國的民眾已經逐漸可以將這些問題分別看待。在這個案件當中，一個人私底下所犯的錯誤，竟然被拿來當作政爭的武器，對許多人而言的確是有點操作過了頭。在這樣的氛圍之下，人們反而希望能夠重新回歸真正的政治。在一項當時所做的民意調查裡，美國人民仍然一面倒地肯定柯林頓的施政成績。柯林頓的政敵以及與這些政敵勾結的媒體，儘管千方百計地想要將柯林頓拉下馬來，最終仍然是功虧一簣。

至於陸文斯基，她突然成了媒體的寵兒，知名度遍及全世界。在那段期間當中，她也因而增加了不少收入。一九九九年，陸文斯基打鐵趁熱地推出了自己的傳記，這本傳記取名為《蒙妮卡的故事》（*Monica's Story*），由英國知名作家安德魯・莫頓（Andrew Morton）代為操刀；莫頓曾經撰寫過有關黛安娜王妃的傳記，這回他則是以陸文斯基的角度，回顧當時所發生的事件。後來陸文斯基更自行設計、創造屬於自己的手提包品牌；接著，她還進入了倫敦政經學院攻讀社會心理學。

在整起事件的過程當中，希拉蕊始終站在夫婿這一邊，她在輿論中受歡迎的程度也因此迅速攀升。她所表現出的忠心耿耿，在某種程度上應該幫了柯林頓不少忙，使他免於在任期結束之前慘遭被罷免的命運。在柯林頓卸下美國總統的職位後，二〇〇一年，希拉蕊出馬角逐紐約州的參議員，並且順利當選。兩年之後，希拉蕊也推出了自己的回憶錄。她在書中提到了，一九九八年一月二十六日，當柯林頓在做出「我並沒有與那個女人發生性關係」的聲明時，她始終堅定地相信丈夫，過了一段時間之後，他的丈夫才對她坦誠，他在這件事情上欺騙了她。然而，無論如何，他們最終還是沒有離婚。隔年，柯林頓推出了自己的回憶錄，在所有簽書會的活動中，柯林頓總是被問及陸文斯基的事，這個事件顯然讓他的總統任期蒙上不小的陰影；而在他的書裡，仍然是以「不恰當」來形容他與陸文斯基之間的關係。後來柯林頓在美國著名的電視節目《六十分鐘》（*60 Minutes*）裡接受訪問時曾表示，他的婚外情是在一個所能想得到的、最惡劣的理由下開始的，這個理由就是：因為我可以。而另一方面，陸文斯基也接受了英國獨立電視台的邀請，上電視接受訪問。她在訪問中表示，柯林頓描述這個事件的方式讓她感到十分憤怒，同時也深深受傷，她希望柯林頓現在可以把一些事情好好地更正，當年柯林頓與他身邊的幕僚，為了保住總統職位不惜傷害了她，可是她當時只是一個年輕女孩，從事件爆發之後一直到現在，她始終努力地奮鬥，嘗試重建自己的生活。然而由於她的名字跟這個事件完全牽扯在一起，她坦承柯林頓真的把她毀了。

二十一世紀初，在美國，自由與保守這兩股勢力的對立日趨明顯，他們分別為這個國家提出了不同的藍圖。一邊主張要打造一個自由、寬容的美國，前美國總統柯林頓可以說是體現了這一方的價值；相反地，另一邊則主張要維護一個保守的、以基督教價值觀引導的美國，繼柯林頓之後擔任美國總統的小布希，可以說是這個陣營的代表。若是將緋聞存而不論，陸文斯基一案在歷史上的重要性在於，它反映出了自由與保守這兩股勢力在爭鬥過程中的一波高點。

79 年金是安全無虞的！

Die Rente sind sicher!

諾伯特．布呂姆（Norbert Blüm, 1935-2020）

面對媒體的追問，諾伯特．布呂姆曾經再三重申：德國民眾不必擔心年金的問題。如今，布呂姆決定主動出擊，這回他備妥了一萬五千份海報，打算大肆張貼在波昂街頭。為了製造噱頭，布呂姆換上工作服，手拿膠水與黏貼刷，站在廣告柱前供媒體拍照；他所張貼的海報上頭大大寫著：「有件事是肯定的：年金。」一九八二年十月到一九九八年十月，布呂姆擔任德國聯邦勞工與社會秩序部部長；上述這句保證年金是安全無虞的話，後來則成了布呂姆的註冊商標。

「年金是安全無虞的！」這句話之所以著名，不僅在於它一再被重複，更因為它是當時許多社會問題的代表性解答。從一九八〇年代起，一些社會問題的星星之火便開始燃起，人們不禁擔心地問道：這個國家將來會不會付不出錢來？一直以來，人們繳納的稅賦越來越重，但有鑒於失業人口增加、生育率降低以及人口老化等問題，未來德國在社會福利的財源會不會告罄，所有的社會保險會不會提早走到無法兌現的地步？在社會福利的成果，年金保險不僅跟失業保險與健康保險一起排著隊，等著做健康檢查，它也成為了德國民眾的隱憂。從十九世紀末以來，這項由鐵血宰相俾斯麥領先全球實施的社會福利，一直都是德國人引以為傲的社會成就；不過，如今它卻要走向崩解的命運。

第二次世界大戰結束後，西德在總理康拉德．阿登納的帶領下，為年金注入了新的活力。隨著工資水漲船高，年金的來源也跟著源源不絕。然而，這時年金不僅在量上面有了突破，在質方面也開始產生轉變。阿登納將這個轉變後的新系統稱為「世代間的團結契約」。為了讓先前歷經過經濟大蕭條的老一輩，也能夠在戰後同享經濟奇蹟的成果，於是便透過代間契約（Generationenvertrag）的方式，創造出一種預支系統：由當時有工作能力的德國人，先為他們前一世代的退休族群支付年金，往後再由將來的世代償還他們現在已經支付過的年金，以此類推，就這樣一代接著一代地進行下去。這個系統與俾斯麥所推行的系統完全不同，在俾斯麥的系統中，年金制度的基礎是充足的資本，參與年金制度的人，就像是被強迫儲蓄一樣，自己先前付出多少，往後就領取多少（包含利息）；然而，在阿登納所推行的系統當中，還包含了有最低年金保障，以及隨著通貨膨脹和工資上漲進行微調的機制，這項新制的立意雖好，可是它維持正常運轉的前提卻是經濟持續榮景，人口持續增加。

這樣的想法固然十分體貼，不過維持順利運轉的前提卻始終埋藏著不確定的風險。光是這樣還不夠，阿登納在當時還犯下了另一個致命的錯誤：基於所謂的「團結原則」（Solidaritätsprinzip），對於自由業者與個人營業者，阿登納甚至大舉免除了他們繳納保險金的義務。

在這樣的前提下，最晚到了一九七〇年代時，由於生育率降低，經濟成長衰退，原本許諾過的美好的年金制度逐漸喪失它的功能，人們甚至開始質疑這項制度到底能不能撐得住？儘管如此，在接下來的幾年裡，人們不僅持續對年金制度加碼，甚至還擴大打造整個社會福利國家。在社會民主黨的執政下，西德總理威利．布蘭特不僅擴大了職業傷害的支出，在傷病的休養期間，勞工仍然可以支領全薪。除此以外，失業救濟及社會救濟等方面亦大幅加碼；另一方面，公務員的薪資水準也大幅提高。然而，對於未來的年金支付，此舉無異雪上加霜，因為更高的薪資水準意味著將來得要支出更多的年金，因此提高薪資水準，就如同安置了一顆定時炸彈。

當布呂姆上台接掌西德的勞工與社會秩序部時，其實就可以預見，不論是將來可以獲得的年金金額，或是受僱者對於年金保險所應該繳交的保費，都無法再按照當時的狀況維持下去。所能獲得的年金金額將面臨不斷減少的窘境，而應該繳交的保費則會不斷提高。

「年金是安全無虞的！」這句話的背後究竟隱含了些什麼？是精密的計算？自我暗示？還是對民眾所施的咒語？倘若我們仔細觀察布呂姆這個人，看看他的生平、政治認同和道德觀，再去看看他在卸下部長職位後接受訪問的錄影與文章，對於「年金是安全無虞的！」這句話我們或許能夠得出一番不同的詮釋。目前這句話已經為人所濫用，變成某種揶揄、諷刺的用語；就像船就快要沉沒時，舵手仍然大聲呼喊：「各位請鎮定地待在船上！我們不會沉沒！」

布呂姆入閣前，曾經長年擔任基督教民主聯盟黨內的社會委員會主席，算是該黨的社會良心。布呂姆的身型矮小精壯，總是戴著一副小小的圓形眼鏡，不時流露出慧黠的眼神。他本是一位工具製造者，後來透過第二教育途徑修習了哲學、歷史以及日爾曼學（Germanistik），最後更取得博士學位。布呂姆深知，自己能有這些成績，有部分得歸功於這個社會福利做得相當好的國家；對他而言，運作順利的社會福利制度，不僅是穩固的民主制度的基礎，更是個人得以真正獲得自由的前提。當然，「年金是安全無虞的！」這句話顯然是錯的，因為聽者或許會信以為真，誤以為在政府官員拍胸脯擔保下，他們真的可以不用擔心將來會領不到年金。然而實際情況絕非如此，即使是布呂姆本人，對於這一點也是心知肚明，因此他總是一再地對自己所說的話提出一些前提條件。例如：一九九八年他曾經在接受《時代週報》（*Die Zeit*）的專訪中提到：「自始至終，我總是認為年金是安全無虞的。不過，我從來沒說過這件事情會自然地發生。在我們對於生育率以及經濟環境等方面的變化有所反應時，年金必然會是安全無虞的。當然，這其中也涉及價值觀轉變的問題。對於這種種挑戰，我們必須正面予以回應。」布呂姆的這番說詞，相信讀者們看完之後還是一頭霧水。有鑒於他所說的經濟與社會的變化，這一套寅吃卯糧的年金制度，未來該如何在這樣的前提之下順利地運作，並且充分照顧到每一位退休者的生活，對此布呂姆或許看到了問題所在。不過關於這個問題的具體答案，他卻隻字未提。此外，人們或許更想問的是，在布呂姆長達十六年的任期中，他究竟具體看到了哪些非改不可的地方？

或許可以再拿沉船的例子來幫助我們理解，布呂姆在擔任勞工與社會秩序部部長時，所扮演的是什麼樣的角色。如果說當時的船長是總理柯爾，那麼這位船長是抱持著一種船到橋頭自然直的想法，完全不用去理會這艘船到底出了什麼事；然而身為舵手的布呂姆就不同了，他不僅盡力安撫船上的乘客，並且據實以告這艘船可能哪裡出了毛病，甚至還想辦法要將問題給解決。布呂姆所說的「年金是安全無虞的！」，正是要挽救即將發生的危害。他親自進入船體裡檢查，嘗試找出破洞，把破洞給堵起來，讓這艘船還能夠安全地繼續航行。從一九九二年起，布呂姆推行了一連串的措施：將年金的基準從總工資改成淨工資，針對退休者的健保制度進行改革，對於高等教育的修業期間予以限制，將生育率問題納入年金的計算裡頭。他所做的這一切，為的就是要抑制節節高升的年金給付。儘管如此，布呂姆還是做得不夠，更要命的是，他未能在兩德統一之前及時看清楚問題的嚴重性。這套寅吃卯糧的年金制度，從一九七〇年代起，就必須靠西德聯邦政府的大量補助，才能夠勉強支撐下去。然而從一九九〇年起，這套年金制度一下子納入了德東的許多退休者，可是德東地區具有勞動能力的人口所能繳納的保費，遠遠低於給付給這些退休者的年金總額，使得德國聯邦政府的負擔雪上加霜。

從頭到尾，人們就未曾大刀闊斧地進行全面性改革，有的只是一些治標不治本的應變措施。一九九八年起，隸屬於社會民主黨的格爾哈德·施洛德取代柯爾成為新任的德國總理。雖然施洛德一開始表現出要推動改革的態勢，不過最終實際的改革成果卻是打了對折，因為即便政壇與民間為年金制度吵得沸沸揚揚，可是對施洛德而言，年金制度不過是整個岌岌可危的社會福利制度的一部分，失業保險和輔助就業才是他關心的重點。然而與此有關的各種改革措施，卻讓社會民主黨的執政備受考驗，他們甚至在許多邦的大選中遭到選民的懲罰，最後更導致施洛德得提前下台。不過若是我們考量德國的政治與社會現勢，或許就會對這些政治人物少一點苛責。在德國社會，諸如政黨、工會、商會及邦政府等各方勢力，可以說各據山頭，這些勢力的利益糾葛使得德國社會陷入難以動彈窘境，要想在健保制度、補貼制度或年金制度等方面推動改革，除了要有過人的勇氣與毅力，有時或許還要有些運氣。此外，德國社會所形塑出來的自私、短視近利的價值觀，也讓改革的推動變得困難重重。多年來，民眾早已明白國家在財政方面的困境，但是只要一提到國家該給他們什麼好處，卻是誰也不肯讓步。這就好比，所有人都知道船身嚴重進水，可是每個人都指著別人，要別人下去排水。

在施洛德執政的時期，這套寅吃卯糧的年金制度未能獲得根本上的改善。不僅如此，執政者此時還犯了其他的錯誤，例如：布呂姆先前曾經將生育率列入計算年金的考量因素之一，可是這時的執政者卻將這個因素給排除。這套寅吃卯糧的年金制度在未來再也無力支付退休族群足夠的年金，在這樣的情況下，布呂姆的繼任者瓦爾特・李斯特（Walter Riester）提出了一套所謂「李斯特年金」（Riester-Rente）的解決辦法。根據這套方案，政府並不強迫，可是強烈建議個人額外投保私人的年金保險，對於額外投保的個人，政府會另外給予補助；不同於現行的年金制度是以預支系統為本，「李斯特年金」的基礎則是建立在資本適足之上。

在推動改革的過程當中，施洛德遭遇到了極大的反彈；二〇〇五年秋天，他競選連任失利，拱手讓出了總理寶座。接替施洛德的新任德國總理，是隸屬於基督教民主聯盟的安格拉・梅克爾（Angela Merkel），她是德國有史以來第一位女性總理。梅克爾上任之後，帶領基督教民主聯盟，與社會民主黨共同組成了一個龐大的聯合內閣。二〇〇六年四月，德國聯邦政府針對政府未來支付年金的能力進行預估；對於預估的結果，《日報》（*Tageszeitung*）模仿布呂姆的方式，寫了一句令人感到無奈的標題：「有件事是肯定的：年金將會越來越少。」

80 邪惡軸心 axis of evil

小布希（George W. Bush, 1946-）

柯林頓結束美國總統任期之後，接任者是喬治．布希，由於他父親也曾經擔任過美國總統，因此人們便稱他父親為老布希，稱他為小布希。隨著小布希的當選，他所主張的「具有同情心的保守主義」開始在美國推行。小布希競選總統的過程中展現出深受基督教信仰影響的一面，在他的許多競選演說裡，總是一再訴諸上帝與罪惡，此舉讓他成功地在美國基督教基本教義派的陣營裡拿下許多選票，成為勝選關鍵之一。

隸屬於美國共和黨的小布希，在其任內國會參眾兩院都是共和黨佔多數；這是自一九五〇年代的艾森豪總統之後，共和黨籍的總統再一次能夠居於如此有利的地位。不過，若是我們回顧一下小布希當選的過程，當年的那場選舉可以說是美國有史以來最富爭議的一場大選。當時小布希代表共和黨出馬角逐，他的主要對手則是代表民主黨出戰的艾爾．高爾（Al Gore）；在開票的過程當中，雙方呈現膠著狀態，誰也無法明顯取得領先，最後小布希贏得佛羅里達州關鍵性的選票而勝出。然而，當時擔任佛羅里達州州長的人是小布希的弟弟傑布．布希（Jeb Bush），此外，佛羅里達州向來是民主黨的票倉，基於種種原因，許多人對於該州在選票統計上的正確性提出質疑。美國也在這疑雲重重的選舉結果中，陷入了憲政危機。經過了幾週的波折，最後美國最高法院判決停止佛羅里達州的人工計票，根據機器計票的結果顯示，小布希勝出，也因此小布希最終以些微的差距擊敗了高爾，順利地當上美國總統。

美國自建國以來，在政治生活方面一直有著各種衝突，諸如：是要許多個國家還是一個國家？是要中央集權還是各州分權？是否允許宗教影響政治，還是要像啟蒙運動的訴求那樣，國家對於宗教應該保持中立的態度？美國該扮演世界的傳道者角色，主動積極地兼善天下，還是好好地經營本土，獨善其身就罷？這種種的衝突，一如既往伴隨著小布希的總統任期。

身為新保守主義的前鋒，小布希政府對於如何解決以上種種衝突，早已成竹在胸，只待將答案付諸實現。二〇〇一年六月，在民主黨強烈的反對下，小布希實施了大規模的減稅政策；此外，美國政府也從原先對於經濟的主動操控中抽身。相反地，在社會政策方面，小布希可以說是無所不在；例如：對於同性戀與墮胎他便大表反對。在外交政策方面，小布希則是本著「美國第一」的原則；例如：有關全球氣候的保護問題，小布希為了怕對美國的經濟帶來負面影響，拒絕簽署「京都議定書」（Kyoto Protocol），連帶地也拒絕遵守議定書當中關於溫室氣體排放的規定。對小布希而言，美國就是世界的中心，在必要的時候，世界其他地方都可以看作是美國的庭院。

二〇〇一年九月十一日，這天早上，有四架客機在同一時間遭到劫持，不久之後，其中兩架遭到劫持的客機，先後撞上了紐約世貿中心的兩棟大樓，兩棟大樓相繼倒塌。另一架遭到劫持的飛機，則衝撞美國國防部所在地五角大廈；而第四架飛機則墜毀在賓州索美塞特縣（Somerset County）鄉間，至今仍無從得知這架遭到劫持的客機所要攻擊的目標究竟為何，當時機上的乘客曾試圖制止劫機的匪徒，可惜最後飛機仍不幸墜毀，機上乘客也全部罹難。在這起美國歷史上最嚴重的恐怖攻擊事件中，共有超過三千人不幸罹難。

這起恐怖攻擊事件後來確定是由阿拉伯的恐怖份子所為。繼一九四一年十二月日本偷竊美國的珍珠港之後，美國民眾再度感受到來自外部對於美國本土的嚴重威脅。這個一直對全球保持著安全距離的軍事強權，一時之間突然得面對一個不知道從哪裡冒出來的敵人。這個新的敵人殘忍、血腥、陰險，而且還不怕死。不過，最糟糕的是美國對於這號敵人竟然一無所知，這個敵人已然出手重擊，美國卻連要對誰還手都無法確定。

不久之後，人們終於找到了這起恐怖攻擊事件的幕後黑手，那就是基地組織以及這個組織的創立者兼領袖奧薩瑪．賓拉登。對於小布希政府而言，當務之急是，一方面要升高美國本土的安全控管，另一方面則必須出兵海外，直搗這些恐怖份子的巢穴。賓拉登藏身於阿富汗，他在阿富汗境內設置了基地組織的訓練營，大規模培訓恐怖份子。當時阿富汗是由塔利班（Taliban）政權所掌控，而塔利班政權所代表的是回教的一種激進形式，諸如電視、電影、音樂等都是塔利班政權所不允許的。此外，婦女在公共場所必須掩蓋全身，並且不得在無男性的陪同下步出家門，甚至不允許到學校去求學。美國為了逮住賓拉登，便對塔利班政權發出最後通牒，限期將賓拉登給交出來。在最後通牒的期限過了之後，二〇〇一年十月七日，美國與盟軍針對塔利班與基地組織等目標展開大規模的轟炸，而在盟軍入侵阿富汗的行動中，塔利班政權遭到驅逐。所謂的反恐戰爭就此拉開序幕。

接著，美國與其盟軍，一方面在阿富汗扶植新的民主政治體制，另一方面則持續搜捕在逃的賓拉登。二〇〇二年初，小布希將反恐行動帶往另一個新階段；在一月二十九日對國會發表的國情咨文中，小布希論及美國當前所面臨的局勢，他表示，保護美國免於支持恐怖行動的政權所危害，是政府的一大目標；他更特別點名了北韓、伊拉克以及伊朗，並且補充道，這些國家構成了一個「邪惡軸心」。

為小布希撰寫演講稿的大衛・佛洛姆（David Frum）後來表示，原本由他的版本採用的是「仇恨軸心」（axis of hate）一詞，究竟是誰將這個用語改成了「邪惡軸心」，他並不清楚，不過最有可能的人應該是小布希的文膽麥可・傑森（Michael Gerson），或者是小布希本人。「邪惡軸心」這種用詞十分接近小布希以及他的新保守主義陣營的世界觀。在清教徒的價值觀裡，經常將生活中的各種決定簡化為善或惡。比起「仇恨」，「邪惡」一詞更容易達到瞄準的效果，因為它已經不由分說地標定了敵人的性質；然而「仇恨」一語就不同了，人們或許還有質疑的空間可以去追問，這個敵人究竟為什麼會充滿仇恨？

實際上，「邪惡軸心」這個用語，不論是「邪惡」還是「軸心」，其實都不是首創。前英國首相邱吉爾在第二次世界大戰期間，便將「軸心」這個概念帶進了政壇。相對於由英國、法國、蘇聯及美國結合而成的同盟勢力，邱吉爾以「軸心」這個詞形容日本、德國及義大利所組成的聯盟。此外，到了冷戰時期，前美國總統雷根則使用「邪惡帝國」一詞來形容當時的蘇聯。

小布希與他的團隊所使用的「邪惡軸心」一語，不僅是拿來識別恐怖活動的威脅，更是拿來識別那些支持恐怖活動的國家；而在這些國家當中，美國政府把矛頭指向伊拉克。在一些公開的場合，小布希意有所指地將伊拉克獨裁者海珊的一些舉動與九一一恐怖攻擊事件做連結。他指控伊拉克在背地裡支持基地組織，私底下還偷偷地發展大規模毀滅性武器。雖然聯合國拒絕了對伊拉克動武，而且原本支持美國的盟邦，例如法國與德國，對於這件事的態度也轉趨保守，但美國仍然一意孤行地進兵伊拉克。二〇〇三年三月，在沒有聯合國安全理事會授權的情況下，美國夥同由四十八個國家所組成的「自願聯盟」（coalition of the willing，包括了英國、波蘭、澳洲、義大利、荷蘭、日本等國家）對伊拉克展開攻擊，不同於上次在阿富汗的行動，這一回法國與德國都拒絕參與。幾週之後，海珊政權被聯軍擊潰，美國與盟軍佔領伊拉克；然而，先前小布希言之鑿鑿所指控的大規模毀滅性武器，最終還是沒有找到。

藉由對「邪惡軸心」這個概念的操作，小布希政府很危險地將恐怖威脅這項大挑戰（二十一世紀初，面臨這項挑戰的不只是美國）給過分簡化了。儘管如此，小布希還是通過了美國廣大民意的檢驗，在二〇〇四年十一月，成功蟬聯總統寶座。沒多久，小布希口中所謂的「邪惡軸心」，又再次給他出難題。二〇〇五年二月，北韓首度公開承認擁有核子武器；此外，伊朗正全力發展核能計畫，因此不排除伊朗有發展核武的可能。

以西方國家為首的世界各國一致認為，對於日益猖獗的恐怖攻擊活動，應該全力加以制止。然而美國在欠缺聯合國安理會授權的情況下，公然違反國際法，對伊拉克發動了一場預防性戰爭。此外，美國甚至在關塔那摩（Guantanamo）海軍基地裡，私設了一個恐怖份子拘留營，同樣又是故意避開國際法的規制，未經審判便將俘獲的恐怖份子關押在完全不符合人權要求的環境中。凡此種種，不禁讓人對於反恐作戰的看法產生了動搖。自始至終，「邪惡軸心」的稱呼就一直讓人感到懷疑，為了制止錯誤的事情發生，難道人們就可以枉顧什麼是對的嗎？

人名對照表

A

Abraham Lincoln 亞伯拉罕・林肯
Adam Smith 亞當・斯密
Adolf Eichmann 阿道夫・艾希曼
Adolf Hitler 阿道夫・希特勒
Adolf Stoeber 阿道夫・斯德博
Agricola 阿格里柯拉
Ahmed Hassan al-Bakr 艾哈邁德・哈桑・貝克爾
Akademos 阿卡蒂莫斯
Al Gore 艾爾・高爾
Albert Camus 阿爾貝・卡繆
Albert Einstein 阿爾伯特・愛因斯坦
Albert von Bollstädt 阿爾伯特・馮・波爾斯塔德
Albertus Magnus 大阿爾伯特
Albrecht Graf von Roon 阿爾布雷希特・馮・羅恩伯爵
Alexander 亞歷山大
Alexander III. 亞歷山大三世
Alexander Demandt 亞歷山大・德曼特
Alexander Kerensky 亞歷山大・克倫斯基
Alexander Schmorell 亞歷山大・許墨瑞
Alexander Ulyanov 亞歷山大・烏里揚諾夫
Alfarabi 阿爾法拉比
Alfred Naujocks 阿爾弗雷德・瑙約克斯
Alfred T. Mahan 阿爾弗雷德・T.・馬漢
Alfred von Tirpitz 阿爾弗雷德・馮・蒂爾皮茨
Alypios 阿利皮歐斯
Amyntas II. 阿敏塔斯二世
Anaximander 阿那克西曼德
Anaximenes 阿那克西美尼
Andrea Mantegna 安德烈亞・曼坦納
Andreas Baader 安德烈亞斯・巴德爾
Andreas Gartner 安德烈亞斯・嘉爾特納
Andrew Morton 安德魯・莫頓
Angela Merkel 安格拉・梅克爾
Anne d'Autriche 奧地利的安妮
Anne-Robert-Jacques Turgot 雅克・杜爾哥
Anselm von Canterbury 坎特伯雷的安瑟倫
Anselmo d'Aosta 奧斯塔城的安瑟倫
Anthony Bacon 安東尼・培根
Antisthenes 安提西尼
Antoine Quentin Fouquier de Tinville 富基埃・坦維爾
Antonius 聖安東尼
Apollo 阿波羅
Archimedes 阿基米德
Aristoteles 亞里斯多德
Arius 阿利烏
Arnold Ruge 阿諾德・盧格
Arthur Balfour 亞瑟・貝爾福
Arthur Neville Chamberlain 亞瑟・內

B

C

Claudius Ptolemaeus　托勒密
Constantinus I. Magnus　君士坦丁大帝
Cristoforo Colombo　克里斯多福・哥倫布

D

Daia　代亞
Dalai Lama　達賴喇嘛
Dandamis　丹達米斯
Dante Alighieri　但丁
Darius III.　大流士三世
David Ben-Gurion　大衛・本—古里安
David Frum　大衛・佛洛姆
David Hilbert　大衛・希爾伯特
David Hume　大衛・休謨
David Scott　大衛・史考特
David Swinson Maynard, Doc Maynard　大衛・梅納德，梅納德醫生
Delia Bacon　迪莉雅・培根
Demokrit　德謨克利特
Demosthenes　狄摩西尼
Denis Diderot　德尼・狄德羅
Diogenes Laertius　第歐根尼・拉爾修
Diogenes von Sinope　錫諾普的第歐根尼
Domingo de Guzman　道明・古斯曼
Dufriche de Valazé　迪弗里奇・德・瓦拉謝
Dwight D. Eisenhower　德懷特・D・艾森豪

E

Earl of Essex　艾賽克斯伯爵
Earl of Leicester　萊斯特伯爵
Edmund Husserl　埃德蒙德・胡塞爾
Eduard Bernstein　愛德華・伯恩斯坦
Edwin Aldrin　愛德溫・艾德林
Egon Krenz　埃貢・克倫茨
Eike von Repgow　艾克・馮・萊普哥夫
Elisabeth　伊麗莎白
Elizabeth I.　伊麗莎白一世
Emil Rathenau　埃米爾・拉特瑙
Emma Siegmund　艾瑪・西格蒙德
Emmanuel de Grouchy　埃曼努爾・格魯希
Epikur von Samos　伊比鳩魯
Erich Honecker　埃里希・何內克
Erich Ludendorff　埃里希・魯登道夫
Ernst Karl Frahm　恩斯特・卡爾・弗蘭
Ernst Reuter　恩斯特・羅伊特
Erzherzog Franz Ferdinand　法蘭茲・斐迪南大公
Étienne-François de Choiseul d'Amboise　舒瓦瑟爾公爵
Euklid　歐基里德
Euripides　歐里庇得斯
Eusebius von Nikomedia　尼哥美地的優西比烏斯
Eva Braun　伊娃・布朗

F

Fausta　法烏斯塔
Felipe I., el Hermoso　菲力普一世，美男子
Felipe II.　菲力普二世
Ferdinand I.　斐迪南一世
Ferdinand Lassalle　斐迪南・拉薩爾
Fidel Castro　菲德爾・卡斯楚
Florus　弗洛魯斯

Francesco Petrarca　佩脫拉克

Francis Bacon　法蘭西斯・培根

Francis Hutcheson　法蘭西斯・哈奇森

Francisco Franco　法蘭西斯科・佛朗哥

Franciszek Honiok　法蘭齊歇克・漢尼歐克

François I.　法蘭索瓦一世

François Michel Le Tellier　法蘭索瓦・米歇爾・勒・特裏埃

François Quesnay　法蘭索瓦・魁奈

Frank Rhodes　法蘭克・羅德斯

Frank Sinatra　法蘭克・辛納屈

Franklin Pierce　富蘭克林・皮爾斯

Franz II.　法蘭茲二世

Franz Liszt　法蘭茲・李斯特

Frederik Willem de Klerk　弗雷德里克・威廉・戴克拉克

Friedrich II., der Große　腓特烈二世，腓特烈大帝

Friedrich III.　腓特烈三世

Friedrich der Weise　英明的腓特烈

Friedrich Ebert　腓特烈・艾伯特

Friedrich Engels　腓特烈・恩格思

Friedrich Hecker　腓特烈・黑克爾

Friedrich Ludwig Gottlob Frege　腓特烈・路易・高特洛布・弗雷格

Friedrich Ludwig Weidig　腓特烈・路易・魏迪格

Friedrich Wilhelm I.　腓特烈・威廉一世

Friedrich Wilhelm III.　腓特烈・威廉三世

Friedrich Wilhelm IV.　腓特烈・威廉四世

Friedrich Wilhelm Heinrich August, Prinz von Preußen　普魯士王子奧古斯特

Friedrich Wilhelm Nietzsche　尼采

Friedrich Wilhelm von Bülow　腓特烈・威廉・馮・布羅

Fritz Reuter　弗里茨・羅伊特

G

Gaius　蓋烏斯

Gaius Aurelius Valerius Diocletianus　戴克里先

Gaius Calpurnius Piso　蓋烏斯・卡爾普尼烏斯・批索

Gaius Cassius Longinus　蓋烏斯・卡西烏斯・隆吉努斯

Gaius Cilnius Maecenas　蓋烏斯・西林尼烏斯・梅塞納斯

Gaius Julius Caesar　蓋烏斯・尤利烏斯・凱撒

Gaius Julius Caesar Augustus　蓋烏斯・尤利烏斯・凱撒・奧古斯都

Gaius Julius Vindex　蓋烏斯・尤利烏斯・溫代克斯

Gaius Suetonius Tranquillus　蘇埃托尼烏斯

Gaius Valerius Galerius Maximinus　馬克西米努斯

Gaius Valerius Licinianus Licinius　李錫尼

Galileo Galilei　伽利略

Gaunilo von Marmoutier　馬慕提爾的高尼羅

Gavrilo Princip　加夫里洛・普林西普

Gebhard Leberecht von Blücher　格布哈德・列博萊希特・馮・布呂歇爾

Gennadi Gerasimov　格納迪・格拉西莫

Johannes Willms 約翰尼斯・威爾姆斯
John Churchill, Duke of Marlborough 約翰・邱吉爾，馬爾博羅公爵
John Davison Rockefeller 洛克斐勒
John F. Kennedy 約翰・F.・甘迺迪
John Hay 約翰・海伊
John L. O'Sullivan 約翰・L.・歐蘇利文
John Law 約翰・羅
John Locke 約翰・洛克
John Stuart Mill 約翰・斯圖爾特・密爾
Josef Priestley 約瑟夫・普利斯特利
Josef Stalin 史達林
Joseph-Ignace Guillotin 吉約丹
Joseph Goebbels 約瑟夫・戈培爾
Joseph Haydn 約瑟夫・海頓
Joseph Kennedy 約瑟夫・甘迺迪
Judas Ischariot 猶大
Judith 尤狄特
Jules Mazarin 馬扎然
Jules Verne 儒勒・凡爾納
Julia 尤莉婭
Julia Vipsania Agrippina 小阿格里皮娜
Junius 尤尼烏斯
Junker Jörg 容克・約格
Juno 朱諾
Jupiter 朱庇特
Justinian I. 查士丁尼一世
Justinos 查士丁諾斯
Justus Liebig 尤斯圖斯・李比希

K

Kaiphas 該亞法
Karl V. 查理五世
Karl VI. 查理六世
Karl der Große 查理大帝
Karl der Kahle 禿子查理
Karl Jaspers 卡爾・雅斯佩斯
Karl Liebknecht 卡爾・李卜克內西
Karl Marx 卡爾・馬克思
Karl Raimund Popper 卡爾・波普
Karl Wittgenstein 卡爾・維根斯坦
Kenneth Starr 肯尼斯・史塔爾
Kleopatra VII. 克麗奧佩脫拉七世
Konrad Adenauer 康拉德・阿登納
Konstantin Chernenko 康斯坦丁・契爾年科
Kristina Augusta 克里斯蒂娜
Kurt Edelhagen 庫爾特・埃德哈根
Kurt Georg Kiesinger 庫爾特・格奧爾格・基辛格
Kurt Huber 庫爾特・胡伯
Kurt Tucholsky 庫爾特・圖霍夫斯基

L

Lady Ann 安
Lady Diana 黛安娜王妃
Lanfranc 蘭法蘭克
Le Normand d'Étoiles 勒・諾曼第・德托爾
Leander Starr Jameson 林德・史塔爾・詹姆森
Legendre 勒讓德
Leo III. 利奧三世
Leo X. 利奧十世
Leo XIII. 利奧十三世
Leon Trotsky 托洛斯基
Leonardo da Vinci 李奧納多・達文西
Leopold von Hohenzollern-Sigmaringen

利奧波德‧馮‧霍亨索倫—西格馬林根

Leuconoe　羅康娜

Leukipp　留基伯

Linda Tripp　琳達‧崔普

Lord Burghley　伯利勳爵

Lord Halifax　哈利法克斯勳爵

Lord Kitchener　基奇納勳爵

Lorenzo de' Medici　羅倫佐‧德‧梅迪奇

Lothar I.　洛泰爾一世

Lothar II.　洛泰爾二世

Lothar de Maizière　洛泰爾‧德‧梅基耶

Louis XI.　路易十一世

Louis XII., le Père du Peuple　路易十二世，人民之父

Louis XIII.　路易十三世

Louis XIV.　路易十四世

Louis XV.　路易十五世

Louis XVI.　路易十六世

Louis XVIII.　路易十八世

Louis-Joseph-Alexander　路易—約瑟夫—亞歷山大

Louis Blanc　路易‧白朗

Louis Capet　路易‧卡佩

Lucius Aelius Seianus　盧修斯‧艾利烏斯‧謝努斯

Lucius Annaeus Seneca　塞內卡

Lucius Cassius Dio Cocceianus　卡西烏斯‧狄奧

Lucius Sergius Catilina　盧修斯‧瑟吉烏斯‧喀提林

Ludwig I.　路易一世

Ludwig II.　路易二世

Ludwig der Deutsche　日耳曼人路易

Ludwig der Fromme　虔信者路易

Ludwig Erhard　路易‧艾哈德

Ludwig Wittgenstein　路易‧維根斯坦

Lyndon B. Johnson　林登‧B.‧詹森

Lysander　呂山德

M

Madame de Montespan　蒙特斯龐夫人

Madame de Pompadour　龐巴度夫人

Magda Goebbels　瑪格妲‧戈培爾

Mahalia Jackson　瑪哈莉雅‧傑克森

Mahatma Gandhi　莫罕達斯‧甘地

Maimonides　邁蒙尼德

Malcolm X　麥爾坎‧X

Manfred Fuhrmann　曼弗雷德‧弗爾曼

Marcus Amaelius Lepidus　馬爾庫斯‧埃米利烏斯‧雷必達

Marcus Antonius　馬爾庫斯‧安東尼

Marcus Aurelius Valerius Maxentius　馬克森提烏斯

Marcus Claudius Marcellus　馬爾庫斯‧克勞狄烏斯‧馬塞盧斯

Marcus Iunius Brutus　馬爾庫斯‧尤尼烏斯‧布魯圖斯

Marcus Licinius Crassus　馬爾庫斯‧李錫尼烏斯‧克拉蘇

Marcus Manlius　馬爾庫斯‧曼里烏斯

Marcus Porcius Cato　馬爾庫斯‧波爾基烏斯‧加圖

Marcus Tullius Cicero　馬爾庫斯‧圖利烏斯•西塞羅

Marcus Vitruvius Pollio　維特魯威

Marhabal　馬哈巴爾

Maria Antonia Josepha Johanna　瑪麗

亞・安東尼亞・約瑟法・約翰娜

Maria Stuart　瑪麗一世

Maria Theresia　瑪麗亞・特蕾西亞

Marie Antoinette　瑪麗・安托瓦內特

Marie Leszczy ska　瑪麗・萊辛斯卡

Marie von Clausewitz　瑪麗・馮・克勞塞維茨

Marin Mersenne　馬蘭・梅森

Marquis de Louvois　盧瓦侯爵

Marquis Vincent de Gournay　文森・德・古內侯爵

Marquise de Pompadour　龐巴度侯爵

Martha Liebermann　瑪爾妲・利伯曼

Martin Heidegger　馬丁・海德格

Martin Luther　馬丁・路德

Martin Luther King　馬丁・路德・金恩

Matthäus　馬太

Matthias Borbonius　馬蒂亞斯・波爾波尼烏斯

Matthias Erzberger　馬蒂亞斯・埃爾茨貝格爾

Max Born　馬克思・波恩

Max Liebermann　馬克思・利伯曼

Max Planck　馬克思・普朗克

Max Schneckenburger　馬克思・施內肯布格

Maximilian I.　馬克西米利安一世

Maximilien Robespierre　羅伯斯比

Meletos　邁雷托

Menander　米南德

Mercurino Gattinara　馬可利諾・加提納拉

Michael Collins　麥可・柯林斯

Michael Gerson　麥可・傑森

Michel Foucault　米歇爾・傅柯

Michel Le Tellier　米歇爾・勒・特裏埃

Michelangelo di Lodovico Buonarroti Simoni　米開朗基羅

Mikhail Alexandrovich Bakunin　米哈伊爾・巴枯寧

Mikhail Gorbachev　米哈伊爾・戈巴契夫

Minos　米諾斯

Mohammad Rez　Pahlavi　穆罕默德・禮薩・巴勒維

Mohandas Gandhi　莫罕達斯・甘地

Monica Lewinsky　蒙妮卡・陸文斯基

Moritz von Sachsen　薩克森公爵莫里茨

Murad Bey　穆拉德・貝伊

N

Napoléon III., Charles Louis Napoléon Bonaparte　拿破崙三世；路易・拿破崙

Napoléon Bonaparte　拿破崙・波拿巴

Narses　納爾西斯

Neil Armstrong　尼爾・阿姆斯壯

Nelson Mandela　納爾遜・曼德拉

Nero　尼祿

Niccolò Machiavelli　尼可洛・馬基維利

Nicolaus Copernicus　尼古拉・哥白尼

Niels Bohr　尼爾斯・波耳

Nikita Khrushchev　尼基塔・赫魯雪夫

Nikolai Iwanowitsch　尼古拉・伊萬諾維奇

Nikolaus II.　尼古拉二世

Nikolaus von Kues　庫薩的尼古勞斯

Noah Seattle　諾亞・西雅圖

Norbert Blüm　諾伯特・布呂姆

O

P

Q

R

S

T

國家圖書館出版品預行編目資料

一句話讀懂世界史/黑爾格.赫塞(Helge Hesse)著；王榮輝譯. -- 二版. -- 臺北市：商周出版：英屬蓋曼群島商家庭傳媒股份有限公司城邦分公司發行, 2021.02
面； 公分.
譯自：Hier stehe ich, ich kann nicht anders. In 80 Satzen durch die Weltgeschichte

ISBN 978-986-477-985-7（平裝）

1. 世界史

711 110000189

一句話讀懂世界史

原文書名 / Hier stehe ich, ich kann nicht anders. In 80 Sätzen durch die Weltgeschichte
作　　者 / 黑爾格・赫塞(Helge Hesse)
譯　　者 / 王榮輝
企畫選書 / 程鳳儀
責任編輯 / 鄭雅菁、張詠翔

版　　權 / 黃淑敏、劉鎔慈
行銷業務 / 周佑潔、周丹蘋、黃崇華
總 編 輯 / 楊如玉
總 經 理 / 彭之琬
事業群總經理 / 黃淑貞
發 行 人 / 何飛鵬
法律顧問 / 元禾法律事務所　王子文律師
出　　版 / 商周出版
臺北市中山區民生東路二段141號9樓
電話：(02) 2500-7008　傳眞：(02) 2500-7759
E-mail：bwp.service@cite.com.tw
發　　行 / 英屬蓋曼群島商家庭傳媒股份有限公司城邦分公司
臺北市民生東路二段141號2樓
書虫客服專線：(02)2500-7718；2500-7719
24小時傳眞專線：(02)2500-1990；2500-1991
服務時間：週一至週五上午09:30-12:00；下午13:30-17:00
劃撥帳號：19863813　戶名：書虫股份有限公司
E-mail：service@readingclub.com.tw
歡迎光臨城邦讀書花園　網址：www.cite.com.tw
香港發行所 / 城邦（香港）出版集團有限公司
香港灣仔駱克道193號東超商業中心1樓
電話：(852) 25086231　傳眞：(852) 25789337
E-mail：hkcite@biznetvigator.com
馬新發行所 / 城邦（馬新）出版集團　Cité (M) Sdn. Bhd.
41, Jalan Radin Anum, Bandar Baru Sri Petaling,
57000 Kuala Lumpur, Malaysia.
電話：603-90578822　傳眞：603-90576622
E-mail：cite@cite.com.my

封面設計 / 李東記
排　　版 / 浩瀚電腦排版股份有限公司
印　　刷 / 高典印刷有限公司
總 經 銷 / 聯合發行股份有限公司　電話：(02) 2917-8022　傳眞：(02) 2911-0053
地址：新北市231新店區寶橋路235巷6弄6號2樓

■2012年（民101）8月16日初版1刷
■2021年（民110）2月二版

Printed in Taiwan

城邦讀書花園
www.cite.com.tw

定價 / 450元

Author: Helge Hesse
Title: Hier stehe ich, ich kann nicht anders. In 80 Sätzen durch die Weltgeschichte
Originally published in Germany under the title „Hier stehe ich, ich kann nicht anders"

ISBN 978-986-477-985-7

商周出版

廣　告　回
北區郵政管理登記
台北廣字第00079
郵資已付，免貼郵

104台北市民生東路二段141號2樓

英屬蓋曼群島商家庭傳媒股份有限公司　城邦分公

請沿虛線對摺，謝謝！

商周出版

書號： BH3007Y　**書名：** 一句話讀懂世界史　**編碼：**

請於此處用膠水黏貼

商周出版

讀者回函卡

謝您購買我們出版的書籍！請費心填寫此回函卡，我們將不定期寄上城邦集最新的出版訊息。

姓名：________________ 性別：□男 □女

生日：西元________年________月________日

地址：________________

聯絡電話：________________ 傳真：________________

E-mail：________________

學歷：□1.小學 □2.國中 □3.高中 □4.大專 □5.研究所以上

職業：□1.學生 □2.軍公教 □3.服務 □4.金融 □5.製造 □6.資訊

□7.傳播 □8.自由業 □9.農漁牧 □10.家管 □11.退休

□12.其他________________

您從何種方式得知本書消息？

□1.書店 □2.網路 □3.報紙 □4.雜誌 □5.廣播 □6.電視

□7.親友推薦 □8.其他________________

您通常以何種方式購書？

□1.書店 □2.網路 □3.傳真訂購 □4.郵局劃撥 □5.其他

您喜歡閱讀哪些類別的書籍？

□1.財經商業 □2.自然科學 □3.歷史 □4.法律 □5.文學

□6.休閒旅遊 □7.小說 □8.人物傳記 □9.生活、勵志 □10.其他

對我們的建議：________________

____

____

____

請於此處用膠水黏貼